西方传统 经典与解释
Classici et commentarii

HERMES

U0120711

·社 策划

子"资助项目

HERMES

在古希腊神话中，赫耳墨斯是宙斯和迈亚的儿子，奥林波斯神们的信使，道路与边界之神，睡眠与梦想之神，亡灵的引导者，演说者、商人、小偷、旅者和牧人的保护神……

西
Classi

华东师范大学出版社六点

古典理

The Ennobling

The Challenge of

古典教育基金·"蒲衣

[美] 潘戈（Th

苏妮

华东

HERMES

在古希腊神话中，赫耳墨斯是宙斯和迈亚的儿子，奥林波斯神们的信使，道路与边界之神，睡眠与梦想之神，亡灵的引导者，演说者、商人、小偷、旅者和牧人的保护神……

西方传统 经典与解释

Classici et commentarii

HERMES

潘戈集

戴晓光 ● 主编

古典理性之光

The Ennobling of Democracy:

The Challenge of the Postmodern Age

[美] 潘戈（Thomas L. Pangle）● 著

苏婉儿 ● 译

华东师范大学出版社

·上海·

华东师范大学出版社六点分社　策划

古典教育基金·"蒲衣子"资助项目

出版说明

潘戈(Thomas L. Pangle，1944)是施特劳斯学派的第二代重要代表人物,也是当代英语学界相当活跃且颇富思想力度的政治哲学家,在思想史和政治哲学领域享有广泛的学术声誉。

潘戈本科毕业(1966)后赴芝加哥大学深造,有幸成为施特劳斯亲自指导的硕士生,以柏拉图《法义》为主题撰写学位论文。施特劳斯去世前一年(1972),潘戈以题为"孟德斯鸠与自由民主政制的道德基础"的博士论文取得芝加哥大学政治学博士学位。作为施特劳斯的最后一批弟子之一,潘戈先后师从布鲁姆(Allan Bloom)、克罗波西(Joseph Cropsey)及美国宪政思想史家斯托林(Herbert Storing)。

从教以来,潘戈先后任教于耶鲁大学(1971-1979)及多伦多大学(1979-2004)。自2004年起,潘戈执教于美国德克萨斯大学奥斯汀分校,主持该校的本科博雅教育。在四十余年的教学研究生涯中,潘戈致力政治哲学史诸多核心问题的纵深探究,拓展研究视野,卓有成效地推进了施特劳斯所开启的古典政治哲学教育事业。尤其值得提到,凭借对美国宪政及建国思想家的权威研究,潘戈更新了当代学界对美国建国原则及政体问题的理解。此外,他还是学识精湛的古典学家,先后翻译过柏拉图、索福克勒斯和阿里斯托芬的作品。

　　潘戈曾以"古典政治理性主义的重生"来概括其老师施特劳斯的思想贡献,而他则致力于在美国的文教语境中坚持这一根本取向,与历史主义及其由此衍生的激进民主思潮展开搏斗。潘戈的著述不仅让我们可以大致了解古典政治哲学研究在美国的晚近进展,而且促使我们认识到,只有直面具体而复杂的现实思想困境,古典政治哲学研究才会激发富有德性的思想。

古典文明研究工作坊

西方典籍编译部申组

2018 年 5 月

目　　录

第三部分　重振民事文化之智识诸根

第四部分　教育：民事教育与自由教育

中译本说明

　　现今于真正独立的专题研究者而言，无需译本辅佐已属常态。之于专业者，译本之功效，往往沦为"消极提示"，如一条警戒线，提示大家：正确的方向不在此，请反向行驶。不过原文素材之研习的结晶，要具更广的交流性，包含但不限于关键用语、核心表述在内的译文的中介，也有推动之功。而对于非专业导向的阅读者而言，他们更是有权利不被译本有意无意的偏离所遮蔽或欺侮。于是乎，译本的可读性与精准性之间的某种平衡，便既是"义务性道德"，也是"愿望性道德"了，二者之张力，在思想作品的迻译中尤为一触即发。

　　在可读性与精准性的天平上，孰轻孰重，得靠目的的认定与考量来调节。如着眼于"可入性和再生性"这一鹄的，那么，可读性势必在某种程度上让位于精准性。"可入性"，不只是译本表面的可理解，不只是单单引起了母语里的既有经验和共鸣，而在于能否深入到外来语词和句子背后的场景及其所呈现的运思脉络，进而与母语经验嫁接、融合，从而达到母语思维边界的拓展和新观念的再生。由此，外来信息的解码与消化，终究指向的是母语言思的生长。"可读性"，当然指解码出来的汉语，读来舒服晓畅。但是，磨砺和圆融汉语思索的力道，使其开出更强的整合力和穿透力，仅靠轻松愉悦且极具代入感的译文，确难周全，实需"精准性"从旁扶持。但"精准性"，则不如"可读性"那么容易把握了。

潘戈本人，在众多师承施特劳斯的美籍学人当中，亦以古典作品翻译见长。潘戈译事，讲究以最大限度的直译再现经典原貌，为研究性阅读扫清起跑的通幽曲径。其对"精准性"的理解和坚持，体现在其译品的独家特色之中。从潘戈英译的柏拉图晚年最后一部对话《法义》(Basic Books, Inc.：1980) 和近年翻译出版的英译作品《阿里斯托芬喜剧三部》(Paul Dry Books：2013)、《索福克勒斯的忒拜三联剧》(Cornell University Press：2014) 来看，引导其传导信息的基本原则几乎历历在目：比如，注重关键术语的一致性；敏感于文本细节；留意并最大可能地保留和再现小词的功用、双关语的使用、语气的微妙变动、字里行间的弦外之音等。有这样的翻译文风，潘戈自己的写作同样精细考究，因而对潘戈作品的翻译似乎也值得以他自己的"精准性"规格来对待。

与表音符号相比，象形文字因其意象的丰富生动，以及字词间靠意义联合而非靠语法的刚性结构联合而带来的表意的弥散和氤氲，在呈现思的纹理与脉动时，有一定的先天囿限。诗性的汉语与分析性的英语，思维结构上的方凿圆枘之处，在沟通和触摸深层心灵形态时尤显突出，亦尤难跨越。文化机理或心灵运作模式本身的差异，为汉语的思想性译事，在除却一些技术上的语义应对障碍之外——比如，母语与外语之间貌似相对的语词，其核心内涵及衍生出来的含义群，并非严丝合缝的可重叠的同心圆，亦平添了一重西方传统之内的译事——比如潘戈本人所从事的——所不曾或不会遇见的阻隔。

本译文，在"可读性"与"精准性"之间的权衡上，尝试以"不产生不必要的或不当的联想、不阻却必要的联想、不限定可能的联想"为原则，积极地做一些实验性的突破和惯用译法的微调。希望通过一些尝试性的译笔探索,或可向"可入性"与"再生性"的目标有所逼近。

"不产生不必要的或不当的联想、不阻却必要的联想、不限定可能的联想"这一原则,乃基于这样一种认知:英文中原本有差异的不同术语,用无差异的译法来处理,或,英文中原本无差异的术语,用不同的译法来处理,在某种程度上,均为于联想和读解有碍的译法,前者抹去了必要的联想,后者则在抹去必要的联想的同时,往往又不可避免地植入了不必要的不当联想。前者比如,以"自由"二字包揽 free/freedom、liberal/liberty 两组内涵与外延均有不同的用语及所指,后者比如,以"社会契约"单另冠名私法中以"合同"面貌出现的 social contract。所以,本译文尝试以"无拘"与"自由"来分别处理 free/freedom 与 liberal/liberty 这两组有深刻差异用语:前者为消极性的,侧重于不受拘束、免于束缚的否定意味,后者为积极性的,强调自律、自主、自我承担以及由之所体现出的尊严、体面及相应的力量;尝试以"社会合同"来对译 social contract,为的是将政治、伦理、法理等元理论语境里所谓"契约"与私法语境里所谓"合同"对接起来,以突显自然法思索中的罗马法痕迹或固有的法律轨道。

再比如,中文中常以"人"或"人类"一词,囊括英文或西文中由多个不同的字眼表达出的、有共性相连但又辐射出迥异面相的多层次含义:human being, man, mankind, person, people。这几个词,总体上都有"人"的意思,但在不同语境中出现,所指各有侧重。human being 与 man,约略类似希腊文中 anthrōpos 与 anēr 之别,前者指一般意义上的人,后者强调男性气质的人,当然,英文行文中 man 的性别含义相对较弱。human being 与 person,相仿于拉丁文 homo 与 persona 之别,比如,罗马法谚 persona est homo, sed non vicissim(每一个[法上的]人,都是一个属人存在者,但并不是每一个属人存在者都是一个[法上的]人),前者指与动物、植物一样生息繁衍于宇宙间的非神非兽、有生有死的存在物，后者指特定的政治共同体中为该共同体的法所认可或赋予了某种身份的人。"人格"一义由此而来，也即，一种人造的而非自然的"人"。people，在政治性较弱的语境下既指族群（进而转为"民族"），在政治性较强的语境中则指人民。mankind 则相对而言属于较为宽泛的虚指。本译文会留心原文的用词，尽可能不轻易地或任意地带入"人"字，并在凡出现人或人类或人民之所指时，在相应的不同译文后辅以英文标识，以防抑制可能而必要的联想。

类似地，有些含义有交叉的词汇，看起来似乎并不影响思维大局，但仔细推敲，也不乏深意。比如，与"力"有关的一组词：strength，force，power。strength 强调身体之力、体力；force 则为势力、实力、强力，多为质料层面的力，强调物质性的或有形的力；power 则更侧重于指调集或动用 force 的智力与能力、指挥和发号施令的力，相较而言为形式层面的力或无形的力，由此引出"权力"之义。再比如，与"理性"有关的一组词：reason，reasonable，reasoned，reasoning，reasonableness，rational，rationality。reason，指理性，以及理性所追踪到的或正在探求的理由或原因；以 reason 为根的词，更多地是从理性运作的角度取义，强调推理或知性官能的应用；而 rationality 则侧重于表述某一状态或性质或对象本身的合于理性。在出现这些关键术语时，译文会在辅以英文标识的同时尽量区别对待。

由此涉及到括号的使用，在此顺作交代。圆括号"（ ）"内的英文，均为中译者所加，以便读者把握中译文所对应的特定原文。方括号"[ ]"为中译者所加，功能有二：一为适应中文表达习惯或基于文句通顺的考虑而添加的补足成分或导出成分，一为针对原作者列出的非英文外文术语所给出的参考汉译。个别处添加的圆括号为中译者对含有多重修饰成分的长句或复合句所作的技术化处理，也即，把句子中某些过于繁复的成分以圆括号嵌入，以起到断句、分割的功用。圆括号内的非英文字符以及半角方括号一般为原作者所加。

有些情形下，为了保留英文思维的底色，译文会刻意抗拒中文读解惯性而采用略显生硬的遣词造句，以突出某术语的前后一致性和特定用意，比如，"对什么什么的感觉"，而不径直简化为"什么什么感"。

某些核心术语，当按其单一的或约定俗成的含义拣选，会牵绊深度探索的冲力时，则选择多词并置辅以连接符相隔的形式，这旨在铺陈或复制某多义的英文词在语境中别具匠心的含混和该词基本所指或核心含义的发散性，以勾起学科壁垒之间或不同主题与专业的话语体系之间的必要且良性的联想。比如，humanity 一般处理为"人/人性/人道"，既指一般的人、复数的人们和整体的人类，也指人之为人的共有特性、人区别于神或动物等其他存在者的独特方式等；necessary 常处理为"必要/必然"，因其既有非人力所能把握的强制性（必然），也有对于人或事而言的不可或缺性（必要）。

本译文也会特别留意英文名词复数与单数的细微但深远的差异，比如 rights 与 right，gods 与 god，peoples 与 people 等。英文复数名词，往往是对特殊、具体、杂多、异质的经验性呈现或历史性呈现，而单数名词则带入或凸显了一层抽象之维或超验之维，直指反思层面上的共性或普遍性。单数与复数的差异本身就贯穿着——甚至生发了——诸如"多与一""诸相与理型""意见与知识"，乃至"约俗与自然""事实与价值"的二元对立与哲学究问。所以，尤其在思想性语境下，忽视单复数之间的固有区别，难免遭遇"失之毫厘谬以千里"的风险。

具体的多样尝试，不再一一赘述，均详陈于文脉之中。

感谢出版方的耐心和宽容。感谢原作者的诚恳及答疑。感谢读者的时间与面对。

　　感谢我的每一位同行者。今夕当自强。

苏婉儿

2017 年春

中文版序

本书出版于 1992 年,适值冷战告终,未来的版图上正随之浮现出大片未经勘测的文化之海。苏联解体暗喻了一场美利坚及其西方盟友的和平胜利。

我以将某些历久持存的、超历史性的诸究问重又引入公共辩论而回应这一世界历史式转捩点,我所重又引入到公共辩论的那些历久持存的、超历史性的诸究问与"无拘""德性""哲学式智慧"这三者之最深邃且最完满的诸意义有关。

我的研究发轫于这样一个佯谬的观察:西方之自由式民事文化,正是在自己已然被所谓的"后现代主义"渗透之时,迎来了自己表面上显而易见的胜利,而那所谓的"后现代主义",吐露出这样的一种对信仰之浩渺而深彻的丧失:此信仰乃对西方之道德上的与哲学上的诸根基的信仰。如此之诸根基,深嵌于一种关于"诸应然"的规范式科学:此一规范式科学所针对的那些"诸应然",可从"感官经验性的自然/本性"中发掘出来,构成了超文化性的且超历史性的"自然权利/自然正确"与"自然诸权利"(尤其是私人性的财产诸权利),开出了恒固不移的法——"'自然/本性'与'自然/本性之神'二者之法"(laws of nature and nature's God),并扎根于诸概念——"自然状态""社会协定"与"定言律令"这些概念。我主张,当我们的这一信任——我们对这些不可或缺的、隐含于根底上的诸理念的信任——死亡时,我们在或者尤其在这一胜利的历史时刻也深陷于一场精神危机了。冷战,这一与伟大对手的遭逢,曾让西方得以不必遭逢自己智识上的诸根基的销蚀或衰朽。然而,伟大对手的陷落,也让处在西方的我们被迫去面对并抗击我们的这一无力——无力再去发现我们的民事文化由之萌发并赖以生长的那些哲学上的诸原则依旧是靠谱而可信的。

今天,四分之一个世纪过去,自由西方的这一精神危机仍未消退,反倒愈演愈烈。

构成"自由'现代性'"的那些道德上的诸原则,在斯宾诺莎、霍布斯、洛克、孟德斯鸠和康德的各部专论之中,得到了最强有力的构思和表述。这些思索者们,引领了一场成功的革命,这场被称为"启蒙运动"的革命,煞费苦心地掀翻并替代了先前的那一伟大传统,即"'古典式'政治哲学"这一伟大传统,这一植根于希腊—罗马版的苏格拉底(柏拉图、色诺芬、亚里士多德、西塞罗)之中,也植根于中古诸基督教政治神学家(奥古斯丁、托马斯·阿奎那)之中的伟大传统。我主张,为了找回我们可以信赖其"真"的那些根本性诸原则,我们需要去重启并重思那一伟大的哲学式交锋,并且需要在该交锋之中替我们自己再度论辩。那一需要去重启、重思并在其中替我们自己重去论辩的伟大哲学交锋,即"前现代的、古典式的、苏格拉底式的政治哲学"与"启蒙运动之中的、现代的政治哲学"之间的交锋。

这是在重又上演"古今之争",而据我的建议,这样的一番重演,会让我们发觉,我们的、启蒙运动中的那些关于此二者——即"属人自然/本性"以及"自'该自然/本性'派生而来的诸规范"——的根本性的诸观念,是值得被给予相较于其从今天哪怕整个智识界那儿所获得的都更大也更多的尊重。但是,我也指出,我们会发觉,关于"属人自然/本性"的那些现代的、启蒙运动中的诸观念,其中的一种决定性的囿限———一种肤浅轻薄、一种过度简化,也会昭然现露,一旦该诸观念被放置在了为反驳这样的观念———种种由古典式的、苏格拉底式的哲人们所详尽阐述的、关于"规范性的属人自然/本性"的更深邃也更宏阔的诸观念———而给出的论辩之中的话。正如我在本书导言中所说的:

> 通过重新借用"古典民事理性主义",我们或许会得到一种框架:这种框架将现代理性主义的最有政治性义蕴的诸发现,整合进了这样一种关于"人/人性/人道"(humanity)的观念之中,关于"人/人性/人道"(humanity)的这种观念将公允地对待全部范围内的属人疑难与属人潜能,并且其方式、其程度,都将是现代理性主义从未取得过的。正是着眼于激发读者严肃地探究在这一确实怪异并且肯定也是可辩论的论点之中是否有着可能的"真",以下的篇章得以写就。

托马斯·潘戈
美国德克萨斯大学奥斯汀分校
2017 年 2 月

致　　谢

　　第 5 章出自我在美利坚驻北约代表团欧罗巴战略研究会第五次年会开幕式上的主旨演讲,这次年会是 1989 年 9 月 19 日在布鲁塞尔召开的。第 6、7、8 章有些部分的原稿曾分别发表在《芝加哥肯特法律评论》(*Chicago-Kent Law Review*)1990–1991 年“古典哲学与美利坚宪法秩序”专号、美利坚企业协会 1990–1991 年“宪法与根本性诸权利的制定者们”专号、《公共利益法评》(*Public Interest Law Review*)创刊号(1991 年)。最后一章的有些理念,最早出现在《学问季刊》(*Academic Questions*)第二辑第 2 页(1989 年春季号)“步入伟大论辩之中”一文,也出自我 1989 年 1 月 7 日在美利坚法学院联合会年会上的演讲全文,该演讲随后以“正义与法律教育”为题发表在《法科教育期刊》(*Journal of Legal Education*)第 2 期第 39 页(1989 年 6 月号)。我对肇建者们有关教育的思想作了摘选性的讨论,这些讨论深深地受益于我的太太萝琳(Lorraine),我与她合作了一本即将由堪萨斯大学出版社出版的新书《学习自由:美利坚肇建者们的教育理念》,在该书里,我们一起更为详尽地研讨了肇建者们的教育思想。感谢约翰·奥林(John M. Olin)基金在我撰写本书的一整个夏天里对我的支持。最后,我要感谢霍普金斯大学出版社的读者们,包括本丛书的编辑,巴柏尔

(Sotiros Barber)和图利斯(Jeffrey Tulis),我相信正是因为你们活力充盈的批评,才有了诸多实质性的改善。

　　所有的英译文均出自我手,除非有特别标注。古早的文献资源,我用的是公认的批判本,引用时我用的均为通行的页码和章节编码。

导言　后现代困局

[1]本书肩负了一个很成问题的棘手任务：为美利坚民主体之中有思想的公民提供某种哲学引导。此番笔墨，就其本性/自然而言，更像一篇引子或一部劝导文。我在此的目的，并非是要详尽阐明某一学说，而是要让被掩盖了的诸可能性、被遗忘了的诸究问重又浮现出来。我们一旦体认到确乎站在了一个历史性的转折点上，便如芒刺在背，故此，我要为如何严肃反思我们的根本性处境给出一幅路线图。

马克思主义的缺席，给当下时刻打下了最鲜活的印记，使这一时刻成为历史的一个铰链点。不过，若要洞悉这一时刻的特异之处，我们需去问一问，替代整全制的将是什么，怎样的引导性视景（vision）将成为马克思主义的接替者？只有当我们提出了这一究问，我们方开始去品鉴我们的处境有多么费解。马克思主义究竟是在什么面前缺席的？此前被役使的诸国族与诸人民（peoples），正解放向何方呢？

面上最显而易见的答案，其实也是更深的困惑之源。西方，其原则性的基础是"民主"外加"属人诸权利"（human rights）。但是，民主——"人民的民主"——不也处于马克思主义之核心吗？不正是马克思主义把"社会的、经济的、文化的"诸权利拖上前台的吗？马克思的哲学,不也正是"西方"的伟大产品之一吗？

[2]反马克思主义的西方,其原则性的基础,更确切地被界定为这样的一些说法:"自由民主""民主共和"外加"个体诸权利",尤其是"个体的公民诸权利与财产诸权利"。不过,"自由"(liberal)这一字眼,在西欧倒是引不起太强烈的共鸣了。即便是在尚有"自由"政党的地方(比如有着"自由党"的英格兰和意大利、有着"自民党"[Free Democrats]的德意志),此类政党要么很小,要么很边缘。在美利坚合众国,"自由"这一字眼,也变得越来越有争议,甚至是很可疑,从1988年的总统选战就明显看得出来。不论是谁,但凡今天在西方举起"自由主义"(liberalism)这一旗帜,必会遭逢一堆难以对付的究问。怎样才是一个"自由派"呢？怎样才是为"自由主义"做出了强势但令人心悦诚服的道德证成呢？什么是"共和"(republicanism),当其与"民主"(democracy)或"民主主义"(democratism)相对照时？"共和"与"自由主义"如何相互契合呢？是什么证成了加在"民主"、加在"民众主权"(popular sovereignty)上的这些限定呢？是什么证成了自由主义对"个体"本身的看重？"个体主义"是属人尊严的一个标记吗？抑或是碎片化与原子化的标记？"自由个体主义"以及与之缠绕在一起的"无拘市场体系"(free-market system),如何与为我们的"自由民主共和"所呼吁的"公民风范"(citizenship)——也即民事连带(civic solidarity)——相和谐呢？"自由主义"与"共和",彼此和谐吗？还是说,二者之间绷着相当的张力呢？"个体诸权利"与"竞争性的无拘市场",是否足以支撑这样的一种政治:那种将"无拘的世界"(Free World)给"民主"所作的解释醒目烘托出来并使该解释独具一格的政治,亦即多党选举的、联邦制的、代表制的(representative)政治？还是说,我们公民风范的活力正在凋零耗尽呢？——并且这还并非事出偶然,而是与我们"自由民主"这一生活方式在最根底上的趋势相一致？

关于我们的当下处境,在西方诸民主体的内部搅人心神的是,我们针对这些究问所给出的回答在哲学上是如此稀松细弱。令人着实烦扰的是,当涉及是否实存着坚实而稳固的根基以探究和判断我们最为端正严肃的、政治上的执著时,一股无孔不入的狐疑情绪却弥漫在我们这些智识分子(intellectuals)当中。只要我们自由派还能把我们自己界定得高于并对立于政治上明显的恶——打头的便是法西斯主义,这一狐疑,就还潜伏在不太容易察觉的层面上。但是,随着那种来自僭政的威胁渐次消失,当下在西方的我们,便不得不更为直白地正面遭逢我们自己道德根基的疑难状况了。

两个世纪以前,当"自由共和"(liberal republicanism)推翻了在欧罗巴、美利坚的"旧政制"时,这些与道德上的、民事上的种种根基有关的究问,已经得到了一种丰饶的回应。该回应详尽地阐述在扎根性的政治哲学专论中,书写这些论著的思索者们,也以自己带来了启蒙运动或理性岁月(the Age of Reason)而自况。[3]这些现代性的哲人们,从斯宾诺莎、洛克到康德,甚至黑格尔,他们不单单讲"属人诸权利",而且着重讲"自然诸权利"——由"自然诸权利"导出了道德上的"'自然/本性'与'自然/本性之神'二者之法"(laws of nature and nature's God)①,并伴随着一些根本性的概念,如"自然状态""社会协定""定言律令"②。

现代性的这些哲学支柱,一度无所不能、力重九鼎,而如今对之的不信任却无处不在,以至于没什么能比这种广泛弥漫着的不信任,更能标志今天西方的精神气候了。我们的哲学风潮是否定、怀疑、幻灭而失望的。谁若要暗示说,用到"风潮"一词已经是在误导

---

① ［译按］"自然/本性"与"自然/本性之神"二者之法(laws of nature and nature's God),这一用语或表述,可参 1776 年 7 月 4 日第二次大陆会议决议《美利坚合十三州独立宣言》第一段。

② ［译按］定言律令(categorical imperative),也有译为"绝对律令"或"定言命令"。

了,他这么暗示也是可以证成的:当代哲学中就算最有影响的趋向,
也都太过孱弱、太过碎片化,无力构成任何强劲如"风潮"的东西。
不过,毫无疑问还是有一个共同根由(a common ground),它是被否
定性地界定出来的。"后现代",迄今尚未拥有任何明明白白是它自
己的东西;"后现代",不仅从"它紧跟着的现代性"而被界定,而且也
是从"它业已逐渐与之格格不入的现代性"才被很好地界定的。但
是,如此,我们就在一个决定性的含义上依然是被这一"现代性"所
界定的。"后现代",并非"在现代性之后而实存的东西",毋宁是陷
在"现代性"里出不来的状态。"现代性"就像个我们无法从中逃
离,却也不能再在其中安放信仰或找到信仰的东西。那么,我们依
然被其所界定的那"现代性",是什么呢? 我们逐渐与之疏离——以
至于再没有别的什么比这样的疏离更明明白白地界定了我们——
的"那个",是什么呢?

　　对科学家式/科学式①理性(scientific reason)的信任或信仰,
位于"现代性"之心脏上。科学式理性被理解为,不仅仅是无往弗
届的种种权力之来源,也是当涉及如何使用这些权力时,相关的权

---

① [译按]本书行文中常出现由 science (科学)的词根或由科学所引出的两个修饰
词,一为形容词 scientistic (名词为 scientism),一为形容词 scientific。一方面,这两
个词的含义本身稍有不同,另一方面,各自又有客体性与主体性的侧重之别,相应
地,语境中的褒贬倾向略有不同。scientistic 及其名词 scientistism,指科学主义或科
学家主义,看语境的重点不同,作"科学主义"解时,比较强调作为客观存在的科学
活动及成果;作"科学家主义"解时,往往凸显的是科学活动的主体。但整体上,该
词在语境中的使用,相对而言,往往略有贬义,偏重于强调(因而也批评)自然科学
的方法与视角(相应地包含了科学家作为科学活动主体的这一个群体的思维习惯
和思考特色)的无限制的适用 。所以,凡以 scientistic 科学主义/[科学家主义]相
称的,无论是思想、活动、做派、实践、路数、方法等,多是本书作者要以"哲学",尤
其是"苏格拉底式哲学"(狭义而言,即,"苏格拉底式辩证")相对冲或相校正的对
家。scientific, 含义较为中性,大体指康德意义上的知性官能的运作,强调区分、推
理、逻辑、归纳、演绎、对比等科学思维本身的特色,在有些语境下当然也会凸显科
学活动的主体科学家群体的共性。本译文中,scientistic (及名词 scientisam)一般
译为"科学主义/科学家主义",scientific 一般多译为"科学式的",以照顾阅读的流
畅,有些语境下为凸显必要的主体意味,也译为"科学式的/科学家式的"。

威性引导之来源。那场漫长的、最终成功为现代科学赢取了智识上的优胜与主导的战役,同时也是为了一种新文化而进行的斗争,这种新文化是一种关于"普遍性的人性/人道"(universal humanity)的新文化,这种普遍性的人性/人道(universal humanity),将建基于"科学家式/科学式理性",并且为所有属人存在者本身(human beings as such)之间真真共同的纽带作其唯一坚实的基础。为科学而斗争,同时也是为这样的一种文化而斗争,即一种关于普遍启蒙或民众启蒙的文化。该文化,植根于一场解放运动、一场从种种年头久远的特殊主义迷信之中解放出来的运动。该文化,萌生于一场革命、一场反对种种不正当的(illegitimate)经济霸权与政治霸权的革命,那些经济霸权与政治霸权植根于种种非理性的(irrational)且前科学式的、要么是宗族部落式的要么是国族式的要么是宗派式的传统之中。但是,否定性当然也要被肯定性所追随或伴随:该新文化也要有一种新内容、一个新目标、一种关于好生活的新观念。科学式的道德、政治、美学、哲学与宗教,要替代古旧的、前科学式的或曰传统的道德、政治、美学、哲学与宗教。启蒙运动的诸多雄文的标题,反映出这一伟大的、肯定性的襟抱与愿景(aspiration):《伦理学:以几何秩序证明》(斯宾诺莎)、[4]《一篇随笔:论民事政府之真起源、真范围及真目的》(洛克)、《对我们关于崇高与美的理念之起源的一个哲学考察》(伯克)、《纯理性囿限内的宗教》(康德)、《关于万国自然/本性的一种新科学之诸原则》(维柯)。

然而,启蒙运动在文化上、道德上、宗教上,甚至民事上的允诺,相比其在数学上、经济上和技术上的允诺,是以一种更为含混也更有争议的方式而兑现的。现代科学,在今天所意味的,已经不再是它在牛顿眼里所意味的了。现代科学家们,早就不再认为,为他们自己的工作寻求哲学上的或神学上的根基有多么不可或缺。而另一方面,现代的哲学与宗教,也不再尽力让自己成为"科学式的"。至于说"政治科学",我们这个专业,也差不多是彻底丢弃了这样的主张:主张要为设定共同之好(the common good)的本性/自然、设定集体实存与个人实存的诸终极目的,而提供相关的权威性引导。被启蒙运动所构想和孕育的那种政治科学家们的志业之被推诿、被渎职、被遗弃,尤为明显地体现在一个顶着"规范理论"这一味如嚼蜡、呆滞疲弱的名号的二级学科里(这个几乎乏善可陈的二级学科,充其量扮演了一个博物馆管理员的角色:看顾着政治理论中一度伟大过的诸文本与诸议题)。

启蒙运动中的政治哲人们为给公共实存与私人实存提供体系化的、合乎理性的(rational)且能被广泛接受的根基而作出的伟大尝试,业已被证明不够充分。但这绝非是说他们的伟大尝试就彻底失败了。道德上与民事上某些首要的见解——普遍性的人性/人道(humanity)与平等、由同意而形成的政府(government by consent)、无拘市场(free market)、宽容、私人领域之神圣不可侵(sanctity)——依然是自由的公众气韵与公共风尚(public ethos)里的中流砥柱。但是,这一气韵与风尚,其初始在哲学上的与科学上的根基,已被侵蚀了;公众气韵与公共风尚本身,也因而日渐脆弱不稳、风雨飘摇。我们这个时代中有教养的公民,几乎绝少还有谁敢于为"自然诸权利"或者哪怕是"人之诸权利"(rights of man)而背书。"财产诸权利",一直是启蒙运动关于"人之诸权利"的观念的内核,今天的宪法主义者们(constitutionalist)则以极大的怀疑主义(skepticism)而视之。理性(reason)本身以及隐含于理性主义(rationalism)之中的普遍主义,尤其越发遭遇不信任的目光。在民众层面,类似的不信任是被敏锐的疑心所激活的:疑心理性主义或许正是"性别主义的""欧罗巴中心主义的""非人地(inhumanly)功利性的"且"受技术驱动的"剥削的根源。如此种种疑心,在其背后,还步步进逼着更大的困难之源。现代理性主义,已经被接连几代哲学批评者们挥着大锤反复痛击碾压,从卢梭发端,到尼采与海德格尔达至极致,这些批评者们提出了强有力的论辩,指称理性主义根本无力[5]就"什么是真真属人的/人性的/人道的"(what is truly human)给出一个姑且差强人意的、丰富的、多元的、"有创造性的"且"历史性的"陈说。

我们的处境即是如此,一言蔽之:在西方的我们,发现我们自己占有了技术上以及经济上无比强有力的资源;这些资源,驱动了一个对它自己道德上的意旨与诸根基竟深表犹疑的社会;与此相伴或由此而来的是,这个社会业已越发被一种新的、极度成问题的、怀疑主义的(近乎虚无主义的)文化体制(cultural dispensation)所渗透和形塑,这种新的文化体制被称为"后现代主义"。

本书开篇,选择性地遭逢了几位最有影响的思索者,他们或体现或代表了这一新"主义"的来源。这一还处于铺陈展开之中的世界观,其强悍之处,我会公允对待,同时我也要详尽地勾描出在我看来哪些是其决定性的孱弱之处。不客气地说,从这一正在成为主流的思索趋向中,我看到的是民事上的不负责任(civic irresponsibility)、精神上的死亡之气、哲学上的独断论(dogmatism),而我要为我所看到的鸣响警钟。我怕新的哲学精英们带来的恰恰是平庸化、轻贱化的效应,若果如此,我想要帮我们的这个挥之不去究问的岁月,将真真在精神上、道德上、民事上有着当头棒喝之警醒作用的种种挑战从这平庸化、轻贱化的效应中打捞出来。我所要力促的是,重开那一"扎根案",其案情是:扎根于根本性的理性(reason),扎根于它的伟大也扎根于它的种种局限,扎根于它的欢娱也扎根于它的悲怆。我们若有一种牢固且崇高的关于共同人性/人道(common humanity)的观念,那么,这种观念的唯一来源就是这一根本性的理性。

我设法重新"开庭审案",部分上是站在现代性——尤其是站在现代性所取得的美利坚宪法主义这一政治成就——这一边的。因为,对启蒙运动中伟大的道德哲学与政治哲学所作的不

论是千篇一律的批评,还是乏善可陈却自谓降贵屈尊的背书,均
未让我诚服。无论是这些标准化的批评还是这些流俗化的赞
誉,我都未发现其中哪个反映出了其曾对出自斯宾诺莎、洛克、
孟德斯鸠、休谟或《联邦党人文集》诸位作者之手的政治哲学专
论有过的长久沉思。不过,我也不得不马上就追加上这一点:再
次开掘出含蕴在自由宪法主义(liberal constitutionalism)根底上
的诸论辩之力量,此力量的再开掘,也随之带来了这一承认,即
对此力量之囿限或畦畛的承认。再度取得与现代共和(modern
republicanism)的那些扎根性专论的耳鬓厮磨的亲密,只是让启
蒙运动关于"属人的无拘(freedom)与卓越(excellence)"的观念
有怎样的短处更为明晰可见。研习现代性的诸根基,可以让我
们准备好去品鉴对(至少是对)此起点的证成,现代性真真伟大
的对手们正是由此起点出发而对现代性发动批判。我们当代的
那些企图并尝试对理性主义予以解构的"后现代主义者们",就
他们中最好的而言,他们的解构但凡有任何耐久的火力,[6]靠
的正是这些伟大的思索者,尤其是其中的海德格尔。

　　那么,我设法予以激发的,并非是一场往回的溃逃,逃回到
我们18世纪的智识前辈们那儿,从他们的权威中寻求庇护,而
是积聚力量(powers)好一头扎进一场地地道道的遭逢,我们要
卯足劲儿与我们的哲学起源中最深层的种种困难来一场地地道
道的遭逢。这样的一场遭逢,又必需这样的一场相遇,其实这样
的一场遭逢也在这样的一场相遇那儿达至极致:一场与"他者
的"政治理性、苏格拉底的政治理性主义和苏格拉底式传统(So-
cratic tradition)的相遇,并且得是一场名副其实有思想的相遇。

　　过去两个世纪里有一路学术,在约俗上一直受到尊敬,绘出
了种种矫揉造作的学院派图画,垂垂老矣的"柏拉图主义"和
"亚里士多德式目的论"依然在这些图画中呆望着我们,但我所
说的苏格拉底式政治理性主义,与那些图画中形同枯槁的"柏拉

图主义"和"亚里士多德式目的论"几乎没什么共同之处。那一
路学术——此路学术决定性地形成于一些极具影响的人物之
手,比如康德主义者策勒(Edumand Zeller)——看待古典哲学
时,是透过一副扭曲变形的、其实也是自谓降贵屈尊的棱镜来看
的,这副棱镜就是晚期的现代理性主义(以及它的那个叛逆不经
的继子:现代非理主义)。我们若要奋力扫清现代理性主义压在
古典理性主义诸文本身上的种种强加与负累,若要破除古典学
术在过去两个世纪里固步自封的翳障,我们就必须从公认为"正
典的"(canonical)解释清单——这份正典的解释清单上罗列着
对苏格拉底、柏拉图、色诺芬与亚里士多德所作的种种"可接受
的"或"受到尊敬的"解释——之外,另寻一个稳固的立足点。
这样的一个立足点,我们可以在所谓"近东"的一种古老但久
被遗忘的哲学传统中找到:地地道道的苏格拉底式政治理性主
义或曰古典政治理性主义是一种民事哲学(civic philosophy),一
种曾借由诸如阿尔法拉比《柏拉图与亚里士多德的哲学》、迈蒙尼
德《迷途指津》①这样的古典著作而盛极于中古岁月里的民事
哲学。

　　由中世纪这些怪异而精彩的书为我们开启的苏格拉底式政治
理性主义,截然龃龉于现代理性主义,也与建基于现代理性主义之
上的"自由共和"扞格不入。不过,这两种理性主义之间的鸿沟,
并非不可架通。毕竟,这两种理性主义,即便是它们二者相互争执
时,也分享着——其实也恰恰是因为二者在相互争执,它们才分享

---

① 参 *Alfarabi's Philosophy of Plato and Aristotle*, ed. trans. Muhsin Mahdi (Glencoe,
　　Ill.: Free Press, 1962) , and Maimonides, *The Guide of the Perplexed*, trans. Shlomo
　　Pines(Chicago: University of Chicago Press, 1963)。其他主要的阿拉伯语文本的可
　　靠的英译本,可以在 1972 年 Mahdi 和 Lerner 的作品中找到。若需有益的向导,参
　　Leo Strauss, "How to Begin to Study Medieval Philosophy," 见 Pangle 1989, 以及,
　　"Farabi's Plato",见 *Essays in Medieval Jewish and Islamic Philosophy*, ed. Artur Hy-
　　man (New Yourk: KTAV Publishing, 1977) , 391-427。

着——"合乎理性的论辩"（rational arguement）这一共同的根由，二者都把"合乎理性的论辩"这一根由作为通向客观而严刻的"真"（truth）的道路，此"真"关涉的是永固罔替的属人境况以及界定了该境况的、历久持存的属人诸究问或属人诸疑难。[7]那么，苏格拉底式理性主义与现代政治理性主义之间的一种实践性的妥协，就可以构想和孕育。但是，仅当基本的理论分歧均已得到了明确的承认，并且，仅当伟大的辩论，在经过详尽彻底的思索（和全面充分的过招）之后而达至了一个结论，这样的一种妥协，才会是有效的——就其能够有效而言。在此过程中，双方的短处，都将被开掘出来，并且，具有互补性的强悍之处以及种种敌对或张力也将显现出来。然而，归根到底，鉴于分歧的深度，这两个辩证式搭档，彼此之间的相互吸纳、相辅相成，就是必然的/必要的（necessary）了。在迄今的美利坚传统中，尝试性的综合（富兰克林所作的尝试性综合或许是最为著名的，也是最有思想的），已经把古典共和吸纳到启蒙运动的共和之中，把苏格拉底式理性主义吸纳到现代理性主义之中。我建议我们严肃地考虑一下，是否可能颠倒这一顺序。通过重新借用"古典民事理性主义"，我们或许会得到一种框架：这种框架将现代理性主义最有政治性义蕴的诸发现，整合进了这样的一种关于"人/人性/人道"（humanity）的观念之中，关于"人/人性/人道"（humanity）的这种观念将公允地对待全部范围内的属人疑难与属人潜能，并且其方式、其程度都将是现代理性主义从未取得过的。正是着眼于激发读者严肃地探究在这一确实怪异并且肯定也是可辩论的论点之中是否有着可能的"真"，以下的篇章得以写就。

一种向着古典政治理论的简单而不加限定的回归，显然是既不可欲也不可能的：其不可能，是因为，古典政治理论（尤其是色诺芬的专论）所致力于研习的那种规模巨大的大众社会，与我们所居于其中的这种大众社会，根本就不是同一类；其不可欲，是因为,现代共和理论所带来的进展,是古早的共和理论所没有的。因为,我们不应当让20世纪史无前例的政治上的恐怖(不堪回首的法西斯死亡营、当下还在若隐若现的核屠杀阴影)抹去了现代性所取得的成就,以及我们怀中的希望——这些怀中的希望,也正是因为有这些成就,我们才能抱持。我所想到的,不只是法西斯主义的溃退和奴隶制的废除,还有更为积极的:对于无拘的劳工(free labor)而言,尊严的实现与政治组织的达成;对于人类大众(mass of humanity)而言,基本生活条件和医疗保健的大幅改进;在关于属人诸权利的学说之中,不断增长的对普遍的属人尊严所予以的承认;或许最为重要的一点是,在古典共和理论闻所未闻的宪法机制与民事实践中,[8]对属人诸权利、对自治政府(self-government)的保护。用普布利乌斯(亚历山大·汉密尔顿)在《联邦党人文集》第9篇中的话说:

> 不过,政治科学,跟其他大多数科学一样,已经有了极大改进。很多五花八门的原则,古人们要么压根儿一无所知,要么知道得不甚其详,而这些原则的能效,如今却已被很好地理解了。把权力匀称地分配到各个不同的部门,引入立法上的制衡,设立由只要品行良好即可终身任职的法官所组成的法院,人民(people)在立法机关中有自己的代理人代为表现、代理人则是人民(people)自己亲自选举出来的:如此种种,都是全新的发现,抑或在现时代均已向着各自的完美状态而取得了可观的进步。它们是手段,并且都是强有力的手段,借由它们,共和政府的种种卓越会得以保留,而其种种不完美则会得以减弱或避免。我要冒昧地给这一系列会使"公民政府的民众体制"(popular systems of civil government)得以改善的情形,再添上一个情形,无论这个情形在有些人眼里有多么新奇,这个情形所基于的那个原则,已经为对这部新《宪法》所

提出的一个反对充作了根基。我指的是,扩展该体制在其中得以运转的轨道,无论是在某一单个州的层面上,还是在由若干较小的州合并而成的一个大邦联的层面上。……拟议计划的反对者们,一丝不苟地引用并传播着孟德斯鸠关于领土狭小对于一个共和政府之必然性/必要性所作的观察和评论。但是,那位伟大的人表达在他作品另一部分中的看法,他们似乎并不知悉。……孟德斯鸠的建议,与反对一个大一统的众州联合体(a general Union of the States)这一立场,相差得是如此之远,以至于他明确地认为,对于扩大民众政府的范围、协调君主体与共和二者各自的优势而言,"邦联共和体"(a CONFEDERATE REPUBLIC)①正是权宜而妥当的方式。

但是,甚至在现代共和理论鼎盛期都一直在隐隐相逼的一个巨大究问正是这个。像汉密尔顿和孟德斯鸠这样的理论者们,他们依靠的难道不正是——虽然他们并未充分地对之予以陈说或给出充分的规定——"民事共和文化"(civic republican culture)中特定的、绝对关键的、道德与教育上的诸根基吗?道德与教育上的诸根基,对其很成问题的本性/自然(nature)之探查,正是苏格拉底式共和理论的中心主题。

这一普遍的属人主张(human claim),即主张要分得一份尊严或曰"高贵",甚至还要分得一份内在的"美"(to kalon),并不难表

---

① [译按] 汉密尔顿在这篇中力挺联邦中央政府的重要性,行文中或许是出于修辞考虑,常常用反联邦党人热衷的 confederate、confederacy 等词,来描述或修饰新《宪法》所创制的新政体。这里引用的孟德斯鸠的 conferate republic,字面上看是"邦联共和",汉密尔顿强调的是"共和",而非"邦联",事实上,在孟德斯鸠该著作的英文译本中,此处译为 federal republic[联邦共和],而非汉密尔顿所用的 conferate republic[邦联共和]。在汉密尔顿的行文中,当 confederate[邦联]与"共和"连在一起,已经不再作"松散邦联"之意解了。中译可参汉密尔顿、麦迪逊、杰伊,《联邦党人文集》,程逢如等译,北京:商务印书馆,1997 年,页 42。该译本此句稍有舛误。

明,此主张,其自然/本性——也即其自然权利/自然正确(natural right)——之中的根基,被古典政治哲学很好地体认到了。回顾一下亚里士多德对"属人本性/自然"(human nature)所作的最为著名的描述就足够了:

> 依照自然/本性,属人存在者(human being)是一种政治动物。这也是为什么即使在他们对彼此的援助并无需要时,他们还是会生活在一起。不过,共同的益处也把他们拢在一起,但这是就每一位都分得一份高贵生活而言的:这一点①才尤其是目标,对于所有人(humans)来说都如此——不管说的是共同的人,还是个体的人。但是,他们也纯为生活②之故而走到一起,并为此而结成政治共同体,[9]因为即使是这样的生活或许也还是有某些高贵在里面的,倘若生活并非全然被艰辛所充斥的话。
>
> (《政治学》1278b19-27)③

但亚里士多德继续坚称:对分得一份高贵或尊严的普遍关切,这种关切,明确无误地指向属人的卓越或德性。对尊严的普遍关切,这种关切,包含了这样的一种自然而普遍的襟抱与愿景:要通过参与到一个"共和式的共同体"之中,来分得一份罕见的非凡与超拔的升华。

也不难表明,古典政治哲学还体认到了,自然权利指令"政治正义"这一德性必须倚仗在一根平等主义的支柱上。正义就是平等,正如亚里士多德(《政治学》1282b14及以下、1301b28及以下)

---

① [译按]这一点指"分得一份高贵生活"。
② [译按]生活与高贵生活是不同的。
③ [译按]中译可参亚里士多德,《政治学》,王以铸译,北京:商务印书馆,1965年,130页。

和柏拉图笔下的雅典异邦人(《法》757)所宣称的那样。但是,平等并不是一个简单的东西。平等是二维的。一来,每一个社会都必须提供"互惠的正义"或曰"矫正的正义"(reciprocal or corrective justice),依据这一种正义,每一个人(person),相互间被视为算数上平等的。此含义上的平等,其最明显的场域,就是市场与法庭:

> 社群之内的相互交换中,惟此含义上的正义,才是纽带。……城邦是由这种遵照类比的"互惠"(reciprocity)而维持的;因为[公民们]所寻求的是以恶偿付恶,不然,他们就视自己为奴隶了;并以好偿付好;倘若他们做不到,那么,相互的交换也就停止了:可他们是由这种相互的交换而维持的。这就是为什么他们建了一座公共神殿给诸位美惠女神,为的是总有"互惠"。
>
> (亚里士多德《尼各马可伦理学》,1132b32–1133a4)①

但是,正义,作为平等,还有另一种更高的含义:"分配正义"或曰"作为公平的正义"。在此,其原则便是"绩功"(merit),也便是这样的一种比例上的平等:即,诸个体与各自的配得之比的比例上平等。负担与机会、官职与风险、荣耀与羞辱,在公民当中的分配,其分配的比例应当等同于他们绩功的比例,也就是说,公民们各自的贡献、努力、已证实的潜能、造诣皆是不同的,这些有怎样的比例,负担与机会、官职与风险、荣耀与羞辱在他们之中的分配就该有怎样的比例。

　　"古典共和理论"对"现代共和理论"抱有的巨大狐疑,就是这

---

① [译按] 中译可参亚里士多德,《尼各马可伦理学》,廖申白译,北京:商务印书馆,2003年,142页。"美惠女神",参赫西俄德,《神谱》910,吴雅凌撰,《神谱笺释》,北京:华夏出版社,2015。

个:现代理论要对政治生活的种种最为基本的正当(legitimate)要求予以廓清和满足,它的此番企图与尝试是成功的,但与此同时,它是否也模糊或遮蔽了为要形塑这样的一种公共生活(一种反映了"共同之好"[common good]的整体的公共生活)就必须有的那种对"属人的卓越"(human excellenc)的明晰看法呢? "现代共和政治哲学"在全身效力于种种最为基本的属人需要的同时,就没有吞没或抹掉更高维度上的民事襟抱与愿景吗? 就没有进而吞没或抹掉了我们因聚焦于这样更高维度的襟抱与愿景而不由地作出的那些深层次上很成问题的对属人境况(human condtion)的种种反思吗? 其实,"古典政治哲学"正是在对"正义"或"共同之好"这一疑难所作的探查那里,而不是就正义所作的喋喋不休的宣讲和布道那里达至极致的。古典派(classics)都是道德哲人,他们并不是道德主义者(moralist)。

[10]关于自然诸权利的种种现代哲学——以及相应地,现代的且尤其是美利坚式的宪法主义之诸根基——是可究问且有待究问的,这一点如今已被广泛认可。事实上,对这一点的认可是如此之广泛,以至于我们可以犯这样经得起推敲(reasonably)的嘀咕:对现代共和哲学之诸根基的狐疑怕是已经堕落为一种程式化的独断论(dogmatism)了。重申一遍,我可不是要给冲着洛克式与孟德斯鸠式的政治哲学所发出的诸多约俗性的批评背书。我所确信的是:有些东西,在今天,被当成了对启蒙运动中的诸政治哲学所作的驳斥,但是,这些东西其实都不过赝品而已;因为,正如我曾在其他地方尝试证明过的那样,这些所谓的"驳斥",靠的都是这样的读解,即,对洛克与孟德斯鸠二人各自的各部专论所作的褊狭而天真的读解——所谓天真,既指历史上的天真,也指哲学上的天真(参,潘戈1973,1988)。但是,另一方面,位于现代宪法主义之根底上的种种伟大的政治哲学,它们种种名副其实的且根本性的困难,恰恰是在以下这一时候才会显露出来,即,当它们在一个与它

们自己旗鼓相当的水平上被修理了并且再次被请进了一场对话的时候，一场与《圣经》、古典政治哲学（这两个被它们欣赏且确认为自己的伟大对手）之间的对话的时候。

当这一场对话再次上演时，人们方能看到，想求诸"德意志理念论"（German idealism）以充填或支撑早期的现代共和理论，这一时髦的企图与尝试，有多么成问题。面对后现代主义的炮轰，求诸康德的道德哲学与政治哲学，便极具吸引力了。既然康德的哲学道德上丰腴、分析上谨严，便很好理解这一严肃的诱惑了：迫不及待地要把康德式的血输入已然被感觉到是贫血得相当严重的、位于"自由民主政治理论"之根底上的那种"关于人／人性／人道的视景"（vision of humanity）之中，以这一康德式输血来拯救这奄奄一息的视景。

但是，令人惊奇的是，这样的输血，与地地道道的康德自己的思想——他那种道德上严格的、形而上学上扎根牢固的思想——之相似性，竟是如此之少。依着康德说，负责任的属人行动，我们对此的经验，若被予以深入详尽的盘诘，那么，对此经验的这种盘诘，便会揭示出唯一的一条永恒而普遍的道德原则："仅遵照这样的准则而行为，此准则即，你能够在遵照它而行为的同时还有此意愿：意愿'让它成为一条一般性的法（a general law）'的那一准则。"这是唯一的一条"定言律令"；任何关于属人诸权利的观念，但凡其表达出的是属人的尊严而非集体性的霍布斯式精明——属人的尊严正对立于这种精明，那么如此关于属人诸权利的观念，其唯一的且仅有的坚固基石，就是这一条"定言律令"。这唯一的一条根本性的法要得以证立，对"纯粹理性"（reason）作一番彻彻底底的批判，由此将一切科学式思索以及形而上学式思索，将其最极端的局限暴露出来，就是必需的了。这一条定言律令，一经证立与分析，就不再只是一条单纯的形式原则或调整性的原则了，而一条单纯的形式原则或调整性的原则就是，谁都可以往里填入任何看

起来似乎对道德"有鼓舞""有抚慰"或"有魅力"的东西。对该条
定言命令的恰当构想——所谓恰当也就是,按照作为目的本身的
"意志"或"无拘"(freedom)来构想——是这样的:该条定言律令,
从中必定会推引出一套小而精的德性组合和一个原则体系,[11]
一套小而精的德性组合里是若干个永远为真的道德诸德性,一个
原则体系里是若干个永远为真的关于宪法主义的原则。道德诸德
性,康德是在他的"德性学说的形而上学诸原则"——他的《道德
形而上学》第二部分——予以详陈的。① 关于宪法主义的诸原则,
则是在他同一作品的第一部分"法权学说的形而上学诸原则"中
予以详陈的。人们有时会有这样的印象:康德的那些当代的盗用
者们,好像从未听说过康德的这部专论,而康德道德的、法律的与
政治的哲学,该哲学的实质性的心脏,正是在这部专论中呈现出来
的。不过,地地道道的康德主义的此内核,我们当代的"康德主义
者们"要尽力默默地从它的边儿上偷偷溜过去,这倒也不能全怪
他们。《道德形而上学》并不是一部可以指望它为康德打赢流行
度竞赛的专论,既然康德正是在这部专论里最为清晰地表明了他
的这一看法:即,关于对这样一种观念的非比寻常的高拔要求的看
法,所要求的那种观念,指的是一种关于属人尊严与属人诸权利的
观念,这种观念针对的那种属人尊严与属人诸权利,可能无法被约
减为以下这种功利性探求,即对人身安全、物质优渥、"普遍承认"
的虚荣这三者的功利性探求。

关于正义的康德式观念,是扎根于"自然状态"的。并且,这
一观念里,还包括了关于自然诸权利(尤其是财产诸权利)的诸原
则、自然法、社会合同(social contract)以及一个相当严格的关于主
权的学说。康德在这些根基之上所搭建的法哲学,其最为鲜明的

① [译按] 中译可参李秋零主编《康德著作全集》第4卷(其中收入了《道德形而上学
奠基》),第6卷(其中收入了《道德形而上学》),北京:中国人民大学出版社,2007
年;《道德形而上学原理》,苗力田译,上海:上海人民出版社,2002年。

特征,包括(但不限于)以下几点:第一,持这样的一种刑罚哲学:
该刑罚哲学证明了"当且仅当惩罚是报应性的,惩罚才是正义的"
(并且,该刑罚哲学里也包括了对报应性死刑的一种斩钉截铁的
背书);第二,不只是对"革命之权利"予以了否定,也对公民不服
从的道德正当性予以了否定;第三,对于会被我们以"福利国家"
相称的那些东西,针对其中的多数都给出了一种强势但令人心悦
诚服的道德批判。

　　至于关于诸德性的康德式学说,该学说的基调,定在了该学说
所处理的诸德性中头几种德性那儿。康德一开始考量了这样的道
德身位(posture):自己对于自己的自我、进而对于自己的保存和
自己的性欲所持的那种恰当的道德身位。相应地,头两种德性便
是:一、绝对避免自杀,无论什么情形;二、绝对避免单纯性欲上的
满足,单纯性欲上的满足被康德叫作"淫逸的自我作践"
(wohllüstige Selbstschändung)。相关论辩正是由那条定言律令出
发而推出的一个精简的演绎,那条定言律令给出了这样的指令:必
须始终把"合乎理性的人/人性/人道"(rational humanity)当作一
个目的本身,而不仅是当作手段——来对待:

　　　　对道德上恶的证明,其根由,显然在于这一事实:无论是
　　谁,当他把自己仅仅当作个手段用来满足一种动物式的驱动
　　时,他便放弃了自己的人格(personality)(弃之于不顾了)。

康德还补充说,基于那条定言律令,这一性欲上的劣性,必须
被判断为,是比自杀还要糟糕的,因为:

　　　　把自己的生命当作一个负担决绝地加以舍弃,这种对生
　　命的舍弃,至少并非是屝弱地屈从了动物式的快乐,而且这种
　　舍弃对勇气也是有要求的,在这样的勇气中,[12]总还找得

到对存于他自己这个人（person）之内的那种人性/人道（hu-manity）所予以的尊重。（《道德形而上学》，第二部分，第 7 节）①

康德就道德诸德性所作的教导，就是以这样叹为观止的方式开始的，因为，他想要打一开头就宣告，凡是从属人诸权利中必定会推引得出的东西，皆是有求全责备的苛刻性的。他想要确定无误地表明，凡是可以恰当地从地地道道的属人诸权利中推演出来的东西，与"自我放纵"或者说与我们今天所谓的"性欲解放"，相去得不知有多远。

那么，若我们从地地道道的康德自己的文本，转而去看看当代的各种讨论都是如何利用康德的——或者说，如何利用他的大名与权威的，就难免目瞪口呆了，二者之间腔调、实质、道德与政治，竟会有如此悬殊的云泥之别，实在令人惊异。被诉诸的确实是康德吗？或者说，是任何名副其实的康德式的东西吗？还是说，这位伟大的推理家（reasoner）加道德主义者，他那仰之弥高的大名、如具魔力一般令人痴醉的权威，其实不过是被拉来给一些恰恰会令他为其松弛散漫、没心没肺而发踊冲冠的原则与政策站台呢？

康德的哲学，最为纯粹地因而也是最具揭示性地表达了这样的企图与尝试：企图并尝试把"属人诸权利"和作为目的本身的"意志"，给一种高拔的关于"人性/人道"（humanity）的观念，弄成其牢固而耐久的根基——由此而极大地降格"爱""好"（the good）、"幸福"以及被构想为终极上是由后面这些，而非由"属人诸权利"所决定的"德性"或"卓越"。康德坚称，让"好"——而不是让"诸权利"——来给"人性/人道"（humanity）作至高原则，就

---

① ［译按］引文根据潘戈英文原文译出，中译可参李秋零主编《康德著作全集》第 6 卷，前揭，435 页。潘戈引文出处标记的是"第 1 部分"，为笔误，已与原作者核实，应为"第 2 部分"。

是要把"人性/人道"（humanity）贬损为一种受境况所辖制的或曰非无拘的（unfree），甚至是动物式的实存、身份与地位。因为，"好"或者"幸福"，除了以否定的路数来界定之外（比如，避免死于非命等），在终极上是无法由"理性"（reason）来界定的。此世的幸福，因而就是由形形色色的强力（forces）所决定的：历史性的强力、经济的强力、心理的强力等。让"幸福"来作我们的准绳，也就是要把我们的"人性/人道"（humanity）、我们的"无拘"（freedom）与"合理性"（rationality），拱手让给各色决定论的且历史性的或单单主观性的强力。那么，这是真的吗？无论谁，但凡他很严肃地设法要回归康德，那么，对他而言，最重要的究问莫过于此了。

黑格尔自诩对康德的道德哲学和政治哲学作了种种完善，但他所作的完善并未搞定这个究问，其实，在某种程度上，还遮蔽了或模糊了这个究问。黑格尔以批评康德的定言律令是赤裸裸的形式主义而闻名（《法权哲学》第 135 节）。黑格尔号称自己通过表明以下这一点而给该形式主义填上了内容，他表明了：定言律令的原则——关于作为目的本身的"意志"的观念——是如何能够体现在，事实上也的确体现在了，以下这样一种国家里的种种具体而历史性的制度当中的，他说的这种国家是指一种合乎理性的（rational）宪法国家，这个合乎理性的宪法国家管理着一个现代的自由（"布尔乔亚"）社会。"伦理生活"，由此，就被视为是，恪尽义务地履行与完成行为之种种合乎理性的（rational）任务与模式——而行为之种种合于理性的任务与模式是由上述那种合乎理性的宪法国家里的那些个制度所指令并给出示例的，[13]并且，在随之而来的公民之间对彼此合乎理性的尊严（这种合乎理性的尊严，也就是恪守义务的且摆脱了束缚得以解放了的尊严）的相互承认中，也看得到"伦理生活"。黑格尔强调这一需要：需要在现代国家与自由社会之中，对实实在在要紧的东西，有公开而公共的、法上的、制度上的承认，黑格尔对此需要的强调，不过是更为清晰地暴露出,他的伦理哲学与政治哲学忽略了或吞没了属人实存的这样一些根本性面相——那些本身是如此之要紧以至于永远无法在现代国家与公民社会之中被制度化的根本性面相。若要生动形象地看到这一点,只需去琢磨一下黑格尔在他那部《法权哲学》里就这些主题——幸福、爱、神、英雄主义、圣徒范、友爱、哲学以及被他认可为"就这个词之严格含义而言的'德性'"的东西——所说过的抑或琢磨一下他就这些主题没说过的就行了,并且在琢磨的同时也别忘了记着这些主题在柏拉图和亚里士多德的主要政治作品中所占据的地位(尤其参见《法权哲学》,§19-20,93,123,150,158,163,242)。

　　重回康德以便将现代宪法主义之道德上的与政治上的诸原则予以扩展和丰富,如此之重回康德意味着什么,我们这个世纪里,那一部曾企图并尝试去探测这一意味之深度的、在哲学上最为潭奥宵眇的作品①,结尾时用的是这样一段具有引导性的话:

　　　　法与国家,二者的古老根基,与之前相比,越发成为棘手的疑难了……因而,康德的疑难绝对是我们的疑难。该疑难肯定并非简单地就是"一样的",但是该疑难在重复着自身……人性/人道(humanity),尤其是历史,均受境况所辖制。这二者的这一受境况所辖制性(conditionality),是一切超越赖以出发的起点,必须经受这样的一种拷问:一种哲学式的拷问,也即一种不受境况所辖制的拷问。但是,该究问,将永远不会是实实在在地不受境况所辖制的,除非,该究问在从被应用于历史性激情上的那种知识中,把对"好"的究问给开掘出来了。我们这里的任务,并非是极为详尽地去盘诘对这一究

---

① ［译按］指德国哲学家克吕格(Gerhard Krüger, 1902-1972),1931年出版的论康德哲学的大部头作品。施特劳斯的思想——特别是其早期思想与克吕格有紧密关联。

问所给出的答案——也不是要去盘诘奥古斯丁所给出的基督
教式答案。凡是像苏格拉底那样发问的，无论谁，苏格拉底的
范例都能教给他这一点，即该决定性的究问，始终都是真的，
即便它并未找到一个答案。

　　　　（克吕格，1931,236；强调［即中文版楷体字］为原文所加）

要严肃地求诸康德与黑格尔，终究必需一番对苏格拉底式替代选
项以及对苏格拉底主义与启示宗教之间种种伟大辩论的再考量。

　　至此，我已经指明了本书的出发点及目标。现在，我再大致勾
勒概括一下我的论辩路线吧。第一部分是我对后现代主义的批
判，随后的第二部分，是我对欧罗巴精神上和民事上的未来所作的
一个试探性的推索。通过这一思辨，我试图让某些微弱但实实在
在的可能性，看上去有点儿道理，我所说的这些微弱但实实在在的
可能性，针对的是这样的一场复兴：一场植根于展现在了此运
动——向着一个属于诸人民/诸族群（peoples）与诸国族的活力永
续的欧罗巴共同体而去的那些过去了的以及当下的运动——里的
那种种至高潜能中的欧罗巴文化复兴。我也把如此之诸可能性与
诸潜能，与当代的美利坚图景并置，两相对观，为的是把美利坚精
神会从这样的一场欧罗巴再觉醒中——或者说从我们对这一可能
性所作的沉思中——所获得的那种可以想见的刺激给提点出来。
[14]如果说米兰·昆德拉的这个断言正确，"战后俄罗斯文明对
中欧的吞并，致使西方文化失去了自己的重心"，并且，倘若"我们
不能排除这一可能性：中欧之终结标志着作为一个整体的欧罗巴
之终结的开端"（昆德拉，1980,230），那么，我们也就不能排除这
一可能性：中欧之解放或许会帮助西方文化重又得回自己的重心。

　　第三部分撮述了一些对道德上的与民事上的种种根本性的东
西进行再考量时的起始步骤，要应对欧罗巴挑战（这种挑战，其本
性/自然，其可能性，我已勾勒过了），这一番对这些根本性东西的

再考量就是必需的。这几章构成了本书的理论心脏,在这里,我试图向读者介绍现代的宪法主义与古早的政治理性主义二者之间的沃饶丰沛的辩论,其地地道道的(即便是已被遗忘了的)战列阵型据我所信会是什么样的。

　　第四部分,也是最后一部分,我试图提出一些应当以之来引导这样的一种教育———一种名副其实具有解放性的自由教育(liberal education)———的基本的诸原则,这种名副其实具有解放性的自由教育,也是一种这样的教育,它会给年轻人做好准备,让他们准备好去参与到一种觉醒了的共和政治生活之中去,也准备好去针对我们的扎根性的诸原则展开一种负责任的、批判性的探究———这种探究,其起始步骤,我已经在前几章勾勒过了。这收尾的几章还是继续了我与后现代主义的对话,即便只是弦外之音。

　　让-弗朗索瓦·利奥塔,这位当代后现代主义在哲学上的最让人印象深刻的代言人,曾强调说,后现代主义是从这样的一个臆断/假定(assumption)往前推进的,这一臆断/假定(assumption)即"大学,就西方所已知的那种大学而言,已经完了":大学,在后现代主义的眼里看来,已然再无任何根由说它自己还有任何它一度或许曾有过的可信的、具有统一性与引导性的主张或意旨了,是时候给"非技术性的教育"谋划别的场子了(利奥塔1979,尤其是,82-85;1986,165-66)。

　　如后文所陈,我显然并不否认,当代的大学———其实是我们整个的教育体系———已陷入精神危机,并且作为其结果,大学与教育体系正在经历着加速的衰落。但是,我相信,一种再生性的改革、一种以向着此观念———关于"自由教育"[paideia eleutheria]的那种原初的、名副其实的、现已被遗忘或湮没的柏拉图式观念———的回归为基础的再生性改革,或许在有些地方依然还是有可能的,无论这一可能多么微弱。我并不企图或尝试就种种教育制度之重组给出种种特别的建议,我也没那个能力去详尽胪陈这样的建议。

我的主题,侧重于我们诸制度的精神,尤其是这一襟抱与愿景——那一当我们严肃地思索这一挑战(即如何去形塑并解放青少年的灵魂)时,[15]我们应当在我们的心智之眼前方所放置的襟抱与愿景——所指向的教育上的诸目标或诸对象。就算(或者更确切地说,假如)利奥塔是对的——假如我们真的被迫得开始去为"真的教育"构建新的场所,并且是不那么"正式的"或"官方的"新场所,那么,对地地道道的自由教育之目标予以持续不懈的反思,就尤为不可或缺了。

第一部分　后现代主义回应之不足

1. 后现代主义与先锋派

什么是后现代主义？

[19]跟其他诸多带着"主义"这一后缀的学说一样，"后现代主义"这一概念，就其种种意义或者就其被赋予的种种意义来看，也是一个云遮雾绕、五花八门甚至矛盾重重的概念。跟术语"现代主义""现代"一样，"后现代主义"这一术语也在文学、建筑、美术、政治理论、历史诸领域分别有着截然不同的内涵。不过，在风格上还是共有着一些似曾相识也并非不易识别的气色的。这一表层，肖尔(Susan Shell)的描绘非常贴切：

> 它遍布我们周围，从摇滚视像和商业广告上、从时新建筑光怪陆离的外立面上、从顶级餐馆为口腹奉上的极简主义(minimalism)得以在其中被有技巧地发挥出来的各色料理上冲着我们挤眉弄眼。如此攻势，既是风格上的，也是内容上的，或者不如说，已经消弭了风格与内容之间的差异……它已经发酵得不是一天两天了，就如尼采的读者们所共知的那样。当前的攻势，新只新在了它显而易见的兴高采烈上……今天的虚无主义再也不是任何一种深彻的烦忧了，一切都是玩乐。

Spiel macht frei[玩乐生产出无拘]。作为"动作或姿态"这一含义上的 geste[姿态]这一法语字眼,给定下了调子。重要的在于"姿态"(gesture)与"身位(或充当身位)"(posture [or imposture])二者之间的差异。"作个姿态",并不是要"站在某一个位置上",而仅仅是个表示,也并不必然要表示什么。陈述与言说(凡陈述与言说,对真或假都是有所主张的)隐退了,让位给了可意会的(或者也没什么可意会的)挤眉弄眼。深渊那令人眩晕的恐怖,被炫技的表演所替代———种半空中永远在跳着的踢踏舞,这舞跳得根本不需要地板/根由(ground),这倒并非因为,像在卡通世界里那样,地板/根由的缺位没被注意到,而是因为压根儿就不再追寻这个地面/根由了。讲学术圈里人文学(the academic humanities)的困窘,却要用近来风靡民众的流行风格的大发展来说事,这看起来或许有些不搭调。但是,那种风格的诸多渊源其实都是从学术圈里来的:那种风格里,太多太多——从约翰逊(Philip Johnson)到麦当娜①——都有这样一个典型特征:有技巧地让相互矛盾的不同象喻(images)(至少,从各自约俗上的、历史性的意义来看,这些象喻是矛盾的)[20]玩鹬蚌相争的季后赛,而这正是一种直接的盗用,这种盗用借由的是在各地早都开始爆瓶变质喝不成了的不列颠罐装版高卢酒(和日耳曼酒)。对于我们美利坚人而言,更为引人注目的,或许是那一桩直到不久前还主要属于欧罗巴的事件,成功地攻占了美利坚学会(American Academy)的要塞,而此要塞,直到不久前,还不仅不接受它,而且一直对它抱持着公开的敌视。(肖尔 1989)

---

① [译按]约翰逊(1906-2005),美国建筑大师、建筑理论者。麦当娜(1956-),美国女歌手、音乐制作人、演员、商人、时尚大咖,美国流行文化代表之一。

　　要抵达此事的哲学上的心脏,我们观察以下这点,也就开始找到通往该心脏的门道了:美利坚首席后现代主义者罗蒂(Richard Rorty),在一场与他的后现代主义同仁利奥塔(Jean-François Lyotard)的辩论中,向他的对手表示拜服,利奥塔本人,在一个以《给孩子们说说什么是"后现代主义"》(*Le Postmoderne expliqué aux enfants*,1986)为标题、就后现代主义所作的浅显得很是反讽的讲述中,建议我们,先去反思"(包括文学在内的)先锋派艺术"在本性/自然上、在自我理解上的种种变化,由此开始来为我们自己定向。

　　但是,要穿行利奥塔的那篇"给孩子们的讲解",我们就先得从利奥塔的另一篇书写作品(writing)开始,他的起点在那儿才更为可见,我指的是他的"哲学与艺术在其各自实验的岁月里:对一种关于后现代主义的理念的贡献"(1989b)。[①]

反抗黑格尔

　　从后面的这篇利奥塔的随笔中,我们获知,跟现代法兰西思想中诸多真真有趣的地方一样,利奥塔的后现代主义,也是很好地以高于并对立于科耶夫的那一黑格尔式理性主义来界定自己的。科耶夫的黑格尔式理性主义,被视为是对现代性或许最为充分且最为纯粹的表达。对于科耶夫来说,黑格尔的教导(一经科耶夫稍

[①]　利奥塔对先锋派、现代和后现代各自的意义所给出的陈说,绝非习俗性的。从任何一种约俗的观点来看,他对 20 世纪艺术家的类型化和解释往往显得怪异甚至堪称乖谬。利奥塔的独一无二,体现在他坚持认为,后现代无法与现代剥离开来(尽管二者必须被区分);在利奥塔看来,后现代打一开始就呈现在现代之中,并逐渐让自己呈现得越发清晰。利奥塔的看法,肯定不是艺术家、批评家、艺术史家们的种种正统意见的典型,我也不是把他当成"代表"才选择聚焦于他的。正相反:我选择聚焦于他,恰恰是因为他令人耳目一新的原创性、他在历史与哲学上的自我意识之开阔,以及他这一毫不妥协的企图与尝试——企图并尝试去触探先锋派最深的(也即,宗教性的)冲动——之无与伦比的启迪性。

加修缮和补充之后）就是那个最后煞尾的教导。黑格尔的教导，说明了当下这个作为历史之完结的时代，当下时代，现在可以被看成已然是一个这样的过程：一个合乎理性的——即便也是矛盾的（辩证式的）——过程，[21]借由这一过程，属人境况（human condition），其连贯清晰且可以被连贯清晰地构思和表述出来的那个实质①，就被完全地暴露出来，完全地得以形成或再形成，并完全地得以满足了。在正在浮现出来的这个"普遍而同质的世界性社会"中——这个"普遍而同质的世界性社会"是无拘且平等的男人们和女人们的，其中这些无拘且平等的男人们和女人们被一种这样的技术搞得既安定又舒适：这种技术在原则上已经超克了"自然/本性"（与"理性"［reason］相对立而言的那个"自然/本性"），所有融贯一致的襟抱与愿景在原则上都已经实现了，所有根本性的矛盾也都已经解决了。对既定世界的任何超越，都显得不再是必需或可信的了，无论是对谁而言——除了对那些尚在全面而充分地加进到这个正在浮现出来的、合乎理性的社会而言。

利奥塔援引了 1936 年科耶夫写给康定斯基（Vasily Kandinsky）的一篇随笔，在这篇随笔中，科耶夫在他的黑格尔式底色上，勾勒了一幅对"抽象艺术"的陈说（科耶夫，1970a）。据这位"爱佯谬的"（paradox-loving）科耶夫所言，20 世纪以前的所有具象的且被称为"表象主义的"（representational）绘画，现在看来，其实都是"抽象艺术"。因为，它们所呈现出的视角，无一不是一种"褊狭的/部分的"（partial）视角（此视角之所以是"褊狭的/部分的"，就在于它尚未完美地合乎理性），此种视角的选取是符合艺术家自己历史性的"主体性/主观性"（subjectivity）的。只是到了现在，或者更为精准地说，从 1910 年康定斯基的那一幅未命名的水彩画开

---

① ［译按］the articulate essence，修饰"实质"一词的 articulate 有双重含义，既指借助于语言的构思与表述的清晰连贯，也指思维和语言所针对的实在本身内在的清晰连贯的关联。从西方知识论上看，交谈或语言本身就是对实在本性的追踪和揭示。

始,绘画的一种真真"客体性的/客观性的"(objective)、非碎片化的且"具体的"类型,才成为了可能。① 凡在老派眼里被视为是 20 世纪"抽象"绘画的,事实上,才是那种"并不从'自然/本性'中抽象出任何东西"的绘画的最早形态。毋宁说,这一形式上抽象的艺术,表达了"具体的整全",也即"特殊之中无物"(the no-thing-in-particular)。"具体的整全"或"特殊之中无物"这一视景是这样的一种心智所持有的视景:一种在玩乐中的、有着自我意识的心智,它体认到,在历史性进程——那将"存在"(being)重又弄进了"合乎理性的实存"之中的历史性进程——的终点,它自己已经完全地领会了——并且由于领会了因而自己也就整合进了——"存在之整体"。②

　　要充分地看清科耶夫字里行间显露的航向,我们必须动用科耶夫别的作品,[22]以便将至为关键的宗教上的、政治上的内蕴

---

① 康定斯基这幅著名的水彩画,在 1985 出版的《康定斯基作品全集》(*Oeuvres de Vasily Kandinsky*)中被翻印。虽然这幅画作一直被认为是于 1910 年绘成的,但是,近来有论辩称,画作的日期被康定斯基和他的遗孀记错了,这幅画其实是在 1913 年才画的,并非抽象绘画的第一作:参,Long 1980,157 n. 17。

② 此处并不是进入并探讨这一究问的地方,也即究问这两种解释——针对康定斯基为抽象艺术之奠基所做的或者所力图去做的,一个是科耶夫的解释、一个是康定斯基的自我解释——之间的关系。康定斯基最权威的那篇陈述 *Uber das Geistige in der Kunst*(《论艺术中的精神性/智识性》[1912]),似乎是明确地在暗示说,象征主义运动、神智派神秘主义(theosophic mysticism)、尼采对他的影响,远大于任何可用黑格尔的路数得以解释的东西对他的影响;但是,这位艺术家的自我理解在那个时候依然是含混的,而且,无论如何,都还是未完成的或者说尚在发展中的(当然,他还不知道科耶夫的成熟的黑格尔解释)。看起来,晚期的康定斯基才与科耶夫更接近,参海斯(Hess 1956,87)所引的那段关键的表述:"随着时间的流逝,你会更加决定性地意识到这一事实……抽象画家,并不是在自然/本性(nature)之种种任意的片段那儿与他的灵感相遇的,而是在作为一个整全的自然/本性那儿、在其杂多的显现那儿与他的灵感相遇的,他将这作为一个整全的自然/本性、其杂多的显现归总于他自身之中,并展示于作品之中。这一处于综合化之中的基础,为其自身寻求着最为适合的表达形式,而这一形式就是'非表象主义'(nonrepresentational)。"Long 1980 和 Weiss 1979 相应的讨论都很有帮助,但这两位写作者似乎并未体认到康定斯基与科耶夫之间的关联。

给凸显出来。科耶夫说,康定斯基的那个冠错了名的"抽象"表达,是——或者或许是——第一个彻头彻尾的且无所限定的无神式艺术。他说,这是第一个这样的艺术形式:这一艺术形式,无论公开地、还是私下里,都再也不必是一种对这样的渴慕所作的表达了——这一渴慕,即,对会使实存得以"完成/完满",并且只能借由某种襟抱与愿景或某种灵感①才能窥其一二的"超越者"(the beyond)或"不在场者"(the absent)的渴慕。按照同样的路线,科耶夫的意思也即,这也是第一个这样的艺术形式:这一艺术形式,并不表达任何针对既定世界的、根本性的、道德上与政治上的批评,换言之,第一个这样的艺术形式:这一艺术形式之为社会性世界而不安,仅仅是就这一点而言的,即社会性世界中的某些特定部分,尚未"追赶上"在社会性世界里的那些业已不证自明的且不证自明地就是对的东西。20世纪的先锋派艺术,在既定的作品中,找到了它自己精神上的满足,它所指向的或望向的,决不超出它自身分毫,它只是自我意识的表达,并且它所表达的自我意识是这样的自我意识:在一个原则上完全如家一般的世界里玩乐着的、业已满足了的、合乎理性的自我意识。这一玩乐,肯定不再是"属人的"了:它再也不知道任何严肃的深彻烦忧、任何渴慕、任何道德上的挣扎与斗争、任何超克抑或任何悲剧的可能性。对于作为"否定性"或作为"属人行动"的[大写的]历史(History)而言,作为相互冲突着的、关于正义的"诸原由"(causes)或"诸观念"之间的持续永动的矛盾的那种[小写的]历史(history),已经完了。合乎理性的且正义的社会,已然实现了,至少原则上实现了。剩下的惟一重要的"斗争",就是为了适用并巩固黑格尔在其《法权哲学》

---

①　[译按]从英文字根上看,"愿景与襟抱"(aspiration)是向外求诸超验者的引领,"灵感"(inspiration)是在内在获得或领悟到超验者的引领。

中所构思和表述出来的那种合乎理性的"真"（rational truth）而斗争。①

艺术，由此就成了精神生活中的一种合乎理性的幼稚症或者——或许某位会这么说——精神生活中的最高活动了，当再没剩下什么重要的事要去完成了的时候。在文学上的最完美显现莫过于雷蒙·格诺（Raymond Queneu）的《一百万亿首诗》（*Cent mille milliards de poèmes*）②。

科耶夫—黑格尔如此令人震愕的主张及其在诸如格诺这样超现实主义（surrealist）艺术家的作品中的反映，正是利奥塔所要反抗的，他的反抗，打着这样的一种回归的名义：从黑格尔主义回归到康德美学，[23]并辅以法兰西 philosophe[哲人]狄德罗的补充。依照利奥塔，"后现代先锋派"必须被理解为，是从"现代先锋派"之中涌现出来的，并且是一边反对"现代先锋派"一边涌现出来的。但是，后现代先锋派与现代先锋派，二者都必须被恰当地（比如，从康德式路数而不是从黑格尔式路数）来理解。那么，若从康德式路数来构想的话，什么是——现代的以及接着而来的后现代的——先锋派呢？

---

① 参尤其是科耶夫 1962，434-37。着眼于后面要讲到的，那么，注意一下这一点，便有一定相关性了，这一点即，科耶夫的无神论，并非不相容于对神秘主义的某种玩乐性的宽容，只要该神秘主义完全保持沉默不语或仅仅用逻辑矛盾来讲话就行。科耶夫的这一面，展现在了他与他那位半心半意的门徒巴塔耶（Georges Bataille）的通信中（科耶夫 1970b），并且明显被巴塔耶在《自我意识的无神论神秘主义》和《无一任务的否定性》两文中加以发展了：参巴塔耶 1955，21-44，以及他给科耶夫的信，该信在 1961，169-72 刊印。批判巴塔耶 1955 年 *Deucalion*[《丢卡利翁》]里的随笔，批判它无法逃离科耶夫的矩阵，这一批判正是德里达（Jacques Derrida）将海德格尔式思想介绍到法兰西的起点之一：参德里达 1967，369-407。

② Queneu 1961；这本如今在儿童书店里依然找得到的小诗集，将读者拽入到艺术"创作"的每一步中，它迫使人们亲自来决定怎样阅读每一首诗，这种阅读/创作，能帮着在历史之终点消磨无拘的时光，既然大家可以算得出，如此阅读/创作着书，消磨的何止上百亿年。关于类似的音乐上的科耶夫—黑格尔背景，可参考格诺的超现实主义小说，特别是 *Le Dimanche de la vie*[《生活的星期天》]（1947）。

调整康德式美学

位于现代主义先锋派(文学也包括在内)之心脏上的,利奥塔主张说,是这样的一种企图与尝试:企图并尝试重又找回那种被康德在《判断力批判》里称作"崇高"(das Erhabene)的经验。这一对崇高的经验,是在与另一经验——对"优美"(das Schöne)的经验——的对照下,才得以构想的。

对美的经验,是对一种特殊的、感官可感的对象或表象的经验,在我们心智当中并无任何一个一般性观念与之对应,但是,它所带来的肉体感官上的完美满足,唤起了快乐,而这种快乐是在它自身之内且关于它自身的快乐,而无涉其他任何利益。这种快乐,是被一种叫作"味觉/品味"的同感(a consensus of "taste")而接纳为有效的。(举个简单的例子:我们都从对一朵花或一幅静物画的观赏中——或者说从一朵花或一幅静物画的展现中——取得的那种快乐。)

对崇高的经验,相对照而言,是对一种观念——关于令人敬畏的无边无界者或无限者的、一般性的甚至是模糊的观念——的经验,这种观念,种种特殊的、感官可感的对象或象喻(images)可以唤起它,却无法充分地表象它。(举个简单的例子:当目睹浊浪滔天的苍茫大海,崇高便被这一目睹所唤起。)与"崇高"相关,我们也发现了一种叫作"味觉/品味"的同感,这一种叫作"味觉/品味"的同感,是一种更为不稳定的同感。

现在,现代先锋派,利奥塔在"给孩子们的讲解"中说道,被"献祭给了"这样的企图与尝试——企图并尝试把这一对崇高的经验表达在艺术中:

艺术之为现代艺术,就在于它把自己"那点儿小技巧"——如狄德罗所说的——都献祭给了对"无可呈现者"的呈现,换言之,凡把自己的"那点儿小技巧"都用于呈现"无可呈现者"的艺术就是现代的。

(利奥塔 1986,27-28)

但是,关于这一"无可呈现者"是什么,以及关于该"无可呈现者"又要如何被呈现在艺术中,我们还能得到一种多少都更为特别点儿的见解吗?利奥塔仅仅——借由康德——给出了一两个颇为撩拨而挑逗的例子:

> 当康德把"无形式"也即"形式的不在场"指称为"无可呈现者"的一个可能的指标时,他本人便指示了要予遵循的方向。想象力在探索对"无限者"(另一"无可呈现者")作一种呈现时,它会经验到某种**抽象**,康德在说到这种"抽象"时,他说这种"抽象"本身就像是对"无限者"所作的一种呈现,即,无限者的**否定性呈现**。他把"汝不可制作任何雕刻的象喻(image)云云"(《出埃及记》20:4)作为《圣经》中最为崇高的段落来引述。

就冒着把利奥塔更乐于将之保留在隐微的含混中的那些东西给弄显白了的风险而这么说吧:现代先锋派,在反叛"无神式的、现代的理性主义"的同时,也在寻找着一位 deus absconditus [隐匿的神]。

[24]所以,倘若这就是现代先锋派之心脏,那么,在企图把后现代主义有怎样的冲动揭示出来的利奥塔看来,后现代先锋派,又是如何亮相的呢?在现代主义对理性主义的反叛收手的地方,后现代是如何接管的呢?现代主义,我们可以说,是在揭示出了一切被给定的东西(也即一切显得是"实在的"东西)的不充分性的那

种先锋派中达至极致的,这种先锋派对这一不充分性的揭示,是通过表达出以下这一"崇高的"不成比例而揭示的,其所表达出的这一"崇高的"不成比例,即这二者之间的不成比例:能够被呈现在艺术中的"细小者"与只可以对其有所构想或有所感觉,但其本身依然是不可呈现的(除非是在召唤力或感召力的不在场者之中呈现)"宏大者"之间的不成比例。不过,这一经验,分裂为了两种可能:"重音,可放在'呈现之官能'的孱弱上,也即,放在对属人主体所经验到的那种对'呈现/在场'(presence)的留恋与怀旧(nostalgia)上";或者,"重音,也可放在'构想之官能'的权力(power)上,也可说是放在该官能的'非人道/非人性(inhumani-ty)'上"(利奥塔,1986,30)。"那么,这就是差异所在了",利奥塔总结道:

> 　　现代美学,是一种关于崇高的美学,不过,是一种留恋与怀旧的美学;它允许把"不可呈现者"仅仅作为一种不在场的内容托举出来,同时又允许"形式"继续为读者或观者提供实料以给予安慰与快乐,其提供的实料之所以能给予安慰与快乐,端赖其中可辨认出的连贯一致性。但是这些情感,并不构成那种真真崇高的情愫,真真崇高的情愫,是快乐(即:在理性[rea-son]——那胜过了或超出了一切呈现的理性——之中的那种快乐)与痛苦(即:无法被想象力或诸感官[senses]所能构想的那种悲恸)二者的一种内在的固有结合。
>
> 　　后现代美学,则是这样的:它处于现代之中,在呈现本身之中把"不可呈现者"托举出来;它拒绝"好形式"所给予的安慰,也即拒绝那种叫作"品味/味觉"的同感(那种叫作"品味"的同感,允许了一种对这一留恋与怀旧——对"不可能者"的留恋与怀旧——的共同经验)所给予的安慰;但它探究新的呈现,而它探究新的呈现并不是要从新的呈现中得以享受,而

是要更好地经验到"不可呈现者"。一个**后**现代艺术家或书写者,身临其中的正是一个哲人的处境:他书写的文本、他完成的作品,原则上,并不受业已建立起来的任何规则的统治。……这些规则与这些范畴,恰是该作品或该文本正予以探索的。……由此而来的是:作品和文本,就有了"事件"(l'événement)的种种属性,因为,作品和文本,对它们的创制者而言,到来得太迟了。……依着我看,"随笔"(蒙田)才是后现代的,而"断片"(《雅典娜神殿》①)则是现代的。

（利奥塔 1986,32-33）

在一次对艺术家纽曼(Barnett Newmann)作品所作的讨论中,利奥塔详尽地阐述道:

> "不可表达者",并非就处在某一个"那里"、处在另一些语词中[原文如此],或处在另一时间里,而是处在"这个"里:处在所发生的(某事)里。在绘画艺术的规定性中,"无规定性",也即"发生了的",正是该图、该画。该图、该画,作为发生(occurrence)或事件,就是不可表达的,该图、该画所不得不见证的,正是这一点。②

[25]不过到此为止,都还未对标志着正在浮现中的后现代先锋派之特征的"匮缺"给出陈说。用利奥塔的话说:"一个事件,也

---

① [译按] 中译可参施莱格尔,《雅典娜神殿断片集》,李伯杰译,北京:生活・读书・新知三联书店,2003 年。

② 利奥塔 1989c,197.利奥塔聚焦于纽曼的画作 *Vir Heroicus Sublimis*[《男人,英雄而崇高》],该作 1951 年第一次展出,如今收于纽约现代艺术大都会博物馆。彩色复制品可在 *The Encyclopedia of American Art* [《美国艺术百科全书》](New York: Dutton,1981)找到。利奥塔也用到了纽曼 1948 年的一篇文章"崇高就是现在"。

即一桩发生——也就是海德格尔所说的 ein Ereignis,是无限简单
的,但是这一简单性,仅能借由一种'匮缺状态'才能得以接近。"
要理解这句话,我们必须跟着利奥塔和纽曼返到康德式美学背后
的伯克(Edmund Burke)的《对我们关于崇高与美的理念之起源的
一个哲学性探查》(1757)那儿。康德援用了伯克,但是,在利奥塔
看来,因为康德拒斥伯克的论题为"心理学上的约减主义"(reduc-
tivism),所以,

　　　康德,剥去了伯克美学中的一些东西,而我把被他剥去的
　　这些东西视为,伯克美学所下的绝大的一笔赌注——这些东
　　西要去表明:崇高是被"不会再有什么发生了"这一威胁所点
　　亮的。

（利奥塔,1989c,204）

　　利奥塔所说的"'不会再有什么发生了'这一威胁"指的是什
么呢?

　　利奥塔诉诸伯克对崇高的这一理解:伯克把崇高理解为这样
的一种经验,一种植根于我们的畏惧,并且终极上植根于我们最大
的那种畏惧——对死于非命的畏惧或对虚无(nothingness)的畏
惧——的经验。崇高是痛苦与快乐二者的一种混合:崇高,其第一
时刻就是恐怖,旋即而至的是经由"拉开距离"而带来的恐怖之缓
解。更特别一点儿地说,在崇高的艺术中,"生命终止了"这一威
胁,也即"使生命得以鲜活的种种'发生'一概终止了"这一威胁,
最先被唤起;灵魂,被畏惧"震到了"——"麻木、呆若木鸡、一动不
能动、就跟死了一样"。但是,接着,"艺术,通过与这一威吓拉开距
离,孕生了一种缓解之快乐",这一种快乐,被伯克冠名为"愉悦"
(delight)。

　　拜艺术所赐，灵魂被带回到了生命与死亡之间的焦躁地带，而这一焦躁，才是灵魂之健康，才是灵魂之生命。在伯克看来，崇高，不再事关"升华"（亚里士多德即以"升华"这一范畴来界定悲剧），而是事关"加剧/紧实"（intensification）。

（利奥塔，1989c，205）

　　这一"加剧/紧实"，也就是一种企图与尝试，一种实质上是"造作/人为的"（artificial）企图与尝试：企图并尝试在一个冲着我们以生命之寂灭相威胁的时代当中，将一种鲜活的生命（这样的生命，既充满了对毁灭于无的畏惧，也瞥见了一被允诺的前景：可借由艺术而得以救赎）重又开掘出来并使之复苏；这一"加剧/紧实"，这一企图与尝试，对于利奥塔而言，正是一个线索，提示了后现代先锋派之兴起的最深的意义。

　　利奥塔对"影响"并无主张：

　　马奈（Manet）、塞尚（Cézanne）、布拉克（Braque）、毕加索，或许并不读伯克或康德。此事关乎的倒更是一种在艺术的终到站上无法抗拒的背离。

（利奥塔，1989c，206）

　　后现代美学的经验，关乎的是"本体论上的脱位"（ontological dislocation）："无意义、空洞、虚无"这一威胁，被唤起、被回击——但也是越来越少地被唤起和被回击了。因为，从传统艺术那里继承下来的每一个约俗、规则或范畴，都必须经过究问与实验，为的是，把艺术作品这一"发生"，从内在于现代性这一常规化、程式化了的世界里的固有的无意义中扭脱出来——这样的一个世界，[26]主张自己总括了整个的过去，并且，也因为此，似乎它就太容易变为完成了的黑格尔式理性主义的阴森沉闷的牢笼、一切可能性——无论是超越实存还是"加剧/紧实"实存——的终点。当然,这一后现代先锋派艺术,也越发疏离于"日常的生命"——那种活在日复一日单调重复中的、因强度/紧实度(intensity)之缺乏而麻木不仁的生命。利奥塔轻蔑地评说道,

> 这个社会性共同体,不再在艺术对象中来承认自己了,而是忽略这些艺术对象,视它们为搞不懂的从而拒斥它们,只是到后来,才又允许智识上的先锋派,将它们保留在博物馆里,作为种种攻势——那既见证了精神之权力(power)也见证了精神之匮缺的各种攻势——的痕迹。
>
> (利奥塔,1989c,206)

不幸的是,就如利奥塔也不得不坦言的那样,很难说这就是事情的终点了。因为,后现代主义意识,的确是有政治上的与社会上的深远效应的。利奥塔尽其全力地将这些效应最小化或者为这些效应开脱,但他无法忽略这些效应。

"崇高"之政治性内蕴

先锋派对崇高的探寻,利奥塔让步说,

> 似乎仅仅是恶化了诸共同体在漫长的"大萧条"中所经历的那一身份危机(identity crisis),那场始于1930年代的大萧条一直持续到了1950年代中期"重建"的终结。

先锋派意识所抛出来的"究问",被转译成了(因此也被背叛成了)对某种超迈绝伦的主体或身份[之到来]的等待:"那纯粹的人民(people)正在到来了没? 那位 Führer[领袖]正在到来了没?"利

奥塔不得不坦承,"关于崇高的美学……由此而被中性化了,并且被转化成了一种'关于神话的政治'"(利奥塔,1989c,208-209)。但是,他拒绝接受说,被他称为"后现代主义"的东西,对这些由法西斯主义与斯大林主义所导致的种种下场负有什么责任,或者,被他称为"后现代主义"的东西依然受制于这些下场。要看清这些利奥塔老是在绕开的议题,我们就得转向他关于崇高所作的更为政治性的讨论了,这样的讨论呈现于他那本被他自谓为"我的哲学书"的 *Le différend*[《差异》]快结尾处。(利奥塔,1983,236-46)

　　在该处,利奥塔注意到,照康德看来,从艺术之中的那种对崇高的经验到"热忱"(enthusiam)(所谓热忱,也即"崇高的一种极端模式",这一极端形式主要是由政治性事件产生出来的)是有一种实质上的连续性的。对康德而言,政治性事件,突出的一个例子,莫过于法国大革命了。正如利奥塔通过转述康德而说的,"热忱,作为'我们时代的事件'……是那种最为矛盾的美学,也即那种关于最极端之崇高的美学"。在对政治性"事件"的热忱回应中,旁观者经验到了这样的体认:体认到,正在发生着的,超出了其自身而指向了普遍的并且甚至是无限的意义。现在,利奥塔强调,康德是知道并且警告,从美学中的崇高、再自然不过地向着政治性热忱而运动,这一再自然不过的运动,[27]是危险甚至病态的。正如利奥塔对康德的转述:"历史性—政治性的热忱,近乎于痴呆,它是一种病理性发作,因此它自身之内并没有任何伦理上的有效性。"不过,"热忱,不定时地偶然爆发,自能唤起悲悯、唤起哀矜,这也确实使其保有了一种美学上的有效性。热忱中所蕴含的这种能唤起悲悯与哀矜的感染力,就是一种高能量标记"。"理念之无限性,把其他各个能力,也即其他各个官能,都拖向理念自身,并产生了一种活力充盈的 Affekt[情愫状态],这一类型的情愫状态正是崇高所独有的特征。"

　　利奥塔疑惑,康德有否充分地处理了自己对崇高的美学所感知到的那种政治上的危险。这是个蛮好的究问;但是,在康德那里,针对政治性的热忱——这一热忱植根于那种关于崇高的美学——而言,至少有一条清晰而毫不含混的原则,是能够且必须据之来给这种热忱下判断并且由之来主导和调整该热忱的。这一原则就是那一定言律令以及从该定言律令中必定会推引出来的东西,即"人的自然诸权利"(natural rights of man)。康德政治性美学中这一引导性的内核,在利奥塔看来,已经是彻底地不可信的并且还是危险的。利奥塔把"雅各宾式恐怖"看作是1789年《人与公民的诸权利宣言》的并不至于太令人吃惊的后果。他甚至走得如此之远,竟论辩说,帝国主义的法兰西共和国高举"人之诸权利"(the Rights of Man)旗号的"十字军东征"与希特勒主义这二者之间有一种重要的相似性(利奥塔,1986,83-94)。但是,利奥塔又拿出了什么来替代由现已名誉扫地的康德式道德法与人的普遍性诸权利(the universal rights of man)给政治性热忱所施加的囿限呢?几乎没拿出什么。

1983年,利奥塔问道,"马克思主义还没完,但是,什么使它继续下去呢?"他以极为佶屈聱牙的措辞答曰:

> 通过沉默的情愫,也即通过苦楚与磨折,把自己表达了出来……资本主义号称普遍。资本主义让言辞所遭受的不当/不法/无权,由此就会是一种普遍性的不当/不法/无权了。但是,就算不当/不法/无权,并非是普遍性的,沉默的情愫——这种情愫标识出了某种多元性[un différend],依然是要予以聆听的……正是由此,马克思主义还没在继续,它是多元化的情愫。

> (利奥塔,1983,245-46)

或者,一如利奥塔在《给孩子们说说什么是"后现代主义"》这本他写来是为了把青少年拉拢到后现代主义一边的书里所说：

> 必须要澄清一下，我们并不是要供应某一种实在/现实（reality），而是要发明种种影射来指向那无法被呈现的"可构想者"。谁也不能从这样的企图与尝试中期望"语言的诸游戏"之间会有些哪怕极其细微的和解。……我们的回应就是对一切作战、给"不可呈现者"作证、激活差异、挽救名称（name）的荣耀。

> （利奥塔，1986，33-34）

鉴于利奥塔不断贴在马克思主义上的那种纯粹"情愫上的"有效性，也就没什么可惊讶会有这样的发现了：[28]他的美学在政治上的下场——这一下场也确实令他担忧、他也坦承自己或许是要为这一下场承担某些责任的——就在于这一事实，即"有一种共谋，存于资本与先锋派之间"。一方面：

> 怀疑主义甚至解构/破坏（destruction），其所具有的那种种强力（forces），并且是被资本主义予以动用和发挥的强力，也以某种方式鼓励了艺术家们对既定规则的某种不信任，鼓励了他们的这一意愿：要用各种表达手段、各种风格、各种不断翻新的素材来做实验。有某种崇高的东西，是存于资本主义经济中的。

但是，除此，在资本主义艺术市场中，"创新与 Ereignis［事件］之间的某种混淆"也是有的，这正是拜"某一艺术作品之为先锋派，与其之被剥去意义的程度成比例"这一具有欺骗性的原则所赐。利奥塔到底还是足够诚实，他也问"那它不就跟一个事件一样了吗？"然而，利奥塔拒绝抱持这样的想法：这一想法即，后现代主义意识,其所鼓励出来的,其实正是利奥塔所知道的、过去五十年里政治上最为危险的倾向与市场的最具败坏性的强力(forces)。"玄谜",也即存于"发生、Ereignis[事件]"之中的神秘,"并未因所有这些而消解"。(利奥塔,1989c,209-211)

后现代主义是对理性主义的反叛,理性主义被后现代主义看作是在黑格尔式"超验幻象"那儿达至了极致。后现代主义是对所有宏伟"元叙事"的反叛,被利奥塔称为"元叙事"的东西号称以此世性的且普遍性的路数来说明——并且由此也就削弱和收窄了——实存的在其多元多样性之中的,也在其向着有魔力者或属神者(the divine)的开放性中的"强度/紧实度"。无论是要对实存之整体予以说明的这一主张,还是要对实存之整体予以说明的这一企图与尝试,都既扭曲了实存,而且——更为糟糕的是——都倾向于这样的一种"整全式"主张:这一"整全式"主张即,声称能够在道德上和政治上判断并号令实存。

不过,利奥塔,也顺便要我们注意这一事实:对"崇高",在晚期"希腊—罗马"哲学那里,是有一种全然不同的解释的。他跟我们提及了朗吉努斯(Longinus)的《论崇高》这部该论题上开先河的原创性专论——在某种含义上可以说,关于崇高的所有讨论,无不由该部专论而滥觞。利奥塔评述道,朗吉努斯这部专论,效仿亚里士多德,也依照"升华"来界定"崇高性"。我们若转向朗吉努斯的文本,就会发现,在他的文本里,崇高(to hypsos),并不只是依照"被升华了的"(这是 to hypsos 的字面意思)而被界定的。朗吉努斯进而坚称,表面上被升华了的,很快就会凋落、衰萎,除非它——在升华之中且伴随着升华——搅动了、唤醒了历久不竭的批判性的惊异与合乎理性的思想。该含义上的崇高,朗吉努斯发现,完美地体现在了一位著作者身上、一位在我们今天则被认为是古典派里最不那么崇高的著作者:色诺芬。

[29]因为,这才是在其本身的存在之中的真伟大的东西:
这个东西,持续不绝的理论性思辨由它而喷涌;它如此地撩拨
和激刺着思想,以至于反叛它的权力(power)是不可能的;但
是,对它的记忆却又如此强悍、挥之不去。……崇高,其第一个
特性是,它对理智的种种活动有着至高无上的穿透力和影响
力,就如我们依照我们对色诺芬的研习而对崇高所作的界定那
样;其第二个特性是,极具强度/紧实度的、摄魂勾魄的激情。①

关于一个可能的、替代性的理性主义"美学"的这个饶有兴味的暗
示,被利奥塔弃置不顾。因为他那未经究问过的历史主义,使他确
信,古典理性主义,不过是向着那一解构生命/毁灭生命(life-de-
stroying)的终局性——我们在"黑格尔式"历史之终点/目的(end)
那儿发现了此终局性的完美体现——所迈出的第一步。

异教论的新道德主义

无疑,有一种强有力的(哪怕是模糊的)宗教冲动,是位于利
奥塔的后现代主义之心脏上的。但是,我们也别由此就情不自禁
地把他的后现代反理性主义解释成一种向着传统上的那种伪饰的
宗教况味(religiosity)的简单回归了。这样来解释的话,其错误会

---

① 朗吉努斯《论崇高》8.1。补充以下这一点,是值得的:朗吉努斯摘选了"神说,'要
有光'。于是便有了光"这句,作为"真崇高"在《圣经》里的一个例子(同上,9.9)。
色诺芬,作为古典"美学"的一杆旗帜,其重要性,被由现代岁月里最伟大的美学古
典哲人沙夫茨伯里赋予他的品级所确认(1964,1:167,2:309)。沙夫茨伯里尽管
将色诺芬与更为"崇高"的柏拉图相对照,但他还是把色诺芬描述为"在所有的未
被灵感眷顾的而仅仅是属人的著作者当中最使人升华、最使人超拔的一位"。[译
按]潘戈插入的朗吉努斯的这段引文,潘戈并未注明英译本,根据英文行文的刚硬
峻刻,推测为主张经典文本严格直译的潘戈自己的英译,这在潘戈此书的序言中
也有明示。中译者为尽可能把文句中的含义推凸出来,参考了 H. L. Havell 译本
(1890)和 Loeb 的 W. H. Fyfey 译本(1995)。

更明显的,倘若我们留意一下利奥塔给一神论——也就是给犹太教(既然,利奥塔对基督教更没耐性)——所下的判断的话。

利奥塔,在他针对弗洛伊德的《摩西与一神论》而作的一篇名为"闭锁的图像"(Figure Foreclosed)的批判性评述(利奥塔,1989a,69-110)中,给出了他对一神论最清晰的后现代主义裁决。弗洛伊德把犹太教诊断为一种异常有力的"强迫性神经官能症"(obsessional neurosis)。利奥塔则坚称弗洛伊德走得还不够远:他自己则提出了这样的"假说",即,

> 犹太宗教,乃至西方——就西方本身也是该种宗教的产物而言,二者标志性的特征,该从"精神错乱"(psychosis)那儿,而非"强迫性神经官能症"那儿找。(1989a,102)

他一反常态地动用了他老师列维纳斯(Emmanuel Lévinas)的《塔木德四讲》(Four Talmudic Reading),辨识出了以下这些被他视为"精神错乱"之确凿无误的迹象的东西。第一,"抽离于实在/现实(reality)之外",证据在于"闭锁、弃绝妥协、神话与图像、排除女性的或子女的居间中介、与一个无面孔的他者(a faceless other)面对面地相遇"。第二,"受文本的主导与宰制","精神分析学教导我们,耳朵的主导与宰制,见证了这一事实:自我(ego)已经逐渐被本我(id)所支配,[30]并站到了内在的一边对抗外在的一边。智识性的提升与发达,并非'真[者]'的提升与发达"。第三,"对父亲的过高评价"。第四,"对责任的抵赖或拒绝":

> 自我贬损,就是一个可辨识出来的特质。这个特质,被弗洛伊德在研究忧郁症(melancholia)时,识别了出来并予以了深度的分析,他还在此症候、自恋癖(narcissism)与精神错乱三者之间建立了关联。(1989a,95-99)

但是,弗洛伊德——据利奥塔看来——设法抑制他自身的存在(作为科学家或精神分析学家的他自身)与犹太教的牵连程度:弗洛伊德的科学,跟众多的西方科学一样,"都是出自父亲的主导与宰制;都是那种尤其是犹太式的父亲的主导与宰制的产物"(1989a,106)。利奥塔由此便可以用这些刺耳的话来总结后现代主义规划了:

> 　　我们正在就这样的一场(反)革命——一场从起源上就是犹太式的(反)革命,并且这场(反)革命已经成为了一种由未经中介过的话语与权力(power)构成的文明——提起上诉,我们正在呼吁的是一场未知的革命。①　(1989a,85)

利奥塔,以"异教论"(paganism)之名,拒斥一神论,"异教论"这个词,在他的不止一本书的标题上都占据着抢眼的位置。他用"异教论"这个词指的是什么呢?肯定不是柏拉图式哲学,这可是利奥塔所强调的最出类拔萃的"反异教论"。利奥塔的"异教论",据他自己的说明,只有当我们把它识别为此批判的一个镜像,即,作为柏拉图《共和体》(*The Republic*)②卷二里对异教诸神的柏拉图式批判的一个镜像时,才能被充分地理解。利奥塔,肯定是把柏拉图主义当作正典性的(canonical)试金石,用以检测虔敬,因而也检测不虔敬。

---

① 利奥塔 1983,159ff,通过提出以下这样的究问且仅以含混而矛盾的评论作答,利奥塔把他对犹太教的批判、也把列维纳斯,又推进了一步:"亚伯拉罕所接到的那个要其牺牲自己儿子的指令,比一份指示了围捕、护航、集结、慢点儿死或快点儿死的备忘录,更好懂吗?……你怎么知道,亚伯拉罕就不是一个被嗜杀(杀婴)冲动所驱使的偏执狂呢?"至于犹太教与纳粹主义之间的更不得体的类比,我不想再赘述了,参上下文。

② [译按]柏拉图最著名的这篇对话,汉译篇名通常为《理想国》,本译文为全文关键用语的一致性考虑,以《共和体》相谓。

　　　我用"异教"(pangan)指"不虔敬",至少。……这就是异
教论让柏拉图最为恐怖之处,"异教论",对他来说,是所有
"不虔敬"中最坏的一种。

(利奥塔 1977a,10,50)

　　利奥塔所提到的那部柏拉图文本,是流传下来的第一部明晰
详尽的"神学"文本。在该文本中,柏拉图笔下的苏格拉底坚称,
一位值得崇拜的神,必须是这样的一个存在者:该存在者仅仅引发
好而不引发恶;其形其相一直保持不变;并且,该存在者是不撒谎
的。相应地,利奥塔则宣称,"诸神,既是恶之原由,也是好之原
由;他们变形变相(因而也撒谎)"。他还进而玩乐式地用一种新
的正典性(canonicity)替换了柏拉图式正典性(canonicity):"这类
话语,其正典性的说法是:我告诉你吧,他们[指诸神]之孱弱,如
你如我。"(利奥塔,1983,41)

　　不过,这并非意味着,利奥塔是在诉请"古典共和"的做法或
信仰来反对古典哲人的思想。[31]因为,利奥塔的"异教论"是一
种极端形式的女性主义。他痛斥古典共和体里的"性别主义",连
带着也痛斥了古典共和体里的公民武装,古典共和体里对这样的
一种理性主义——在谋虑咨议式议事会(deliberative assemblies)
中得以表达的那种理性主义——的热衷和投入,而他从那种谋虑
咨议式议事会里看到的则是一种病菌,即,那种苏格拉底式的、
"男权控"(phallocratic)的理性主义的病菌:

　　　哲人,本身就是"男权控"的一个秘密同谋。因为,哲学,
并不像其他诸多学科那样仅仅是一个学科而已。哲学是在探
求这样的一种构成性秩序:一种把含义给予世界、给予社会、
给予话语的构成性秩序;哲学是西方的脑病。……哲学之语
言、这一"元语言",打一开始,就是雄性语言,在西方含义上,

尤其是希腊含义上的雄性语言。

　　那么,这一"元语言"是在什么地方得以构成的呢? 是在一些这样的共同体里:这些共同体里面是一些这样的无拘的人(free men),这些无拘的人,每一位都讲希腊语,都装备有武器,都荣耀着相同的诸神,并都拜服于法之下的平等;在封建式的(feudal)希腊社会的胴体上,由这样的无拘的人的共同体形成了 politeia[城邦]的内核。……现代世界里的那些个革命性的议事会也一样:美利坚革命、法兰西革命、布尔什维克革命。……是可以从历史上建立起这二者各自的宪制或构成——一者指政治这一制度(此即一种雄性秩序),一者指话语(且是构成了哲学的那种话语)这一制度——之间的严密吻合的。

利奥塔的"后现代主义异教论",也就是反理性的且反哲学的女性主义;女人们并不哲学化,至少不像男人们那样哲学化,因为,推理(reasoning)并不适合她们,据利奥塔看来。利奥塔是把这当赞美来说的。女人,作为"小女孩",将引领我们爬出这"谋虑咨议式的合理性"(deliberative rationality)的陷阱,该陷阱已经酿成了一大堆脑病,比如:苏格拉底式哲学、精神错乱的犹太教一神论、各种革命——美利坚革命、法兰西革命、布尔什维克革命。"所必需的是:再别哲学化了";"'成年男性究问者'的反义词是'小女孩'";"女人们正在开掘出某种将在西方掀起最伟大革命的东西"——"那将是另一个性别空间,一种关于厄洛斯式/情欲式诸权力(erotic powers)的拓扑,堪比弗洛伊德以'多相变态'(polymorphous perversity)这一(相当伪善的)名称所指称的婴幼儿身上的那种东西"。(利奥塔,1977b,213-14,224,227-30)

　　利奥塔企图并尝试通过种种暗指——比如下面这些——来进一步勾画他的"异教论":

　　异教徒们，总是把他们的诸神称为"最强悍的"；因为，他们知道，当要行骗时，这就有优势可图了；诸神，其实一点儿也不比人们（men）不狡猾［不善感］，而是比人狡猾［善感］多了；诸神并不更正义、倒是更非人（inhuman）。他们享受着一种毫无囿限的变幻多端所具有的优势，他们或许也把他们的"不道德"归之于这种毫无囿限的变幻多端。虽则如此，他们不得不受勾引，并且，总有一位能在某一时刻占了上风……

　　一位异教神就是——比如——一个得力的叙述者。你听到了一个反复对你讲的故事，它让你笑，让你哭，让你反思，让你做点儿什么，采取点儿什么行动，延迟一个决断，或是让你亲自来讲一个故事。

（利奥塔，1977a，45-46）

要搞懂利奥塔所说的"异教论"是什么意思，就必须把这一新的宗教况味（religiosity）与利奥塔极端的道德主义之间的紧密勾连纳入视野。[32] 利奥塔，不止在一个场合评述说，这样的两个强制令——"让我们都是异教徒吧！"与"让我们都是正义的吧！"——是相辅相成的。对于利奥塔而言，正义，才是那最高的且唯一纯粹的德性。但这就意味着，他持有关于正义（就其最全面的含义而言）的一种特异的见解。据利奥塔看来，正义，倘若要拥有达至极限的强力（force），那就必须把自己宣示为一种强势但令人心悦诚服的定规（prescription），这种定规，其强力（force）不会被任何以下这样的企图和尝试所削弱，或者说，并不从属于任何以下这样的企图和尝试：企图并尝试从某种自然主义需要或某种本体论命题演绎出律令——而这一企图和尝试正是柏拉图的经典错误。

　　关于正义的疑难，一旦被提出，通常都是出自一个很成问题的柏拉图式类型。据说，流通于一个既定社会中的所有东西,对这些东西的分配,如果符合柏拉图对正义本身的某种界定,那么,该分配就是正义的。……在这种情形下,那么,对正义的究问,就指回到了某一种初始话语,该话语要么是描述性的,要么是指示性的,要么是理论性的。……自由主义……也是这样的运作类型。(自由主义,有着关于何为正义的一种一般性理念,因为它也有着关于人[man]、关于一般的人文主义/人道主义/人性主义[humanism],以及关于个体主义的一种特定表象。)

（利奥塔与泰博,1985, 22;比较,52-53）

列维纳斯的犹太教则避免了这一错误,并且正确地抓住了正义的这一实质上的面相:

> 对我来说,列维纳斯的思想之所以如此重要,就在于他的思想表明了我与他者——也就是他所说的"绝对他者"的"他者"——的关系是这样的:他者由"他对我讲"这一简单的事实而对我所作的请求,是一个永远无法被证成的请求。这里模板就是神与以色列人民/族群(people)的关系,这一关系带着神对摩西的那一初始的陈述:"让他们服从我!"

（利奥塔与泰博,1985, 22;比较,52-53）

我们可以说,利奥塔是在寻求关于强势但令人心悦诚服的道德权威的这样一种观念:它进涌奔流,冲刷掉一切永固闷替的差等格局中劣迹斑斑的种种关系——包括属人存在者(human beings)之间的关系,甚至属人存在者(human beings)与属神来源之间的关系,而属神来源已经是给这样的道德权威剩下的惟一来源了。这一惊人的见解,就是利奥塔所说的"异教论"之实质所指。"异教论"这个名称,就是命给这样的一种处境的:在该处境中,不论谁,他"在关乎正义的事上——也就是在关乎政治与伦理的事上——下着严峻的判断,并且全无任何基准。我所说的'异教论',指的就是这个了"。(利奥塔与泰博,1985,16)

完美地体现在利奥塔那儿的后现代主义,可以说,是一个确证,确证了尼采就正在浮现中的世界所作的预报:

> 基于诸多交谈、仔细地究问和聆听,我在欧罗巴有神论(theism)之衰落的根底上所发现的,就是这个了:在我看来,似乎宗教直觉的确是处于强有力的生长进程之中的——但有神论式的满足,却恰恰是这一宗教直觉怀着深深的不信任所拒斥的。
>
> (《善恶的彼岸》,第53节)

[33]要理解后现代主义的诸根,我们确实必得转回到这样的尼采:那被海德格尔——在他的透彻锐利的且同情性的批判中——中介过了的并且完成了的/①与之对立了的尼采。用瓦蒂默(Gianni Vattimo)这位"意大利的利奥塔"的话说:

> 惟有通过把我自己放到一与成问题的尼采式永恒回归、二与成问题的海德格尔式对形而上学的超克的关系之中,散碎斑驳且并不总是融贯一致的"后现代理论化",才取得得到哲学上的谨严与尊严;惟有当尼采和海德格尔这两位的哲学直觉与对"'工业世界晚期'里实存的新境况"所作的后现代反思联系在一起,二位的哲学直觉才得以以一种确定的方式来界定自己是不可以被约减为无非 Kulturkritik[文化批判](这一所有20世纪早期的哲学与文化无一不具有的特点)

---

① [译按]此处并列符"/"为潘戈行文原有。

的。要把海德格尔式的对人文主义/人性主义/人道主义(hu-manism)的批判或要把尼采式的关于彻底虚无主义的宣告，视为进行一场哲学重建的"实定/积极"(positive)时刻，而不是仅仅将其视为颓废的症候和对颓废的谴责，……惟有当谁有勇气——我们希望，勇气并非只是"不审慎"而已——去悉心聆听谈及了后现代性及其诸鲜明特质的种种话语——这些话语是关于艺术的、关于文学批评的、关于社会学的，才是可能的。

(瓦蒂默,1987,9)

2. 后现代主义之海德格尔式诸根

[34]据尼采和海德格尔,19 世纪晚期形成了这样的一个历史性阶段,这个历史性阶段让我们第一次清晰地窥见,在之前若干个世纪里日益成为西方文明之主导的对科学与理性主义的执著,其意义,在经过了充分的孕育衍化之后,呈现出了怎样的面貌。西方文明,现在必须被识别为,一个由这样的传统所达至的极致,一个其历史揭示出了种种虚无主义下场的传统,该传统,它的历史揭示出了由这一企图与尝试——企图并尝试将生活扎根于理性(reason)——所导致的、正逐步铺呈开来的种种"虚无主义"下场。这是什么意思呢? 在怎样的含义上,"虚无主义"是由理性主义所导致的实质性后果呢?

或许一开始可以通过这么说来总括一下(但同时千万也别忘了,任何总括,都是某种粗暴或粗糙的简化),尼采和海德格尔观察到了:我们的理性主义的、科学式的文化,就其成熟状态而言,它对它自身的构想以及对一切属人实存的构想,都是借助了特定的根本性的诸范畴、诸分析模式以及评价基准的。"凡实存着的",皆要按照"凡永固罔替的、普遍性的(或寰宇性的[cosmopolitan])、客观性的、功利性的、借由'和谐'而推进'和平'的、必然化了的因而也是可预测的(在原则上)、客观性上有意识的,以及一神论的"这样的路数来予以领会,这些路数可分别要言为:"永固罔替的",即,隐含于一切变化之中并统辖着一切变化的;"普遍性的(或曰寰宇性的)",即,叠加于或消弭了种种"文化差异"和"种族脸谱"的;"客观性的",即,超越了种种主观性"偏见"的;"功利性的",但其本身并无任何明确的终极意旨,除了对各种各样苦楚与磨折的否定性的克服之外;"借由'和谐'而推进'和平'的",而其达成,靠的是一降再降直至落到一个不容置疑的"金同"(agreement)层面上,由此来解决掉所有的不和;"必然化了的因而也是可预测的(在原则上)"——这并非是神秘地发生着的,因而也就并非是这样的一个来源:一个由之引出了步步进逼着的不确定性,也引出了若隐若现的希望的来源;"客观性上有意识的",或曰,能够成为科学式意识的一个客体/对象(object)的;"一神论的",是在这一含义上而言的:[35]只有对一个单一的、超验的或超历史的至高神——并且,这个至高神,他的派鹫(dispensations)与理性主义并无根本性的冲突——的宗教体认才是唯一正当的宗教体认。

"真"(truth),不管是一般的"真"还是关于各个实存着东西的"真"(这类"真",换言之,也就是各个实存着的东西的"自然/本性"),被认为是可以按照这些范畴或别的类似范畴而予以理解的东西。凡是从一开始就显得与这些范畴格格不入的,不管它是什么,则都要被拆分、解析为种种得与这些范畴相契合的要素与原则。实存,其一切另类的外观面相,就都被当作是神秘的或虚幻的了,也即,要么被当作传统的残余,要么就被当作出自这些的产物:出自天真的、矫饰做作的、一味想象的和无知的产物了。

但是,对历史的经验(对历史的经验,是被这样的一种冥想——一种就对我们灵魂的最深的经验所作的、名副其实的且潭奥宵眇的冥想——来定性成形的)则教导我们,在属人实存之中,最珍贵的东西、最魅力夺魄的东西、最挥不去放不下的东西,恰恰

是用这样的范畴无法充分把握到或领会到的。企图并尝试将
"真"或者"凡实存着的"等同于或识别为，可以按照诸如上述列出
的那些路数来领会的东西，这样的企图与尝试，肢解了"真"、也肢
解了"属人实存"。属人生活中名副其实地为悠永可敬的（venera-
ble）东西（属人实存中的其他一切均围绕它而运转）在于诸德性、
诸神、种种美的东西、相互间共担的种种债①、堪为模板的诸个体
与诸生活方式，这些都是对一种无从把握、难以捉摸的——之所以
无从把握、难以捉摸，盖因完全是时间性的或历史性的——"存
在"（Being）的种种极端多元化的显现。这一因其时间性和历史
性而无从把握、难以捉摸的"存在"（Being），就是创造性那杂多而
流动的无限性，它借由一出完全不可预测的历史这一铺呈开来着
的、被纷争所催动着的戏剧而将自己坦露出来。正是这一在其流
变不居的种种显现之中的"存在"，让不过是实存着的种种实体，
披上了意义，也因而让这些实体得以从模糊粘稠的混沌无序或嘈
乱杂糅中浮现出来转而成了种种界定和种种关系。"存在"并不
是永恒的：它依赖于"历史"，因而也就依赖于"人/人性/人道"
（humanity）；而随着"人/人性/人道"（humanity）渐渐绝迹，"存在"
也将遁隐。

　　说"'存在'仅仅把自己坦露在时间中或历史中"，也就是在说
"凡是经由唤起尊崇与爱而给予了犹如建筑结构般清晰明快的意

---

① ［译按］obligation（债）与 duty（义务）两个词，含义有重叠也有差异，前者的所指与
语境往往大于后者。obligation，在最宽泛的含义上，指人与人（个体与个体、代际之
间，尤其是有一定公民身份或法定身份的主体之间）的连带关系及原因，义务（du-
ty）为债的核心要素或表现之一，债既有道德上的（宽泛地也可以说是伦理层面，
甚至哲学反思层面的）来源，也有法定来源，法定债又因合同在先与否，分为合同
之债与侵权之债。一般而言，英文 obligation 从词源和观念上看，派生自罗马法中
的 obligatio（obligatio，则起源于罗马城邦内初早的与"欠"和"还"有关的原生观念
与实践），罗马-欧陆法的"债法"即以此词为用。duty 的用法和出现的语境较 obli-
gation 略窄，比较强调或凸显债的义务一面，甚至法定来源一面。本译文分别以债
和义务对译 obligation、duty。

义以及(由意义而来的)秩序的东西,这样的东西,总是亮相于并实存于某一文化'界域'(horizon)的畛畔之内"。这也就是在说"要充分地把握住那种苍劲的或无可抵抗的脉动,就只能借由这样的经验:植根于这一或那一偶在(contingent)的、独绝的、神圣不可侵的传统(sacred tradition)的诸经验"。某一众人民/某一个族群(a people)或某一个体,其襟抱与愿景,在艺术作品之中、在英雄身上、在受到崇拜的神圣不可侵的对象那里找到了表达,而其襟抱与愿景在其中得以表达的那些艺术作品、那些英雄、那些受到崇拜的神圣不可侵的对象则绝不是"共同的"——这里所说的这个"共同的",其含义是:从某一个文化界域或历史时代到另一个文化界域或历史时代,彼此之间完全都是可表达的或可交流的。然而,与此同时,恰恰是因为多元化的诸界域在实质上都是相互冲突的,诸界域各个也都在不断地改变着,并不断地被彼此改变着。债之最强势也最令人心悦诚服的诸来源以及襟抱与愿景的诸对象,确实是在这样的种种精神上的奋斗与战争——相与竞争的、彼此相异的诸族群/人民(peoples)、诸文化、诸岁月(它们彼此注定相互误解)之间的精神上的奋斗与战争——所进行的过程之中,才逐渐得以最为生动形象地被界定的。在这一斗争的实际过程中,[36]交战中的诸国族或诸族群/人民(people),各个都就它自己的这一主张——主张自己是独具特色、与众不同的——越来越有自我意识。各个都设法要在诸个体身上施加一种对效忠、拥护、献身和投入的更为强悍的主张,即使各个已经得到了关于诸价值的龃龉与多元的某一更为充分的提示,换言之,即使各个已经获得了某一更为清楚的暗示,暗示其:从"存在"(Being)或"时间"或"历史"这一神秘源头中汩汩奔出的诸价值,本身就是龃龉争持、多元多样的。对属人的任何东西予以理解,每一个这样的潭奥窅眇的企图和尝试,都是"视角依赖的"(perspectival),因为这样的企图和尝试执著于或致力于某一特殊的文化,并因而也就镶嵌在了该一特殊的文化之中,而其所致力于或执著于因而也就镶嵌其中的那一特殊的文化,本身则闭锁在与其他的、相与竞争的诸文化——这些其他的、相与竞争的诸文化,各自带着各自相互对立的"解释性视角"——之间的斗争中。被"存在"(Being)给摁住,也就是被迫要去下判断:被迫要占取一个富于激情的道德上的站位——而这样的一个站位,既非一时拍脑子的异想天开,也非被预先决定的,亦非全然可说明的——并且还被迫要在这一站位上给出针对所有的实存的种种判断,亦即种种在某种含义上界定了所有的实存的判断。

　　真真地去占有"被尼采称为'诸价值'[Werte]的东西"——这种东西是与纯粹仅为偏好的东西相对立的,或者,真真地去被"被尼采称为'诸价值'的东西"所占有,此占有或被占有是一种这样的经验:此经验所涉及的,更多地是决裂、饱含着爱的发掘、始料未及的灵感,而不是谋虑咨议(deliberation)、约减式分析、"共同感觉/常识"(common sense)。为回应历史性"事件"(Ereignis)而作的这种"决断"(Entscheidung)——借海德格尔的用语,永远无法逃脱严峻的挑战,因而也无法逃脱严峻的争议。要界定自己,以及自己的族群/人民(people)或自己的文化,也就是,要这样来"排座次",要把自己以及自己的族群/人民(people)或自己的文化排在"高于(或低于)并对立于他者"的位阶上。一种严肃的或笃志的实存,位于其心脏上的,并非是和平、和谐和削平化(leveling),正相反,而是这样的冲突:对至高无上又金石不渝的效忠、对行统治的诸特权与诸责任均有所主张的各个敌对的主张者之间的冲突。用海德格尔在其伟大作品《尼采》中的话说:

　　　　种种价值之设立,从该设立的历史中得出了一个根本性
　　的经验,即,知道了:哪怕是种种最高价值,其设立,也并非一
　　蹴而就的;那永恒的"真",从未在一夜间就豁然闪于天际;

从未有过历史中的哪一个族群/人民(people)，轻而易举地就握住了他们的"真"。谁在设立种种最高价值——即，创造者们、新的哲人们——照尼采看来，谁就必得是实验者；他们必得高掌远跖、披荆斩棘，开拓出一条自己的路来，因为他们知道自己并不拥有**那个**"真"。知道自己并不拥有那个"真"，由此推出的绝非：他们可以把他们自己的种种概念视为某个游戏中的筹码，他们好在这个游戏中，拿着自己的概念与他者的作交换；恰恰相反，由之推出的反倒是：思索之约束性与苛刻的谨严性，必得在事与物(things)的本身之中经验到一种扎根，一种迄今都还不为哲学所知的扎根。因为，惟如此，才会创造出与一个这样的立场以及这样的纷争有关的可能性，即，才有可能会有一个这样的立场：一个树立起自己并对立于他者的、有根基的立场——以及这样的纷争：生成为一种现实的纷争并由此成为"真"之现实来源的那种纷争。

使诸目标扎根，是一种在这一含义上的"扎根"：唤醒并解放这样的权力(powers)——是怎样的权力将债的约束性所具有的那种发号令、行掌控的劲头与气魄，输送给了正在被设定的那目标，那么就唤醒和解放该权力。惟如此，历史性实存，[37]才能在由该目标所打开来、所标界出的寰域里披上一种原生而至要的繁荣。……对于诸目标的创造性设立以及对于这一设立的准备而言，不可或缺的是这一点：在诸多特殊的族群/人民(peoples)这一形式中的属人存在者(human beings)们，是完全历史性的实存，只有在这历史性实存的"统一"之中，该设立，作为一个历史性现象，才能动起来、存下来。这既非意味着与其他族群/人民(peoples)疏离、隔绝，也并非意味着主导、支配其他族群/人民(peoples)。诸目标之设立,本身就是"遭逢",就是战役的开启。但是,真真的战役是这样的战役:在其中,交战者们,各个都超越了自己,并且,为了超越自己而展开的打斗,自内铺呈开来[强调为原文所加]。这样的一种沉思,即:沉思虚无主义这一历史性事件,以及沉思在怎样的境况下虚无主义可被釜底抽薪地克服,也即:沉思必然/必要的形而上学式扎根、周详地思索通过怎样的方式和手段来唤醒和备好这样的境况,尼采有时候把这样的一种沉思称为"伟大的政治"。

(海德格尔 1961,1:37,184-185)①

理性(reason)一旦握上了主权级的/至高无上的(sovereign)权威,理性的这一企图与尝试或者说这一主张——企图并尝试或者说主张以超历史性的抽离或超脱、中立性与客观性来俯视生命——便不可避免地或者导致不诚实、或者导致轻佻脱略的浅薄。理性(reason),总在寻求——或者说总在要求要有——固定的且普遍性的准绳,这样的理性,必定销蚀多元多样的诸信仰与诸决断,而多元化的诸信仰与决断则分别支持着彼此间无休无止地相与竞争着的种种这样的准绳——关于正义、道德判断的种种准绳。冲着"诸价值的平等化"或曰"价值诸对象的平等化"而去的当代理性主义运动、对宽容的强调、轻佻脱略的"对'不金同'的'金同'"(agreement)、自由的"开放社会",凡此种种,据海德格尔看来,统统都是症候、表征了"准绳在崩裂,对生命的献身、投入、沉湎与笃志在灭失"的症候。合乎理性的自我意识,无疑是一个不可或缺的工具,用之来澄清、构思和表述某一众人民/某一个族群(a people)最高的"诸价值";但是,臃肿肥大的理性(reason),至少

---

① [译按]中译可参海德格尔,《尼采》(上卷),孙周兴译,北京:商务印书馆,2002年,页28,173-174。

就西方经验而言,总是要把一切出类拔萃的东西因而也是真真地唤得起义无反顾的爱、真真地唤得起甘于牺牲的投入与奉献的东西,约减到或拉低到一个"共同的"低水平上,它的这一不依不饶不屈不挠的约减倾向,便把"诸价值"拖入危险,并使"诸价值"乏味化、平庸化。被尼采称为"诸价值"的东西,永远无法被理性(reason)公允地对待,因为,"诸价值",就其最充分的含义而言,总是植根于无从把握、难以捉摸的种种历史性泉源(科学式心智,则用"主观性的"或者"潜意识的"[subconscious]这样的字眼来说这些历史性泉源),而这些历史性泉源,与狭隘的理性主义意识以及该意识的种种貌似与时间无涉的且普遍性的领会模式与评价模式相比,精神上更为丰富,心理上更为强有力,道德上也更为强势但令人心悦诚服。理性主义之历史,其虚无主义后果,尼采以一句警语蔽之:"上帝死了!"他用这个警语,当然首先是指一神论的基督教的神之自我解构,也即,一神论的基督教的神,经由精神上的这种强力——一神论在与柏拉图主义联盟之后所释放出来的种种精神上的强力(force)——的充分发展而自我解构了。但是,更为一般地而言,他是指灭失了这样的可能性:再无可能去把握和领会——更别提信仰了——一度为人类(mankind)所知的、实质上为多元多样的且相与竞斗着的、笃志于斯献身于斯的种种高拔的理想或对象了。

属人存在者们,设法借由理性主义来克服[38]他们偶在的特殊性以及他们纷争撕扯的道德多元性,他们也设法用对和平、对植根于永固阁替性与普遍性的"确定性"或"金同"所保持的希望来给自己的生活定位,就这两点而言,他们是在设法逃离某种根本性的经验,而他们所逃离的这种根本性的经验,恰恰是通往"实在"或曰通往"存在"(Being)的那个线索。整个西方传统,可以被看作是,一直被这样的一种对逃离的探寻所主导着或纠缠着,一种对一场逃离——一场从"生活"或"实存"或"存在"(Being)那儿的逃离——的探寻。同时，这一磅礴而扭曲的努力，本身就是"生活"或"实存"或"存在"（Being）的一种表达。这一佯谬，其实是通往以下这个特质的另一关键线索：事与物的终极来源以极端的佯谬性为特质，该线索便通往事与物之终极来源的这一极端佯谬性的特质。西方的这一历史性的且创造性的企图与尝试——即企图并尝试从历史那儿逃离，也从创造性那儿逃离，给这一企图与尝试真真地输送了权力（power）的，一度正是那种对生活的经验、那种潜伏于根底的对生活的经验，生活——在被恐怖围击而左突右冲时——也曾寻求从中逃离的那种潜伏于根底的对生活的经验。要重塑——进而掩盖——实存，此驱动，半有意识半无意识（semi-conscious），而给这一半有意识半无意识的驱动，输送了权力的，正是对以下这三者的心碎体认：历史、暴露出来的道德性、纷争撕扯的多元性。

　　但是，这意味着，在当代虚无主义之内也藏匿着一股来源、一股凭之得以从虚无主义解放出来的来源。科学，在发出它的越发无所不在的诸如"去掌控、去整编、去预测"此类的技术性律令，科学和它的这些律令，正一路碾压过来，威胁要将迄今一直都潜伏于所有"属人实存"根底上的创造性体认统统遮蔽掉——或许是永远地遮蔽掉；但是，科学，本身就是"实存"或"存在"（Being）的一种创造性表达，另外，正是由于其在西方传统之内独特的历史性衍化，科学——就我们现在所知道的它的样子而言——其实紧密地勾连着历史性体认，也紧密地勾连着智识上的刚直悫诚（比如，苛刻的谨严、清厉的诚实、自我盘诘）。科学，在它自身当中，含蕴着某种自我克服的种子。

　　科学，能够开始去反思它自己"如何"（how）沉迷和专注于技术、反思它自己在表达真真重要的东西——"什么"（what），尤其是"为什么"（why）——时隐秘的无能（参，海德格尔《形而上学导论》开篇几页）；科学，能够开始去惊异于科学（这一科学，影响到了这一无限的神秘性,即科学所研习的那个"自然/本性"的无限神秘性)的完美性或进步性;科学,能够被这样的一种如鲠在喉的不安的意识所浸染:这种意识即,意识到在多大程度上它自己的"知识"是偶在于科学家的(也即在多大程度上是取决于科学家的)——换言之,意识到在多大程度上它自己的"知识"偶在于或取决于属人的且仅仅是属人的——因而也必定是历史性地受束缚的——视角的;科学,能够被这样的一种敬畏或惊骇所震慑:这种敬畏或惊骇即,敬畏或惊骇于它自己用技术给"恶"也给"好"聚集了多大的权力(power)。而且,技术式文化以其特有的空洞——在对"科学主义/科学家主义的文化"(scientistic culture)的否定性反叛中把自己耗干了的现代艺术以其特有的赤条条或曰以其"解构性"这一特质——清出了一片空间,这片空间,能让很多人了悟当代实存的虚空无着、意义缺位。科学式的/科学家式的(scientific)或理性主义的文化,在其成熟期,所甩出的那一大灾变的威胁,[39]于是乎,便有了一种史无前例的醒悟与之相伴而来,并且,这一史无前例的醒悟,确实也是那一大灾变的威胁——由于其波及面是如此之广——而帮助激发出来的,这一种史无前例的醒悟,即,对其晦蒙无闻正面临如此大规模威胁的那基本的属人境况与属人经验的史无前例的醒悟。

如今,破天荒第一次打开了这样的前景:这一前景即,对"要重塑或再造有意义的实存"这一属人驱动的有自我意识的(而非逃离式的[escapist])接纳和淬砺,换言之,这一前景即,有自我意识地(所谓"有自我意识地",也就是"不再是逃离式地")接纳和淬砺这一属人驱动,即"要重塑或再造有意义的实存"这一驱动。破天荒第一次,这一驱动可以找到表达了,并且它是带着一种新近才得到的局限感或佯谬感而找到的。也打开了这样的前景:这一前景即,有自我意识的创造性,或者说,有自我体认地重塑一种历史性的(这历史性是不可逆的)实存。我们的历史性的时代或处境,正以一种此前的时代在召唤人们(men)时从未有过的方式在召唤着我们,召唤我们果决地去拥抱属人的命运:倘若尼采是对的,便去创造新的诸价值;倘若海德格尔是对的,便去等待新的诸神的涌现;但无论是前者还是后者,都同时一方面要对过去——虽然我们反叛的正是这个过去——持有感激和尊崇的精神,一方面要对未来——我们集体的与个体的创造或"擘划"或"衣钵昆裔"之未来——秉承严峻的责任感以及希望。

对于这一召唤,我们最初的回应,必定是对那种"不受牵制的"或曰"未予究问的"理性主义的一种果决的反对,那种"不受牵制的"或曰"未予究问的"理性主义,乐观地允诺了向着这样一种生活的"进步":一种借功利性技术之力(power)而"得以幸福"或借该力而"摆脱苦楚与磨折"的生活。无痛苦、和平、繁荣、令身体百般舒适万般安逸的物质条件的丰饶,这幅极具蛊惑性的因而使人目盲的海市蜃楼,作为全人类(mankind)为之奋斗的真目标,是一个自然而然的后果,而导致这一后果的是理性主义的这一成功:理性主义成功地将这样的某些东西——为所有的人/人性/人道(humanity)所共同的某些东西,也即,为所有的历史性文化或每一个历史性文化所相同或所相似的某些东西,也就是(从合乎理性的或科学式的视角来看)似乎在历史性经验的那种仅仅是外观上的或表面上的多元化之下潜藏着的某些东西——拖到了前台。共同得最明显也最广泛的东西,首先就是身体与身体的需求,以及心理(psyche)——不过也是被这样来理解的"心理":"心理"可约减为"种种快乐与种种焦虑",或者说,"心理"仅仅是"种种快乐与种种焦虑"的仆从或扩展而已,而"种种快乐与种种焦虑",则植根于身体。因而,理性主义社会,自然而然地就倾向于强调物质福利而忽略精神或灵魂。共同得几乎同等明显的也同等普遍的,或者说,被所有文化之中的所有的人(men)所追求的另一东西,就是"虚荣之满足",也即对由自己的同胞、伙伴、邻居所给予的认可与钦慕的小依赖。这样的依赖一旦在一个理性主义的且平等主义的大众民主体之中被给予了正当性，便像癌症一样疯长，致使刻板因袭的、中规中矩的、四平八稳的"公共意见"与"公共关系"得以对精神上侏儒化、道德上懦夫化的原子化个体，施以越发绝对的统辖和支配。在政治层面上，民主式的普遍主义与公社主义(communalism)，均不依不饶不屈不挠地倾向于软性僭政之下民事实存的官僚化与科层化，那种温吞寡淡、令人麻木的软性僭政，被韦伯(Max Weber)称为"程序合理性"(procedural rationality)。企图并尝试复活"新康德式普遍主义伦理学与美学"或使"新康德式普遍主义伦理学与美学"保持鲜活，[40]这样的企图与尝试——在海德格尔眼里，完美地体现在了卡西尔(Ernst Cassirer)身上——代表了一种天真而掩耳盗铃的道德门脸，粉饰着那奔着狭隘的个体主义、奔着消极被动、奔着精神贫瘠而去的势不可挡的历史性运动。

海德格尔坚称，对于这一企图与尝试——企图并尝试复苏"康德式或者后康德式的合乎理性的普遍主义"——而言，时机已经过去了。现在所需要的反而是一场冲着理性主义而来的、哲学上精工细作的反叛，也即，一场全盘的颠覆：以迄今还尚且模糊的后理性主义未来之名，针对理性主义自我意识、理性主义形而上学这二者霸权的一场全盘的颠覆。为此，所必需的，首先便是：痛下苦功、批判性地深研西方思想的历史；对理性主义传统中的诸文本与诸著作者的权威予以"解构"；并将他们"要为生活提供合乎理性的根基"这样的主张或曰这样的企图与尝试，连根拔起、悉数铲除。通过穷追不舍地盘诘这些被建构得极为魅惑蛊媚的诸根基与诸根本性文本，通过刨根索极地探测这些自封的"诸根由"，我们就能够先是逐渐意识到哲学式的与形而上学式的对此根本性知识(指，关于这些被以为是"实体"的东西——诸如"客观心智""'自然/本性'与'自然/本性之神'""自然权利或自然法""定言律令""灵魂之健康""属人自然/本性之目的或意旨或完满""神法""历史性的辩证"等——的根本性知识)的种种主张是迷魅的,再是摆脱该迷魅、从该迷魅中解放出来。通过追索并勾勒出这些伟大文本是以怎样的方式被建构和释译的,与其说是很有欺骗性,不如说是很有自我欺骗性的,也就是通过把这些伟大文本无意识地或曰半有意识半无意识地植在种种特殊性的历史性处境那儿,也植在(非体系化地)构成了这些历史性处境的那无所不包的、哲学性的与语言学性的传统那儿的根给挖出来、亮出来,我们就能开始去揭示出在这些业已形塑了我们的话语与意识的诸伟大文本之内的合乎理性的意识之诸囿限了。

　　同时,也必须小心地养护创造性之种种次于合乎理性的与超于合乎理性的(sub- and supra-rational)、特殊主义的且根深蒂固的、超越性的(但并非超验性的)历史性跳跃在西方文化之内,甚至在伟大的理性主义哲学文本之内的某些细弱踪迹或些微残余。不过,我们之向着"属神者"(the divine)的重新开放,一定不得看不见暗藏于一神论中的、暗藏于彼世性的宗教况味(otherworldly religiosity)中,也暗藏于理性主义"神学"尤其是经院(scholastic)"神学"中的种种"虚无主义危险"。而另一方面,冲着理性主义而来的反叛,一定得避免又栽入"世界观之养成"(Weltanschauungs-bildung)、"神话""感触哲学"(Gefühlsphilosophie)这样的窠臼,后面这三个"如今,比以往任何时候,都在从精神生活的方方面面威胁着哲学"(海德格尔,1975,467)。使虔敬复苏,但复苏的必须是一种"思索之虔敬"。向着属神者(the divine)的重新开放,必须涉及一种对这样的出路——脱离西方(这个否弃生活的、一神论的且理性主义的西方)之界域的出路——的探寻。这一探究所呼吁的,除了其所呼吁的其他的东西外,就是[41]针对以下这种对实存的经验及以下这种关于实存的哲学式反思的一种同情性的聆听,一种精微周到的研习,此经验及此反思——或者说这一同情性聆听、这一精微周到的研习所针对的——即,对实存

的东方或非西方或前西方的("前苏格拉底"的)经验,及关于实存
的东方或非西方或前西方的("前苏格拉底"的)哲学式反思。

从纳粹主义到后现代主义之滥觞

前文的总括,并未充分地捕捉到海德格尔思想的惊悚一面。
追加上这一点是必要的:他之于纳粹主义,给他所说过的或所写过
的一切投下了一抹狰狞的魅影。海德格尔本人有时候把被他自己
相当含混地称为"他的'执著'之'错误'"的,"开解为"一个由误
解、政治上的幼稚、欺骗与自我欺骗所导致的结果。但是,尽管他
似乎并没有为纳粹反犹主义的种种极端背书,尽管针对所谓"纳
粹哲学"他也发表过一些公开的批评(他刻意地给自己在辞去弗
雷堡大学纳粹校长之后上的第一门课——那门他于 1934 年夏季
学期上的课——冠名为"逻辑"),可是从 1933 年到 1945 年他还
是一直都保持着他的党员身份,反复地表达着他对希特勒、对"运
动"的"诸理想"的钦慕。战后,他也从未在任何时候谴责过大屠
杀或与他的纳粹同侪翻脸。他刚愎地拒绝对这个或其他任何运动
或行动作伦理上的判断:就如他在 1968 年的一次采访中所说的,
"而今,谁还能允许自己,又能打着怎样的权威的名义,把某种伦
理强加给世界呢?"[1]这一陈述,暗示的不只是:海德格尔发现,作
为历史之中的决定性"事件"而发生的——无论发生的是什么,要
从其之下、之上或之外为道德上的判断开掘出一个根基,是不地道
的,因而也不可能的。海德格尔清楚地表明了这一点:他之所以吸
引纳粹——尤为特别的是他之所以吸引纳粹的如下反对和如下诉
请与吁求:纳粹对理性主义的反对或者说对道德上的普遍性准绳
的反对;纳粹对"果决""决断""永固罔替的革命""诸根""共同

---

[1] *L'Express*, December 2-8, 1968, 55-56.

体"或"整体""诸价值"以及与"纯洁"勾连在一起的富于激情的
环保主义（environmentalism）的诉请和吁求——与他的这一确信
紧密相关：他确信，当代生活最为紧迫且最为切近的任务，一度是
且现在依然是，与科学技术和资本主义这二者的去根化、无根化、
原子化效应的批判性遭逢。他在《形而上学导论》——1953 年出
版的这本书是他 1935 年上的一门讲座课程的讲稿，上这门课时他
作为一个多少有些可疑的纳粹教授，正处在纳粹的监视之下——
中说道：

> 如今被当成国家社会主义哲学而拿出来四处兜售但其实
> 跟这一运动［42］（这一运动即，现代人与席卷整个星球的技
> 术之间的相遇）内在的"真"与"伟大"根本毫无干系的那些东
> 西，也想在"诸价值"与"诸整全性"的泥潭里渔利。① （海德
> 格尔，1953，152）。

在一次著名的且出奇坦诚的访谈中——这次由德国杂志《明
镜》（*Der Spiegel*）所作的访谈，被海德格尔详加审查，并且他坚称
只能在身后出版（该访谈刊发于 1976 年 3 月 31 日，他过世后的几
天）②——海德格尔解说了《形而上学导论》里的这句话：

> 自从那时起，这过去的 30 年间，越发清楚的是：现代技术
> 之席卷整个星球的运动是一种这样的权力（power），一种其对
> 历史具有决定性的伟大很难被高估的权力。在我看来，如今，
> 一个决定性的究问是：一般而言，一个政治体系怎样才能——

---

① ［译按］中译可参海德格尔，《形而上学导论》，熊伟、王庆节译，北京：商务印书馆，
1996 年，页 202。
② ［译按］《明镜》周刊刊这次著名的访谈，于 1966 年 9 月 23 日在海德格尔弗莱堡的住
所进行。

以及哪个政治体系才能——适应这个技术化的岁月。这个究问,我也不知道答案。要说答案是民主,我是不信服的。

　　……西方世界的种种政治奋争,以及由此而来的民主,以及基督教世界观在政治上的表达,还有宪法主义,我确实要把它们都概括为"将就着用的折中手段",因为我在它们之中看不到与技术化世界的任何切实的遭逢,既然,在它们背后,我总是看到,从我的视角看过去,站着这一"臆断/假定"(as-sumption),即,臆断或假定了,技术,就其实质而言,是某种握在人/人性/人道(humanity)手里的东西。就我的意见来说,这是不可能的。技术,就其实质而言,是某种人/人性/人道(humanity)仅凭自己压根儿就无法控制的东西。

　　……一切都在运转着。奇葩之处恰恰就在这:它在运转着;运转着的一切又进一步发动着更为广泛的运作和效能。技术,在愈演愈烈地撕扯着人/人性/人道(humanity),把人/人性/人道(humanity)从地球上连根拔起、悉数铲除。

　　……就我至少能够从我们的属人经验与属人历史中定位到的方向来看,我知道的是这一点:一切不可或缺的或实质性的且伟大的东西,仅能产生于这样的境况下:此境况即,人(man)有了一个家园并且植根于一个传统。但是,当代文学,举个例子吧,其解构性,是太泛滥了。

　　……不过我觉得,似乎你们都把技术看得太绝对了。我并不把人/人性/人道(humanity)在这个技术全球化的世界里的位置,看作一种躲无可躲、逃无可逃的命数;我倒恰恰是在此看到了思索之任务:它的任务即,它在它自己的诸围限之内帮助一般而言的人/人性/人道(humanity)最终与技术之实质达成一种庶几还过得去的关系。国家社会主义,肯定是朝着这个方向去的;但是那些人(people),他们的思索太有限了,有限得压根儿无法与今天正上演着的以及现业已上演了三百年的东西,达成一种实为明晰的关系。①

　　海德格尔的确主张说,他业已从自己这一"错误的"企图与尝
试——企图并尝试去塑造或引导或利用纳粹主义——中学到了些
东西。似乎他也坦承,在自己一味地盯着虚无主义在当代世界所
导致的精神上的麻木不仁、呆板乏味、了无生趣、颓废萎靡的同时,
自己低估了虚无主义内在也固有的这些可能性:盲目、野蛮、狂暴、
凶残。他把这一教训与他对自己第一次伟大的哲学尝试(《存在
与时间》)日益加剧的不满关联在一起;他觉得,在那部作品中,除
了其他的,[43]他也没有充分地品鉴到,在西方理性主义之内,是
含蕴着这样的一种驱动的,即,"要去掌控、要去主导"的驱动。西
方的衍生,就如海德格尔所看到的,一直是被这样的一种企图与尝
试激活着的:企图并尝试让"凡实存着的"符合于"凡能够被属人
存在者(human beings)所把握到的、因而也能够被其所掌控的、所
主宰的、或者所意愿的";在这一含义上,海德格尔自己最初的路
径,都还是太"人性主义/人道主义/人文主义"(humanistic)了。
　　正是在与尼采漫长而艰苦的缠斗与过招中,海德格尔竭力廓
清了自己的思索之路。在给1961年出版的多卷本《尼采》所写的
序言中,海德格尔说,本书是:

　　　　1936 年到 1940 年开设的讲座课程的讲稿……又有若干
　　篇随笔加入。这些随笔作于 1940 年到 1946 年间……若把本
　　书视为一个整体,即可从中一见我沿之从 1930 年走到《论人
　　本主义/人道主义的信》(*Letter on Humanism*)(1947)的那条
　　思索之路。

---

① *Der Spiegel* 30, no. 23 (May 31, 1976):193-219;引自 p. 206, 209, 214。

从尼采身上,海德格尔发现了一个这样的思索者:这位思索者几乎就要克服掉西方理性主义或形而上学了,而正是由于他的功亏一篑,由于他的这一宏伟的失败,他也让理性主义之隐秘的且根本性的主旨、理性主义之最为严重的局限无比了然地凸显出来。一如我们已经看到的那样,海德格尔与尼采之间的金同,既深且广。要想从海德格尔的讲解中,辨识出哪儿是尼采终结的地方、哪儿是海德格尔开始的地方,绝非易事。易言之,萌生这样的疑惑是有可能的:海德格尔对尼采提出的有些批评,确实不是取自尼采本人的自我批评吗? 不过,海德格尔也体认到了这一究问或困难,并且坚称,尼采终归还是辜负了他那无比沃饶丰衍的哲学灵感。我在此必须约束自己仅限于扼要地来点明一下海德格尔的批评中的一些富于启发的面相,也就是他的批评中与把去向后现代主义的那条路以及——由此而来的——后现代主义之自然/本性揭露出来最为相关的那些面相。

海德格尔念念不忘一个早期的尼采式表述,即,尼采本人的思想,可以被理解为"倒转了的柏拉图主义"(海德格尔,1961,1:180)。但是,倒转了的柏拉图主义,依然是一种柏拉图主义——"打了转儿的"柏拉图主义(海德格尔强调,他和尼采都不是用"柏拉图主义"一词来指柏拉图本人的思想的——比如呈现于对话《斐德若》那里的思想:"柏拉图的伟大实非柏拉图主义可望其项背。")尼采并没能从他与柏拉图主义的对打中扭脱出来,就此而言,他依然被他所反抗的对象辩证式地界定着。"柏拉图主义",以[由]被理智所领会到的、超感官的东西[所构成的]"真"世界之名,贬抑[由]物体/身体或[由]感官可感的东西[所构成]的仅为"外观的"世界;"柏拉图主义",把永恒的诸理念或诸理想,高高地竖立在[由]属人之意愿与属人之制作(making)[所构成]的、变化着的、历史性的世界之上;"柏拉图主义",向望着"自然/本性"、将之视为任何一种模仿性技艺/艺术都必须与之相符合的准绳。

既然尼采的思想[44]依然是"倒转了的柏拉图主义",那它就并未充分地逃脱那种依旧是柏拉图式的如地心引力般的倾向——倾向于把自己构想为是这样的一种提升:把"谎"提升到高过"真";把"外观"提升到高过"实在";把"感官可感的"或"一种生理性心理"提升到高过"超感官的";把"意志与创造"提升到高过"永恒的理念";把"技艺/艺术"提升到高过"自然/本性"。海德格尔并非指尼采仅仅是简单地将柏拉图主义头脚倒置过来或仅仅是以一种简单的方式反转了柏拉图主义;尼采奋力使自己"扭脱"柏拉图主义,并且因而也使自己在某种程度上从柏拉图主义中解放了出来。但是,还并不彻底;奋争还在继续;陷阱是躲不掉的,并且,逃离还尚未完成。

尼采有一句这样的评论"有些要命的语词,看起来表达了知识,其实是阻碍了知识;其中就包括'外观'(Schein)这一语词",对这句评论,海德格尔给出评释说,"尼采也并未掌控住卧于该语词之中的、也即卧于事情(matter)之中的那个命"(海德格尔1961,1:247-48)。尼采之用外观替代了实在,或者,尼采之抛弃了关于"存在"(Being)的见解并坚称"惟'生成'(Becoming)存在着",在海德格尔看来,就是鲜明的迹象。这个一如其显现给我们的样子的世界,就是唯一的世界,该世界是一个[由]变动不居的"生成"(Becoming)——而非[由]固定不易的"存在"(Being)——[所构成]的世界。不过,这样的话,"生成"(Becoming)才存在着,且惟有"生成"(Becoming)才存在着。于是,差不多可说,"生成"(Becoming)即为"存在"(Being)。尼采体认到了这一点,便不得不依照他这两个学说——"向着权力的意志"学说、"同者之永恒回归"学说——来就这个流变中的"生成"(Becoming)给出一种陈述了。但这不又彻头彻尾地栽进了形而上学甚至宇宙论这样的窠臼吗?为了逃离这样的一头栽入窠臼,尼采是以一种史无前例的方式来呈现他的这些学说的:这些学说,就是那个"真",同时也是尼采自己的创造,换言之,是他那"具有诱惑性的企图与尝试",也即他个人"视角依赖性"(perspectivity)的产物——"视角依赖性",被他有自我意识地"解释"成了"向着权力的意志"——此产物,服务于他自己的"诸价值"(他自己的这些"诸价值",也是由他自己所"创造"的)。

　　但是,这是一种从形而上学的逃离吗? 还是一种关乎这点的坦白至极的供述呢? ——这点即:所有的形而上学(不管是多么精巧的形而上学)一直以来的那副样子,也就是——从一个思索者这边儿说——他的这一坚持:坚持世界必须符合他自己所意愿的某观念。此外,这一"视角依赖主义"(perspectivalism),其两个面相,就不相互削弱吗? 就"同者之永恒回归"即为"存在"(Being)而言,"同者之永恒回归"不就是关于技术之千篇一律的单调性与循环往复的机械性(技术的那种千篇一律的单调性与循环往复的机械性,正是事与物的——被理性主义所揭示出来的——"实质")的那种最沉闷、最压抑、最令人疲软倦怠的宇宙论表达吗? 另一方面,就带有视角依赖性的"创造性"是一切理解之端由而言,也就被创造的诸价值是一切思与行之根基而言,为创造性的行为所不可或缺的任意性与意愿性,就没削弱任何对被创造的东西之有效性——这个有效性也即那种有约束力的且有债加与的"真"(the binding and obligatory truth)——的信念吗? 对于尼采而言,海德格尔说,"在带有视角依赖性的'使……被看见'这一含义上,'实在'也即'存在'(Being)[Sein],即为'外观'[Schein]"。[45]"去实存"也就是"去显现"、去成为多少可以被理解的,因而也就是去显现于某种框架之下;但是,"去实存",同时也是去成为"有创造性的",或曰,同时也恰恰是去使实存的框架变形。对于人(humans)而言,这意味着,首要就是,针对某一道德上的原则或"价值",先去服从它,然后去反叛它并使它变形或"重估"它。海德格尔因而把尼采基本的形而上学思想总括如下:

　　　实在者(活着者)若要成为实在的,从一方面说,它必得
把自己设置在一个有所界定的界域之内,这样来保持在"真"
之外观中。但是,这一实在性若要保持实在,从另一方面说,
它必得与此同时——在被创造于艺术之中的东西之"被看
见"中——改观(transfigure)自己以使自己超越自己,也就是
说,它必得逆"真"而行。"真"与艺术,尽管从最开端,就差不
多同样地都归属于"实在性"之实质,不过,二者必得遭逢对
方并相互对立。

(海德格尔,1961,1:250)①

"但是,"海德格尔补充道,"因为,对于尼采而言,带有视角依赖性
的'外观',也有着这些特性:非实在性、幻象、欺骗,"所以,尼采必
得"决定性地"确认他在《向着权力的意志》第853节所确认的:

　　　仅仅存有着一个世界,并且它是一个虚假的、残酷的、矛
盾的、媚惑的、且毫无意义的世界——一个如此构成的世界才
是实在的世界。我们有着对谎的需要,以便赢得对这一实在
性、对这一"真"的胜利,换言之,以便活下去。——谎是必要
的/必然的、以便活下去,这本身就是实存之可怖又可疑的特
性的一部分。

海德格尔继续道:

　　　艺术与"真",对于实在性而言,均是必要的/必然的;就如
同等必要的/必然的是,二者也处于龃龉不合之中。不过,这一
关系,先就变得可怖起来了,当我们在思想中承认:创造性——

---

① ［译按］中译可参海德格尔,《尼采》(上卷),孙周兴译,前揭,页240。

作为艺术的形而上学活动——又获得了另－必要性/必然性，在最伟大事件的处境[die Tatsache des grössten Ereignisses]——道德上的神之死——被知道了的那一刻。在这个时候，现在，对于尼采而言，实存[Dasein]，惟有靠创造性才能维系/①克服了。惟有把实在性引向、导入其法与其②最高诸可能性之权力（power），才是对"存在"[Sein]唯一的确保。但是，创造性，作为艺术，是向着外观的意志；它与"真"处于龃龉不合之中。

（海德格尔 1961，1：251）③

正如海德格尔在他的《形而上学导论》中，也就是在前文引到的他评价纳粹的那段话的同一页上（152）所说的：

> 他那部计划中的巨著《向着权力的意志》，副标题为"全部诸价值之重估的企图与尝试"。第三卷标题为"诸价值之一次重新设立的企图与尝试"。尼采绊在了关于诸价值的种种观念的荆棘丛里，他没能理解这些观念的那一可究问的起源，这正是他何以没有抵达哲学的那一真中心的原因。

毕竟，尼采的确没有成功"创造新的诸价值"；他把这个任务留给了他的"超人"（supermen）；但他的"超人"（supermen）依然是一个拟制/虚构（fiction）。[46]尼采的思想，是这个"真"之最有自我意识的且有最充分自我意识的显现：这个真，即，只要人（man）还把"实存"构想为，"是在获得着秩序和意义，并且是借由与人（man），及人的'人性主义/人道主义/人文主义（humanistic）诸价

---

① ［译按］此处并列符"/"为潘戈英译中的行文。
② ［译按］此处"其法与其最高诸可能性"，从行文看，指的是上一句的"创造性"。
③ ［译按］中译可参海德格尔，《尼采》（上卷），孙周兴译，前揭，页240-241。

值'相吻合而获得秩序和意义",那么,人(man)就将一直困在虚无主义的罗网中备受煎熬。人(man),必得这样或那样地与这一事实达成和解;这一事实,即,意义或诸意义,也即"存在"(Being)传送于历史之中并借由历史而"传送"的那个意义或诸意义,它们(因而"存在"[Being]),若没了人(man)及人(man)之努力,纵然无法实存下去,不过,它们还是植根于某个这样的来源的——某个远远大于人也大于人的把握的来源:一个被一神论遮蔽了或模糊了的来源。

最后这个思想,在海德格尔对尼采艺术哲学的批判中,获得了较为多些的具体性。海德格尔赞誉尼采把"对在其最充分含义上的艺术的经验"(这一含义上的艺术,也即供给意义"诸视景"的那一诗性来源,换言之,对于各个族群/人民[people]、各个时代而言,它们各自都有各自供给意义的视景,这些供给意义的诸视景,其诗性来源,即为这一含义上的艺术)把握为通往"存在"(Being)的某一个决定性线索或惟一的那个决定性线索。海德格尔盛赞尼采对"把受众或'接受度'当作艺术经验的钥匙"这一民主式见解的大力攻击。但是,尼采坚称:一定得从(作为"创造者"的)艺术家的视角来看就最高形式而言的艺术,这就是海德格尔不认同的了。那种更深也更真的视角,是通过艺术作品本身而达至的——艺术作品本身,作为"事件"(Event),是有生命或实存的,并且是一种这样的生命或实存:这种生命或实存一直在历史中生长着,并且,其生长决定性地超越了其创造者——更不用说,其受众——的诸围限。

对尼采的批判、对纳粹经验的回应、对自己早期的伟大努力所作的自动而自主的批判,似乎合力把海德格尔引向了一个更为谦卑、更为寂灭守静、甚至更为神秘玄虚的立场。在前文引到的《明镜》访谈中,有关于海德格尔晚期立场的一个最为通俗——但通俗并不一定就是粗陋①——的表述：

> 说得简要点儿吧，兴许还是说得有点儿闷，不过是在长期思索之后才这么说的：哲学，将无法给世界当下的状况带来任何直接的变形了。这不只是说哲学，任何纯然属人的反思和纯然属人的奋争，皆如此。惟有另一个神，才救得了我们［Nur noch ein Gott kann uns retten］。对我们而言，仅余的唯一可能性就是，在思索中、在诗歌中为在大崩盘中［im Untergang］或是那个神的闪现或是那个神的缺位做好准备：以便我们仰望着这一个缺位的神而倒下。
>
> ……我们不能想他显现于此时此地，我们至多可以唤醒我们为这样的期待所作的准备。
>
> ……所谓"做好准备"，必定是实施某种"急救"。世界，无法通过人（man）而——按照它所存在的那样并依照它如何存在的那样——存在，但也无法没有人（man）而——按照它所存在的那样，并依照它如何存在的那样——存在。这一点，支持了我的这一看法：被我用"存在"（Being）［*des Sein*］这一字眼——这个极为传统、极为含混，并且现已被用滥了的字眼——来指称的那东西，那东西为了它自己的现露、为了它自己的"真"、为了它自己的以某形式的呈现，而需要"人/人性/人道"（humanity）。技术，在我看来，其实质，藏匿在被我用"框架"［Gestell］——一个常被嘲笑、或许也有些笨拙的表达——来指称的东西里。"框架"的摆布，意味着："人/人性/人道"（humanity）被这样的一种权力（power）框定在某位置、被这样的一种权力（power）配给任务、被这样的一种权力

---

① ［译按］在这个访谈中，海德格尔对自己的晚期立场的表述，比较深入浅出，所以更为"通俗"，但并不肤浅。对比而言，罗蒂对海德格尔的解释，即为"粗陋"，可参下文原文页码第60页。

（power）号令——这一种权力就是那种被揭示在了技术之实质中的并且是人（man）自己掌控不了的权力。[47]让我们都看到这一洞见吧：思想所寻求的无非就是这个罢了。哲学抵达终点了。

　　……经由另一种思索，也有可能会有某一种被中介过了的效应，但是没什么会是直接的，这是在这一含义上来说的：思索，将以一种散漫随意的方式使世界的境况变形。

（p. 209）

　　海德格尔在这同一篇访谈中——正如我们已经看到的①——坚称"在我看来，如今，一个决定性的究问是：一般而言，一个政治体系怎样才能——以及哪个政治体系才能——适应这个技术化的岁月"，尽管如此，抑或，正因为如此，他在自己的后期作品中避开了任何这样的直接或公开的企图与尝试：直接或公开地企图并尝试去影响或激发政治行动。1960 年代，他也不无称赞地言及新左派的否定性的活动或曰"清扫地基"的活动及其（智识上由他早先的学生赫尔伯特·马尔库塞所领衔的）对科学主义/科学家主义（scientism）、对自由主义、对布尔乔亚阶级的反叛。但绝大多数情况下，他强调的还是这样的需要，对在冥想中的等待以及对个人精神准备的需要，所需要的那种等待和准备，针对的是全新文化的诸可能性——其降临有赖于一个迄今尚见不到影儿的宗教式未来，也即，他强调需要在冥想中等待这诸可能性，需要为这诸可能性做好个人的精神上的准备。他把他的注意力移转了，转向了对一种更有思想且更有哲学底蕴的诗与艺术之涵育转向了一场与东方宗教的对话式相遇，转向了在西方宗教和西方思想之内部或可含有的准神秘主义诸可能性，转向了对技术之诸危险及诸可能性的分

———————
① ［译按］可参前文原文页码第 42 页。

析,尤其是转向了对"西方哲学之历史"的一种更为透彻而锐利的批判。海德格尔一直都在了然剖白着他对任何一种单单的保守主义的憎恶,他面对当代这个"世界之夜"时的悲忧,他对一个愈发机械化也愈发安逸舒适的未来的畏惧,他对一个要么是改观要么是大崩盘(Untergang)的摧枯拉朽的新岁月的望眼欲穿的极度希望与渴慕。

3. "孱弱之思"

[48]后现代主义运动,企图并尝试盗用海德格尔诸多关于思想、语言、实存的基本观念,但同时又对这些观念予以了变形,为的是把海德格尔的悲忧与渴慕,替换为一种这样的意态,这种意态吐露出了:一种更大的温雅;一种极为反讽地有着自我意识的肤浅;对文质的(humane)但震荡不稳的、无政府式的种种冲动所予以的撩拨与激励;向着离散而断点的"显微术"或者"语言游戏"而去的、由此也是通过离散而断点的"显微术"或者"语言游戏"而进行着的一场无休止的运动(离散而断点的"显微术"或者"语言游戏",包含了对作为"诸事件"的诸经验的"叙事")。鹄的之所在,正是利奥塔曾冠名为 la sveltesse[纤细]的东西(利奥塔,1984):多元性或差异性之欢娱,此多元性或差异性是一种龃龉不合的多元性或"差异性"——这种龃龉不合的多元性或差异性,既飘忽无形、游移不定得足以防止那种会引发严重冲突的植根,但是同时又强悍而意旨明确得足以"污染"并颠覆理性主义的、被技术整编了的实存之霸权。

后现代主义文化,它的一种正义的或曰非剥削性的地道版本,与我们现在已知的这种"自由的布尔乔亚社会",相距得有多远,对此,后现代主义者有着各自的、相互冲突的评估,而后现代主义者之间的关键分歧,就出现在他们对此的相互冲突的评估上。在利奥塔那儿,对当代"资本主义"实存之丑陋,依然是有着一种敏锐而犀利的感觉的。不过,利奥塔的道德义愤,让政治哲学成了他的盲点。他针对一般的理性主义以及——特殊地说——(呈现于柏拉图对话里的)苏格拉底主义二者的霸权特性所作的连篇累牍的控诉与指摘,让他有了绝佳的借口沉溺于种种表面上有着救赎性的道德感触甚或宗教感触之中,而不必让这样的感触以及由这些感触生发出的诸意见和生发出这些感触的诸意见,持续不断地经受苏格拉底式究问的严酷考验。由此,利奥塔便避开了[49]苏格拉底式自我净化这一起先痛苦的过程,同时,也就让自己绝缘于与苏格拉底式自我认知/自我知识(self-knowledge)和自我解放相伴的那种恬静而浓烈的快乐了。

在《正义游戏》里,利奥塔确实发现自己(或者说,他确实让自己)面临着种种有着揭示性的辩证式挑战——这样的挑战是对详尽甄察的回报。的确是面临着的,即便是有这一事实,即,利奥塔在对话当中把"辩证"界定为了一种这样的推理:一种与"与柏拉图的理性/理由(reason)毫无瓜葛"的推理(利奥塔与泰博,1985,27)。因为,"辩证"的X光射线,事实上,是利奥塔无法悉数防避的。当他的那位穷追猛打的交谈者(泰博[Jean-LoupThébaud]),设法归总并进而具体化利奥塔关于"异教论"的教导时,便引来了下面这段很惹眼的交流:

　　泰博:换言之,你将"真"与"正义"切割开,以便让"正义"不受你对"真"所轰出的批判。这是为了维持或重铸正义而运作的第一步。

　　利奥塔:对。……

　　泰博:那比如一个像"这是不正义的;我反叛"这样的论点,我们拿它怎么办呢?不管是谁,他怎么说得出这样的论点呢,倘若他并不知道何为正义、何为不正义?倘若正义之规定性就是一场永久的、智术式(sophistic)辩论所指向的对象?……

　　利奥塔:……我们正在处理的是两种定规体系(system

of prescriptions），而这两种定规体系相互侵犯且互不相容。这就引发了战争。

　　泰博：你是在说，两种定规体系。有[德意志总理]施密特①的一套定规，亦有赤军团②的一套定规？

　　利奥塔：对的。

　　泰博：那么，你是在说，在这一点上，一套是正义的，另一套是不正义的？

　　利奥塔：不。我是在说，它们互不相容。我并不是在下判断。

　　泰博：……但是，倘若你并没有任何准绳可供你去说"某既定的东西是正义或不正义的"呢？

　　利奥塔：那就表明了在怎样的程度上做决断是困难的。举个例子，海德堡有一台美利坚电脑，跟其他东西一起被用来设计某种程序去轰炸河内，这正义吗？分析到最后，某些人，比如施莱耶③，认为这是正义的。分析到最后，"巴德尔—迈

---

① ［译按］施密特（Helmut Schmidt，1918—2015），1974年至1982年任前西德总理。

② ［译按］赤军团（Red Army Faction），简称"RAF"，前西德的一支极端左翼军事武装，被当时的西德政府视为恐怖组织。该组织1968年开始逐渐建成，早期曾以"巴德尔—迈因霍夫集团"（Baader-Meinhof group）为名，该名号来源于其创立者中最活跃的两位人物：巴德尔（Andears Baader）、迈因霍夫（Ulrike Meinhof）。该组织曾策划并实施过一系列诸如爆炸、暗杀、绑架、银行抢劫、枪战等暴力活动，其行动在1977年"德意志之秋"达到高潮，标志性事件是施莱耶之死。此后其势力被逐渐削弱，1998年宣布解体。

③ ［译按］施莱耶（Hans Martin Schleyer，1915-1977），工商业领袖，企业家代表，前纳粹党卫军少尉，战后一度被盟军列为战犯，1949年后，任西德戴姆勒—奔驰公司（Daimler-Benz）高管、"德意志雇主联合会"会长、"德意志工业联盟"主席，因其对劳工及工会一贯的强硬立场及早先的纳粹履历而被"赤军团"视为敌对分子，1977年9月5日被"赤军团"绑架，作为筹码，该组织要求当时施密特总理任下的中左翼西德政府释放被羁押的红色军团四位元老成员，同年10月18日，赤军团获悉拟被解救的三位成员已在狱中死亡，随即枪杀了施莱耶。施莱耶死后，其早先的纳粹经历被遗忘，而作为受难者被纪念，以其名义而设立的诸多基金、奖项、体育馆，至今一直在使用。

因霍夫集团"则认为这是不正义的。谁是对的呢？那就得由每一个人来决断了！

泰博：而你认为，海德堡有这么一台美利坚电脑，这是不正义的咯？

利奥塔：是的，绝对是[不正义的]。……在这一点上我觉着我是很坚定的。……倘若你问我，为什么我站那一边，我认为我会回答说：对"为什么？"这样的究问，我是给不出什么答案的；这关乎的是某种"超验性之秩序"。……我的确是在玩儿关于正义的游戏。

泰博：你怎能说它还是一个语言游戏、一个跟别的并无二致的语言游戏呢，当它包含了某一超验性、某一终极性，也就是当它有了这样的一种鲜明特性时……？

利奥塔：我不知道；你在让我谈论一些非我有能力去构思并表述的东西。……谁施加了债或义务，这是未知的；就此，没有什么可说的。……我在两种立场之间踯躅，尽管我也希望我的踯躅是徒劳的、[50]希望这并非是两种立场。说利索点儿吧，指这样的两种立场之间：一种是异教立场，智术师（Sophists）含义上的；另一种立场呢，就算是康德主义的立场吧。

（利奥塔与泰博，1985，24，69，71，73）

若不给出这样的评论的话，对利奥塔便也是不正义的：利奥塔的确还是感觉到并表达出了某种向着正义、向着解放的强烈的道德激情，从这一点来说，利奥塔远远地甩开了其他所有的后现代主义者。而且，利奥塔依然站在——且在某种程度上他也体认到了自己是站在——这道可能性的门槛上：迈过去就是苏格拉底式自我发现了。他依然在严肃地与苏格拉底式挑战尤其是柏拉图《高尔吉亚》里的苏格拉底式挑战扭打过招。对于修辞与辩证之间的根本性区分之坍塌的一种狐疑或不确定，他也无法弃置不顾。利奥塔体认到,"柏拉图式话语,开创了科学,但该话语本身并非是科学式的——尤其是就该话语'在企图并尝试着将科学正当化'这一点而言"。不求诸在各篇对话中所发现的那种论辩方式,柏拉图的科学式知识"便会处于这样的立场,即,预设自己的有效性、然后沦为被它自己所谴责的东西:把有待考查的视为理所当然的前提、靠偏见来推进从不假考查的前提出发的考查"。但是,利奥塔无法辨识出,何以可以认为柏拉图在他自己最为根本性的事业上是成功的,因为,柏拉图对话,他看得到其中被他谓之为"叙事"或"诗性"的那些面相,却无力看到其中真真辩证的那些面相,或者说,他无力将柏拉图对话的这两种面相判然区分开来。利奥塔的这一失败可以理解,鉴于柏拉图极具技巧地将"叙事"与"辩证"这两股线精妙绝伦地糅织在了一起——当然,也得承认,这样的糅织是以表面上模糊了后一股线、使其晦暗不明为代价的。但利奥塔对柏拉图对话的读解,还有一个失败:就是他没能严丝合缝地遵循柏拉图自己在《斐德若》以及《高尔吉亚》中给凡对他的书面文字作解释而提供的指导方针(利奥塔,1983,38-48;1979,50-51;利奥塔与泰博,1985,3-6)。

利奥塔尤其没能看到,在柏拉图那儿,被他正确地称为"将科学正当化"的东西,其成败,在多大程度上,取决于,针对我们的与正义相关的种种意见所展开的一种不依不饶不屈不挠的辩证式交叉盘诘。利奥塔没能看到,政治哲学(苏格拉底式含义上的政治哲学,而非启蒙运动含义上的政治哲学)才是第一位的且根本性的哲学。这一失败,可最终追溯到这一事实上:利奥塔,跟他的导师海德格尔一样,看起来对这样的一种苏格拉底式"政治哲学化"毫无经验。哪怕对《高尔吉亚》的表层进行一番勤谨入微的琢磨,本来都会帮到利奥塔,让他得以开始去找到自己的道路通向事与物的这一苏格拉底式心脏的,可惜他没有。

瓦蒂默,这位 il pensiero debole[孱弱之思]的核心人物,则相对蔼然和婉些,从他的书写作品中,看得到一片更为晚近的也更为平静的水面,这片水面所属的那条河流,从海德格尔/①尼采那儿涌出,流向了后现代主义。[51]这一含义上的后现代主义——我们或许可以观察到——大概会令反讽的、黑格尔式的科耶夫颇为满意。

相对于利奥塔——以海德格尔走了调的回声——为一种未来的、"不虔敬的"宗教况味,召请来女性主义的异教诸神,瓦蒂默则似乎是知道"虔敬"的,不过他所谓的 pietas[虔敬],无非是这样一种形式的虔敬:权且给欧罗巴文化中那些古早且朽迈的伟大著作留点儿面子,高高在上地给它们一些俯就的尊重。这样的 pietas 在于这一事实:我们若体认到,这些著作恰是"存在"(Being)之显现,那么,我们的这样的体认便缓和了从我们对这一点——即:这些著作构成了"诸错误之历史"——所持有的确定性中升发出来的那种"历史主义式相对主义"。(瓦蒂默,1987,183–184)

相对于利奥塔还指望着通过艺术"使生命加剧/紧实",而瓦蒂默则接受了"艺术之死,或者说得更好一点儿,艺术之衰落[tramonto]":

> 跟许多其他的黑格尔式概念一样,"艺术之死"这一概念,它自身也揭示出了它自己在关于这一点上——这一点即,已在发达工业社会里得以有效证实的种种发展——是有某种预言性的。……或许真地可以把信息领域的普遍化解释为绝对精神的一种变态实现,不是吗?……不过,这里所谓的"变态",并非指一种仅仅只有"退化"这唯一一层含义的变态,而是与任何一种变态都常会有的情形一样,这里所谓的"变态"包含了认知上的与实践上的种种后果,其所包含的这些后果,是我们应予探究的,它们也许勾画出了未来的样貌。
>
> (瓦蒂默,1987,59)

---

① [译按] 此处并列符"/"为潘戈行文。

被大众媒体所形塑的那种大众文化、机械复制、媚俗、在贝克特
(Samuel Beckett)的作品与阿多诺(Theodor Adorno)的美学之中的
那种高等艺术的自我否定、"有意义的"艺术之被纯装饰与纯玩乐
所替代,这些无一不点出了我们时代里的艺术的那个"真"。这个
"真"能够让我们也会让我们获得关于艺术(被视为是处在衰落
中——而非濒死——的艺术)的一种新观念。但是,那"伟大传
统",已经被海德格尔揭示为,植根于虚妄,甚至是植根于有着解
构性且有着自我解构性的虚妄。于是乎,"衰落"就仅仅是一个相
对性的见解,它作为一种"定向"便是管用的。我们在衰落中开掘
出了关于美学的、由之也关于"存在"(Being)本身的一种新
的——即便是"孱弱的"——意义:

> 艺术之死,或者说得更好一点儿,艺术之衰落,这一处境,
> 我们正生活于其中,而这一处境,可以从哲学上读解为,是
> "这一越发一般化的发生"——"从形而上学中 vervindung[熬
> 出来了、恢复过来]——的一个面相,也就是"这一事件"——
> 这一关乎"存在"(Being)本身的事件——的一个面相。如何
> 如此的呢?要澄清这一点,就必须得表明,我们现在正在拥有
> 着的对艺术之死的经验,如何可以按这一海德格尔式见
> 解——把"艺术作品"视为"'真'之让自己起而投入于作
> 品"①——来描述,尽管或许是在研究海德格尔的文献里迄今
> 还尚未被留意到的一种含义上。

(瓦蒂默,1987,68-69)

---

① [译按]瓦蒂默这里提到的海德格尔关于艺术作品的本性的这一见解,即,海德格尔
认为,艺术是这样的"真":让自己立起来投入到作品中去的"真",艺术就是"真"之
生成、"真"之发生,可参海德格尔,"The origin of the work of art", *Martin Heidegger:
Basic Works*, ed. David Farrell Krell, Harpercollins Publishers,1977, pp. 139-212。

倘若回溯到瓦蒂默更早的一部作品 *le avventure della differenza* [《差异的冒险》]（瓦蒂默 1980,尤其是,导言与第 3、5、6、7 章）,便会更好地看到他够着什么了。该书中,瓦蒂默,[52]借由关于"超人"（superman）的尼采式理念和关于一种"统一"（一种总能在某一未来的属人实存中找得到或创造得出的"统一"）的"梦",讲了关于一个初始施魅、接着累进去魅的故事。后现代主义思想中有一个首当其冲的术语:"差异",瓦蒂默尤其聚焦于该术语的那一变化中的意义。在海德格尔那儿,"差异"指"本体论上的差异",也即"存在"（Being）与"诸存在者"（beings）之间的区分。这一差异,可被概述为,"诸实体"（"诸实体"指的是在多元多样的、变化中的历史性"诸界域"中找到它们各自的意义、进而也找到各自界定的那种"诸实体"）与"存在"（Being）或曰"存—在—性"（To-Be-ness）（"存在"或曰"存—在—性",指的并不是作为以下这种"根由"的"存在"或曰"存—在—性",而是作为以下这种"呈现"[Presence]或"渐次呈现"[Coming to Presence]的"存在"或曰"存—在—性",也即,"存在"或曰"存—在—性"并不是这些变化中的历史性诸界域,进而处在各自有意义的语境中的诸实体之任何形而上学含义上的"根由",而是这些变化中的历史性诸界域,进而处在各自有意义的语境中的诸实体之难以捉摸、无从把握的"呈现"或曰"渐次呈现"）之间持续变化着的、历史性的相互作用。当前,在近来法兰西的海德格尔式思想中——法兰西的海德格尔式思想尤其于 1960 年代末由雅克·德里达所发端,有一个这样的趋向:趋向于把关于"存在"（Being）（与"诸存在者"[beings]相对）的海德格尔式观念,看成是又栽入了窠臼:又栽进了对"那个大写的来源"（The Source）——也即,对某种就算不是有神论的也是形而上学的东西——的留恋与怀旧中。瓦蒂默通过以下论辩使劲儿地要把海德格尔从这一指控中给捞救出来,他论辩说,海德格尔的诸文本,为关于"存在"（Being）的一种较为"孱弱的"见解留下了余地:这一种较为"孱弱的"见解,并不一味地贬毁我们生活于其中的这个"衰落之时代",反倒将证成一种"衰落之本体论"。

倘若我们严肃地对待"存在"(Being)与"时间"(Time)之等同,那么,海德格尔主义就能够也将会摆脱海德格尔自己的那种渴慕:即,对一种"强悍的"时间(a "strong" time),一种关于强悍气力(strength)的时间(a time of "strength")的渴慕。"强悍气力"、意志、执著、果决的意旨性:所有这些——可以这样来论辩说——都跟形而上学之"强力与暴力"(force and violence)拴在一起,由此,所有这些,也就跟"存在"(Being)不怎么搭调了,相比起来,倒是我们正在进入其中的那一"历史性派赉"(dispensation)才与"存在"(Being)更为搭调。"存在"(Being),在过去的岁月里,确实通过形而上学式的诸视景而渐次呈现了;但是,这些暴力的且有着意志的(或曰人性主义的/人道主义的/人文主义的[humanistic])"'存在'(Being)之种种呈现"/①"对'存在'(Being)的种种施加",我们现在能够看见,如此这样的"呈现"/②"施加",有多么不完美、又如何在自我覆蔽着或自我遗忘着。我们看见,我们周围,尽是实存之沉闷而冷酷的僵化、硬化、板结化,这都是那些形而上学式的种种施加残留在技术上的未醒的宿酒。我们所拥有的这样的"看见",是"存在"(Being)之为我们在这个时间里的逐渐呈现。我们的时间,在某一含义上,是被这一"历史之终结/终点"(end-of-history)的洞见授予了特权的——但是,就在我们遗忘了"我们的时间也以我们无法看见的种种方式这样地或那样地被覆蔽了"的那一刻,我们也丧失了那一特权。那囿限了我们视景的种种覆蔽,其中有一些,就其终究是被看得见而言,只有在某一后来的岁月里才将被看见,而某一后来的岁月,当这一岁月在回看时,将看见我们现在没看见的、不

---

① [译按] 此处并列符"/"为潘戈行文。
② 同上。

过同时它也将看不见多数我们现在看见了的。但是,我们无法生活在后来的岁月里,或者说,我们甚至也无法为了后来的岁月而生活。我们无法说,什么光可照亮下一岁月里的或未来诸多岁月里的实存、什么黑暗将覆蔽下一岁月里的或未来诸多岁月里的实存。此时此刻,对我们而言,处在这个岁月,我们必须放弃任何这样的自诩:自诩我们看见的远比我们能够看见的多得多,[53]或,自诩我们所是的远不止我们现下所是的。否定性地看,我们看见了理性主义、一神论与形而上学这三者残留的余孽;而肯定性地看呢,我们看见了什么?少之又少。我们的"眼睛"是孱弱的;"高贵"或"美"(to kalon),还有 pietas[虔敬],对我们而言,均为历史性的残骸,谁不这么主张,谁讲得就不地道。但是,我们的眼睛,在其孱弱之中,或许倒看见了强悍的眼睛所错过的。孱弱的眼睛,看见了"存在"(Being)之孱弱。对我们的时代而言,"去是/去存在"(to be)即为"去摇摆彷徨"于飘忽流变的不确定性之中,而这看起来并不一定就得是"在衰暮、在老去",事实上,倒是可以被看作是"成熟了"。

但是,这对民事生活恰恰又意味着什么呢?

"孱弱之思的运思者们"拒绝了海德格尔对他们的邀请——邀请他们和海德格尔自己一起来依稀地渴慕和等待着大灾变般的革命,但他们接纳了海德格尔对前海德格尔式哲学、宗教及艺术的掀翻。能如此轻而易举地接纳海德格尔的批判,同时拒斥该批判的动量吗?"孱弱之思的运思者们",在道德上保持着对一种多少有些无政府主义式民主主义的执著,同时又警告我们:凡道德上的独断论(moral dogmatism)皆有各种各样的排他主义倾向;凡准绳皆有这样的危险——凡准绳皆会导致种种压迫性差等格局;对任何事业/原由(causes)(即便是美的事业/原由)的投入与献身,都会轻易地就把属人存在者之为属人存在者的那种始基一般的同仁之谊(fellowship)给模糊掉了。这些警告,一直都是必要的/必然的。这些警告特别适宜，当它们之发出冲着的是晚期启蒙运动——冲着的是植根于左翼黑格尔主义和种种整全主义诱惑、并且冲着的是曾在相当程度上光耀了美利坚哲学也在相同程度上污损了美利坚哲学的那种科学主义/科学家主义（scientism）与新达尔文主义时。这些警告也会很合宜——在我看来——若适用到哈贝马斯（Jürgen Habermas）所谓"促进解放"的"交往行动"理论上的话。哈贝马斯给后现代主义的替代选项以及他对后现代主义的攻击，伴随其模糊到极其危险的哲学抽象，伴随其在政治上天真的、针对宪法主义与法律主义（legalism）的无可无不可，也伴随着夺目的自以为是，构成了我所遇到的、为后现代主义之某种优越性而张目的最强悍的论辩之一。但是，理性主义之事业/原由（causes）的成败，并不取决于他这位特殊的吹鼓手。一旦弃置了哈贝马斯及哈贝马斯所代表的东西——我相信合当如此，才可严肃地问一问："孱弱之思的运思者们"的警告，冲着"现代的反理性主义"而发，是否就不如冲着"理性主义之更为古早的诸形式"而发来得恰当？为纳粹粉饰了一层高深莫测、可嘉可敬的绝妙门脸的，难道是传统理性主义与传统形而上学（从柏拉图到自然法、到孟德斯鸠式宪法主义的一切，我都将之包括在内）吗？不恰恰正是领衔了对柏拉图、自然法、传统形而上学予以攻击的那些旗手们[54]以其魔鬼般的邪性激发并点燃了青年学生及学术建制吗？

　　但是，更为切近的危险，则埋伏在另一个方向上。后现代主义者们——从欧陆的瓦蒂默、利奥塔，到美利坚的德曼（Paul De Man）、罗蒂——纷纷公开鼓吹他们思索之"孱弱"。甚至当他们依旧要说到一种"悲剧性的"孱弱时，他们也坦承，他们所说到的"悲剧"，在他们的术语里，是一个暧昧游移的或"孱弱化了的"见解。用瓦蒂默的合著者达拉果（Alessandro dal Lago）的话说：

　　若由这一事实——这一事实即,既没有什么关于"后果"的允诺,也没有什么关于"决断"的允诺——出发并超越这一企图与尝试——企图并尝试把含蕴在屏弱中的诸可能性各自的极端下场统统逼出来——的话,那么,屏弱之思的悲剧性面相,是能够被稀释、被淡化的。悲剧性——对于业已习惯了悲剧性的不论谁而言——由此便能够甩掉它那些使人撕心裂肺、悲痛欲绝的属性了。

(达拉果,1985,89)

　　在欢庆自己既无能力也不倾向于去为那些对生活而言最为必要/必然的、道德上的与政治上的诸选择寻求根由时,后现代主义者们难道不是在允准、放任对这些选择予以逃避吗?或曰对这样的责任——应仔细地去思索这些选择——予以逃避吗?在强调"不管什么思想,都是'摇摆彷徨的'"这一点时,他们难道不是无意间在培植着一种模棱两可的道德氛围吗?未意料到的下场,难道不是这样的一种趋向吗,即,越发阿谀眼下实存着的不论是什么的一切;越发效力于当下学术上的、文化上的、政治上的管他是谁的一切掌握权力者?引用"屏弱之思的运思者们"的领军人物之一克雷斯皮(Franco Crespi)的话说,

　　某种绝对的、人类学上的根基(人本主义/人道主义[humanism]、实体合理性,等)的缺位,把社会理论的批判能力置入了危机,社会理论发现自己被剥夺了与这样的理想——召唤它去让它自己与"凡实存着的"相对立的那种种理想——的参照,或者说,它发现自己再也不能参照那样的理想了。

(克雷斯皮,1998,244)

在他们的教育规划里,后现代主义者们胆大无忌地致力于

"颠覆"传统文本(无论什么传统文本,法的、文学的、哲学的、宗教的)中凡被他们用"权威"一词相指称的东西。这样的颠覆,以独断地否弃那种跨文化的或超历史的对话的可能性开始,以明确地拒斥任何关于人/人道/人性(humanity)的传统观念达至极致。正如瓦蒂默曾坚称的那样,如今要让精缮老到的后现代主义者哪怕对另一岁月或另一文化之中的"极端他者性"所具有的挑战予以识别或承认,也是完全不可能的:

> 随着另一文化之中的"极端他者性"的境况,被揭示为一种理想,一种或许从未实现过并且肯定也不可能由我们来实现的理想,随之而来的便是,在"吸收同化—感染污化"进程中,甚至是那些属于我们自己传统的诸文本,也就是就"古典著作"一词的字面含义而言的那些"古典著作"——我们以前一直用这些"古典著作"来衡量我们的人/人道/人性(humanity),也就逐渐地丧失了它们作为模板的那种令人信服的力量了,并由此而沦为了庞大工地上堆放着的碎石残垣中的一部分。
>
> (瓦蒂默,1987,169)

[55]我要诉称,对着教育摆出这么一副身姿(posture),但这副身姿的效果,很难说是在给学生们培植一种对以下这一点的富于激情的关切:破解那些能够从某文本中或从某艺术作品中学到的东西。最有可能培养出来的,其实反倒是一种 pensiero debole,即一种"孱弱之思",这种"孱弱之思"以表面上的某种肤浅的满足感——这种肤浅的满足感掩盖了精神上的某种根本性的空洞——为标志。精神上的这一真空,不仅使青少年的公民风范与人文情怀(humane spirituality)僵化板结、麻木不仁,而且这一谁沾上便使谁呆板乏味、麻木不仁的真空,鼓荡而出或吞吸而入的是一些有着

崩毁摧颓之力且令人不寒而栗的渴慕与非理性主义。这样的渴慕与非理性主义,曾如狂风横扫,也会再度悍然来袭。

在回应这一挑战,以便就他的政治目标给出一些更为特别的指标时,利奥塔曾宣称后现代主义是一种"定向",这种定向"符合于社会性诸互动之衍化:在社会性诸互动之中,'临时合同'在实践中正替代着在各种事——职业的事、情感的事、性的事、文化的事、家庭的事、国际的事——上的以及在政治事务上的各种永固罔替的制度"。当然了,"这一衍化肯定是含混的"。"'临时合同'之所以被体制所青睐",是因为它全方位地便于"更好地操作"。信息革命"会成为用以控制和调整市场体系的一种'梦寐以求的最理想的'工具,该工具也将扩展至学术本身,并且仅受'可操作性'这唯一一个原则的全权统治"。但是,如果我们把我们的生活想成是"正义游戏",也就是想成是在玩杂多异质的语言游戏,如果我们坚持规避"游戏规则"之中的任何"同感"(consensus),并且尤其是,如果我们都学会了如何利用精密复杂的计算机,学会了如何获取登陆并访问数据库的相关权限,那么,我们就能多少抱有这样的希望或多少相信:所有这些将会带来解放。利奥塔继续写道:解决方案,其实,

> 在原则上是非常简单的:把无拘地登陆并访问存储器与数据库的相关权限给予公众(the public)。那样的话,语言游戏,就成了任何一个既定时刻里的完美信息的游戏。但是,这样的游戏,也将是非零和游戏,并且,有鉴于这一事实,讨论将永远不会有"赌本耗尽因而固定在了某一极大极小均衡(minimax equilibrium)上"的风险。因为,在这种情况下的赌本,是由知识(你愿意的话,也可叫信息)构成的,而知识储备,也就是语言上的各种可能说法的储备,是根本耗不尽的。这便勾勒出了这样的一种政治的轮廓:在这种政治中,对正义

的欲望,对未知的欲望,二者将受到同等的尊重。

(利奥塔,1979,107-8)

给利奥塔那本以"后现代状况"命名的书收尾的这些话,看起来似乎立意严肃,不过我还是不由地犯嘀咕,疑心这些话代表的不过是那种反讽的、"给孩子们的后现代主义"的又一个例子罢了——换言之,又一个"游戏"而已。不幸的是,要说利奥塔或瓦蒂默的作品对后现代主义的民事替代选项作过什么至为具体的反思,能找到的,怕真就只有这些了。

4. 美利坚后现代主义

[56]后现代主义者们,争先恐后地逃避海德格尔的深度(无论哪种含义上的深度),却又各自保存了一朵半朵海德格尔哲学上与文学上的绮靡浮炫的烟花,他们这么做,就好比在寒冷的冬夜奉上了一瓶烈酒:这瓶烈酒允诺了快乐的梦;但是我们将在何地、何境醒来呢? 从德曼(Paul De Man)①——这位美利坚后现代主义之首要渊源之一——的那段公案来看,后现代主义,原来不过就是这样的一种隐秘且正因其隐秘所以尤为麻烦的企图与尝试:企图并尝试将早年在报界与法西斯主义和反犹主义勾勾搭搭的那段

---

① [译按] 德曼(Paul De Man,1919-1983),生于比利时,二战期间,在德占比利时曾供职多家报馆,战争末期,因受其幼年时的监护人、被他视为亲生父亲的舅父的支持纳粹行为牵连,并因其自身的反犹、亲德言论,受到抵抗组织的威胁,遂退出公众视线而隐居。战后移民美国纽约城,1960 年代在哈佛大学攻读比较文学研究生学位,后来在美国多所大学任教,并成为知名文学批评家、文学理论者,1966 年结构主义研究会在霍普金斯大学召开,此会议上,因"解构论"而与德里达结成好友。因将德、法的哲学思路引入了英美文学研究与批判理论,影响甚广。1983 年去世,时为耶鲁大学比较文学教授。去世后,他在 1940-1944 年比利时伪政府期间,为当地报刊杂志写作的大量文稿被重新发现,生前一些朋友同事对他生活及学术上的一些表现,颇有微词,发出了一些与他生前在美国的公众形象完全不符的信息,引起了学界以及舆论界对德曼的再发掘和再定位。

不堪的履历置换掉或一笔勾销。① 但是，一般而言，我的不安，与其说是被美利坚后现代主义者们所背书的东西或他们之所作所为而引起的，不如说更多地是被这样的东西而引起的，这些东西，可以被证实为——即便尚未被充分承认——就是他们的思想之实实在在的下场，就是实实在在地由他们的思想必定会推引出的东西。

后现代主义，就其最不危险的状况而言，就是这样的一种并不融贯一致的——哪怕其不融贯一致对于人而言(humanly)是可以理解的——企图与尝试：企图并尝试将"人性主义/人道主义/人文主义(humanistic)启蒙运动中的理性主义"所带来的种种诱人下场保存下来，同时又要插一把刀在"人性主义/人道主义/人文主义启蒙运动中的理性主义"之心脏上。[57]罗蒂支持这一看法："保存启蒙运动之诸价值，是我们最大的希望"，不过，他又坚称，自己的任务是去"切断这些价值与'自然之镜'这一象喻之间的关联"("自然之镜"是罗蒂的一个带有贬义的术语，他用这个术语来指代"合乎理性的诸根由[比如，被启蒙运动所坚称的那些合乎理性的根由]")(罗蒂，1979，335-336)。在他最近一本书的收尾处，罗蒂向他的读者保证，他，

---

① 参德曼，1988。德曼的朋友、同事，同为后现代主义者的哈特曼(Geoffrey Hartman)曾发起过一轮辩护，在我看来，他的辩护简直就是此地无银三百两(哈特曼，1988)。德曼的"发展"，1989年肖尔(Shell)的总结极为精妙：德曼早年"曾把他自己作为一名文学理论者的成功，等同于佛兰德人(Flemish)所肩负的这一'条顿人之天命'：对抗并胜过法兰西的那种普遍化且'犹太化'的精神。德曼后来(表面上)宣布放弃的，并非是他早期对文学与文学批评所应有的高于其他思想形式的特权地位的坚持，而仅仅是其对一种种族优越理论的依附。他本人的'去纳粹化'，并未采取这样的形式：即，对自由派诸价值、对'真'，也即对人之诸权利的普遍宣示予以一种积极的断言和维护，他的'去纳粹化'，所采取的形式是：对语言本身予以更为激进的究问"。战后德曼的反思，其起点，可以较为清晰地从德曼1953年的书尤其是第1018页那看到。在那里，德曼，做出了极端非苏格拉底式的声明："否定绝对知识，也就意味着，否定任何可知的好。"他还补充道，"道德价值完全是相对性的"。

并不是要说这样的企图与尝试——企图并尝试按照种种抽象,诸如"神之子"、"人性/人道"（humanity）、"合乎理性的存在者"这样的种种"抽象"来思索——全无好处。这样的企图与尝试曾有过的好处确实不计其数,就像诸如"为了真而真""为了艺术而艺术"这样的见解曾有过很多好处一样。这样的见解,为政治上的与文化上的改变,打开了通路,并使该通路保持着开放。

（罗蒂,1989,195-98）

当"就手可得的几许修辞"被严肃地视为是"'概念分析'的一个恰当主题"时——"简言之,当我们开始问,'真'或'艺术',或'人性/人道'（humanity）有怎样的'自然/本性'时",疑难就来了。那么,以罗蒂式的后现代语风,该怎样用这"就手可得的几许修辞"呢? 在罗蒂式自由主义之中,这"就手可得的几许修辞"指什么呢?"对待'我们对属人存在者本身负有债'这一口号的正确方式是,把这一口号当作一个提醒的手段,用来提醒我们自己,要一直都尽可能地竭力去扩大我们的关于'我们'一词的含义。"但这终归走得也没有远到哪儿去:"谁若以正确的方式来读解该口号,那么,谁就将赋予'我们'一词以一种尽可能具体的、尽可能有历史上的特别所指的含义:它将指好比说'我们这些 20 世纪的自由派们'这样的东西。"另一方面,"谁若以错误的方式来读解该口号",罗蒂则警告说,那么,谁就将萌生一种关于"我们"一词的、不够专属或不够排他的见解;谁就将被引导着去接受一种关于"我们"的这样的见解:一种打开了通往"非自由派"或者"20 世纪之前诸文化的各倡导者们"（苏格拉底、耶稣、摩西、以赛亚、扎拉图斯特拉、甘地等）的大门的、关于"我们"的见解。罗蒂所聚焦的危险,包括的仅有一种成问题的情形,也就是那种被合众国肇建者们所代表的民主式理论:"谁若以错误的方式来读解该口号,那么,谁就会把我们'共同的人性/人道'（common humanity）或'自然的属人诸权利'想成是民主政治的一种'哲学根基'。"谁就会由此以为：

> "民主政治"受制于一个哲学法庭之管辖——就仿佛哲人们拥有（或者说，就仿佛哲人们至少会尽他们之所能去获取）关于这样的某东西——比起这一价值来更不太可疑的某东西——的知识似的，这一价值即"民主式无拘"与"相对的社会平等"这二者的价值，"民主式无拘"与"相对的社会平等"这二者，才在不久前业已被某些富裕而幸运的社会逐步享有了。
>
> （罗蒂，1989，195-98）①

罗蒂式自由主义，对外界的批评是如此油盐不进，以至于罗蒂走得如此之远，在同一本书的靠前几页（第46页）中竟径直宣称道：凡是支持那些"富裕而幸运的"社会里——这些社会在今天占据着主导——的那种"相对主义的自由主义"的，就是"文明人"；凡是不支持罗蒂式"相对主义的自由主义"的，[58]就统统都是"野蛮人"。罗蒂把熊彼特（Joseph Schumpeter）的这一著名评论视如己出，而予以采纳，"既意识到了自己所确信的东西只是相对有效的，又毫不退缩地维护着自己所确信的东西，这就将一个文明人与一个野蛮人区分开来了"。②

　　既然就"是什么区分开了'文明人'与'野蛮人'"给出了这样的判断，那么罗蒂再讲话时，当然就不再是作为一个融贯一致的相对主义者，甚至不再是作为一个融贯一致的罗蒂式的罗蒂在讲话

---

① ［译按］此段涉及罗蒂的引文，中译可参罗蒂，《偶然、反讽与团结》，徐文瑞译，北京：商务印书馆，2003年，页277-278。
② 同上，页69。

了,而不过是作为一个跌绊在了彰明较著的自相矛盾之中的、道德上混乱的属人存在者在讲话罢了。这样的一种自相矛盾,是相对主义者们如假包换的正牌胎记,相对主义者们,毕竟各个也都是属人存在者,因而也无法逃离属人自然/本性或永固冏替的属人境况。把施特劳斯写来反驳伯林(Isaiah Berlin)这一企图与尝试——伯林也企图并尝试捍卫熊彼特的上述命题——的话用在罗蒂身上吧,罗蒂

> 无法逃离每一个思索着的存在者均受制于其中的这一必然性/必要性:要去占取一个最终的站位,也就是一个绝对的站位,一个与被他视为"人(man)之自然/本性"或曰"属人境况之自然/本性"或曰那个决定性的"真"的东西相一致的绝对的站位,并由此而要去断言,他自己的根本性确信是绝对有效的。当然,这并不意味着,他的根本性确信就是精妍的(sound)。我之所以狐疑他的根本性确信是否精妍,原因之一就在于:他的权威若是对的,那么,每一个果决的自由派庸人或自由派暴徒,就都成文明人了,而柏拉图和康德反倒成了野蛮人。
>
> (潘戈,1989,17)

罗蒂在我们正讨论的那一段落中继续坦承道:"我们"这些相对主义自由派们,构成了"文明人";"我们"这些相对主义自由派们,在"我们生活里的公共一面"上,珍视我们的各种"无拘"(freedoms),而在"我们生活里的私人一面"上,则是有着某些特定的、相当迥异的、"同等地[罗蒂加的着重]难于被狐疑的"主张的;也即有着"我们对特殊的某个人(person)的爱与恨[我的强调]、对去实行某种殊异独特之擘划的需要"。这恰是一个醒目的提示,提示不要忘记罗蒂所持的那种尤为反政治的或曰非民事的自由主义有怎样的本性/自然,而这一醒目的提示也把这样的一个究问拖

上了台面;在详细地阐释并盘诘过罗蒂式相对主义者们的爱、他们的恨和他们的私人擘划之前,能就这么拍着胸脯信心满满地说,只有这帮罗蒂式相对主义者们才有被称为"文明人"的专属资格或排他资格吗?

但是,我们恰恰看到了罗蒂的关于共同体以及关于债的观念有多排他或多专属,一旦我们问到,这是什么情况啊,当极为精缜老到且富有理智的非自由派们,如尼采与海德格尔,抑或如加尔文与阿奎纳,抑或如卢梭、亚里士多德、马克思、甘地,也都坚称说:一个精妍的社会,其公共领域,必得反映并体现"某种殊异独特之擘划"、某种代表了一种远比为罗蒂的那种不冷不热、不咸不淡的共同体所知道的都要开阔得多、都要丰富得多的关于"我们"的见解的"某种殊异独特之擘划"时。罗蒂的回应,是最有揭示性的。"应付尼采与海德格尔所提出的那种挑战,最好的做法"就是"请这些人(men)将他们的擘划,也就是将他们的这一企图与尝试——企图并尝试达至崇高——私人化,也即,将他们的擘划、他们的要达至崇高的企图与尝试视为'与政治无涉的'"。[59]倘若这些人想与这一请求论辩一番呢?(他们当然会想与之论辩了,不然,他们也就不是尼采和海德格尔,而不过是罗蒂式的"我们"里的温顺体贴、乖巧和暖的盲从分子,四平八稳地、中规中矩地、刻板因袭地一味遵从着罗蒂式的"我们"了。)"在我看来,并无什么可以支撑这一请求,也无需有什么来支撑",罗蒂回应道。其实,我们对"野蛮人"——他们处于我们的同感(consensus)之外——并不负有任何债,反过来,我们也可以要求他们不必对我们有什么负债之感:"除了我们所认同的共同体里的'我们的意图'之外,我们不负有任何债"(罗蒂,1989,45—47①)。属人之债的圈界,对罗

---

① [译按]潘戈此处引文页码为页45—47,有误,应为页198。已与原作者核实。此段中涉及罗蒂的引文,中译可参罗蒂,《偶然、反讽与团结》,徐文瑞译,前揭,页280。

蒂来说,其范围原来就是如此狭窄啊。

利奥塔比罗蒂本人更多地体认到了,在罗蒂主义那里,哪儿是死穴,哪儿不太对劲。他与罗蒂的辩论,在其中的一个关键点上,利奥塔给出了以下的回应:

> 罗蒂怕我对自由民主缺乏信心。他有这样的怕,倒令我快乐。我倒是想把我的畏惧、我的信心之丧失传染给他。从他给出的关于"我们"的例子中,我看到了些东西。他说:"我们并不希望有什么'最后拍板儿的话'(the last word),我们只是希望,到21世纪,当他们说起罗蒂时,他们会说'他是我们之一',就如我们现在说起卢梭时,我们会说'他是我们之一'一样。"现在,当我盘诘这一例子时,我看见,其实,民主之模板,对理查德·罗蒂而言,就是让-雅克·卢梭么。对他而言,卢梭就是**那个民主派**(democrat)。倘若要我逼近我思索的终点,那么,我将会这么说:"其实,我们必须得让'民主'重又有争议起来:这里'民主',并非指该词通常的含义,换言之,并非指与'霸道'(despotism)相对的含义,而恰恰是指该词**并不**与'霸道'相对的含义。"我提醒下你们,在康德对政治上的疑难所作的阐释中,**权力诸形式与政府诸形式**,这二者之间,是有一个泾渭分明的区分的。如今,民主[体],是政府诸形式中的一种,就跟君主体是政府诸形式中的一种一样。但是,权力诸形式,也有两种:共和与霸道。康德补充的这一点,并未引起足够的重视:他说,很明显,民主[体]必然是霸道的。我不想说多了,但是,我请罗蒂听我一言:他是该改改他那对民主——哪怕是自由民主——的过分的信心了。
>
> 　　　　　　　　　　　　(利奥塔与罗蒂,1985, 582-583)

咱们的这位"健谈的"美利坚同胞罗蒂,比起他的那位没他那么轻佻脱略，倒是比他"悲剧性"得多的法兰西同仁来，无疑在政治上更具吸引力（这些是利奥塔的用语，出自他与罗蒂的辩论，那场辩论看起来利奥塔很有些降贵纡尊）。罗蒂被内蕴在海德格尔和利奥塔那儿的反民主、反自由气息吓到了，他撒脚后撤，并在由维特根斯坦居中做媒的一场海德格尔与杜威（John Dewey）的联姻中找到了庇护。

如此雷人的组合，只有放在罗蒂对海德格尔的简化了的再解释这一基础上看，才是可以构想的。经罗蒂之手，海德格尔的文本被煮沸，直至海德格尔自己富于激情的核心关切——海德格尔对"超属人的存在"（transhuman Being），进而对"诸神"，进而对"具改观性的艺术升华"的关切——化为袅袅蒸汽，气化于无。熬干之后剩下的就是罗蒂所谓的"黑森林的红脖子"①了，[60]而这样的一位"黑森林的红脖子"向自由主义发出的政治上最严峻的挑战，自是可以弃置一旁，既不必理会，更无需论辩：

关于"海德格尔的思想与他的纳粹主义之间有怎样的关系"这个一般性的究问，我并不认为，除了说"本世纪最具原创性的思索者之一，碰巧是一个相当龌龊的角色"之外，还有什么太多可以说的。

但罗蒂还是忍不住要缀上这一抢眼的补笔：

---

① ［译按］"黑森林的红脖子"（Schwarzwald Redneck），这是罗蒂对海德格尔的有揶揄意味的叫法。黑森林，德意志西南山林地区，海德格尔的老家。"红脖子"（Redneck），是美国英语中一个有贬义的俚语，指乡村出身的白人劳工，尤其指美国南方乡村里的靠出苦力度日的白人底层劳动者，后颈部因户外劳动被太阳灼晒成铜褐色，所以得名。由这样的身份引申出该词的一些寓意：比如，政治上保守，带有根深蒂固的偏见，有明显的地域褊狭，与现代工商业特别是美国北方的格格不入，甚至对之持敌视态度。

> 谁若持有了"自我是无中心的"这一看法……那么,他便准备好了去发现,智识分子与道德诸德性之间的关系,以及一位写作者的书与这位写作者生活的其他部分之间的关系,都是"偶在的"。

（罗蒂,1989,111[1]）

偶在何以偶在呢? 自由智识主义(liberal intellectualism) 与道德上的和民事上的诸德性——支撑了"自由共和"并且为"自由共和"之所必需的那些道德上的和民事上的诸德性——之间,真没有交互关系吗? 一位写作者之反反复复喋喋不休地宣讲他对"残酷"的反对(罗蒂不就是这么宣讲的么) 与这位写作者的实际行为之间,就没有交互关系吗? 罗蒂鼓吹的那种"'无中心的'自由[派]自我",甚至连一个凭之以抵制坏信仰的"中心"也没有吗? 信仰的好与坏,这之间的区分,也成了又一些传统上"就手可得的几许修辞"吗? 一旦我们得知,罗蒂其实是拒斥了对海德格尔的思想及动机的那一海德格尔自己的自我解释,转而力挺对海德格尔的思想及动机的一种相当粗陋[2]的尼采式解释,这时,回答以上这些究问,就越发迫切了。因为,在罗蒂思想的根底上,终归对最为根本性的究问有一个根本性的回答。罗蒂以他自己的术语提出了该究问,他问道:我们为什么要玩某种"语言游戏"呢?——特殊地说,我们为什么要玩某种特殊的、道德上的或哲学上的或政治上的"语言游戏"呢? "唯一可得的回答"似乎在罗蒂看来就是"尼采给出的那个回答了:它增加了我们的权力"(罗蒂,1989,115)。在罗蒂思想的最深处,其实是对"向着权力的意志"学说的一种分外拙劣的低端版本所作的一个多少有些闷无声息的支持——正因

---

① ［译按］中译可参罗蒂,《偶然、反讽与团结》,徐文瑞译,前揭,页171,注释11。

② ［译按］对比,前文页46引述的海德格尔在《明镜》周刊访谈中对自己的解释。

为对该版本的此支持之闷无声息所以该支持才尤为凶险。罗蒂倒也够诚实,他并不讳言他在《偶在、反讽与团结》(*Contingency, Irony and Solidarity*)一书中所倡导的"那一类型的实用主义",正是一种被海德格尔视为"虚无主义(形而上学在虚无主义这里达至极致)之最为堕落的版本"的思想形式。(同上,116)①

海德格尔的确清楚地表明,他在美利坚实用主义中看到的是科学主义/科学家主义(scientism)几近登峰造极的封神之境,也即以下这种天真信仰几近登峰造极的封神之境,这一天真信仰,即对这二者——一个是技术化思索,一个是通过技术的控制能力与预测能力而对属人实存所予以的重组——之逐步递升中的仁惠良善的一面所抱持的天真信仰。这一海德格尔式炮轰,也并非没打到七寸上,若放在杜威身上的话,杜威,正因鼓吹"社会性的与道德性的工程之中的技术"而闻名么,他把自己政治思想的主调子构思并表述为:"必须尽最大可能把'科学家式/科学式(scientific)方法'用到调查上,[61]把工程化的心智用到社会长远规划的创设与投放上。"②杜威对公民教育之诚为可贵的致力与投入(这是一种在相对而言"反政治性的"[apolitical]罗蒂那儿几乎销声匿迹了的关切),是相当严格地依照科学家式/科学式的(scientific)思索而被构想的:

> 与民主之未来并肩携手的是"科学家式/科学式(scientific)态度"之广泛普及。这是抵御大规模的误导性宣传的唯一屏障。尤为重要的是,这是对一种这样的公共意见之可能性的唯一确保:此可能性也即,可能会有一种这样的公共意见,它理智得足以应对当下的种种社会性疑难。
>
> (杜威,1939,148-49)

---

① [译按]中译可参罗蒂,《偶然、反讽与团结》,徐文瑞译,前揭,页162。

② 杜威1948,173(也参,26,36-38,43,125);另参杜威1935,70-73(也参,87);比较,杜威1939,101-102,;杜威1946,x。

　　杜威在他就德意志哲学所作的唯一一个专题探讨中①坚称，从德意志哲学的纳粹后果中该汲取的教训是：美利坚生活方式，正受到一种德意志"遗产"的威胁，这一德意志遗产设法要把交往/交流（communication）之中的种种"科学家式/科学式正典"（scientific canons）拘囿于"外在于社会生活的某一区格之内"；"不管是什么时候、什么地方，只要我们在一切必需社会性决断的事务上没能把科学用作一种让交往/交流更加有理智的手段"，这一德意志"遗产就带着它对民主的害处而显身了"（1942，46-47；我加的强调）。足以令人称奇的是，杜威在德意志实践中找到了针对德意志思索的解毒剂：杜威到底还是（那是在1942年啊！）成了德意志应用型科学家主义/科学主义（scientism）的忠实仰慕者：

　　　　借助有意识的方法与组织化，能够做到什么，在这一点上，德意志是一座丰碑。一种为求得成功的、实验性的生活哲学，不太仰赖那种条理分明、秩序井然、组织严密、编排齐整的理智，是一定不行的，而必得极大地仰赖那样的理智。我们必须从德意志那儿学习，学习条理分明、秩序井然、组织严密、编排齐整的劳作意味着什么。

　　　　　　　　　　　　　　　　　　　　　　（杜威，1942，142）

"不用说，这样的一种实验性的生活哲学当然也意味着一种危险的实验了"，杜威补充道。但是，"对过去、对先例、对起源的究问，则统统归摄于预知与先见、归摄于引导与控制了"（同上，140-141）。正是如此这般对科学式/科学家式的（scientific）"引导与控

──────────

① ［译按］指1915年2月杜威在美国北卡罗来纳大学的三场公开讲座，同年4月，该讲座讲稿结集出版，书名为《德意志哲学与政治》。1942年又出了修订版。

制"的崇拜,加固了杜威式进步主义,或者说,加固了杜威自信满满的这一断言:我们正站在一个让我们得以由斯处就过去的低劣给出判断的历史性位置上。

正如曼斯菲尔德(Harvey Mansfield, Jr.)在与罗蒂于《新共和》上的那次辩论中所强调的,这一科学家主义/科学主义(scientism),在杜威自己原本的思想中,本来是担当枢机的,而在罗蒂的呈述中,说客气点儿,则被留在了背景中。①[62]但它又不时地从阴影中向外张望。在一个脚注里,罗蒂是这样来概括杜威"特有的成就"的,说杜威"特有的成就"就在于,他"依然还是黑格尔式的,他黑格尔式得足以让他在思索自然科学时并不认为自然科学在抢占事与物之诸实质的赛跑中处在了一个特别有利的道次上;同时,他也越发地自然主义,他自然主义得足以让他依据达尔文式路数来思索属人存在者"(罗蒂,1979,362)。罗蒂从来没有实实在在地说明过,一种"达尔文式"社会性与政治性思想如何能够消抵(而非加剧)尼采与海德格尔这两位的明显是反人本主义/反人道主义的(antihumanisti)、也明显是反民主的思索。更一般地说,罗蒂避免去面对、也避免去仔细思索关于属人存在者的一种现代的、科学式/科学家式的观念中固有的政治上的与道德上的危险。谁若还希望罗蒂该从海德格尔那儿学到点儿什么在政治上有用的东西,这就是他该学到的东西了。

罗蒂企图并尝试通过盖住杜威主义之"科学家主义/科学主义的(scientistic)内核"从而避开该议题。杜威"最好的时候,是他

---

① 1988年曼斯菲尔德对罗蒂的回应。也参尼克拉斯(James Nichols)1990,531:"罗蒂近来企图并尝试要给实用主义夺回更高的哲学名望,而在他的这一企图与尝试中,杜威对科学式/科学家式(scientific)方法的信仰,对民主与科学二者相互支持的信心,似乎都消失不见了。"我对杜威政治理论的理解,极大地受惠于尼克拉斯丰富而深刻的讨论。

强调哲学与诗歌的相似性的时候,而不是他强调哲学与工程的相似性的时候"(罗蒂,1982,56)。但是,这在杜威主义之中留下的洞隙,实在是太大了点儿。杜威自己的道德哲学与政治哲学,原本是非常稀松的:倘若——或曰只要——从杜威主义中抠掉其独具特色的内核,也就是抠掉其对"科学家主义/科学主义"(scientism)以及"科学家主义/科学主义的(scientistic)公民教育"之拜服与献身,那么,还有什么有争议的干货剩下来呢——除了模糊地(尽管是温暖地)诉诸同感(consensus)且避免暴力之外? 杜威不懈地反对并痛批非理性主义——无论哲学(尤其在德意志哲学)中的、宗教中的、还是政治之中的非理性主义。罗蒂在与利奥塔的辩论中,则这样来说明他是如何做杜威派门徒的:

> 我们这些实用主义者,鉴于我们关于合理性(rationality)所持的非批判性观念,我们并不倾向于对非理性主义作什么诊断;既然对我们来说,"合乎理性的",指的无非就是"说服性的"且"非理性的""感召力"而已。
>
> (罗蒂,1985a,578)

罗蒂或许是在他针对哈贝马斯和利奥塔所写的一篇批判中最为充分地亮出了自己的底牌,他在那篇批判中宣称,他的政治规划或目标,就是一场复兴,复兴杜威式"社会工程",那种被构想为是"传统宗教之替代品"的杜威式"社会工程"。为了实现这一雄心/野心,罗蒂论辩道,后现代主义就必须回归培根爵士(Sir Francis Bacon)的哲学定向,培根爵士最了不起的洞见——据罗蒂说——就在于"知识就是力量(power)"。"这,在我看来,"罗蒂一边说,一边也是在归总着他自己的立场,"似乎正体现了利奥塔对元叙事的后现代主义疑怪,同时又摒弃了这样的臆断/假定(assumption):即臆断/假定智识分子有一种使命要去充当先锋派,要去逃

离已传递到他这儿的诸规则、诸惯习与诸制度转而去力挺能让
'地道的批评'成为可能的东西。"对当代"科学家主义/科学主义
的同感"（scientistic consensus）所具有的庞大的整编布控力量
（forces），利奥塔持有严重的狐疑，而据罗蒂说，利奥塔对此的严重
狐疑，代表了"左派最愚蠢的诸理念之一"，并且这一狐疑"必定贬
低了同感（consensus），也贬低了交往/交流"。[63]罗蒂恼怒地宣
称，这一见解，使得后现代主义之左翼版本，

　　　涣散地无涉于这一企图与尝试：企图并尝试达至"交往
性/交流性同感"（communicative consensus），而"交往性/交流
性同感"，才是将布尔乔亚文化驱动起来的那个生命力。（罗
蒂，1985b，173-74）

　　但是，我肯定不想留下这样的印象，好像我相信，针对科学家
式/科学式（scientific）思索在社会议题与政治议题上的适用而发
出的海德格尔式或利奥塔式攻击，就该当胜出。正相反，我发现罗
蒂的科学哲学中缺陷最大的地方，恰恰在于，他没能充分地捍卫这
一可能性——一种真真合乎理性的且真真文质的（rational and hu-
mane）政治科学之可能性——使其扛得住这些攻击。对政治科学
或政治理性主义的一种恰当的捍卫，所必须的，当然是要对那些最
深刻的批评者们的最好的论辩有一种清晰而具同情性的理解了。
在这一基础上且也只有在这一基础上，无论谁，他才能够开始去看
见他的那条通往这样的一场大翻新的道路，那场大翻新即，着眼于
要招架住对当今"社会科学"的诸批评而对当今"社会科学"所来
的一场彻底的大翻新。就此而言，在我看来，似乎罗蒂本来可以从
杜威晚年对"科学家式/科学式（scientific）方法"——那种被构想
为一种道德上的方法、而绝非被构想为一种"价值中立的"或"相
对主义的"方法的"科学家式/科学式方法"——与"负责任的、民

主式公民风范"之间可能的共生关系所作的反思中学到更多。因为,杜威并不总是如他的批评者们(以及他的像罗蒂这样的捍卫者们)所以为的那样,仅仅就是简单"科学家主义的/科学主义的"(scientistic)而已。

杜威体认到,

> 关于属人本性/自然的一种日益完善而全面的科学,这样的一种科学,可以想见,或许仅仅是极大地增添和丰富了一部分属人存在者为一己便利而借以操控另一部分属人存在者的工具或中介而已。

1939年他写道,他要为自己早前只聚焦于英格兰思想而忽略了美利坚肇建者们(尤其是杰斐逊)的智慧而致歉:"那些曾经企图并尝试对自治共同体的诸理想予以陈述的英格兰写作者们,"他坦言道,"过去,我对他们的关注是过度了。""如果说我现在更偏向于引述杰斐逊,"他继续道,"那么,其主要原因就在于,杰斐逊的构思与表述,完完全全都是道德性的(moral)。"杜威发现"杰斐逊之信仰,其心脏"就在"杰斐逊所说的'没有什么是不可改变的,除了人(man)之固有而不可让与的诸权利'这句话里"。杜威盛赞这一事实:从这一句观察来看,"惟'民主之诸目的(ends)'、惟'人(man)(是单数的'人'[man]而不是多元复数的'人'[men])之诸权利',才是不可改变的"。尽管,

> [杰斐逊]用以陈述诸无拘制度之道德上的基础的那些话,已经过时了……但是,他的根本性的诸信念,依旧如故,并未改变,倘若,我们彻底忘掉与"自然/本性"一词的所有特别的关联、不再讲什么"自然/本性"云云,而代之以这样的"诸理想"与"诸鹄的",即被某种这样的东西——深埋于人类

(humankind) 各种需要与需求之中的、某种坚不可摧的东西——所支撑的……"诸理想"与"诸鹄的"的话。(杜威,1939,155-57;也参,131ff)

[64] 杜威受惠于杰斐逊式理性主义的,并不止是这一关于"永固罔替的、根本性的诸权利"的见解。杰斐逊对"以小单元为基础的一般性政治组织"有着古典共和式的沉迷,这样的沉迷也启发了杜威。杰斐逊的反思,一旦被批判性地指向现代的科学式组织,便帮杜威识别出了,"与民主相关的当下诸疑难中最为严重的几个中的一个":也即识别出了,

> 当下诸个体借之得以发现这一局面的那种方式——诸个体所发现的那一局面是:自己被牢牢地捆缚在诸个体均毫无权力 (power) 对其运作与后果施予影响的那无边的强力 (forces) 中。

在杰斐逊的帮助下,杜威澄清了这二者——一为单单的"联合"(association),一为"共同体"(community)——之间的差异:"电子、原子、分子,是处在彼此的'联合'之中的。""联合,是一个共同体赖以实存的境况;但是一个共同体,则又加上了'交往/交流'这一功能,在这一'交往/交流'功能中,情感与理念得以分享,共同事业/合作企业(joint undertakings)得以经营。"这样的共同体,其所需的必要条件,在现代的、大规模的民主中正遭受着严重威胁:

> 生机勃勃的且全方位的眷恋,至为重要,但这样的眷恋只能在一种亲密无间的沟通往来中才培育得出,而亲密无间的沟通往来在范围上必然地是有所限制的。……民主,必得从

家庭开始,而它的家庭就是邻里共同体。

　　由此,杜威对摆在现代民主面前的那个根本性的疑难所作的某些最为清明的反思便一步步地被引将出来了。"民事教育"或"杰斐逊心智之中的那种'自治政府之实践进程中的学徒期'",是至为关键的。但也不止如此:

　　　　民事教育,关乎的是使交流/交往与合作得以展开的那种种地方性中介,关乎这种种地方性中介之开发,由此而创造稳定而忠诚的眷恋,并缓冲和消弭当下文化中的离心力。(杜威,1939,159-161)

　　同等重要的,并且在罗蒂的"杜威主义"里也同等被湮没不见了的,是杜威对这一关联的坚持:杜威坚持,共和式民事德性与地道的科学家或哲人之智识诸德性,这两类德性之间是有关联的。这一杜威式思想,被尼克拉斯(James Nichols)极为精妙地捕捉到了:

　　　　对科学、民主二者间能有卓有成效的和谐抱持着希望,让这样的希望貌似有些道理的是一种可以从无拘的、科学式/科学家式的(scientific)探究者们身上找得到的名副其实的"气度"中的某些可观察得到的特点,他们身上流露出的这种"气度",有这样的一些可观察得到的特点:"其心执中、智识赤诚、如此之意志——要让个人的偏好服从于或受制于业经查明的确定事实的意志,要把发现到的东西与他者分享的意志"[杜威,1939,148]。民主,需要被灌注这样的一种科学式/科学家式的(scientific)道德精神。民主、科学,二者之间一种特定的亲缘,存于二者共享的某些特质之中——二者共享的这些特质,比如,实验性的创新、开放性、对进步的献身与投入,并且,也鲜明卓著地展现在像杰斐逊这样的人们(persons)身上;二者间的这一亲缘,使得二者之合作性的和谐,成为了一个经得起推敲的希望,也成为了一个必不可少的目标。

（尼克拉斯,1990,384）

　　既然罗蒂以及其他任何一位著名的"后现代主义者",都鲜有针对"政治的与法的理论"的专门着墨,[65]那就必须转向那些专治"政治的与法的理论"并且开始更为系统地对后现代主义思想的民事内蕴予以详尽阐述的理论者们了。这些理论者们当中,在我看来,似乎德克萨斯州立大学麦考密克讲席法科教授列文森(Sanford Levinson)尤领风骚。他在此主题上有一部专著《宪法信仰》,鉴于该书的晓畅明快、纵横广博、宪法功力了得,也鉴于与该书在为我们描画(从后现代主义政治理论,尤其是从罗蒂式后现代主义政治理论中必定会推引出来的那种)"未来的宪法主义"时所伴随的那种胆大无忌,该书的揭示性便非同小可了。①

　　列文森称他自己这部专著之"内核",是一场与这一究问的扭打过招,这一究问问的是:当"一种鲜明的(后)现代主义感觉大获全胜"之后,什么还有可能把美利坚人连结起来成为"一个融贯一致的政治共同体"(列文森,1988, 6-7)。列文森强调说,合众国之独一无二正在于,其国族性、其文化、其私人的以及公共的道德性,在一定程度上是由这样的一种共享的眷恋构成的,或者说,在一定程度上完全依赖于这样的一种共享的眷恋:这种共享的眷恋即,对一系列独具特色的宪法诸原则的眷恋,而这一系列独具特色的宪法诸原则,被理解为是自"'理性'(reason)或'万物之自然/本性'"派生而来的、"与时间无涉的、道德上的诸规范"(60)。若

---

① 列文森,1988。下文所引页码,都出自该文本。此处,我也用到了我发表在 *Social Science Quarterly* 70 (1989):782-783 上的对列文森的这本《宪法信仰》(*Constitutional Faith*)的书评。

说,肇建者们也诉诸于神,那么,他们所诉诸的也是这样的某位神,某位可以在理性(reason)与自然/本性中发现的且被理性(reason)与自然/本性所囿限的神(59-65,88)。但是,"这些理念,哪怕不是消失殆尽,也几乎是一点儿也没存活下来了"(61)。据列文森说,我们已经被尼采教导得要看到这一点:与其他所有的道德纽带一样,对《宪法》①的眷恋,关乎的是(现在关乎的是、过去关乎的一直也都是)"信仰",而非"理性"(reason),或者说,对《宪法》的眷恋,甚至是对立于理性的;我们再也无法相信"超然独绝之理性的什么说服力"了(52)。

　　　对种种概念——比如"《宪法》"这个概念——的理解,无论该理解是通过怎样的进程而浮现出来的,反正这一点——"逻辑性的论辩,扮演了一个关键角色"——是可疑的。(36-37)

合众国,或其他任何国族,若要持存下去,究问的就不是它应不应该有一个宗教基础,而不过是哪种"公民宗教"才是可能的且必要的/必然的(73)。相应地,法理学与法,都必须类比于宗教和宗教式热情来构想,要么就必须按照宗教和宗教式热情的缺失来构想。"法科教授",最好被理解为"法科神学家",或干脆就被理解为"先知"好了(27,63);法学院,若以一个"神学院"或一个"世俗的宗教院系"为模板来构想,就最好了(179);《宪法》本身要被看作一部"神圣不可侵的文本",而"合众国最高法院"就是"看护宗教之火的首席守卫"(16)。

---

① ［译按］中译用带书名号的宪法一词,即"《宪法》",来翻译 the Constitution。在本书的行文中,一般而言,大写的该词,特指的是《美利坚合众国宪法》,但其所指并不完全就重合于1787年制宪会议诞生的那部成文宪法的文本本身,还包括制宪会议这一活动或事件、后续的修正案、司法判例及内含于司法判例之中的解释思路及原则等。

不过,所谓"神圣不可侵的东西"(the sacred),必须遵照"(后)现代主义"洞见所打开的深度来被彻彻底底地重新构想。宗教性与信仰,[66]不能再在任何一种传统的含义上被理解了,至少用不着由那些怀着"智识诚实"或"智识真率"的人们(men)来理解了。我们迄今所知的或所经验过的一切信仰(尤其包括美利坚"宪法信仰"在内),都是天真的,或曰,都是欺罔的,因为它们个个都投入并献身于关于"真"的某见解——关于"固定不移的道德诸原则"的某理念。我们对这一事实的承认、我们关于我们的宪法信仰而逐渐有了的"(后)现代主义的"自我意识,正是给宪法主义敲响的丧钟:

> "宪法主义死了",或许就是我们时代里的中心事件,就如"神死了"曾是上个世纪里的中心事件一样(而且,差不多是出于同样的理由)。(52,172)

古旧的宪法信仰死了,但它的死也解放了我们,被解放了的我们由此便得以面向一种新的宪法信仰,也即一种极端新的宗教性,而这种极端新的宗教性"并不这样来界定宗教,说宗教必得包含对'超自然存在者'的确认"(55)。这种新的——也是"无神的"(godless)或曰"神事不可知的"(agnostic)——公民宗教性,存于一种执著,一种合乎理性地无根由的"执著",一种对某一未来的法与《宪法》——而非过去的法与"宪法主义"——的合乎理性的无根由的"执著"之中。在这种新的派骘之中,

> 课堂上——包括我自己的课堂上——要被感召出来的,并不是什么政治上的种种真,而是政治上的种种视景;未来,将是由这些被感召出来的种种视景之中的那些最能说服人的视景——以某种方式——给构建出来的。(172)

这一宪法信仰,所执著的"仅仅是一种生成的过程以及对这一责任——'去构建我为之奋斗的那一种政治视景'的这一责任——的承担而已"(193;比较,130)。新的基调便是"作为解构的解释"、作为"某政治上的视景"的"公民宗教",以及"事件"(Event)(且尤其是"事件")了。因为在新的、后现代主义的宗教性中,"事件"(Event)就是"启示",只不过是一种这样的启示,一种现在则被构想为是从历史里的存在(Being)或曰时间里的存在(Being)中浮现出来的启示。这种启示,从一个这样的未来那里明明灭灭于我们面前,这个未来,不受任何过去的启示所掌控和囿限,而只是受到它的启发而已(130)。我们要把"号称为"宪法解释的东西,就如我们把所有"号称为"文本解释的东西统统视为一种有着自我意识的、涉及解构古旧意义并创造新意义的活动一样,也视为这样的一种有着自我意识的、涉及解构古旧意义并创造新意义的活动;甚至,哪怕就是就这么一点点程度上的对"忠实于或受限于法科文本"的关切,"也必须被'忠实于肇建者们留赠给我们的行动模板'所牵制"(134)。肇建者们留赠给我们的那一行动模板,就是一桩"明目张胆的且有意识的'不法'(illegality)"、一桩篡位、一桩革命性的、忤逆法的篡位,篡的是彼时生效中的《邦联条例》的位(131)。

> 历史,既是被"去决断'见证了该事件'意味着什么"所塑造的,也是被"任何号称为对该文本①所作之解析的东西"所塑造的,历史被这二者塑造的程度是一样的。(134)

---

① [译按]列文森的语境中,"该事件"指费城制宪会议,"该文本"指《1787年合众国宪法》。列文森认为,作为事件或活动的制宪会议本身与作为制宪会议成果的那份书面文件(即,《1787年合众国宪法》)是两回事,各自有着独立的生命。

　　列文森水火不避,接茬儿从更多细处预览了由这一新的、解构性的先知式思索为这个国度所打开的远景。"没有什么是用《宪法》的语言说不出来的",他观察到(191)。作为例子,他赞赏地引述了大法官墨菲(Frank Murphy)给这样的一种可能性所作的支持:《宪法》修正令是有可能——[67]抑或说,其实哪怕仅仅是对《宪法》作一点"创造性的"解释就有这样的可能了——使以下这样的做法正当化的:"废除私有财产且不予任何补偿",并"建立起一个无产者独裁,并且,拒绝给予凡不是无产者且/①或不是党员的人(persons)以任何政治权利"(136)。几乎与此同时,列文森盛赞最高法院"随后对鲍姆伽滕纳(Baumgartner)所予以的支持:最高法院确证,鲍姆伽滕纳违背自己的归化誓言证据不足"。② 列文森在此强调,他的讨论并非"仅仅是学术性的",为资证明,他给出

---

① [译按] 此处并列符"/"为潘戈行文。

② [译按] 指 *Baumgartner v. United States*, 322 U. S. 665 (1944)一案。鲍姆伽滕纳,一个归化美利坚的德意志人,1932 年入籍美利坚,1942 年被美利坚移民当局又剥夺了公民权,鲍姆伽滕纳遂因公民权丧失而将移民局所在的美利坚政府起诉到法院。鲍姆伽滕纳 1895 年生于德意志北部军港基尔,一战时加入德军作战,被英军俘虏,囚禁在英格兰,1919 年后遭返德意志,在德意志成为了一名电气工程师。1927 年移居美国,1932 年 9 月 26 日,美利坚合众国地区法院密苏里州西区分院签发了法院令,赋予鲍姆伽滕纳以美利坚公民身份,并签发了"归化证明书"。此后,鲍姆伽滕纳一直在堪萨斯一家供电公司工作。1942 年 8 月 21 日,依据 1940 年《国籍法》(*Nationality Act*),合众国政府向原法院起诉,撤销 1932 年地区法院作出的批准入籍法院令,并注销其归化入籍证明书。理由是,鲍姆伽滕纳在 1932 年的入籍宣誓有欺诈嫌疑。证据是,据证人证言以及私人日记等,1932–1942 的十年间,他曾在公共场合(比如培训课的讨论上)、私下与人交谈等情境下,表达对魏玛政府的不满,对希特勒及纳粹运动的赞许,并且对比罗斯福与希特勒,认为美利坚应由希特勒这样的人领导,前途才会更好。比如,他曾有过"系统化管理的军营体制,如纳粹那样的,优于民主体""美利坚的民主就是一出实践中的闹剧"等言论,由此表明,他并未如入籍宣誓所称的那样,"放弃对母国的效忠,忠诚于美利坚宪法"。一审法院支持了政府诉求。案件上诉至合众国上诉法院第八巡回庭,二审支持了一审判决。案件诉至最高法院,最高法院由大法官墨菲(Frank Murphy)执笔了多数意见书,认为"政府认定'1932 年鲍姆伽滕纳入籍宣誓时有欺诈嫌疑',证据不足",撤销了二审判决,案件发回二审法院重审。

了这样的一番"视景"：假若南非一场革命把阿非利堪人（Afrika-ner）①移民潮推送到了我们自己的海岸上，而接纳这些阿非利堪移民为公民，会给这个共同体带来一场强劲而激烈的因"种族主义"或"法西斯主义雏形"而导致的派系分裂与纷争（148–149）。列文森，留给我们的，无疑是这一点：就他自己来说，至少在这一历史性时刻、在当下的道德上的种种"约俗"的影响之下，他将谴责并生猛地反对这样的一场该政体里的革命性"事件"。但是，他的"真率"②迫使他又得搬出罗蒂的权威来引起我们的注意，罗蒂教导了这样的一个"相当灰暗而阴郁"的"真"，即，放弃"关于'真'的理念"，由这一放弃中必定推引得出的就是，放弃"对'某一个单一的真自我'（a single true self）的所谓"忠实"，都是想当然地被归于这个"单一的真自我"的，换言之，但凡说到"忠实"，往往就是想当然地说忠实于"某一个单一的真我"的信念："希望"在任何一个属人存在者身上找到一个这样的自我或者一个值得信任的道德重心，这样的"希望"，根本就是"痴心妄想"。根据罗蒂的权威，我们就必须学会去接受这一点：当"自我"被种种根本性的"事件"所袭占，并伴随着这些事件给"约俗"所带来的相应的改变，"自我"

---

① ［译按］阿非利堪人，也即，布尔人（Boer），boer 是荷兰语中的"农民"的意思。阿非利堪人或布尔人，指的是荷兰人在南非的移民后裔，也就是祖上为欧裔白人的南非荷兰人，其祖上多为于 17 世纪末来南非殖民地定居的荷兰人及胡格诺教徒，后成立了德兰士瓦共和邦与奥兰治共和邦。19 世纪布尔人所在的共和邦与英裔白人殖民者有过两次大的战争，战争之后，失去了独立的统治，布尔人的共和邦并入英格兰控制的南非殖民国。列文森这里的行文语境是，假设南非发生了反对或推翻现行种族隔离制度的革命，把支持种族隔离政体的白人（也即，阿非利堪人或布尔人）赶出了国，这时，大量有着种族隔离主张的白人（也即阿非利堪人或布尔人）流向美利坚，这时美利坚该如何应对。是否接纳有种族偏见的南非白人，这一疑难，会在美利坚社会内部造成分裂，接纳之，干扰到宪法忠诚（美利坚宪法要求种族平等、一人一票），不接纳，则干扰到宪法所认可的言辞无拘与宽容异见的价值（比如霍姆斯对宪法"言辞无拘"条款的著名读解：宪法允许令"我们"厌恶的言辞存在）。

② ［译按］列文森语，参 *Constitutional Faith*，p172。

之"真"——跟其他形形色色的各种"真"一样——也是随之在改变着的(176)。我们也无法或者也不该从求诸"痴心妄想出的'真自我'"转而去求诸对什么美利坚式正派与体面之稳定性的信任：这就会面对不了(尤其是在我们当下的文化崩溃碎裂的状况下更是面对不了)"事件"或"历史"的那种爆炸性力量(power)了："我们所知道的那种社会生活正遭受着挑战,甚至会解体和消融为更滂沱的赫拉克利特之流。"(73)"这一事实——美利坚政治文化里的公共修辞,依然是作为一个以《宪法》为圆心的信仰共同体被组织起来的,并且是以实质性的方式被这样组织起来的——会误导我们的。"这样的一种"一度是强悍的、在文化上也的确曾占据着主导的思想模式,几乎可以在一夜之间就崩溃掉"(52)。"黑格尔的这一评述,太切题不过了：'谁若希望精神由之而流淌出来的种种制度、种种宪法、种种法能一直持存下去,他得有多盲目啊！'"(6)"罗蒂引述了萨特的这句评论：法西斯主义之建立,'也会把法西斯主义作为"人之真"(the truth of man)而建立起来,这对我们来说就更糟了'。"(176)

在列文森看来,我们今天亲身历经着的,是一个发轫于美利坚革命的进程之达至极致的高潮阶段：借由该进程,关于"民众主权"——"作为主调的这一民众主权,其所强调的是意志(与带着意志的欲望)之能量与道德权威,而非强调的是(意志必得受其约束的)某一共同的道德秩序之限制与拘束"——的理念,[68]业已成为了今天几乎各大法学院都在强调的看法。"法,被剥除了它抛在道德那儿的所有的锚","政治制度,因此就成了意志的竞胜场,为争意志之胜利而摆开的场子"(64-65)。

列文森可比罗蒂走得远太多了。但是,要把罗蒂自己半截子的或蜻蜓点水的政治性沉思所具有的民事上和法上的下场,周详地思索到,并将之凸显出来,列文森也必须得走这么远。"后宪法主义"之罗蒂式诸根,我们若要看到此诸根之地地道道的样子,同时也看到此诸根之相对而言的无思想性,只需去瞧一眼利奥塔是如何在他与罗蒂的辩论中把罗蒂批驳得淋漓尽致的就够了。这一点其充分的义蕴,要想抓住的话,就必须体认到,罗蒂——在他发表于同一年的一篇对利奥塔所作的批判性解析中——自以为,利奥塔和利奥塔的追随者们,也都跟他罗蒂一样,"甘愿甩弃'真同感'与'假同感'之间或曰'效力'(validity)与'权力'(power)之间的对立"(罗蒂,1985b,162)。

利奥塔:罗蒂所钟爱的一个主题是:某一"同感"可通过"说服"而达成。我这儿要作两点评论。第一,"去说服谁"并不等于"去使谁信服"。"说服"是一种修辞上的运作,古希腊人知道,这样的一种运作,用的是花言巧语、哄骗跟花招,也即"头脑暴力"。因而,我提出的究问是:"说服",其所指向的一个客体/对象(object)可以是我们的"要成为无拘的"这一义务(our duty to be free)吗?不要犯这样的错误哦:以为这是个很简单的疑难哦……你们在听罗蒂谈话时,你们听见了诸如"获得一个'无拘的同感'"这样的表述。可怎么就知道"某一同感"是"无拘的"呢?如果"同感"都是通过"说服"而达成的,那它怎么能是"无拘的"呢?我相信,对帝国主义(其中也包括了"软性帝国主义"——这个叫法,我用来指罗蒂所谓的"交谈式帝国主义")的全部究问,都含蕴在这一点里了。

罗蒂:从实用主义者的视角看,并且,我想,也从维特根斯坦式视角看,并且,我想,也从任何一位抛弃了我们今天所谓的"在场的形而上学"的某人的视角看,你无法作出"去说服谁"与"去使谁信服"之间的任何这样的区分,该区分并不回溯到"有形暴力"(就该词的最简单且最日常的含义来说)与"有形暴力之不在场"之间的差异上。……你无法维持古希腊人在"修辞"与"逻辑"之间所作的区分。由此的下场是,

你唯一能作出的区分仅仅是在秘密警察、新闻业者、电视等的
在场与不在场之间所作的区分。……这些症候,足够满足政
治性反思之种种需要了。

(利奥塔与罗蒂,1985, 582,584)

对我们每一位而言,幸运的是,利奥塔与罗蒂之间的辩论,尚
未开始穷尽一场欧罗巴与北美间的对话的全部可能性。

第二部分　后冷战纪元里的精神挑战

5. 挑战：针对欧罗巴的与来自欧罗巴的

[71]欧罗巴又一次成为了焦点,由之而放射出的希望与允诺,有着世界历史的维度。这次对其首要性的重申,只是昙花一现的张扬,还是经久不绝的持守呢? 我们是目瞪口呆的见证者,惊骇地目睹着一场聚拢了全部垂死的气力、只为最后辉煌一博的维苏威火山喷发呢? 还是说,欧罗巴在久拖不决的大病(这场大病又很具欺骗性地呈现出了古旧岁月里的某些症候)之后正重振其本有而自生的精神活力呢?

冰封了欧罗巴半个世纪的冷战,已然画上了句号。西方的诸自由民主体,植根于 18 世纪的关于个体诸权利与代表制政府的哲学诸观念,并扎根在由启蒙运动的政治哲学所创造且由该哲学将之正当化的"无拘市场经济"这一基底里,先是(在共产主义的协助下)击溃了法西斯主义,现在又见证到了苏联解体。

举凡大的帝国,在其衰落并覆亡时,往往都是在将整个世界统统吞噬进去的火海之中轰然倒塌的。诚如雷茨勒(Kurt Riezler)(德意志帝国首相霍维格[Theobold von Bethmann-Hollweg]的私人秘书)在其日记中尤为生动地指出的,第一次世界大战,更多地是

由德意志与奥匈诸帝国[72]的孱弱——而非其强悍——才引发
的。① 所以,我一刻也没想要暗示说,我们正在进入一个高度安全
的时期。相反,我倒是在疑虑,我们是不是正在进入一个危险的时
间,而此危险,在其特性上与程度上,均史无前例。我们和我们的
孩子们将要开始在真真饶有趣味的时代里承受生存之诅咒。

　　但是,这些史无前例的危险——曾在过去了的半个世纪里构
造了全球政治实存的那一基本框架之解体——也打开了新的远
景。如果我们的时间是一个危险而不确定的时间,那么,它自然地
且必然地也是一个希望的时间、一个觉察到了巨大的新挑战的觉
醒的时间。迄今所浮现出来的,与其说是什么新梦想之诞生,不如
说是一直被封禁的种种古旧的渴望与理想之复活:一如爱沙尼亚
人民阵线的一位领袖劳利斯汀(Marju Lauristin)所说的,"我们的
人民/族群(people)已经装在心里有五十年之久了的那些理
想"。② 就算我们被引向了新思索与新究问,我们也很快就发现,
新沉思,涉及的还是重新开掘出那些已被遗忘了的古旧的思想与
究问——那些一旦过去半个世纪里的那种巨大的人为重压开始被
掀去了,其固有的、但长期被压抑的力量(power)便一股脑儿地迸
发出来的古旧的思想与究问。这就是我现在提出并探寻的究问:
何为"一个好欧罗巴人"?

　　这一究问,我们不再惯于问出它,不再惯于思忖它了。在过去
的半个世纪里,这一究问所指称的那一含义上的"欧罗巴",还未
曾实存过。当那个"好欧罗巴人"茨威格(Stefan Zweig)1942 年在
巴西自杀时,他留下了一纸短笺,上面写着:"我精神上的故土,欧
罗巴啊,它已经毁掉了它自己。敬祝我所有的朋友们! 祈愿他们

① *Kurt Riezler: Tagebücher, Aufsätze, Dokumente*, ed. Karl Dietrich Erdmann (Göttingen:
　　Vandenbroeck & Ruprecht,1972). 参,Stern 1975 第 77–118 页和 Thompson 1975 第
　　三章的讨论。

② 引自 1989 年 8 月 24 日的 *New York Times* 第 8 版。

还能看到长夜后的黎明！"①那个黎明，或许终归是在破晓了。欧罗巴，在我们有生之年，被切开并分归于苏联与合众国。每一片故土、每一个个体，都必得选一边站队，不然就得遭受蔑视——谁若尽力在自己所处岁月里的那一最大的、道德上的、精神上的与政治上的冲突面前保持中立，等待着他的就是蔑视。但是，现在，一种新的可能性正在浮现出来——或曰，一种古旧的、蛰伏已久的、几乎被遗忘了的可能性正在复苏：这种可能性即，欧罗巴与欧罗巴人，或许会成为一个不仅仅是经济上的，更是一个政治上的、一个文化上的、一个道德上的统一体。这种可能性再度浮现了出来：一个统一的欧罗巴，或许能再一次被那个目标——那个曾由 [73] 康德、由黑格尔、由海涅，尤其是由尼采，各自以如此迥异且不时还相互冲突着的方式而构思和表述过的那个目标——所激发和提振。这种可能性再度浮现了出来：欧罗巴，或可再次秉承这一襟抱与愿景，去构造一个席卷整个星球的、精神上的贵族体——一种道德上与智识上的世界领袖风范，截然有别于奔着笼罩在狭隘国族主义之中的 19 世纪晚期的那种政治上的与经济上的帝国而去的种种短视又相互敌对的诸驱动。

美利坚之衰落及美利坚与欧罗巴之脱钩

要抓住这一愿景与襟抱的潜在力量（power），我们就必须适当地估量到隐含在我前头的那一究问——关于"要成为'一个好欧罗巴人'，意味着什么"的究问——中的一个相当有争议的前提。合众国已几近取得克其劲敌俄罗斯的胜利。但是，我要诉称，这个得胜的美利坚，正在冒着精神衰落的严峻风险，一种恰恰会被这一

---

① 这纸手写短笺的摹本，刊印于 *The World of Yesterday: An Autobiography by Stefan Zweig* (Lincoln：University of Nebraska press，1964)，437—440 页的"出版者后记"。

胜利所加剧的风险。

这一胜利，一开始，当然是彰显了美利坚自由民主体的伟大，这一胜利，证实了美利坚全体选民（他们固然也有差池和错误，不过所有的差池与错误也掩盖不住他们）的果决、坚毅、持守与审慎，也证实了他们若干年来在冷战中的领袖风范。证实了合众国道德肌理中耐久不绝的强壮气力的，不只是对外政策。公民权利运动，通过践行种种令人钦慕的民事诸德性——这些德性是：兼爱（fraternity）、人道/人性/人文（humanity）、公平、对法的服从、勇敢、同情，业已铲除了或曰极大削弱了种种由来已久的民事诸劣性（civic vices）。这个国族重又投入并献身于这些民事诸德性，这样的投入与献身所导致的一个结果便是，为人口中的各大群体——其中最显著的群体就是美利坚女性群体——的教育、就业、保健、政治参与，进而尊严，开启了大量的新机会。在一个多少不那么高贵的或曰不那么英雄式的层面上，美利坚人，能够从他们的经济中摘取可以证成的骄傲——他们的经济，其适应性、其抗压性和其复元力，都是辛勤劳作、规训、对教育的执著、对天资与首创性的尊重的明证。但是，这样的以及其他的一些可以证成的骄傲之源，正被一种无孔不入的病象、一种正在攫噬着这一国族之生机的病象蒙上阴影。深深地潜藏于这一病象之底的是，美利坚文化正越发脱离于欧罗巴传统，那个打一开始就一直是美利坚灵魂之母体的欧罗巴传统。

合众国道德上的与政治上的活力，归根结蒂，植根于两个伟大的欧罗巴渊源。第一个是宗教，起初是新教，但终归也有罗马天主教和犹太教，它们每一个都在关于宽容的美利坚诸原则中找到了各自的避风港。第二个是由洛克和孟德斯鸠所详尽阐述的、被《联邦党人文集》所采纳的关于属人自然/本性的那一特别观念。[74]只有从那一关于属人自然/本性的观念中，我们才推得出种种确定不移的、普遍性的、永固罔替的而且也是嵌在《合众国宪法》之心脏处的道德诸原则——属人诸权利、宗教宽容、制衡的代表制政府。美利坚人正是从这两支欧罗巴泉眼——一个是启示、一个是哲学理性——中汲取到了：他们的对更高意旨的感觉，他们的为之献身的诸对象，他们的自我控制、忍耐与自我超克的能力，他们的兼爱的纽带，以及将他们的智识反思与他们的技艺表达汇聚起来的至高焦点。

现在，令人忧郁的事实是：这一对双生的源头，在美利坚今天的意见领袖们、教师们以及学者们或曰致力执笔言说的男男女女们当中，正日渐干涸——其显而易见的下场愈演愈烈且不可避免地扩散于更大多数的公民大众中，最先波及的就是青少年。

美利坚政体肇建于其上的那些宗教传统，被记忆得相当之不完美；纵使一些强劲的残迹确实还生动地存活于公众心智之中，但是，美利坚大多数的大学、意见期刊以及高深莫测巧于辞令的智识圈，则无一不对这些残迹报以疑忌或蔑视。主流的天主教神学以及新教神学，已经被种种这样的思索方式所淹没：那种种从对海德格尔、尼采、马克思所作的诸多庸俗化的、消化不良的半吊子研习中派生而来的、极度反圣经的、激进无神论的，甚至多神论的（polytheistic）思索方式。

谁若从宗教根基转向美利坚政体的理性主义根基或曰哲学根基，谁就会再次被一派废弃之象惊到。诚如我在"导言"中注意到的，确实，要找到对自然诸权利，也即对——林肯与合众国缔造者们所理解的且在《联邦党人文集》和《独立宣言》里得以阐述的那种——"'自然/本性'与'自然/本性之神'二者之超验法"（transcendent law of nature and of nature's God），还有所信奉的智识分子、教授、记者或学者，几乎如大海捞针了。像"'自然/本性'该提供或能提供确定不移的准绳给属人实存"这样的理念，也即，像"美利坚生活及其制度所代表的是'与时间无涉的、超历史的且超文化的那些关于权利的诸原则'之体现"这样的见解，甚至都被大多数美利坚高中生视为是天真的了。历史上的或文化上的相对主义——其版本则是五花八门的,有的版本较为精缜老到,有的版本则没那么精巧考究——几乎未经任何究问地就挟制和统御了美利坚意识。

结果便是,美利坚对属人诸权利的执著,越发地黯淡而含混了。不可让渡的诸权利,也即平等地存于每一个个体身上,并且从其中必定推引得出各个特别的民事诸权利的那些不可让渡的诸权利,一如一个坚不可摧的小硬核,对这一小硬核的初始的美利坚式理解,却腹背受敌,一边在国内正在被削弱、被对逆向歧视①的呼声所削弱,一边在联合国和海外正在被讨伐、被第三世界的各个僭主为一己私利而对属人诸权利之意义所作的各种歪曲和玩弄所讨伐,对这一小硬核的初始的美利坚式理解,在两相夹击之下,怕是快要被埋灭了。[75]在国际舞台上,诸个体之清爽利落且客观性的"自然的与民事的诸权利"——法兰西大革命与美利坚大革命不懈抗争以求得的,不就是这样的权利么——正在所谓的"经济的、社会的、文化的诸权利"的黏黏糊糊且杂糅无章的泥浆之中加速下沉。在国内,对结果平等或境况平等的种种过分简单化且时常带有煽动性的呼声,稳步替代了对机会平等的自尊自重的呼声,于是乎,要证成以下这样的讨伐就越发轻而易举了,而要抵御和防止这样的讨伐则愈加困难重重,此讨伐指的是冲着个体尊严以及冲着个体的这一主张——即"要求严格地依照他或她本人的绩功(merits)来对他或她下判断"——而来的讨伐。群体性与历史性诸权利,在种种政治制度之形塑中,确乎是有一席之地的,因其确保了一个多元化的人口之中所有的选民都能名副其实地被代表;但是,今天,以群体性与历史性诸权利为名而提出的种种主张,太

---

① ［译按］逆向歧视(reverse discrimination),指在社会政策和资源分配上,由对先前受歧视的弱势群体的特别扶助而给其他群体造成的劣势。

常缺乏安置此观念——关于个体性的自然诸权利的观念——的一片系泊地了，而曾把美利坚人凝聚在一起共赴那一番"道德事业"的，那一番"被构想在'自由'之中的、投入并献身于'人人被造而平等'这一命题的"道德事业的，恰恰正是对该观念的投入与献身。

合众国当今颇为发达的智识生活中的潮言潮语是"*得权力*"（empowerment）与"解构"云云，诸如此类的术语标明了这样的一个事实：学界精英当中的那种无孔不入的相对主义，既非心智开放的、宽容的，也非轻佻约略、无涉激情的。当今美利坚最"发达的"智识生活，其特点，并不仅仅是丧失了对美利坚共和肇建时分的那种信仰与哲学的信奉，甚或也不仅仅是丧失了对美利坚共和肇建时分的那种信仰与哲学的同情性理解。"政治正确地思索"，其最大的特点，就是满腔道德义愤地反叛这个国族的铮铮血气和生命线——不仅仅反叛这个国族的文学上的、艺术上的与历史上的诸根基，最为凶险的是，还反叛它的哲学上与宪法上的诸根基。那种所谓的"批判性的法理论"，加入了这两股火力之中——一股是女性主义中最为激进的诸分支，一股则把"美利坚经验"贬斥为"种族主义的一场持久发作"，三股联手剥掉凡被贴上了如此之品性——即，美利坚宪法主义与普通法之实质性的男性沙文主义的、种族主义的、财阀政治的、剥削性的、意识形态性的品性——标签的东西身上的道德正当性。另一方面，除了在边沁式"法与经济"运动之中的种种更为"自由至极主义的"（libertarian）且更为实证主义的要素外，这一理念——"法院与法官、公民与政治家，都该受肇建者们的原初意图与原则性反思所约束甚或引导，都该被该意图与反思所激发"——也越来越被视为是一种这样类型的天真：一种倒退而蒙昧的天真。

对美利坚政治上与宪法上的遗产之拒斥，在某种程度上，其实是延续了——或曰适用了——另一种更为深远的拒斥，[76]即：

对包括西方的哲学、神学、文学和宪法主义在内的全部欧罗巴遗产之拒斥,这一种更为深远的拒斥正逐渐在席卷着整个学界。对过去的种种伟大文本的研习,被一种所谓的"解构事业"越发扭曲得不像样子了,这个所谓的"解构事业",把那些傲慢且常常也是"反智主义的/非利士式的"(philistine)批判者们——这些批判者就像病理学家们对待携带着瘟疫病毒的躯体一样对待过去的著作——之蓄意"颠覆"合乎理性的话语(rational discourse)奉为圭臬。"伟大群书"(great books),被贬斥为"祭司们的正典"(priestlike cannon)——那些"欧罗巴中心的"、白种人的、男性的、享有特权的精英们,据说,正是借由这些"祭司们的正典"而冲着非欧罗巴人的灵魂施加并推行他们这帮精英们在文化上与心理上的帝国主义。

"为人文学发声"(Speaking for the Humanities),这份美利坚学界委员会(American Council of Learned Societies)的报告,是当今在高等教育层面占主导的精英意见的最为权威而生动的印证。这份报告,由若干所知名大学里的 8 个"人文学中心"的主任,联合 20 位顶尖人文学者,共同执笔,隆重刊发于 1989 年元月号的《高等教育年鉴》(Chronicle of Higher Education)上,并得到了现代语言学会(Modern Language Association)的支持。它是人文学建制内对被它称为是冲人文学教育现状所发出的"攻击"的东西所作的一次盖棺定论的且高度防御性的回应。

该报告坦言,由教育部长兼人文学国家基金(National Endowment for the Humanities)主席以及一些文辞雄辩的顶尖学者所发出的这些"攻击","清晰地回应了一种在民众间广泛蔓延的、也可以理解的、对大学工作的失望与祛魅"。"该危机",该报告进一步坦言,"是真真确确的"。该危机,就如该报告所看到的,植根于这一究问:

> 传统上作为"伟大群书"来教的那些著作——其中绝大

多数都出自西方白种男性之手——与反映出其他群体的经验、襟抱与愿景的书写作品（无论是西方社会之内的这样的作品,还是来自别的社会的这样的作品）,这两类作品之间的关系,该是怎样的呢?

但是,该报告的意思并非是说,该究问是——或应当是——一个真真开放的究问。① 答案是清晰的、独断的、威权主义的（authoritarian）且自以为是的。谁也不能再严肃地抱持这一可能性了,即"我们的遗产之中的那些伟大的著作与思想,或可继续为我们的生活提供决定性的引导"的这一可能性:

> 在人文学中,谁也无法再通过盯着过去的课程安排、过去的那些关于价值与意义的诸观念来给出供我们将让我们得以应对眼前危机——也是人文学现在最为深彻关切着的危机——的样板了。我们的责任,其中的一部分,事实上,就是去学会对这些样板以及这些样板之失败的原因予以理解。

[77]美利坚的新的教育精英们,从他们与世隔绝的学术建制内部所发动的,堪称是一场"革命",一场以替换掉"欧罗巴中心主义",代之以一个异常之新的焦点——此新焦点据称落在了亚洲文化、非洲文化以及拉美文化上——为鹄的的革命。倘若我们所谈论的是在以下二者之间开启一场名副其实的、批判性的对话,这二者,一方是西方遗产里的某些伟大的思索者和某些伟大的理念,一方是这些伟大的思索者与这些伟大的理念在北非或印度等传统中的对应者,那倒是没什么原由恐慌。正相反,这样的一种发

---

① 约翰·塞尔（John Searle）,一位著名的逻辑学家、哲学教授,最近评论这份报告时说到了"要把其腔调中的洋洋自得、其论辩的不堪一击、抑或在其对权威的频频求诸中所隐含的孱弱给传达出来"有多么困难（塞尔,1990,40）。

展——即，学者们去学习古典的阿拉伯文或梵文，为的是用一手材料来迎接对赫勒敦（Ibn Khaldun）或阿咖扎（Algazel）或《梨俱吠陀》的挑战——倒是一个令人因之而欢欣鼓舞的原由，尤其因为，这样的一种发展，兴许是一个强有力的刺激，会重新激活围绕西方遗产——该遗产植根于这二者：一为普遍性的属人诸权利或曰自然权利，一为普遍主义式的一神论——里围绕相互竞争着的诸哲学与宗教性的诸视景而展开的严肃的思想和论辩。

　　然而，事实上，该新时尚恰与这样的一种潜心——严肃而同情性地潜心于令东西方古典著作均潜心于斯的诸议题——不共戴天。该新时尚是从西欧及美利坚近来的一些智识分子与批评者们的诸理论中诞生而出的，这帮智识分子与批评者们，乞灵于弗洛伊德（还是经由拉康过滤了的弗洛伊德）、马克思、海德格尔的权威，并且在他们搬这三位出来给自己扯虎皮拉大旗时，又常常靠的是他们自己对这三位的极为肤浅的认知。该时尚就在于，把哲人们、神学家们与诗人们的种种论辩与创造，统统视为是意识形态性的封面，换言之，统统视为是为霸权、宰制性与主导性三者的种种深嵌式的、隐而不现的诸制度所作的无意识的辩护。在讲到人文学教育的种种领衔的目标时，该委员会的这份报告说，人文学教育，尤其应当做的是"去暴露并分析隐藏于语言与艺术之表层底下的那些价值"。该报告声称，

　　　　现代思想中的诸发展（究竟是哪些发展，该报告又未特别详陈），业已让我们对——当那些"曾被思索过的且被书写出来的最好的东西"被拣选出来时，或者，当讨论被聚焦于"人"（man）时——什么是被漏掉了的，保持警觉。

　　我们已经学会去问："普遍主义式的诸主张，是否事实上并未把专属于某一个特殊群体的诸关切提升成为一种规范。"该报告

没费太多篇幅就给这个"我们已经学会去问"的究问甩出了它的权威性的回答。"与出发点、文化差异以及美学上的、道德上的、政治上的诸价值有关的种种根本性究问，"该报告宣称，"断送了普遍主义式的诸主张。""传统上对'利益无涉/无偏无私'（disinterest）的诸主张，都反映为尚未被注意到的或尚未被承认的某意识形态。"

若以这样的方式来看待文本，那么，处理文本的相应路径，就很难是一种敬慎笃实的悉心侍奉、小心翼翼的精细研磨了，也就很难是一种引子，一种由之引出批判性的品鉴与对话的引子。相反，这样的路径，倒成了"解放者们"自封的一种道德义务：[78]他们要去揭批和"解构""话语的一切特权化"，要去撕破"被特权化了的话语"的面具。该报告甚至还带着精缯老到的鄙夷拒斥了过去的创作者们这样的主张——过去的创作者们曾主张要给他们他们自己政治上的执著给出经得起推敲的论辩："凡'利益无涉/无偏无私''客观性'与'普遍性'之诸主张，都是不足信的，"该报告信心满满地宣称，"这一点，已被最为强有力的、现代的诸哲学与诸理论所证明。"那么，尽管该报告倒也顺便躬身致意了一下这一理念，即"人文学应为这一美利坚式信念——这一美利坚式信念即，相信在'一种警觉的心智'与'民事德性之发挥'这二者之间有一种深远的关联并相信这一种深远的关联——扮演一个见证者"这一理念，但是，该报告并未特别详陈任何一个民事德性，并未提及或参照美利坚传统里的或美利坚传统之直系先祖那里的任何一部重要文献，也只字未说到属人诸权利，还把与凡稍稍意蕴重大一点儿的"属人普遍性"或"普遍性的人性/人道"（human universality or universal humanity）相关的任何可能性都干干脆脆地否弃掉了，也就都是自然而然的了。"现代思想，其最了不起的东西"，该报告向我们打包票，"挑战了对普遍性的诸主张"。该报告很好地体认到了，"关于'客观性'与'利益无涉/无偏无私'的理想，此理想，位于西方现代思想的根上"；但它又坚称，只有天真者和被欺罔者，还在"错误地相信，此理想，也位于现代民主之诸原则——这些原则，深植于现代民主之基底——之心脏上，换言之，还在错误地相信，某一社会中的诸成员们，能够违背自己的利益而行为且同时承认一种更广大的、社会性的'好'"。尽管"我们或许想望着要去论辩说，一种对民主的执著，并不是意识形态性的，而是一种对某一普遍性的'真'的承认，这一'真'是利益无涉/无偏无私地达至的"，但该报告则把这一想望当作一种过了时的盲目希望摒弃了："我们应该能够——我们确实也能够，"这帮教授们宣称，"在并不求诸这样的论辩的同时捍卫我们的意识形态性的执著。对我们自己的诸利益的，以及对这一事实——'当我们在讲授民主诸原则时，我们就是意识形态性的'——的坚定承认，这种坚定承认，强化了——而并非削弱了——我们的立场。……我们不该把'真'等同于我们自己的政治意识形态。"

一切都成了"政治性的"（political），而"政治性的"，就是赤裸裸地、恬不知耻地"捍卫""我们自己的诸利益"，捍卫我们自己的那经由"意识形态"（"意识形态"，则公然地被构想为，是与"真"、与"客观性"、与某一社会中的诸成员们的这一能力——他们"能够违背自己的利益而行为且同时承认一种更广大的、社会性的'好'"的这一能力——截然对照的）而得以构思和表述出来的诸利益。这样的一种政治，即作为"对交战中的诸利益之捍卫"的这种政治，取代了另一种政治，即作为"民事德性"的那种政治；而被理解为"意识形态"的那种政治思想，则被认为是证成无能或仲裁无能的，也即，被理解为"意识形态"的那种政治思想，被认为是没有能力给出地道的、合乎理性的证成或仲裁的。"政治性的"，依据对之的界定来看，差不多就完全变成了隐秘的、半有意识半无意识的（由于是半有意识半无意识的，因而也就是尤为非理性的）、永无休止的、尼采式的"为了权力的斗争"：在对既有霸权之捍卫与尚无权力者之"得权力"（empowerment）（而无权力者一旦得权力了，也将建立起他们自己的新霸权）之间，并无居间的缓冲带。无所不在的"政治性的"，就成了这样的一场纯粹的竞赛，[79]一场尼采式诸意志之间的或曰诸权力结构之间的纯粹竞赛，在这样的一场竞赛当中，此见解——即关于一种共同根由（指，对话的一种共同根由，且是这样的对话：经得起推敲的且"富于想象的"或"同情性的"对话）的见解——则被当作是肤浅的、具有欺骗性的、必定是剥削性的、是坏信仰的一个鲜明标记（尽管不是该当责罚的那种头脑简单的一个标记）而被摒弃了。

　　而另一方面，一旦所谓的"从欧罗巴中心主义中解放出来"，这样的一种解放，其切实的内容被特别地罗列出来时，暴露出来的便是这种新定向的出奇的精神空虚，其真才实学之匮乏、其回应性之如此狭窄的政治品性。"伟大群书"里诗性的、神学的、民事的、道德的古远声音——历经了若干世纪的淘沥与考验，充盈着至为关键的争议与论辩——几乎都被替换掉了，而取而代之的，并非是其伟大、其繁难均足以与该声音比肩的、或是伊斯兰或是佛学或是儒学或是印度教里的相应的古典著作，而是出自近年来第三世界各色意识形态分子们——他们最高的智识准绳，由范农（Franz Fanon）的书写作品所奠立——之手的五花八门的革命性传单与自传。学生们，借由这些新的必读物，被教得一来是要去仰慕这样的灵魂：被憎恨（其对"非欧罗巴的传统主义及宗教"的憎恨，其实甚至还远大于其对"欧罗巴殖民主义"的憎恨）所侵蚀的灵魂，二来是要去奉这样的一些男人和女人为他们的新样板：谁（男也罢、女也罢）的心智被囚禁于由战后的欧罗巴左翼们所编构和调配出来的一种不断在进行着自我厌恨的智识框架之中，就奉谁为新样板。

　　当前讨论欧美关系的评论者们，忽略了——或是故意视而不见——在欧美关系的衍化中的这一最为重大的且仍在持续发展中的根本性面相:美利坚教育,如今,正在一场可怕的文化断脐中剧痛着,这一场文化断脐,切断的不仅是与它自己的文化遗产间的脐带,也切断了与整个西方——不消说,为之领骑的是欧罗巴——的文化遗产间的脐带。就算退一万步讲,我们也不得不承认,文化之更高或更深层面上的"脱钩",正与经济上的"挂钩"或"整合"或"一体化"——这种经济上的"挂钩"或"整合"或"一体化"作为"新欧罗巴"的结果之一还将稳步加剧(反正我们是被真诚地如此允诺的)——相互竞争、激烈赛跑着。

文化上与智识上的变化,其效果——一如我们勾勒出来的那些——当然并非是美利坚生活中的那种越发严重的病象的惟一来源,但是,这些变化,其效果,确实也促生了那一病象。我所指的那种病弱衰疲,其各种症候,简直俯拾皆是:美利坚人在政治上的冷感、失望与祛魅——这从稳步走低的投票率和对当选代表们稳步增长的黩而不敬中清晰可见;那些当选代表们身上的一种极其强有力的不担责任、不冒风险的倾向——也即绝不去承担这样的责任与风险:对这个国族予以一种真真的治理并直面这样的一种真真的治理所必需的种种严酷选择;劳工组织的销蚀、劳工阶层的连带性及其政治体认的销蚀;家庭的解体与性别关系的瓦解——[80]体现为猖獗无度的滥性与乱交、惊人的离婚率、虐待儿童、遗弃儿童(尤其被离异父亲遗弃)、单亲家庭、无亲家庭,以及由那种祖祖辈辈都闻所未闻的"婚姻"所组建的"家庭";对严肃文学、严肃历史与严肃艺术的兴趣或品鉴——尤其在受过最好教育的青年人中——日益缩萎,而且越来越被替换掉,取而代之的是对这样的种种娱乐模式——种种粗蛮的且情绪化的或避世的/逃离式的(escapist)且没脑子的娱乐模式——的痴迷与狂热;处在我们各大城市之心脏上的文明生活的衰颓——毒品消费令人咋舌的高频高发及高波及面,既助推了这种衰颓,也体现了这种衰颓。

从未有过如此多的对"共同体""纽带""凝聚""共鸣""培育"

"温雅"（gentleness）的召唤；而女人与男人之间、代际与代际之间、同胞公民与劳工与邻里之间也从未有过如此冰冷而彻底的切断与隔绝。随着传统、宗教和理性（reason）给"尊崇与意义之共享纽带"所提供的支撑不断被销蚀，"个体主义"——这是托克维尔生造的一个词，用来命名他对美利坚之特有病状的如此有先见之明的诊断——越发成为了美利坚实存的独特铭牌。

　　正如拉斯克（Christopher Lasch）在《纽约时报》（1989 年 12 月 27 日）的一个嘉宾专栏里，言及他发现"我们这个社会中的青年人正生活于其中的"那种"几乎不堪承受但又几乎无法构思和表述出来的巨大苦痛"时，所写道的：

> 　　青年人在经验这个世界时，仅仅把这个世界作为快乐与痛苦的一种来源来经验它。可以供他们随意摆弄的那种文化，在对这个世界予以整理和编排方面，所提供的帮助是如此之少，以至于经验仅仅以这样的形式来到他们身上：该形式要么是直接的刺激，要么就是直接的空匮，而并无太多象征性的中介。……我们没能给他们提供这样的一种文化——一种主张要对这个世界予以说明的文化或曰一种把某一世代的经验与该世代之前的先行世代的和该世代之后的未来世代的经验连结在一起的文化。

美利坚人在应对持续见长的实存之空虚与疏离时，越发显现出了曾被《经济学人》（*Economist*）（1990 年 7 月 28 日的一篇未署名的社论）大力抨击过的那种"颓废的清教主义"："颓废的清教主义"是"一种奇谲的结合，结合了以下这两面：一面是左闪右躲地逃避责任，一面是指手画脚地告诉其他每一个人你该做什么"。所谓"颓废"，该社论敏锐地观察到，就在于："有了疑难，一股脑地指责别人，而绝不亲自担起责任"；"惯于指责政府又惯于期待来自政府的帮助"；教育上则倾向于把"对'自我规训'的锤炼与培育"替换掉,代之以"对那种不是靠自己挣来的、并非自己配得的'自我矜夸'的呼声"。所谓"清教主义",就在于:日益加剧的、对"正确地思索"的呼声——尤其在种族、性别、健康和"多元文化主义"诸如此类的领域里。"一种多数者僭政——刻板因袭、中规中矩、一味盲从的那种多数者僭政——正在悄悄地爬入美利坚",《经济学人》警告说。

欧罗巴自由主义之重生

[81]不过,为什么就不该认为,这幅描绘出美利坚教育上的与文化上的图景的令人心焦的画面,指的并不是欧罗巴自己也正在奔着它飞驰而去的那个未来呢？给未来的欧共体作设计的多数擘划者们所意图的,不恰恰就是要创造美利坚文化及其实存的一个更高效、更切实也更发达或曰更精缋老到的版本吗？这,或与这类似的东西,确实是隐约浮现在我们眼前的、欧罗巴统一体的一个可能的版本:一个"瑞典版的加利福尼亚",从乌拉尔山横亘大西洋,被一支血气尽失的、官僚化的"战神山议事会"(Areopagus)执管着。

正是因为极其厌恶这一可能的未来,尼采,才生造了"好欧罗巴人"这一术语,他把这个字眼扎成了一面战旗竖立起来,用以集结各路"无拘的精神",而这些"无拘的精神"将会发起反革命以对抗属人精神的这一终极堕落。尼采看到了浮现在我们面前的这一景象:一个即将到来的、以欧罗巴为中心的侏儒世界,其中的鄙燮的矮子们过着的生活,没有献身、没有投入、没有尊崇、没有羞耻、没有等级、没有位阶、也没有惟在苦楚与磨折中才能孕育出来的悲剧感与高贵感;他预见了他谓之为"末人"(the last men)的存在者,这样的存在者们带着洋洋自得的满足,栖居在一个不再有任何惊心动魄又振聋发聩的挑战、不再有任何扣人心弦又荡气回肠的精神比拼的世界中；尼采预言了"类人"（quasi-humans）的出现，这些"类人"们的全部激情，统统被淹没在一片不冷不热、不咸不淡的温吞之海中，这片温吞之海里荡漾着以自我为中心的算计，与肤浅而表面化的且又能为自我开脱的普遍性的兄弟情谊（brother-hood），这片温吞之海把那种与实质上是专有而排他性的爱有关的，也与持久不渝的友爱有关的可能性，冲刷殆尽：

> 时候到了，是人性/人（humanity）该为自己设定目标的时候了。时候到了，是人（man）该栽植他最高希望之种的时候了。

> 他的土地现在还够肥沃。但是，这土地将有贫瘠枯竭、陈耕过度的一天，将再也没有高大的树从中长出来了。

> 呜呼！时候正在到来，斯时，人（man）将不再把他的渴望之箭射得高高地越过人（man），他弓上的弦将会忘记了该怎样铮铮作响！

> 我跟你们说啊：各位必须在自身之中有着混沌，才能诞育一颗舞动的星。我跟你们说啊：你们在自身之中还有着混沌。

> 呜呼！时候正在到来，斯时，人（man）将不再诞育任何星！呜呼！最可轻蔑之人（man）——也就是那个能够再也不对自己怀有轻蔑的人——的时候正在到来。

> 瞧瞧吧！我让你们看看**这末人**。

> "什么是爱？什么是创造？什么是渴望？什么是一颗星？"——该末人一边问，一边还眨巴着眼睛。

> 那会儿地球已经变小了，其上蹦蹦跳跳着末人，他弄小了一切。他这个种群，无法连根铲除，就像跳蚤一样；末人万寿无疆。

> [82]"我们已发明了幸福"——末人们一边说，一边还眨

巴着眼睛。

他们已经离开了难于生存的地区:因为各位都需要温暖。各位依然爱着各位自己的邻居,依然耳鬓厮磨相互偎依:因为各位都需要温暖。

生病了、怀有不信任了,在他们眼里,都是罪孽:各位都谨小慎微地走着自己的路。只有傻子才会磕到石头上或被人绊倒!

毒药,不时地有点儿:才弄得出各种快乐的梦。而最终呢,得有很多毒药,才好有一场舒爽的死亡。

各位依然劳作,因为劳作是娱乐的一种形式。但每一位都很小心,以防把这样的娱乐太当回事。

各位也不再变穷或变富了:穷也罢,富也罢,都太费劲。谁还想统治? 谁还想服从? 统治也罢,服从也罢,都太费劲。

放牧的没了,就剩一堆牧群了! 各个想要的都一模一样,各个都一模一样:凡觉得自己有所不同的,都自愿进疯人院了。

"古早的日子里,整个世界都是疯癫的"——最考究的那一位说,他们一边眨巴着眼睛。

个个都聪明,个个都知道曾发生过的一切的一切:所以,奚落、嘲笑、没完没了。大家还是会争吵,不过很快就和解了——不然的话,会影响消化。

个个都有自己白天的小快乐,夜晚的小快乐:但是,个个都向健康致敬。

"我们已发明了幸福"——末人们一边说,一边眨巴着眼睛。

至此,查拉图斯特拉终结了他的第一节演说,也可称为是"序曲":因为,这会儿,人群的叫喊声和欢呼声打断了他。"把这末人给我们呀,查拉图斯特拉啊!"——他们叫道——

"把我们弄成这样的末人呀!"

(《查拉图斯特拉如是说》,前言,5)

这一如噩梦样的可能性,令尼采如此战栗,以至于他不由地跌入到了对民主、自由主义、理性主义、基督教以及人性主义/人道主义/人文主义(humanism)的一种严苛的痛恨之中。他的字里行间隐隐约约地闪现着法西斯主义的暗影。尼采并不是一个法西斯主义者,法西斯主义运动怕是会令他悚然震愕、避之不及;他也憎恶反犹主义(犹太人正是他所展望到的欧罗巴新贵族之中坚);他对国族主义——尤其是俾斯麦式国族主义——嗤之以鼻。

我们到底还是从随后而来的噩梦中挺过来了,那是一个比尼采所能想象到的有过之而无不及的噩梦;但凡谁要贬抑或遮蔽我们如下的这一复苏了的执著,我们都必须与之斗争,这一执著即,我们对于我们共同的人性/人道(humanity),对于普遍性的理性,对于言辞与良心之无拘,对于私有财产诸权利以及对于竞争性的代表制政府所重新燃起的那种执著。

西欧诸民主体必须调动一切意志与智慧[83]让"北大西洋公约组织"最深层的精神生生不息,同时打开各种通道,让东欧诸族得以借之缓慢但坚定地找到一条路来加入欧罗巴经济共同体(EEC),甚而最终加入一个扩展了的且重又有所执念的大联盟。因为,尽管北约之诞生确实是为了回应对苏维埃共产主义帝国的畏惧,不过,北约之最深层的冲动,却是源自于丘吉尔(Winston Churchill)在他那场1938年的伟大演说中就这一战略——关于一个以"武力与协约"为基础的欧罗巴新联盟的战略——所作的勾勒。丘吉尔就他所谓的"为了欧罗巴的选择"所作的呈述,本身就意味着一个选择,这个选择所为了的,并不只是当下,也不只是就近的未来,更是为了后世,为了将来的世世代代(丘吉尔,1941,17–27)。该战略是一个关于以握在"法性正义"之手中的一柄强

力之剑为后盾的国际法的战略。该联盟所针对的,不只是纳粹的
德意志,或帝制的日本,或法西斯的意大利与西班牙,而且针对凡
危及到自由民主之安全或危及到向着自由民主之进步的任何一个
独裁政制。它是一个防卫联盟,对抗的是来自或左或右的各种威
胁,无论该威胁是超现代的(ultramodern),还是复古返祖的(ata-
vistic)。但是,一如世界在其抗击萨达姆·侯赛因的斗争中被提
示到的那样,这样的一个联盟,其所必需的,不只是对法与原则的
坚守;其所必需的,还有这样的意志——对法与原则予以执行的意
志。正如丘吉尔在 1938 年论"文明"的那场演说中所言:

> 再没有什么字眼比"文明"一词的使用更随意的了。该
> 词意味着什么呢? 该词意味着一种以四民之意见(opinion of
> civilians)①为基础的社会。该词意味着,暴力——武夫与霸
> 道头领的统治,诸如兵营与战事、骚乱与僭政此类的境况——
> 让位给了法由之而出的议会,让位给了如此而来的法在其中
> 长期得以维护的独立的法院。这就是"文明"——从其土壤
> 中,持续不断地生长出无拘、舒适与文化。在任何一片国土
> 上,当"文明"统御于斯时,提供给该地的族群大众(masses of
> the people)的,便是一种更为广阔的且更少滋扰的生活。过
> 去的种种传统被珍视;由先前或智慧或英武的人们(men)流
> 传给我们的遗产,成为了人人得以享有并使用的一份丰厚
> 财富。
>
> 　　文明,其中心原则是:把行统治的权威归摄于人民/族群

---

① ［译按］civilian 一词,一般的意思(除去"中古以来的罗马法学者、民法学者"这一
　　特别的含义之外)为公民、市民、平民、人民,但在英文中,该词其所指的"民"强调
　　的是与军警相对的含义上所理解的"人",也即,社会中非军、非警的其他公民或市
　　民或人民。这里,中译用用中文旧称"士农工商"四种行业或四种生活方式里的人
　　的一词"四民"来翻译 civilian。

(the people)的既定习俗与人民/族群(the people)的——经由宪法而得以表达的——意志。……

但是,若想象不论是在一片国土上还是在若干片国土上仅仅感知到或宣告了权利诸原则/正确诸原则(right princi-ples)就挺有价值的了,那么这样的想象是徒劳的,除非,这些原则是被诸如民事德性与男子汉勇气(没错!)这样的品质,以及诸如强力(force)与科学这样的手段和中介——归根到底,强力与科学这样的手段和中介,终归必是权利/正确(right)东西与理性(reason)之保障——所支撑的。

文明将不会持久,无拘将不会存活,和平将不会维系,除非,人类(mankind)之绝大多数,团结在一起,来捍卫自己,来坚定地展现出自己全副武装的警备力量,俾使种种野蛮而复古返祖的势力(forces)望而却步、肃然起敬。

(丘吉尔,1941, 45-46)

[84]倘若我们要把丘吉尔的视景微调后运用到我们史无前例的处境上的话,那么,西方诸民主体就必须复活和重振它们对它们自己最高的诸意旨的理解与执著。

为了这一目的,东欧的英雄们,连同亚细亚的英雄们,或许贡献良多。因为,对自由民主之诸原则与无拘市场所持的炽烈的革命热忱,正是在东方,再一次被激活了。精缜老到且衰竭疲软的西方精英们,会被这样的一种欲望激发,一种要去详尽思索进而重新拾回,但也要去扩展并丰富那些基本的哲学诸原则——我们宪法上的与经济上的无拘以之为基础的那些基本的哲学诸原则——的欲望,而这样的一种欲望,或许,正是会出自东方的。相对主义,如今正经由西方诸民主体的大众意识而不断析出其毒性,而针对这种销蚀元气的相对主义,其解毒剂,正是会来自东方的。教宗约翰·保罗二世在光明山修道院(Jasna Gora)(1983年6月18日)

曾对青年人讲过一番被迅速传布并广为传颂的话：

> 或许有时候我们会嫉妒法兰西人、德意志人或美利坚人，因为他们的名字并不与如此代价惨重的胜利连在一起，因为他们的无拘来的是如此轻而易举，而我们波兰的无拘却叫我们付出了如此之多。我不予对比。我仅仅说：恰恰是让我们为之付出如此之多的那个东西，才是最宝贵的东西。让我们不去欲望一个我们为之毫无付出的波兰吧。①

不过，约翰·保罗二世这番话——其实还有约翰·保罗二世自己，以及他所代表的一切——提醒了我们，集体性地再投入并再献身于对我们自由派诸原则的坚定捍卫，这样的一种集体性的再投入与再献身，是否就是对被尼采识别出来的，似乎也正在被美利坚困局所不断加剧的那种种危险的一种充分回应，值得狐疑。我相信，倘若长远看，我们终归并不是要去证实尼采最大的那种种畏惧，那么，我们就必须与深埋在这些畏惧中的、奠立了这些畏惧之基底的那种种"真"和解并因应着这些"真"而行为。抛开其他的先不说，我们必须承认这样的可能性：法西斯主义——或者，类似于法西斯主义的什么东西（但无疑会打着一种新的、表面柔和化了的、且搞不好还是左派的面孔而出现）——作为针对自由民主的一种可能的反应，依然是一种持续不绝的危险，倘若（抑或鉴于）此政府体系与此生活方式，未能拦截住、抵御住自己向着——尼采的那一如噩梦样的视景中所描绘的——那个世界而堕落的话。因为，属人自然/本性，是否将长久地宽容着属人实存之平庸化、乏味化，是相当值得狐疑的。有一种灼人心扉的洞见，含蕴在

---

① 引自 Vatican Radio in Jonathan Luxmoore, "Polish Catholicism under Fire," *Ethics & International Affaires* 1 (1987)：186。

尼采的这句常被引用的警句里："人(man)，宁愿把空虚作为其意旨，也不愿空虚得连意旨也没了。"(《道德的谱系》，第三章，1 和 28)

欧罗巴所面临的究问与任务

[85]那么，对于这样的一些"好欧罗巴人"而言，即那些会为欧罗巴(并最终也为整个世界)在万丈龙潭与幽森虎穴之间——在一边是无根的、精神空洞的、寰宇性的(cosmopolitan)个体主义这一万丈龙潭，一边是埋藏于尼采的政治讯息中的那种法西斯主义命运这一幽森虎穴之间——勾画出一条路线的那些"好欧罗巴人"而言，在我们当前的处境下，对于他们而言，什么才会是他们的独树一帜的诸鹄的呢？这在我看来似乎就是我们时代里的"好欧罗巴人"所面对的最为重大而紧要的究问了。鉴于给此究问的回答之于整个世界的义蕴，欧罗巴人或许将会去耐心博得这样的一些非欧罗巴人的喝彩——感觉到自己一定得尽力去作一些谨慎的贡献来推动欧罗巴人对该究问的反思的那些非欧罗巴人。

在我看来，欧罗巴人，似乎应当寻找出——且应当企图并尝试去构思并表述出——他们最高的诸潜能：之所以要把他们最高的诸潜能寻找出来，构思并表述出来，为的并不是要天真地把这些潜能径直投放到为了切近的甚或可预见得到的未来而设定的某一个规划或某一个目标中去，而是因为，需要某种视景——需要这样的某种视景，这种视景是合乎理性的，并且是扎根于那种"感官经验性的实在"的但依然是对当下的某种超越——来提供道德上的指南针。或许，说"关于欧罗巴之诸'任务'或诸'义务'的某种视景"，而不说"关于欧罗巴之诸'潜能'的某种视景"，才不那么有误导；正如施特劳斯有次写道的那样：

　　　　我们无法用我们的诸"权力"（powers）来界定我们的诸
　　"任务"，因为，我们的诸"权力"，惟有通过我们的诸"任务"
　　之履行才将逐渐地为我们所知；高贵地失败，好过猥琐地成
　　功。（施特劳斯，1983，147）

　　施特劳斯讲的，是诸个体的诸任务，但是，我们也可以带着极
大的谨慎和些许的迟疑，把他的这一陈述用于诸国族，只要我们绝
不忘记自由主义之最深的这个"真"就行：最深的这个"真"，即，尽
管"属人的高贵"必须植根于对公共意旨的眷恋之中，但是，真真
的"属人深度"，在任何一种"集体性"身上，都终究是安扎不下来
的，而惟有在"个体性的属人存在者"身上，才安扎得下，也即，惟
在个体对自己灵魂之强力（forces）的亲自调集和发挥中才安放得
下、扛得起。再引一次施特劳斯的话："能致力于对'真'的追问
的，惟有诸个体，而绝非诸国族；而这样的追问，把分属于不同国族
的诸个体连结起来、统一起来"；把"名副其实的寰宇主义（cosmo-
politanism）与冒牌而肤浅的寰宇主义"区分开来的，正是这一点。
（施特劳斯，1959，240）

　　要说从哪儿开始，据我建议，若从盯着自由派传统中最为伟大
的那位政治哲人——怕也可以说是西方在后古典时代里曾产出过
的最为伟大的那位政治思索者——从他那儿来寻找引导和灵感，
由此而开始——据我建议——或许就是最好的开始了。那位就是
孟德斯鸠。孟德斯鸠，是一位"真真好的欧罗巴人"——在"好欧
罗巴人"这一用语之所有智慧的且文质的（humane）含义上；不过，
他也是美利坚与欧罗巴之间最为直接的、哲学上的关联，因为，他
给予了合众国之肇建以一种无与伦比的影响。他既是欧罗巴国族
主义之最为潭奥窅眇的哲学渊源，同时，他的精神之寰宇性（cos-
mopolitan）也是迄今尘世间最为潭奥窅眇的，换言之，他同时又是
曾行走于尘世的、寰宇性得最为潭奥窅眇的精神。他痛批各色狂

热分子——不论是宗教狂热分子还是无神论狂热分子——的对政治具有解构性和毁灭性的、道德上的痴迷。[86]他教导了如此之归摄——把宗教制度归摄于自由的民事权威(liberal civil authority)——的奠于正义之中的根基,同时他也暗示了这一点:任何一个正义且文质(humane)的社会,若无一种被淬砺得恰到火候的宗教意识,也都是撑不下去的。《论法的精神》,以其无限恢弘的人性/人道(humanity)、阳刚但又不失细腻的高贵性,至为灵活但又绝不妥协的理性主义,是——据我所知的——唯一一部可谓为"传达出了我们正在竭力找回的那种欧罗巴自由主义之丰富性和统一性"的作品。

孟德斯鸠盛赞英格兰政府体系,但同时也警告要提防该体系所保护——甚至所孕育——的那种索然无味的、去情欲的/去厄洛斯的(deeroticized)、个体主义的且机械主义的生活方式。孟德斯鸠披荆斩棘,为欧罗巴的未来开出了一个航向,这一航向去往的,并非欧罗巴之盎格鲁化,而是以下述这一执著为基础并培育以下这种多元化和以下这种竞争的文化:该文化,以对自然诸权利的一种执著为基础;该文化,所培育的,既是一种清明而淬砺有度的国族多元化,也是这样的活力不息的竞争,即这些天才们——迥然有别的欧罗巴诸族其各自历史上的、个个特色鲜明且彼此间又多少有些这样或那样的不和谐的天才们——之间的活力不息的竞争。

显然,我们无法简单地回归到孟德斯鸠所面对的那个世界,或者说,无法简单地回归到他的那些精准的处方。但是,他对此疑难与此允诺——一个自由的、寰宇性的Europe des partries[诸国之欧罗巴](借用戴高乐的这一用语)的疑难与允诺——的构想方式,能把我们带入正轨,并教导我们,要珍惜属人诸权利,要珍惜自由的宪法主义。属人诸权利,为属人的安全、属人的尊严与属人的兼爱构筑了楣顶、基座,未来每一个体面而正派的欧罗巴社会均必得以之为凭靠。但是,在此基础上,也来了一个新任务:这一新任务也就是此挑战,即,得去详尽地阐明这样的一种活力不息的、精神上的竞争,一种在欧罗巴共同家园之内且在这样的诸个体——各自代表了某种传统(某种国族性的与宗教性的传统,且诸个体所各自代表的诸传统其彼此之间又是互为批判性的)的诸个体——之间的活力不息的、精神上的竞争。

这一竞争,若要不堕落为单单只是一种游戏而已,它就必得是严肃的。无知或浅陋,一定会有所伤,一定会引起这样的苦楚与磨折——那种刺疼我们并由此而让我们有了自我意识的苦楚与磨折。相对主义那窒息而呆滞的裹尸布,必须被撕碎,并且是以这样的一种奋斗——一种为了与德性、神、实存这三者有关的那个"真"而作出的共同的辩证式奋斗——的名义而被撕碎。于是,"好欧罗巴人",其最高任务便是:不仅仅要去界定属人自然/本性之诸根基,而且还要竭力辨识出在属人自然/本性之顶点上的且最具高度的某些东西;不仅仅是要去保障那份为每一个属人存在者所共有的尊严,而且也要尝试去厘清并荣耀这样的一些品质:使能够为余者——且也会为余者——担纲灯塔之职的少数翘楚成为翘楚,且使这些翘楚成为真真值得敬仰之翘楚的那些品质;不仅要握紧并确保属人诸权利,而且要以这些权利为基础进而去探查相与竞争着的属人诸德性。无疑,在这些属人诸德性之中,居于高端的那个德性,将是这样的一种同情与慷慨疏财(generosity),即一种有思想的同情与慷慨疏财,一种应当[87]在欧罗巴对居于欧罗巴及北美之外,正遭受着苦楚与磨折的人类大众(mass of mankind)(也就是,那些匮缺这种安全与机会——被最为基本的属人诸权利所断然吁求的那种安全与机会——的我们的绝大多数的同类)所持的关切之中得以展现的、有思想的同情与慷慨疏财。在这一点上,欧罗巴人,将不得不去学会避免这样的双重陷阱:一个是圣母心的陷阱,即,感情用事的怜悯与滥情;一个是父权控的陷阱,即,强蛮的家父式做派。他们会受用的,倘若他们记住了尼采冲着被他称为"一个商业社会里的道德时尚"的那些东西所抛出的那一具有挑战性的"但尚未被回答的究问"：

> 一位对另一位怎样才是**更有用**的呢？是立即跳到另一位的身旁帮他的**忙**（而这种忙帮得，就算还没变成某一种僭政性的钳制、变形或改造，也至多只能是流于表面的）吗？还是，从自身之中形成些什么让另一位能欢愉地看到的东西呢？
>
> （尼采，《朝霞》第 174 节）

一个为它自己设定下我正在刻画的这个目标的欧罗巴，或许会发现，自己被拖回到了它自己的那笔多元多样的精神遗产中最为深阔崇邃的泉源之中。欧罗巴，或许会重新打开它自己思想、艺术、民事生活上的那笔伟大的圣经式与古典式祖产，并且，在重新打开这笔祖产的同时还会伴有自歌德以来就再没看到过的一种接受度：不是把这笔祖产当作博物馆里的标本或意识形态宣传之武器来打开，而是作为"活的文本"来打开——"活的文本"，关乎的是音色交杂、龃龉不合的权威，因而也就关乎的是强势但令人心悦诚服的专注与投入，关乎严肃的智识奋斗。

很不幸，若要指望西欧的智识分子，我们所抱持的希望就得大加限定了，因为他们当中，有太多已经被他们自己在鸡毛蒜皮上没完没了又小肚鸡肠的斗嘴和口角，以及他们一时兴起又转瞬即逝的意识形态迷狂，冲昏了头。因而，我所要盯着的，还是东欧，也还是俄罗斯——我指伟大异见者们的那个俄罗斯，从那里来为新的欧罗巴志业——也就是我正企图并尝试辨识出其轮廓的这一欧罗巴志业——寻找智识领袖。正如米沃什（Czeslaw Milosz）在他的随笔"泄密的伤疤"（The Telltale Scar）一文中所观察到的：

> 数百万蒙受了整全制政府之恐怖的属人存在者们（hu-

man beings),他们的苦楚与磨折,还将会受到处罚的——这
一处罚即,彻底地被湮灭于无闻,倘若,某种弥足珍贵的东西
并未从大灾难中被抢救出来的话,这一弥足珍贵的东西即,这
些人(people)所作的这一发现:他们发现了一条划分好与恶、
真与谎的清晰界线。中欧诸国度,已经作了这一发现,即便是
在美利坚与西欧的智识界正在把"好与恶之对立"当作一个
多少有些过了时的见解来对待的时候。

(米沃什,1989,27)

　　属神的(divine)灵光,在东欧闪现,而如此闪现的灵光在西方
已经灭失很久了:思想是严肃的,恶是有某一种意义的,英雄主义
是有所吁求、有所感召的。"属人深度"的三大储备库——对国度
(country)的爱、宗教与艺术,这三大储备库,依然充盈着在西方业
已日渐枯萎衰竭的勃勃生机与汩汩活力。只有傻瓜才会去竭力否
认,这三大储备库中的前两个也潜在地是会释放出战争、苦楚与磨
折的潘多拉盒子。俄罗斯近来的经验就是个提示,提示了国族主
义的与宗教上的纷争会带有怎样的风险。不过,更大的傻瓜,则会
去否认,在接下来的世纪里,命运之介质,或许恰恰就是以某种形
态出现的国族主义——或是,阴郁的、[88]被忽视了的、异化了的、
丑陋的国族主义;或是,受欢迎的、被淬砺有度的、启了蒙的并受一
种孟德斯鸠式自由理性主义(那种将"对国度的爱"与"对非我族类
的恨"区分开来的孟德斯鸠式自由理性主义)所引导的国族主义。
　　觉醒中的东欧民主运动,其独特标志,是一种令人惊异的"对
国度的爱"或曰"爱国主义"(patriotism),而这一类型的"对国度的
爱"或曰"爱国主义"或许有着某些可教给西方自由派的重要的东
西。言及"属人高贵性",这种高贵性,其子宫恰是"尊崇";而对于
绝大多数人(men)、绝大多数时代来说,"尊崇",都指的是对自己
的祖产、自己的传统、自己的过去及其各色英雄式楷模的"尊崇"。

爱国主义,若这样来得以理解,那它就是那种孤立或迷失的个体与那种有意义的世界之间不可或缺的桥梁。那种"有意义的世界",即由这样的诸个体所充斥的世界或者说是属于这样的诸个体的世界:有着富于激情的思想的诸个体,或者说,富于激情地思索着的诸个体,这些个体在和谐之中且在论辩之中共同探究着那个"真",那个与这样的诸究问——针对属人的高大恢弘与属人的沉沦颓靡而发的最为重要的诸究问——有关的"真"。爱国主义,若这样来得以理解,那它就是从"自然状态"去往施特劳斯所说的"名副其实的寰宇主义"的桥梁。哈维尔(Václav Haevl),把他自己对国度的爱与通常被称为"爱国主义"的东西区分开来,在1988年的一次访谈中,他这样说道:

> 我是个捷克人。这并不是我的选择,这是命。我一辈子都生活在这片国度上。这是我的语言,这是我的家。我生活于斯,跟其他每一位一样。我没觉着我自己就是什么"爱国主义式的"(patriotic),因为我并不觉着,做个捷克人,而没做个法兰西人、英格兰人、欧罗巴人或其他什么人,有多了不得。神想让我做一个捷克人——我也不知道为什么。这并不是我的选择。但我接受它,我尽力为我的国度做些什么,因为我生活于斯。①

　　就如哈维尔的运思和表述所暗示的那样,健康的对国度的爱与健康的宗教况味(这种健康的宗教况味,其浓重迹象,我们正从东欧无拘之复兴中看到了),这二者之间,是有着某一关联的。被与马克思主义无神论的数十年之对立所释放出来的罗马天主教信仰,给波兰团结工会运动,染上了对于自我牺牲与自我超克的一份

---

① 引自"A Master of Parable",*New York Times*,December 29,1989。

坚忍和一份感激,这份坚忍和这份感激,也让承继了一大笔道德上的德性与视景之可观遗产的西方人中哪怕最心灰意懒的世俗分子,都不得不想起,我们是受惠于——亦有负于——主导着我们共同祖产的那种圣经传统的。(比较,Michnik 1979)从波兰那里、也从一般而言的东欧那里,我们可以重又学到:在我们的公共生活中留下空间给某种属神的显现(some divine presence)——连同与此显现相伴的、道德上超越属人的(suprahuman)种种局限与制裁或允准,有怎样的益处。人们或许还会补充说,这堂功课,如果我们学不到的话,那么,我们所收割到的,或许就是由暴烈而痴狂的反应所掀起的漩涡了,[89]因为,暴烈而痴狂的反应似乎总是跟着这一企图和尝试——即企图并尝试把"神圣不可侵的东西"(the sacred)从一个国族之集体性的自我意识中驱逐出去——而来的。瓦文萨(Lech Walesa)不止一次地说过——而且他这么说,也不完全就是在开玩笑:"我若不信神,我就会是一个非常危险的人(man)。"

今天,恰恰是在东欧,把艺术与生命连结起来的那种种决定性的内在统一(这些决定性的内在统一有:艺术与正义或曰艺术与政治责任之间的统一,美与道德之间的统一,艺术与神之间的统一),还依然在昭示着艺术家之天职,也还依然在祝佑着此天职在大众的相当一部分(凡任何真真有活力的艺术,大众的相当一部分必定是其受众)当中所感召出的回应。恰恰是在东欧,艺术家似乎依然还在承认自己是这样的实存与这些时刻——索然无味的日常实存与那些抓住了并改观了智识之中与心灵之中的诸力量(forces)的时刻——之间的中介者、自己承担着与这样的中介者相应的任务。来自东方的写作者们,提醒了我们:英雄式的道德吁求,艺术是可以做出的;但他们给我们的更为振聋发聩也更为意味深长的提醒,则在于:对于诸人民/族群(peoples)之意识,艺术家既是该意识的良心,也是该意识的领袖。正如米沃什在他早期一首名为"献词"的诗中所写的：

> 诗歌，不挽救国族或人民/族群（people）
> 还算什么呢？

抑或，如他写于 1950 年并在 30 年之后被镌刻于格但斯克船厂团结工会纪念碑上的这三行诗句：

> 欺侮一个普通人的你，
> 切勿心安。
> 诗人记得。

正如米沃什的范例所表明的，这并非意味着，诗歌被"政治化"了。恰恰相反，这意味着，诗歌迫使政治，也迫使生活的其余部分，把眼光从政治与日常生活通常会发现且必然会发现自己或滑入其中或拘囿于其中的那些鸡毛蒜皮上抬起来，超越这些鸡毛蒜皮而望向更远。通过引发这样的升华，艺术家不仅召请来了悲剧缪斯或曰崇高缪斯，也召请来了喜剧缪斯——就像比如昆德拉的《笑忘录》、哈维尔的《通知书》（*The Memorandum*）这样的作品所展现出的那样。"似乎在中欧，"哈维尔在 1985 年一次专访中说，

> 最为郑重、最为真挚的东西，往往与最为滑稽、最为喜剧的东西尤为紧密地糅合在一起。似乎正是距离的维度——也就是说，超离于我们自己之上、把我们自己放轻一些，由此而拉开的距离，才恰恰让我们的忧虑、关切有了摧枯拉朽的严

肃性。①

　　在东方,艺术并非仅仅是一种游戏;艺术并非这么一个单独隔离出来的生活区域:或是供人们想要来些高大上的消遣时,走进来解解闷,或是供人想要逃避生活、逃避责任——尤其是逃避公民责任时,躲进来猫着。在东方,艺术依然是以古典共和的术语来得以理解的:艺术,是生活的心搏、生命的脉象,是民事德性的学校。

　　充盈着民事精神的东方艺术家们,他们的声音,让我们想起了1940年1月20日以电波向欧罗巴放送的丘吉尔广播演讲里那段鞭策人心的结语:

> 　　让华沙、布拉格、维也纳这些伟大之城摒除绝望吧,即便它们还在承受着剧痛的煎熬。它们的解放是一定的。欢乐的钟声再次响彻欧罗巴的日子将要来到了,到那时,胜利的诸国族,这些主人们——不仅是作为他们敌手的主人们,也是作为他们自己的主人们,将在正义、传统、无拘之中,规划并铸造一所有着许多宅院的房,于斯处,大家皆有其所。
>
> 　　　　　　　　　　　　　　　　　　　(丘吉尔,1941,216)

　　美利坚,或许会再一次开始从一个在精神上复兴了的欧罗巴那儿学到,用一双这样的眼——一双着意地去探索"真"的眼,而不是一双美学式地去品鉴"真"的眼——去看,这意味着什么,这样的可能性还是有吧。从东欧那儿,我们或许会再一次学到,去论辩意味着什么:并非为了争胜或表演而论辩,而是在论辩时带着求知的焦渴(这种求知的焦渴蔑视并弃绝一切虚荣自负、矫揉造作、装腔作势、自以为是和迎合流俗)意味着什么。从冷战的余烬中,

---

① 引自"A Master of Parable",*New York Times*,December 29,1989。

可以想见会生长出某种精神上的激励；而美利坚或许会因这样的激励，而被拖入一场辩证式反应，一场能将我们从精神萎靡中揪扯出来并让我们明晰而犀利地感受到一种新需要的辩证式反应，这个新需要就是：得去界定并捍卫我们相信是值得仰慕的那些东西。对我们来说，开始去做一些这样的反思，肯定是无害的，即，去反思一下，竭力接住这样的一种挑战，由此必定会推引得出怎样的一种思索与论辩。

6. 需要重思我们的诸权利、我们的共和

[91]对属人诸权利的保护,是现代的西方宪法主义的专属荣光;在对个体诸权利的捍卫之坚定不移上,美利坚宪法传统,可以主张自己是遥遥领先、无出其右的。美利坚人有很好的理由相信:属人诸权利越是严肃地被看待,属人境况便越是稳固、安全,也越是升华。在过去的半个世纪里,我们已经从苦涩的经验中学到:理论者也罢,政治领袖也罢,政府也罢,但凡其抵制或质疑属人诸权利的中心地位,他们自己往往便成了压迫之源与苦难之源——无论他们是有意还是无意地成了的。我们对于赋予诸权利的无以复加的显赫地位所持有的信心,是可以被证成的,但如此理据充足的信心,也伴随着种种严峻而特别的危险。

首先,我们总是抵不住诱惑地要去相信,所有的好东西,都是——或都应当是——能从个体诸权利之中找到的:我们太容易滑进这样的轻信了,即,轻信道德上的任何主张,只要无法依据"诸权利"的术语而得以构思和表述,或者,只要无法约减为"诸权利"或无法从"诸权利"中推演出来,那么,该道德上的主张,便因而是无法理解的——就算它不是谎称或伪称。然而,我们屡屡遭逢到的道德上的诸究问,屡屡遭逢到的我们实存之中道德上的诸维度,却都是些依据"个体诸权利"的术语压根儿就搞不定的究问

与维度。当前处境下一个覆盖面最广的提醒,就是堕胎议题。越来越多的敏锐的男人们与女人们,愈发体认到,由堕胎——并且也是由家庭——所引发的诸究问,是无法依据诸如"诸权利""合同之诸债",甚或"相互尊重"这样的术语而得以充分构思和表述的,此外还必需一种依据诸如"诸义务""诸责任"、某种"爱"或某种"尊崇"这样的术语而得以展开的构思和表述——这后一种的术语则完全超出了、超越了"个体诸权利"[92]以及"对个体诸权利的相互尊重"。这一类观察,同样也适用于对宗教、对政治家风范(statesmanship)、对公民风范、对爱国主义、对教育、对我们就容纳并养育了我们的自然/本性(nature)所持有的姿态的诸究问,即便此时此刻对这些的诸究问或许不及堕胎议题那么迫切。

其次,我们一再地发现了这一点:我们身为属人存在者的道德处境,此处境中的某些最为重要的维度,与"个体诸权利"有关的语言与概念框架是并没有能力将之全面囊括的,而对这一点的一再发现,会致使我们怀着一种不健康的幻灭感去回应它。此经验,与当代思想之中的其他一些强有力的(powerful)且贻害无穷的相对主义倾向联手,一起诱使我们这样认为,认为我们"对属人诸权利的执著",其实也不过就是我们自己的执著而已;不过就是我们所承继下来的某种"受境况所限的世界观"(conditioned world-view)而已——并且,我们之承继此"受境况所限的世界观",要么是靠机缘而承继下的,要么是靠"历史性的文化糅融"这一多少有些神秘的进程而承继下的。换句话说,我们太容易被丢进这样的狐疑了:狐疑是否有任何名副其实合乎理性的论辩,深嵌在我们的那一最基本的也最珍贵的"宪法执著"之中。由此的一个下场便是:我们不由地去尽力囫囵吞下与"诸权利"有关的无论是什么样的语言和概念,只要该语言和该概念被我们每一位自以为是"值得钦慕"或"有利可图"就行。我们一旦上了这样的轨道,就往往会把关于诸权利的种种讨论与关于诸权利的种种主张弄变形,并且是把该讨论与该主张弄得朝向这样的一场意识形态战争的方向而变形,这样的一场意识形态战争即一场越来越远地滑出了由一种内含着推理的并经得起推敲的话语所框定的畦畛,也越来越滑出由该种内含着推理的并经得起推敲的话语所构成的民事性的或文质的(humane)同仁之谊的场域的意识形态战争。

　　为了抗击这些如此危险的癖性,并且更为重要地,为了更为一般性地重振一种内含着推理的并经得起推敲的对"诸权利的执著"——换言之,为了防止我们"对诸权利的执著"落入乏味化、程式化、机械化、庸常化、晦蒙化,就需要我们一而再、再而三地回归到这样的一种再开掘与再考量之中,一种对那些初始论辩——那些为了一个扎根于诸权利的政治体而作的初始论辩——的再开掘与再考量中。通过研习那些初始论辩,通过由我们自己亲自来再度上演这些论辩,我们就能够被给予这样的特权,即看到某东西的特权,看到带着"实质性地有争议性"这一特性又复鲜活起来的"对诸权利的执著"的特权,也就是说,我们将得以看到,"对诸权利的执著",带着它的"实质性地有争议性"这一特性,又渐次鲜活起来。我们将被引导着再次去承认:"对诸权利的执著"若要扎根、若要有根可扎,合乎理性的论辩便是必要的/必然的(necessary),以及又何以是必要的/必然的(necessary)。我们把一味的或单单的"执著"——也就是不明就里的刻板因袭——变形为批判性的且独立的(由于是"批评性的"因而也就是"独立的")"同意"。在最好的情形里,我们不再是这样的奴隶了,即给某一种关于诸权利的意识形态或曰某一种关于诸权利的文化所作的奴隶了,我们将成为这样的无拘的男人与女人:我们真真地拥有着我们的诸权利,并由此也真真地拥有着我们自己。而我们之所以真真地拥有我们诸权利并由此也真真地拥有我们自己,是因为,我们真真地知道我们的诸权利并由此也真真地知道我们是谁。第一次为定向于诸权利的公民社会提出了相应论辩的那些哲人们与接受并改脩了这些相应论辩的那些政治家们，被迫采用了这样的一种视角来看到"对诸权利的执著"，一种我们惟有十分吃力地并在他们的帮助之下才能勉强找得回其广度的视角。他们被逼得不得不更为清晰且更为精准地看到"对诸权利的执著"之"有争议性"这一特性，[93]因为，他们那时正在反叛一种早先的三观（outlook），其所反叛的那种早先的三观，有着道德上的与智识上的极大的力（power），且并不把"个体诸权利"搁在正中间。他们只得让步而与来自过去的以及处在当下的那些道德上的、宗教上的、哲学上的透彻而锐利的批评者们，与那些雀跃于这样的一种体认——体认到"对诸权利的执著"既非必要/必然（necessary），彼时也远未很好地确立起来——的批评者们达成妥协。就"诸权利"而运思的第一批理论者们，不得不承认，凡能从他们的新的且有争议的"对诸权利的执著"中期待得到的东西，都是有种种囿限的，他们承认此囿限。他们看到了，在这新的派臂（dispensation）中，什么是不得不丢弃掉的或者至少是从属性的。结果是，第一批理论者对这样的新的、政治的与宪法的体制——该新体制投入并献身于对个体诸权利所予以的保护——所抱的希望以及该新体制让他们所持有的期待，就比我们所抱的希望以及让我们所持有的期待，要温中平和得多。一般说来，肇建了新宪法体制的那些政治家们——即便不是那些哲人们——是向着这一理念开放的：更为早先的（并且，在他们的眼里，越是早先的，在某种程度上，也是更为高贵的）传统，其中的种种重要遗迹，可以——且应该——被保存在他们正在创建着的那种新社会之内。

　　就合众国之肇建者们来说，这首先意味着保存——其实，或该曰重振——"共和式自治政府"这一伟大的古典传统。诸权利与共和，这二者可以说是美利坚政治传统的双生砥柱。这两座砥柱，在我们历史的土壤之中栽植得是如此稳固彼此间似乎又是如此强有力地相互加固相互强化着，以至于，任何诸如"在这二者的共存中,或许是有某种张力或某种疑难的"这样的暗示对我们而言起先实难以之为然。然而,一旦我们从合众国宪法传统中跳出来——哪怕就跳出来一小会儿,我们都会被迫确认这一点:共和与诸权利这二者之间的关联,在历史记录中的样子,远比该关联起先显示给美利坚人的样子含混多了。西方政治思想,自它从古典希腊那里被记录下来的最早开端起,"共和"就一直是它的一个首要的主题。而关于"诸权利"的理念(这里所谓"诸权利",指的是属人诸权利、自然诸权利、"人[man]的诸权利",以及被这样来理解的诸权利:被理解为是属于所有的作为个体的属人存在者的诸权利且被理解为是构成了"正当的政治权威"之道德根基的诸权利),则要到17世纪中叶,才在北欧罗巴——尤其是在英格兰——渐渐成为了一个明晰的主题。

　　再者说,关于"诸权利"的理念,相对地是在现代才异军突起,而由"此理念相对地是在现代才兴起并上升到显赫之境"这点,却绝非必定推引得出一种这样的偏好——对共和政府的偏好。詹姆斯·麦迪逊,在《联邦党人文集》第14篇中,强调了这一事实:在为共和作论辩时,美利坚人,确实面临着来自这样的某些大名鼎鼎的著作者们——那些"以他们的书写作品而对政治意见之现代准绳的形塑立了一份极大的功的、大名鼎鼎的著作者们"——的反对与权威。这一"政治意见之现代准绳",它的一个源头,就是托马斯·霍布斯,他的确可以[94]当仁不让地主张自己配享这一"之最"的荣耀:对于这一聚焦——即向着"个体诸权利"的聚焦——而言,他正是该聚焦之最强有力且最具影响力的理论创始者。恰恰就是因为霍布斯相信,"个体诸权利"才是根本性的,所以,霍布斯绝非共和的朋友。霍布斯强力论辩道:要确保"个体诸权利",政府的最好形式就得是一种中央集权式君主体,而一般说来,共和,则往往会威胁到"个体诸权利"。

　　霍布斯在《利维坦》第19章的论辩,一开头就是对这一关系的一种分析,即公共利益与私人利益之间的关系,此关系在诸多共和体与君主体各自的历史中均有展现。霍布斯是从这样的观察开始的:凡享有或分得"主权级的/至高无上的(sovereign)政治权威"的,无论是谁,他们每一位,

当其身为政治人(person)时,虽然都会很用心去地谋求公共利益;不过,他还是会更为用心地,或至少差不多同样用心地,去谋求他自己的、他家的、亲族的、朋友的"私人之好"(the private good);并且,当公共利益恰与私人利益相左时,绝大多数情形,他都会偏向私人利益的:因为,人(men)的激情,通常都比人的理性雄劲得多。由此推出的是:一旦公共利益与私人利益被最为紧密地统一起来,公共利益也就被最大地促进和提升了。而在君主体之中,私人利益,与公共利益就是一样的。一位君主,他的财富、权力和荣耀,仅仅是从他的属民们的财富、强悍和声望中来的。因为,没哪个王能是富有的、光荣的且安全的,倘若他的属民们是贫穷的或鄙劣的,或因匮乏或因纷争而过于孱弱的,以至于扛不住任何一场抗敌的战争。

共和体,相较而言,则被迫要呼吁它的领袖们和它的公民:他们应当——在一定的分寸上——超越甚或牺牲凡看起来似乎是他们的私人利益的东西。但是,鉴于属人自然/本性,公民们,将要么是规避这一要求,要么就是要寻求某种补偿,那么不可避免的结果,当然就是伪善、不诚实地摆姿态以及对公共之物的暗中盘剥了。如此效应,又被这一事实加剧:这一事实即,由共和体之政策制定,必定会推引出,在多元化的(pluralistic)最高议事会之内的无休无止的种种公共争端,相较而言,在一个君主体内,其政策制定,由之就算必定也推引得出如上之种种公共争端,但其推引出的

程度则小得多。争端各方,迟早会起而组织各自的朋党派系并把极具修辞的吁请诉诸民众(the populace),由此而接连掀起的憎恨、畏惧、剧烈的动荡与无尽的不安,将如凶险的漩涡把每一个个体纷纷裹挟进去。"还没有哪一个僭主的残酷,曾比得过一个民众议事会的残酷。"霍布斯把他以"诸权利"之名对共和所发出的攻击对准了那些道德主义的、古早的、共和理论者们——尤其是其中的亚里士多德,但是,他的言辞间,也以同等的激烈反对马基雅维利及其追随者们的共和诸原则,马基雅维利及其追随者们复活了对罗马人的那种帝制式共和的仰慕,他们的共和诸原则,与亚里士多德截然不同,并且是截然反道德的(amoral)。霍布斯思想里的"反马基雅维利主义",[95] 在其第一部出版的作品《论公民》开篇的书信体献词的第一页上就已高调奏响了。①

　　"个体诸权利"后来的信徒们,倒是差不多都没霍布斯走得那么远,但他们当中也有很多位——其中就包括了著名的孟德斯鸠和休谟——确实也就这一点提出了狐疑,这一点即,共和体——带着它的总是要向着朋党派系之裂隙而滑落的这一挥之不去的自然癖性——是否倾向于像"设计良好的君主体"(比如英格兰君主体)那样切实有效地确保"个体诸权利"(或者说,是否倾向于——像"设计良好的君主体"那样——切实有效地遏制它自身的另一倾向,即,总要去侵犯诸权利的这一倾向)。而"设计良好的君主体"(比如英格兰君主体)则指的是这样的君主体,它的混合宪法包括了这三者之间的制衡优势:这三者即,一个宗教建制,一个世

---

① 托马斯·霍布斯,*Leviathan, or, the Matter Forme and Power of a Commonwealth Ecclesiastical and Civil*, ed. Michael Oakeshott (Oxford: Basil Blackwell, 1960), 122 - 125, 216-218, 221-222; *Behemoth, or The Long Parliament*, ed. Ferdinand Toennies (London: Frank Cass, 1969), 23。霍布斯攻击亚里士多德式共和理论之影响,也更为一般地攻击"对策论性的书以及对古希腊—罗马的历史之阅读",认为这是会导致不忠于君主的缘由,因而也是一个会危及个体诸权利的威胁:*Leviathan*, 214, 447-448;*Behemoth*, 3,43,56。

袭的因而稳定的贵族阶层,一个强有力的但又被法所囿限的民众议事会。这一狐疑,也是某些有思想的反联邦党人之所以指摘任何这样的企图与尝试的一个重要来源,他们所指摘的那种企图与尝试即,企图并尝试在美利坚语境下建立起一个大一统的国族共和体,一个将遮蔽掉或湮没掉各个州共和体的大一统的国族共和体,而被这一大一统的国族共和体给遮蔽掉或湮没掉的那些州共和体,它们各个则规模小得多、却朴简得多、纯一得多、更紧贴人民/族群(the people)得多、更与人民/族群(the people)休戚与共得多。正如雄辩的帕特里克·亨利(Patrick Henry)在 1788 年 6 月 9 日当天的弗吉尼亚宪法议准大会上所说的:

> 别再跟我扯那些纸面上的牵制了;跟我说些建基于"自爱"的牵制吧。英格兰政府,就是建基于自爱的。正是自爱,这一强有力的且无可抗拒的刺激,挽救了那个政府。它把那个世袭的贵族阶层插在了王与平民(Commons)之间。……依我看,正是这个考量,占了上风,才足以说,不列颠政府,在这一方面,远高于任何一片国土上曾过有的任何一个政府。……你们有一个像不列颠政府这样的栖息地吗?……你们的牵制在哪儿呢?你们压根儿就没有一个世袭的贵族阶层:拟议《宪法》里说,"不得授予任何贵族头衔"啊,而这个等级里的人们(men),才是属人的(human)目光可以望向他们以求救助的人呢。①

类似的还有约翰·莫尔塞尔(John Francis Mercer),一位独立革命的老兵,邦联国会的前议员,费城制宪会议代表之一,时任马

---

① *The Complete Anti-Federalist*, ed. Herbert J. Storing (Chicago: University of Chicago Press, 1981), 5:233—234.

里兰州长,也反对拟议《宪法》,他在对纽约与弗吉尼亚大会成员的讲话中,部分地解说了自己的立场:

> 　　这部拟议《宪法》的最盲目的崇拜者们,一定也会在自己的
> 心底坦承,该《宪法》是远远低于其所模仿的那个不列颠宪法
> 的,就如黑暗远远低于光明一样,它不过就是不列颠宪法的一
> 个不完美的模仿而已。在不列颠宪法里,人们(Men)的诸权
> 利,[96]也即社会协定的首要对象,被固定在一个不可变动的
> 根基上,并且,是被他们的《大宪章》、他们的《权利请愿书》和
> 《权利法案》予以清晰界定和确认的;他们那个由名义上的大臣
> 们所组成的切实有效的行政团队,也确保了责任。……毕竟,
> (除非,或是由人民自己这一边或是由世袭贵族那一边——这
> 两个阶层均有各自稳定不移且永固罔替的种种看法——通过
> 恒常的督查、直接的监管、频繁的干预与控制,而对代表制政府
> 的种种看法与做法予以确认,否则)代表制政府其实就是一幅
> 没完没了的劫掠与混乱的场面。……但愿我们永远都没有原
> 由让我们怀着遗憾地回望,在我们与大不列颠帝国尚有关联
> 时的曩昔里,我们有多幸福、安全与无拘。①

　　相较之下,联邦党人,或曰新宪法的旗手们,就远没那么信任小规模的共和体了,他们更愿意碰碰运气,看看有没有可能借由制度上的适当制衡来创造一个精妍的、大规模的共和体。但是,他们对共和的支持也绝非是众口一词的,或曰,绝非是毫无限定的,尽管,与反联邦党人相比,他们不大会把他们自己的深重狐疑公之于众。汉密尔顿被这样的狐疑深深触动,这从他[1787年]6月18

---

① *The Complete Anti-Federalist*, ed. Herbert J. Storing (Chicago: University of Chicago Press, 1981),5:105-106.

日在制宪会议上的精彩发言中明显可见。尽管"他觉察到",鉴于美利坚的公共意见,关于政府形式的提议,"除了共和体之外,其他任何一种形式的提议,都是不智慧的",不过,"要说他自己的私人意见,他还是会毫无顾忌地宣称,就跟众多既智慧又好的人们所持的诸意见均在支持的一样,'不列颠政府才是世界上最好的政府':他很狐疑,除了它,还有什么在美利坚行得通"。他很认同"耐卡尔先生(Neckar)①对不列颠宪法的赞誉:在这个世界上,惟有不列颠宪法才将'公共力量(strength)'与'个体安全'统一了起来"。并且,"说到行政分支,似乎是得承认,没有什么好的行政分支,能基于共和诸原则而建起来"。汉密尔顿由此进而提议说:"为了实现稳定久安与永固罔替,我们应当尽可能走得更远,只要共和诸原则允许。让立法这一分支,终身任职,或至少,表现良好则终身任职。让行政分支也终身任职。"[1787 年]6 月 26 日,汉密尔顿"坦承自己并不青睐共和政府",尽管——或是因为——他"坦言,自己一个如此热切地倡导自由的人,就跟其他任何人一样,他也相信,自己也会是一个如此甘愿为自由而牺牲的殉道者,纵然,对于自由在哪种形式中才是最合格的,自己另有别见。"②

　　共和与[97]对个体诸权利的确保(或曰,对依照个体诸权利来构想的个体自由的确保),这二者,是否和谐,对此所持的狐疑,不能说就是明显地矛盾于合众国肇建之前的共和历史的——就如《联邦党人文集》第 19 篇诚恳地让步的那样。霍布斯之前的——某位或可论辩说,该是合众国肇建之前的——共和理论及实践,肯定只能很勉强地与关于"属人诸权利"或曰"人之诸权利"(rights

---

① ［译按］耐卡尔(Jacques Neckar,1732-1804),瑞士生出的法兰西政治家,法国大革命之前任路易十六的财政大臣。

② *The Records of the Federal Convention of 1787*, ed. Max Farrand (New Haven: Yale U-niversity Press,1966), 1: 288-289, 424. ［译按］中译可参麦迪逊,《辩论:美国制宪会议记录》(上),尹宣译,沈阳:辽宁教育出版社,2003 年,页 144-147。

of man)的理念关联在一起。退一万步讲,至少可以狐疑的是:希腊—罗马世界流传到我们手上的所有文本,是否有哪个文本曾提到过什么可以恰当地被转译为"属人诸权利""自然诸权利"或"人之诸权利"的东西。对——某一类型的——"根本性的诸权利"的关切,在古典共和式政治生活及理论之中,确实也很显眼。但是,该关切,并不是古典共和体中的首要关切;若说"诸权利"也引其关切,那么,其所关切的"诸权利",主要是指公民们的或公民们当中某特定群体(比如家庭、邻里、阶层)的诸权利。古典共和所保护的"诸权利",典型地有两类:一类为由某一特殊的、法的并政治的秩序所界定且处于该秩序之内的"诸权利";一类为政治社会整体(这一政治社会整体,既是之于其他的各个社会而言,也是之于各个个体公民而言的)的"诸权利"。

对"所有属人存在者本身之'神圣不可侵性'(sanctity)"的确信与信念,似乎是圣经式的社会与政治传统——而非古典式的社会与政治传统——延绵下来的一笔遗产。但是,照《圣经》所构想的"人类(mankind)之'神圣不可侵性'",与无论是定向于诸权利的、还是共和式的关于"人(man)之'神圣不可侵性'与属人社会之'神圣不可侵性'"的观念,截然不同。个中差异,殖民地时期的美利坚人是懂得的,对此差异的理解,在约翰·考登(John Cotton)1636 年的那一著名声明中,了然可见:

> 说到民主体呢,我可不认为神曾指示,民主体才是适宜的政府,无论对于教会而言还是对于"共益体"(commonwealth)而言。倘若人民/族群(people)是统治者,那谁该被统治呢?至于说君主体与贵族体,《圣经》明显地赞成并指令这二者既是"共益体"里的政府的最好形式,也是教会里的政府的最好形式,不过,之所以如此赞成并指令,那是把"主权"(soveraigntie)溯至了神自己,并于二者之内设立了"神权体"

（Theocracy）而来的。①

《圣经》里面，甚至压根儿就没有"共和体""民主体""属人诸权利"或"自然诸权利"这样的表述。《圣经》里面，确实是讲到了——并且是在大声疾呼——"正义"或"正直"（righteousness）（而几乎从未讲到什么"诸权利"［rights］，个别极为罕见的例子，参，《路得记》4：6，《希伯来书》13：10，《启示录》22：14）。但是，根本上看，《圣经》是把"正直"（righteousness）作为"对某一种法的服从"来理解的，而所服从的那种"法"，指的是"神之法"，而非"人（man）之法"。并且，说这种"法"或曰这种"制定法"（legislation）是出自神的，这并非仅仅是从如此一孱弱的含义上说的：此一孱弱的含义即，该"法"或曰该"制定法"，是这样的"属人的企图与尝试"——属人存在者企图并尝试把"属神者"（the divine）作为准绳——的产物。[98] 这种"法"或曰这种"制定法"是出自神的，这是在这一含义上说的，此含义即，该"法"或曰该"制定法"，事实上，是被神自己通过他的众先知而授予出来的。神法（divine law）所指令的是：怜悯、谦卑、慈善（charity）或曰爱、仁爱（loving-kindness），尤其指令一种彻底的超离——超离此世中的万事万物，也超离对此世中的万事万物的信任，换言之，超离单单是属人的万事万物——这样的超离，既是为了神、也是为了毫无保留地依靠神。②

　　你要尽心、尽性、尽意，爱主你的神。这是诚命中的第一，

---

① "Copy of a Letter from Mr. Cotton to Lord Say and Seal in the year 1636," in Thomas Hutchinson, *History of the Colony and Province of Massachusetts-Bay*, ed. Lawrence Shaw Mayo (Cambridge, Mass.: Harvard University Press, 1936), 1: 415 (Appendix III).

② ［译按］以下三段圣经选文的中译参简体中文和合本《圣经》，关键字词略有改动。

且是最大的。其次也相仿,就是要爱你的邻人如爱己。一切
法与所有先知,均系于这两诫命。

(《马太福音》22:37—39;对比,《申命记》6:5)

你们要圣洁,因为我耶和华你们的神是圣洁的。你们各
人都当尊崇自己的母亲和自己的父亲,也要守我的安息日。
我是耶和华你们的神。你们不可靠向任何偶像,也不可为自
己制造铸像:我是耶和华你们的神。……要爱你的邻人如爱
己:我是耶和华。你们要遵守我的法。……和你们同居的异
邦人,之于你们,就如你们自己的公民之于你们一样;你们要
爱他如爱己。……你们要谨守遵行我的法:我是叫你们成圣
的耶和华。

(《利未记》19—20)

你们若拒斥我的法,厌弃我的规则,以至于你们不遵守我
所有的诫命,还背弃我的约,那么,相应地,我将如此待你们:
我要降惨苦于你们。……倘若,因了所有这些,你们还是不服
从我,我就要为你们的罪加七倍地惩戒你们,我将打碎你们引
以为傲的荣光。我将让你们的天如铁一般。

(《利未记》26)

人类(mankind)是神圣不可侵的,而其之所以神圣不可侵,则
是因其乃被神所造,且乃依神的象喻(image)而被造:《圣经》里面
并无什么"人本主义/人道主义/人文主义"(humanism)。

这样便显得,"共和"是政治社会的一个"属"(genus),一个
"非圣经式的"(nonbiblical)属;在这一"非圣经式的属"下,有一相
对较新的"种"(species)(合众国就属于这一相对较新的"种"),
这一相对较新的"种"即这样的一种共和:一种把"个体诸权利"置

于关注中心的共和。那么，是什么，确切地界定了作为"属"的"共和"本身？"共和"与我们在美利坚传统中所发现的"诸权利"，这二者之间新而紧密的关联，要成为可能，必得给历史上的"共和"加上怎样的新限定？又需得怎样改变一下对以"个体诸权利"为基础的政治所作的初始的、理论上的理解？"共和"与"个体诸权利"，这二者的美利坚版新综合，是全然成功的吗？还是说，二者之间确实还是存有一种重要而麻烦的张力？这两个要素中的任何一个也罢，二者在美利坚传统中的综合性结合也罢，成功地与由关于"属人的兄弟情谊"（human brotherhood）——被"属神的法"（divine law）（属神的法，恰与单单属人的法［human law］相对立的）所统治的"属人的兄弟情谊"——的圣经式概念所发起的相与竞争的挑战达成足够的妥协了吗？

肇建者们的共和观念

[99]要为这些究问探索答案，我们可以先更为仔细地去看一看"肇建者是如何构想'共和'的"。《合众国宪法》的擘划者们对"政府的一种共和形式"之某一金同而无分歧的意义是如此有信心，以至于他们未予任何进一步说明就纳入了这样的一项担保：把该形式担保给每一个州（《合众国宪法》第4条第4款①）。他们似曾以为的会是一般所理解的那一意义，究竟是什么呢？

在《合众国宪法》的擘划时分，凡对该条款予以评注的，大多数，都是把这一"担保"，主要作为一个挡板，一个用以阻却君主体和贵族体的挡板来构想的。若要更为实质性地或者更为肯定性地来界定这个"被担保的共和"的话，他们一般都以"民众主权"或

---

① ［译按］《合众国宪法》第4条第4款第1项，字面直译为："合众国当把政府的一种共和形式担保给本联合体内的每一个州。"（楷体强调为中译者所加）

"多数统治"这一基准（作为基准的这个"民众主权"或"多数统治"，是以某一卧于根底上的"社会合同"或"社会协定"为基础的，并且，所有的公民都被推定为，是同意该"社会合同"或"社会协定"的）来界定这个"被担保的共和"。这一"人民/族群之主权"（sovereignty of people）被理解为，是通过代表制的立法与行政机构——并且是被权力分立所制衡着的代表制的立法机构与行政机构——连同一支独立的司法队伍而被恰当地表达出来和传送出来的。正如，麦迪逊在《联邦党人文集》第 39 篇——他在该篇中明文提到了拟议《宪法》里的关于"政府的共和形式"的那一担保条款——著名的一段中所说的：

> 倘若我们把政府的不同形式所赖以建立的不同原则作为基准，那我们就可以把一个"共和体"界定为——或者，至少可以把该名称赋予——这样的一个政府：该政府，其所有的权力，均直接或间接地出自人民/族群（people）中的绝大部分；并且，运转该政府的，是这样的一些人（persons），他们之占居各自的官职，或是他们乐意在一段有限的时期里任该官职，或是表现良好而终身任该官职。对这样的一个政府而言，**必不可缺**的是：该政府，出自该社会中的极大部分，而非出自该社会中的极小极少的一群或该社会中的某一优势阶层。……对这样的一个政府而言，**充分**的是：运转该政府的人（persons），均是由人民/族群（people）直接或间接地任命的；并且，他们这些人，在前面详尽罗列的任期之内，占居其各自被任命的岗位。①

---

① ［译按］中译可参汉密尔顿、麦迪逊、杰伊，《联邦党人文集》，程逢如等译，前揭，页193。

不过,在这一段之前,麦迪逊有一个铺垫,他承认,他在此文中给"共和政府"所作的界定或就其所给出的基准,本身是有争议的。事实上,他差不多就是在坦承,他的这一界定或基准,至多只能在政治理论及政治历史之先前的传统中,找到些许极为孱弱的支持。比如,他让步道:"荷兰,其至高权威没一丁点儿是出自其人民/族群(people)的,但荷兰几乎一直都顶着'共和体'的名号";同样地,还有威尼斯,"在那里,凌驾于人民/族群(people)中的极大部分之上的那种绝对权力,是在极少的一群世袭贵族手里、以最为绝对的方式被行使着的";波兰和英格兰,常被冠以"共和体"之名,而事实上,这二者的政府,[100]并不有赖于——除了说至多算得上部分上有赖于——民众主权(顺便地,我们或许也注意到了,波兰也在自己的《宪法》中纳入了一项关于共和政府的担保)。

麦迪逊似乎对他的受众们也会金同这一点很有信心,如此非民主式地适用"共和体"这一术语,是"不妥当的";该术语之非民主式地适用——据麦迪逊主张说——恰恰"表明了,该术语,在政治性撰述中,被用得极端不精确"。的确,《联邦党人文集》从头至尾,麦迪逊都从那些坚持共和政府的这样的一种基准———一种比麦迪逊自己所坚持的那种基准还要民主或还要民众化的基准——的人身上,看见了一种更为似是而非且更为切近的争议之源。麦迪逊反对那些坚持(他们之坚持,或是出于对"纯粹民主体"的发了昏的热忱,或是出于这样一种的欲望,即想要把所有的"民主体"统统诋毁为"是行不通的")非要把"民主体"等同于一种被麦迪逊称为"纯粹共和体"的东西不可(这种"纯粹共和体",在其中,"人民/族群[people],亲自开会并亲自操持政府"①)的人,而麦迪逊所捍卫的,是一种新类型的代表制民主共和体,该新类型的

①　[译按]中译可参《联邦党人文集》,前揭,页66。

代表制民主共和体恰恰依赖于"完全排除以集体身份或面貌出现的人民/族群（people）"在政府中的"任何分有"①（《联邦党人文集》第14篇、第63篇）。这就使得著名的"'扩大了的'共和体"成为了可能；此"扩大了的共同体"，其基本原则以及其卓越，就在于治愈了民主体的这一致命伤——绝大多数的朋党纷争与僭政，麦迪逊在《联邦党人文集》第10篇，详尽地阐述了作为民主体致命伤之疗救的、该"扩大了的共和体"之基本原则及卓越：

> 把涵盖面扩大开来，你就把更多、更五花八门的党派和利益吸纳进来了；你将降低此或然性：即，整体中的某一绝大部分将有某一共同的动机去侵犯其他公民的诸权利之或然性；或者说，就算这一共同的动机确实存在，而对于感觉到了这一动机的每一位而言，要把他们自己的力量（strength）挖掘出来并彼此步调统一地协同行动，就难上加难了。②

就一个"共和政府"所给出的这一新的、美利坚式的、民主的或民众化的基准，在此新基准中，暗含着与早先共和传统的一刀两断，而对于这样的一刀两断，另一些杰出的联邦党人和反联邦党人，则比麦迪逊坦率得多。不列颠宪法，或更为一般而言的某一混合宪法（某一混合宪法，其中包括的是，君主式机构、世袭贵族式机构、连同一个民众化的立法分支），继续被某一些人——这些人中最为著名的就是约翰·亚当斯——理解为是某一种"共和体"，虽然是在一个更为传统的——比正渐渐成为美利坚标准见解的那一含义要传统得多的——含义上。联邦党人和反联邦党人中最富学识的那些，乐于坦承："共和体"这一术语给这样的政府——终

---

① ［译按］中译可参《联邦党人文集》，前揭，页323。
② 同上，页50。

极上有赖于"民众主权"或"某一社会合同"的政府——所加的囿限,代表了一种民主式创新。他们每一位都很熟悉——尽管未必简单接受——孟德斯鸠这位被公认为该岁月里最伟大的政治理论者的共和理论。《论法的精神》(第二章,第一节)把"共和式政府"——与"君主式政府""霸道式(despotic)政府"相对照——界定为,

> 在其中,人民/族群(people)之全体或仅仅是人民/族群(people)的某一部分[强调为我所加],享有主权权力(sovereign power)。[101]……在一个"共和体"里,当全体人民/族群(people)握有主权权力时,这就是一个"**民主体**"。当主权权力握在人民/族群(people)的某一部分的手里,这就给它自己赋予了"**贵族体**"这一名号。①

孟德斯鸠,对"社会合同"未置一词,又把一个严格贵族式的政府当作是"共和政府"各个"种"(species)里至为正当的一个来对待,他的这一沉默与这一处理,恰是一个回声——哪怕是一个轻柔低缓且有所变调的回声,回响起的是,那一伟大的古典共和传统——那一既植根于柏拉图和亚里士多德之政治理论,也植根于古希腊罗马世界之城邦实践的伟大的古典共和传统。这一古典共和传统——正像合众国肇建者们在不同程度上所体认到的那样——并未依照"某一社会合同"或"民众主权"这样的路数来界定"共和",就如它也并未依照"个体诸权利"这样的路数来界定"自由"一样。关于某一这样的"社会合同"——作为正当权威之基础的、某一假定的、诸个体之间的"社会合同"——的理念,此理

---

① [译按]中译可参孟德斯鸠,《论法的精神》(上册),张雁深译,北京:商务印书馆,1959年,页9。

念,古典共和派是知道的;但是,亚里士多德,在其卓尔不群的古典共和式讨论中,拒斥了这样的一种为民事正义与正当性而给出的合同式扎根,把民事正义与正当性扎根于某一合同,在他看来是远远不够的:

> 无论是谁,只要他在乎"好的法",他就会详加考量"民事德性与民事劣性"(civic virtue and vice)。所以,很显然,无论哪个城邦,若它要真配享"城邦"这一名号,而不仅仅是徒有其名的话,让"德性"成为它的关照,便是必然的/必要的。不然,共同体也不过就成了一个同盟而已,它之不同于其他同盟——与异邦人的,仅仅在于,它共享着同一片地域;法也不过就成了一个协定而已,就如智术师吕克弗隆(Lycophoron)所说的,一个相互间的担保而已——把正义的诸东西担保给彼此,而并非是要把公民弄得好且正义。……所以,城邦并不是某一片地域上的、为了彼此间不行不义、也为了相互的交易和生意而结成的一个合伙。不是的:这些都必定是要具备的,倘若要有一个城邦的话;不过,就算这些都具备了,也未必就是一个城邦;一个城邦,更是一个诸家族、诸家庭的处于好生活中的合伙,这样的合伙,为的是一种完满而自足的实存。……这——我们宣称——意味着过幸福而高贵的生活。因而,政治共同体之组建,应当为的是高贵的行止,而非为了仅仅在一起活着而已。

> (《政治学》,1280b5-12,30-35;1281a1-4)①

类似地,作为共和的一种正当形式的民主体或曰以"民众主权"为基础的政府,古典共和派,当然也是熟悉的;但是,他们很难

---

① [译按]中译可参亚里士多德,《政治学》,王以铸译,前揭,页138-139。

被说成是,他们就把该种政府视为是共和的唯一的正当形式了,更别说是最好的形式了。在亚里士多德的政制分类中——亚里士多德的分类,在马基雅维利的极端创新开始抢占鳌头之前,一直都保持着权威性——民主体,被归为"政府的诸变异类型"中最不坏的一种:民主体被排级为,高于僭主体和寡头体,但低于混合政制、贵族体,也低于君主体。

　　由此,便开始显现出,我们起初所倾向于以为的,可能是有错的,我们起初倾向于以为:[102]"共和"是一个"属";共和之美利坚新类型(其所强调的是"诸权利"),则是该"属"下的一个"种"。合众国肇建之时逐渐浮上台面的那种新共和与从古典那里流传给我们的那种共和之间的差异,这一差异,并不是种与种之间的差异,而恰恰是关乎属之界定与本性/自然的差异。共和的这两个类型,争论的是"共和之基本诸原则"。但是,该争论,确切地是什么呢? 它究竟触探到多深了呢? 对共和的古典理解——该理解,在马基雅维利之前,已经以多元多样的形式统御了两千多年了,倘若并未依照这样的一些基本范畴——即,18世纪的新共和派们以之来界定"共和体"的那些基本范畴——的路数来构想"共和体"的话,那么,在古典理解中,"共和"之具有界定性的诸原则,究竟是些什么呢? 该诸原则,又是如何对照于——并因而阐明了——那些卧于"美利坚新共和"根底上的诸原则的呢? 肇建者们的那一共和,是在怎样的程度上,宣称它自己从"古典共和"中独立出来了,又是在怎样的程度上,依然紧握着一条锚定在那一古早视景里的、尽管细弱纤微却也耐久不绝的生命索以备不时之需呢?

第三部分　重振民事公民文化之智识诸根

7. 古典共和遗产的再激活

"无拘"与"平等"

[105]让"共和政府"念兹在兹,也让"共和政府"与众不同的重大而首要的关切——在古典看法里——就是"无拘"与"统治",并且,这二者被构想为是不可分割的。因为,共和含义上的"无拘",必定会推引得出,在某种有意义的程度上的"自我统治";"无拘",似乎并不相容于"被他者所统治"。"去成为'无拘的'",并非是"去成为'一个独立的个体'",而是"去成为这样的一个政治体之内的'公民',要成为其中之公民的那种政治体,指的是这样的一个政治体:其主权官职(sovereign office)、其种种谋虑咨议及相应的谋虑咨议的部门,均是凡身处该政治体之中的不管是谁,皆有直接的门径——或至少均有资格——参与进去的"。

"共和"的这一原初而首要的内涵,受到一番自我批判式盘察的洗礼后,便会历经相当可观的变形。一开始当然是:并非每一位都能一直在行统治。统治必须是轮替的。于是,所谓"去成为'无拘的'",就是"去属于这样的一个社会,要属于其中的那个社会,指的是这样的一个社会:其中,各位轮番地在行统治和被统治"。某一位,不论是谁,他要去知道如何作为一个共和成员来行统治,他就必须知道如何受制于被统治。他必须知道如何去服从——不是作为一个奴隶被迫去服从，而是作为一个无拘的公民，被一种内在而自愿的服从所激发而去服从。于是，经过缜密的盘诘后，"无拘"，就并非是不相容于"被统治"的了，正相反，"无拘"，预设了"被统治"和这样的品性能力（capacities of character）——使某一位成为一个"好的（换言之，真真服从的）追随者"的那些品性能力。同时，知道如何去在一个轮替行统治的社会里行统治，意味着，具备这样的一种同情：一种植根于经验的同情、一种让某一位待自己的下属如待同胞公民——而非属民（subject）——的同情。正如亚里士多德在分析"共和式统治"之意义时，对此的表述：

> ［106］还有一种统治是这样的：行统治的那位，针对那些与自己是同类的且也是无拘的而行统治。这就是我们所说的"政治性统治"；并且，通过"被统治"来学习这种"政治性统治"，是必须的/必要的——就如，一个骑兵指挥官，首先是一个被指挥的骑兵；一个统帅，首先是一个下属；其他较低些的官衔，情形也一样。因此，也就有了这样的高贵的说法："没被统治过，也就不可能统治得好。"但是，这两个位子/立场（position），其各自的诸德性，是不同的；对于好公民而言，去知道何为被统治与行统治，并有能力被统治与行统治，则是必要的/必然的；这才是一个公民之卓越，也即，从二者的角度均知道何为针对"无拘之人"（free persons）所行的统治。
>
> （《政治学》1277b7–16）①

公民风范的这一卓越，是一个准绳，可以——也必须——据之来给每一个顶着公民之名号的"公民"下判断。

---

① ［译按］中译可参亚里士多德，《政治学》，王以铸译，前揭，页124。

公民，是——也应该是——依据他们各自所展现出的这样的能力——即，能够无拘地服从之能力——而被评判的（所谓评判，也就是荣耀谁、不荣耀谁）。但是，倘若有这样的一些心肠上的与心智上的特定品质，其身份为追随者的公民们就是依据这些品质而被评判的，那么，这些品质，比之于另一些品质，便黯然失色了，这另一些品质，就是其身份为共和领导者或统治者的公民们依照之而被评判的那些品质。在一个真真无拘而平等的社会中，凡行统治的，必须配行统治。在以下这一含义上的"法面前的平等"（isonomia），本身就是荒谬的，那一含义即波斯人奥塔涅斯（Otanies）所提出的那种含义，该含义，是奥塔涅斯在希罗多德笔下的那段关于最好政治体制的著名争论中所提出的（《历史》3.80-83）。奥塔涅斯关于"法面前的平等"的理念，是一个这样的体制：在该体制之中，每一位都有平等的"权利"来行统治；在该体制之中，最担责任的官职，均由抽签来充任之；在该体制中，于一个主权议事会（the sovereign assembly）里就政策进行投票的特权，并无任何限定或检测。而如此的一个体制，与奥塔涅斯在自己的提议未赢得支持之后、接下来的那一企图与尝试——企图并尝试确保他自己和他自己的后代不受政府或法的规制——一样，都是愚蠢而不审慎的。[1] 希罗多德所描绘的这位奥塔涅斯，是（我们或许称之为）"天真的平等主义与自由至极主义（libertarianism）"的一个和气的因而也更具迷惑性的范例。正如伊索克拉底（Isocrates）——他是古典的修辞教师当中最伟大的一位——在赞誉雅典原初那既好又古的民主的那次著名演说中所讲的：

> 该城邦之所以得到了高贵的料理，最重要的原因就在于，

---

[1] ［译按］中译可参希罗多德，《历史》，徐松岩译，上海：上海三联书店，2008 年，页 175–177。

公认的这两类平等——一类是把相同的分配给每一位,一类是把与各自相适合的分配给每一位,他们并没有搞错,其中哪一类才是最有用的,他们拒斥了"让德性者与邪恶者均赢得平等的敬重"的那一类,将之视为不正义的,而选择了"依据每一位的绩功来予以荣耀和惩罚"的那一类。由此,他们是这样来料理该城邦的:不是靠抽签从每一位中挑选统治者,而是为每一项任务挑选最好的、最能胜任的。因为,他们期待,其他公民也会倾向于去效仿照管诸事务的那些公民。

　　　　　　(《战神山议事会演讲》[*Areopagiticus*] 21–22)

[107] 在经得起推敲的——或曰正确的——含义上的那种"法面前的平等"(isonomia),也即,之于官职之进入或担任,共和式的平等的门径或平等的资格,经过分析之后,其实意味着的是这样的平等的机会:在业经证明的绩功与潜能的基础上去赢取自己同胞公民们信任的平等的机会。

"民事德性"与"法的统治"

品性之"诸德性"或诸品质,也就是在评定绩功时应当予以考虑的那些品性之德性或品质,不管是那些德性或品质各自的本性/自然,还是那些德性或品质各自相对的位阶,大体上,在所有明智的且多少有些公共生活经验的公民当中,是广为熟知的。若有一份清单罗列出这些德性,那么,位于该清单之根基上的,便是可以经得起推敲地向所有的公民——既包括追随者,也包括领导者——所要求的那些德性。其中包括了:羞耻感或尊崇感、勇敢、适度(moderation)或自我控制、真实(truthfulness)、正义,尤其还包括对法的服从以及虔敬。然后就是这样的一些更为罕见的卓越,也即,开始把这样的候选者给区分出来的那些更为罕见的卓越——正是这样的一些更为罕见的卓越,把角逐权威性位子/立场(position)的诸多候选者中,谁才配得到他们自己的同胞公民们的尊敬与信任、谁则不配给区分了出来。这样的一些更为罕见的卓越包括了:慷慨疏财、高贵的雄心/野心、骄傲、在"对'共同之好'的一种准—家父式关切"这一含义上的正义,这几个品质,较为严格地说,都是道德上的品质;而除了这几个严格地说是道德性的品质之外,最后还有一个,也是统御着这几个道德性品质的,即,一种补足性的智识洞见、审慎或曰实践性的判断与智慧(phronēsis),最后这个,雄踞我们所谓的"政治家风范"(politikē)之首。在我们刚才引到的段落中,亚里士多德继续给"民事卓越"(civic excellence)作界定,他用了一个很抢眼的象喻:

> "实践性的智慧"(phronēsis)是惟一专属于统治者的德性;因为,其他的诸德性,似乎必然地/必要地为统治者和被统治者所共有,而就被统治者而言,是并无"实践性的智慧"这一德性的,取代其位的则是"真意见":被统治者,就好比笛子制作者;统治者,则好比笛子演奏者或使用者。
>
> (《政治学》1277b25-30)①

那么,一个精妍的共和体,就会是这样的:其中,行统治的诸官职,是尽可能依据"德性上的绩功"来分配的;并且,其中,凡具备这样的绩功的,不论是谁,均被给予尽可能最无拘的且最为充分的机会来发挥他自己的能力。杰斐逊在 1813 年 10 月 28 日致亚当斯的信中重述了这一基本的古典共和论题:

> 我同意你说的,在人与人(men)之间,是有一"自然的/本

---

① ［译按］中译可参亚里士多德,《政治学》,王以铸译,前揭,页125。

性的贵族体"(natural aristocracy)的。其根由在于德性与天资。……也是有一"人为的贵族体"(artificial aristocracy)的,其根基则是财富与出身,而德性或天资则是不必的;因为若有了这二者,它也就归属于前一类了。……自然的/本性的贵族体,我认为,对于示范教导、信任信托、社会治理而言,是自然/本性(nature)所赋予的最珍贵馈赠。……我们能不这么说吗:最为有效地单单把那些自然的/本性的贵族分子挑选出来充任政府各个官职的那种政府形式,就是最好的政府形式?人为的贵族体,[108]是政府中的一个有害成分,该预先防范,以阻却其上升。①

但是,我们怎样区分开基于财富、姓氏、声望、好模样、运气等的"虚假的或约俗的贵族体"与基于道德上的与智识上的绩功与成就的"自然的/本性的贵族体"呢? 要把真的绩功与有效的成就给辨识出来并予以承认,靠的是挑选者们的相当可观的绩功与成就。尤其是在政治中——在政治中,经验是如此之重要的一个老师,并且,欺骗与自我欺骗又是如此比比皆是如此轻而易举——要把真的绩功给辨认出来并予以承认,靠的是尽可能最大的实践经验,还得有广博的教育相辅,并且还得预设有极高的自然天资;而这样的经验与教育,必需的是闲暇,或者说,必需的是,从赚钱的"营生"和全天候的劳作中解放出来。因而,最好的共和体,似乎就是一个严格的或曰非世袭的"贵族体"了——正如亚里士多德在我们刚所引到的那章随后的一章中接着称之的那样(《政治学》卷三,章五)②。原则上,一个贵族体,若严格地说是正义的,或曰,

---

① Lester J. Cappon, ed., *The Adams-Jefferson Letters* (Chapel Hill: University of North Carolina Press, 1959), 388; 比较,W. E. B. Du Bois's "Talented Tenth", 重印后收入 Du Bois 1988,842–861。

② [译按]中译可参亚里士多德,《政治学》,王以铸译,前揭,页127。

一个严格地说是正义的贵族体,就会是一个这样的政制:在其中(就如在柏拉图《共和体》中),确有绩功的极少数统治者(这些极少数确有绩功的统治者们,他们本人仅仅拥有极其少许的私有财产)从全体有财产的民众之中,挑选他们的下属和接替者,对于全体有财产的民众而言,用以检测他们各自潜在绩功,也借之使他们各自潜在绩功得以展现的那种竞争,在一个平等的基础上(这一个平等的基础始于他们自青少年时期起的那一公共资助的教育过程)向全体有财产的民众中的每一位开放。

但是,在实际的事实中(就如柏拉图《法》所展示出的那样),德性与智慧兼备者之统治,必得被"民众同意"这一原则——也即"绝大多数者统治"这一原则——所限定。从体制上/宪法上(constitutionally)来讲,贵族体,必得与民主体"相混合"。但是,凭什么权利呢?(But with what right?)确切地说,在更具公共精神的极少数者之统治中,掺入更为自私的多数者(其中有富人也有穷人)之权力(power),这样的掺入,是被怎样的诸原则证成的呢?

最简单且最首要的——而在古典派看来却也是最决定性的——答案就是,"绝大多数者",是因其数量而在力量(strength)上胜过"少数者"的。政治生活之自然/本性是这样的:在某种尺度上,强势造就权利(might makes right),抑或说,无论如何,强势(might)是不能不被给予某一种决定性声音的。并且——就如柏拉图的《法》中那一段言及"衡平"和"宽宥"的关键段落里(756e-758a)所指明的——这里所提到的所谓"强势"(might)或"力量"(strength),指的是"属人的"强势(might)或力量(strength),而不是指动物的强势或力量;其指的是这样的存在者们的强势,这些存在者们,他们所在乎的,并不仅仅就是赤裸裸的力量(strength),他们所在乎的,是这样的无拘与尊严,即那种与"在统治之中分有有意义的一份"相伴随的无拘和尊严。有能力去做一个政治家,或曰,有能力去照料作为整体的共同体,构成这种能力的,是一些道德上的与智识上的品质;而就构成政治家之能力的这些道德上的与智识上的品质而言,有些人(men),在这些品质上,的确是高出别人的——有时候还高出得极多,这是一个事实,[109]但是,这个事实,在这样的一个体面而正派的共和社会中——一个对教育有相应的供给,对赤贫至少有最低限度的救济,对逐利至少有最低限度的限制的体面而正派的共和社会中——并不把平凡而普通的绝大多数们之相对而言的中等的天资与造诣,因而他们相应也是中等的种种配得给彻底吞没掉或遮蔽掉。极少数者,若名副其实地在照料"公民整体之好",那么,恰恰是因为出于这样的对"公民整体之好"的照料,他们也将设法把这样的某些机会——去为有德性的行动的机会——以及由此而来的某些实质性的政治责任,交与绝大多数者。"值得尊敬,就该统治吗? 就该握有凌驾一切之上的主权吗?"亚里士多德问道,并回应道:

> 但那样的话,除他们之外,所有他者必定就没有荣耀了,既然除他们之外,所有他者都缺乏政治官职这一荣耀。因为,我们说,官职就是荣耀,并且,倘若行统治的一直都是同一批人(persons),那么,他者必定就都没有荣耀了/被辱没了(dischonored)。但那样的话,由最为有德性的那一个人(person)来行统治,是不是更好呢? 但这就是尤为寡头式的了,因为更多更多的,就都是没有荣耀的了/被辱没的了。
>
> (《政治学》1281a28-34①)

亚里士多德,由此,就把内在于以下二者之意义中的含混与困难给开示出来了:这二者,一为"共同之好"(common good),一为"德性",该德性,就其最高的、最充分的显现而言,指的就是对"共

---

① ［译按］中译可参亚里士多德,《政治学》,王以铸译,前揭,页142。

同之好"的投入与献身。"共同之好",在某种含义上,意味着"全体的好"(the good of all)。它意味着一种共有的生活(communal life),在这种共有的生活中,全体都有所分有(share),而且,每一位都只有通过分有(sharing)才能参与到这种共有的生活中。这种共有的生活,显然,关涉全体的安全与殷实。但是,对人(humans)而言的"好生活",远非仅仅就是像宠物一样被照料着。这一"好生活",也就是"共同之好",其顶点是指这样的一种值得荣耀的活动:这种值得荣耀的活动,是指一种依照德性而为并以"正义"或曰"对'共同之好'的投入与献身"为中心的活动。但是,这一顶点,踞于一座高升且渐次收窄的金字塔的塔尖上。就达至德性的能力而言——该能力,有自然的/本性的/天生的,也有习得的(或曰实践得来的),人们(men)在该能力上是不平等的;似乎只有非常罕见的极少数者,才有足够的能力去为整体、他者,也为他们自己智慧地且正义地效劳。而且,那些有责任与之相随的位子/立场(position),是对智慧、投入与献身的检测;而这样的位子/立场(position),其数量,随着其向着更高、更全面的挑战攀升而渐次减少。然而,由于德性是由"为整体或曰为他者——而非仅仅是为了有德性者自己的好——而效劳"所构成的,那么,就此而言,德性本身,似乎就在发出这样的指令:有德性的极少数者,应当把顶点拉低下来、拓宽开来,换言之,有德性的极少数者,应当把他们自己的、经由他们自己的德性而完成的成就给稀释掉,以便提供机会给那些不那么有德性者,让后者有机会去开发——并去检测——后者自己的程度没那么高的德性。然而,这不就意味着,德性给出了一个佯谬的要求吗:要求有德性者不那么有德性地去行为,也即,要求他们从有德性的活动中退避出去,或者,至少是要让这样的退避替代或构成他们的活动?这一佯谬,就算它自身在本质上并不是一个无法逾越的困难,它就没在"共同之好,既指有德性者们自己的好,[110]也指有德性者们所效劳的那些他者们的好"这一命题上抛下些许狐疑吗？除此之外，从有德性者的这一退避中，必定会推引得出的，难道不是对于作为整体的共同体而言的相当的风险吗？因为，对每一位而言，显然，比起由不那么智慧、不那么可靠、不那么值得信赖者来运转，共同体若由更为智慧、更加可靠、更加值得信赖者来运转，似乎更好些。但是，从另一方面看，绝大多数者，他们也会骄傲地要求"在行动中有所分有"，这一骄傲的呼声，若是被忽略，对于城邦而言也是危险的。而且，就这一呼声是一个骄傲的呼声，并且是一个提出了对正义的主张（这一呼声确实一直是在提出着对正义的主张）的呼声而言，这一呼声也就是一个不得不以这样或那样的方式去诉诸"德性""正义"与"配得"——而不仅仅是诉诸"强势"或"激情"——的呼声了。绝大多数者，或可主张说，在挑选——或至少在判断——谁最有德性，以及在防止德性并不完美者滥用官职（毕竟，那些大多数时候占持着官职的，不大可能是白璧无瑕的完人）时，他们是作出了一份不可或缺的贡献的。在民主体的一种最好类型里（这种最好类型的民主体即，具有这样的一种民众根基这样的民主体，该根基是一群这样的自耕农[yeomanry]：一群辛勤劳作的、具有公共精神的自耕农，并且，这样的自耕农，他们并不愿把自己的时间花在日常政治事务的参与上）：

> 各官职，将总是由最好者来充任，并且要有人民（the people）的同意，但并无人民（the people）的忌妒。这样安排，也将满足那些正派而体面且值得尊敬者。因为，他们将不会被较差者所统治，他们将自己来行统治，并且是以一种正义的方式来行统治，因为他们将受制于他者的稽查。有所绁绊、不可以依照自己的意见想做什么就做什么，这才是有利的；因为，有能力想做什么就做什么，这样的能力也就是另一种无能力，即，无能力在对存于每一个属人存在者身上的卑劣予以防控。

那么,必然的结果,便是对城邦最有利的了:正派而体面者行
统治且在统治时并不偏离正派和体面,而大众也未被贬抑。
很明显,这就是最好的民主体;而同等明显的,是其原由:人民
(the people)的品性。①

　　不过,关于绝大多数者主张的这一看法,所突出的,仅仅是,在
怎样的程度上,"同意"或曰"绝大多数者统治",是一个截然次要
的、位列第二的正当性原则。位列第一的因而也是在主权上居于
首席的那一原则,则是德性,其中最显著地包括的就是"正义这一
德性"或曰"对共同之好的积极关切";而"同意",则必须依照(至
少必须部分地依照)这样的愿景与襟抱,以及资格——指向德性
的愿景与襟抱,以及达至德性的资格——来证成自己。严格地说,
"民众主权"始终是"民事正义"("民事正义",也即"正义者之主
权",也即"那些投入并献身于'为社会的共同之好而效劳'并且也
有能力'为社会的共同之好而效劳'者之主权")的一个缩窄版。
　　我们若给予这样的一种观察——即,观察到,把种种使得人们
(men)有资格行统治的诸德性,仅仅领会为无非是达至其他目的
的手段,这样来领会如此之诸德性,是不充分的——以应有的分量
的话,那么,说"'德性'超拔于'同意'",以及"依照'德性'来对
'无拘'和'统治'予以重新界定",就显得更加不容小觑了。
[111]诸德性,确实有这样的功能:给一些较低级的目的(比如,集
体的安全与殷实)作手段;由诸德性所指令的诸义务,确实与私人
诸利益及其满足相竞争,并且确实强迫私人诸利益及其满足要有
所牺牲;但是,诸德性,也因其自身即为属人实存的圆满与完美之
向心所在而光耀绝伦。就如亚里士多德在《尼各马可伦理学》卷

---

①　亚里士多德《政治学》1318b33-19a6;也参1292b25-30,1308b31-9a9。[译按]中
　　译可参亚里士多德,《政治学》,王以铸译,前揭,页318-319。

一中如此文辞雄辩地教导的：德性，并不保障——甚至也并非全然地构成了——幸福；但是，德性，可以说，正是幸福之心脏。

严肃而富于经验的且有道德的公民，他们往往并不太纠结于"德性"与"幸福"之关系这一究问；他们只是尽力去做本身是对的事（what is right for its own sake）。但他们体认得到这一究问，并且，一旦他们明白了该究问，他们是会欢迎亚里士多德在此所建议的那种答案的。不过，亚里士多德，在建议该答案时，确实也迫使他的读者们首先得纠结于该究问。他甚至提醒他的读者们，他的这一论点——"德性是幸福之心脏或内核"——是有争议的：

> 高贵的诸东西与正义的诸东西——政治科学的考察关乎的就是这二者——以如此巨大的争议与变异为特征，以至于这二者似乎仅仅是由于"约俗"——非由于"自然/本性"——才存在的；好的诸东西，也有如此程度的变异，因为，好的诸东西出现的情形不时会害及多数。比如，某些就被财富毁掉了；某些就被勇气毁掉了。
>
> （《尼各马可伦理学》1094b14-19）①

柏拉图与色诺芬，二者所写的诸多对话之中某些最为摄人心魄的篇章，正是借由生动地提醒说"对于'德性才是属人幸福之中心所在'这一点，太多人（people），即便不是拒斥，也是有所狐疑的"而开动起来的。并且，这些狐疑，植根于对某些棘手的事实的观察。

第一个观察是，无论作为一个整体的共和体，还是诸个体，其安全、殷实、荣光，甚至其美，有时候，与诸行动、与全无德性的人们（men）似乎是相容的，甚至有时候，其安全、殷实、荣光，甚至其美，

---

① ［译按］中译可参亚里士多德，《尼各马可伦理学》，廖申白译，前揭，页7。

似乎是有赖于诸行动、有赖于全无德性的人们的。修昔底德,与柏拉图一样,都没有让我们忘记,伯里克利时期雅典的辉煌是建基于"不适度的帝国主义"之上的。以一种替代选项的面孔而出现的斯巴达,反对并最终摧毁了雅典帝国主义,但斯巴达是否毫不含糊地就是"道德上的纯洁性"的一个推手,甚至"共和式解放"的一个推手,也并不明确。

第二个观察是,德性不是自然的/本性的;不若说,德性,靠的是自小的习惯养成,而习惯养成,必得有法(包括书写出来的/成文的法和未书写出来的/不成文的法)之强制性的、激发敬畏的、可怕的凛凛权威作为一个终身的支持。这一由法与法定的制裁或允准(legal sanctions)所提供的支持,似乎的确是所有——或几乎所有——正派而体面的公民,终身之必需。古典共和作品当中最为伟大的那一部,[112]单刀直入地就仅以"法"字命名(《法》),绝非偶然;在该作品的一个根本性的段落中(875a—c),雅典异邦人观察到:

> 属人存在者们必须/有必要给自己设立法并依据法而生活,不然,他们就与各方面均极为野蛮的兽类毫无分别了。这些事的原因在于,属人存在者们当中,没有哪一位,其自然/本性能够生长到这样的程度:既足以让他知道,说到一个政治体制,什么才是符合属人存在者的利益的,又足以让他在知道了这一点之后,还能够并且愿意一直去做"最好的事"(what is best)。因为,首先是很难知道这两点的:一点是,真的政治技艺,必定关照的不是"私者"(the private),而是"共者"(the common)——因为,"共者"把城邦连结了一起,而"私者"则把城邦拆解成碎片;一点是,很高贵地把"共者"而非"私者"设置起来,这既符合共者之利益,也符合私者之利益。其次,就算是有谁在技艺上得到了足够的提升,足以让他知道了这

就是这些事情自然而然的方式,并且,这之后,他还不受任何稽查地、作为一位专制者(autocrat)而统治了该城邦,那么,这位也永远无法始终都坚持这一信念并毕其一生地都优先滋养城邦中的"共者"而在"共者"之后才去滋养"私者";有死者的本性/自然,总在驱策着他,使他总是要去索取比他自己的那一份多得多的东西且总是盯着"私的营生",使他总是非理性地逃离痛苦、追寻快乐,总是把这二者置于"更加正义且更好的东西"之前。

但是,"道德上的德性"有赖于"强制性的法"——强制性的法,借由惩罚而使"共有的诸道德"(communal morals)得以执行,前者对后者这一依赖,没有哪里比《尼各马可伦理学》(1179b 到结束)收尾处的那几页里被强调得更为生动了:

　　倘若,单凭"经得起推敲的话语"本身,就足以让人们(men)正派而体面,那么,这样的话语就会正义地"收获丰厚的报偿"——就如忒奥格尼斯(Theognis)所说,并且,所需要的就是,提供这样的话语就行了。但是现在,尽管这样的话语确实有力量(strength)来唤起并激励青少年中的自由派(liberal),确实有力量让"一个出身好的品性"——这样的品性也是一个真真醉心于高贵[的东西]的品性——更易被德性俘获,不过,这样的话语,却没有能力把多数者也唤起来都向着"温雅之士的气度"(gentlemanliness)而去。……听者之灵魂,就像滋养种子的土地一样,必须/有必要先被习惯耕犁过,而用来耕犁灵魂的诸习惯,则是种种使得喜乐与厌恨都以一种高贵的方式而进行的习惯。因为,凡依激情而生活者,他们是既听不进去,也领会不了那种要将其拽离激情的论辩的。……但是,若非在这样一种法中被抚育成长起来,是很难从幼年时期就碰到一种着眼于德性的、正确的培育的。……因而，青少年的滋养与操练，必须由法来规制。……但是，仅仅在青少年时期碰到了一种正确的滋养与培育，或许还是不够的：长大了以后，依然按照习惯来践履并确认同样的这些事，也是必须的/必要的。所以，我们需要的就还有这样的法，一般地说，也就是需要有规制整个一生的法。因为，多数者，都更多地是被"必然性/必要性"（necessity）而非"理性/理由"（reason）说服的，更多地是被"惩罚"而非"高贵的东西"说服的。……那么，家父式权威，就既没有力量（strength），也没有必然性/必要性了，其实更一般地说，任何一个人（man）之权威也都如此，除非他作王或类似的什么。但是，法，作为这样的一种推理——一种从某一特定的审慎与理智而来的推理，具有一种强迫性的权力（power）。属人存在者们，是会被怨恨的，当他们阻挠了嗜欲时——即使当他们这样的阻挠是正确之时；但是，法，是不会引起厌恨的，[113]当它就"什么是正派而体面的"给出指令时。不过，也仅仅是在斯巴达这个城邦里，还有其他极少的一些城邦里，授法者们似乎才把滋养与行为举止作为他们的关切。

在"德性并非'自发的'或'容易的'或'常见的'"这一含义上，"德性不是自然的/本性的"，这是个事实，而这个事实，似乎极大地被另一个事实抵偿了：这另一个事实即，在"德性完成了或实现了属人的'自然的/本性的潜能'"这一更高的含义上，德性就被说成是自然的/本性的了。不过，倘若，"道德上的与民事上的德性"是被法所培育的——用修昔底德在颂扬尼西阿斯的那段著名赞辞中（7.86 到完）所用到的这个术语来说的话，换言之，倘若，"道德上的与民事上的德性"有赖于这样的外在强迫——由法所推行并执行的恐惧、羞耻与荣耀这样的外在强迫，那么，便来了这

样的究问了:此德性,能真地回应"人道/人性/人"(humanity)之最
深层次的、自然的/本性的诸需要吗? 尤其是,植根于"对法的服
从"的此德性,能否被说成是这样的德性呢,即"完成了人——指,
作为一个合乎理性的存在者的人(man)——之自然/本性"的那种
德性呢? 约翰·亚当斯,在他的《为美利坚合众国政府的宪法而
辩护》中,强调说:"共和",总是与"法的统治"紧密相连的。他这
一强调肯定是正确的;但是,值得狐疑的是,他是否抓住了,这一断
言在"古典共和政治理论"之语境中所具有的那种很成问题的
品性。

　　"法的统治",是有别于并且据说也是高于"人的统治"(the
rule of men)的。这样的一个区分,证实了,不被"强制性"所节制
的人(men),是不可靠或不值得信赖的。不过,一个高超的政治家
之心智与视景,其中的灵活变通、对特殊情形的关注、宏览合观的
(synoptic)恢弘气度,是法能与比肩、曾与比肩或能开始与之比肩
的吗? 刚引用到的柏拉图《法》中的雅典异邦人的言辞,以一种看
似矛盾的方式,继续道:

　　　　当然了,倘若确有某位属人存在者,在某一属神的分配
　　(divine dispensation)下,天生就在自然/本性上很是充分,能
　　够达到这些东西,那他就不需要任何对他予以统治的法了。
　　因为,没有哪个"法"或"秩序",是比"知识"还强悍的;让"理
　　智"臣属于任何一位或给任何一位作奴隶,也是不对的
　　(right),它倒该成为凌驾一切的统治者,倘若依据自然/本性,
　　它的的确确是真的,也实实在在地是无拘的。不过如今,事实
　　上,它无论在哪儿或无论以什么方式都不是这样的,或者也至
　　多在极其极其微小的程度上有那么一点点罢了。所以,这就
　　是何以大家必须退而求其次,选择第二位的那个——秩序与
　　法(秩序与法,看到的和向望着的是绝大多数东西,但没能力

看到一切)——的原因了。

类似地,亚里士多德在《政治学》3.16-17 为"法的统治"而作的那一经典而复杂的论辩,就是要反对一个即便不是更为强有力,也是同等强有力的论辩,并且,亚里士多德为"法的统治"而作的那一经典而复杂的论辩,在反对后面这个即便不是更为强有力,也是同等强有力的论辩的同时,也辩证地被后者所阐明,其所反对并被之所辩证地阐明的那一个论辩,即:为"一个或一类真真高超的人(man)的统治——这一个人或一类人,他或他们的德性与智慧,不应当被法(哪怕是最好的法)之必然为顽固的、粗疏而刚略的一般化结构所牵绊"而作的一个论辩。亚里士多德走得还更远,以至于他严肃地注意到了这一看法:"给那些必需'谋虑咨议'的事务立法,是一件不可能的事。"(《政治学》1287b22-23)但在此处,[114]跟在雅典异邦人的言辞那儿一样,为法而作的论辩,从以下这一承认中汲取了巨大的力量(strength):即,承认了"真真有能力无需受制于法而行统治或过日子的人(men),是极端罕见的"。换言之,该论辩,包含了这一承认:承认了"几乎所有的在约俗上被称为——或曰几乎出于所有的意旨而被称为——是'有德性的'人(men),他们至好也不过就是'有着不完美的或曰不完整的德性'的人——因而,就必得以合法的惩罚相威胁以保持他们一直都在正道上循规蹈矩"。然而,"法的统治",无法替代或避开对"人(men)的统治"的仰赖,这不仅仅是因为,适用法并护卫着法的,必定是人(men),而且更为首要的是因为,总得有谁把法给造出来。在"肇建"的当口,"授法者"——就该词的最高含义而言——必定是,也只得是自身不受法所规制的某位。"肇建",呼唤的是,也需要的是,一个或若干个有着纯德性的人(man/men)。但是,民事上的或道德上的德性,就如我们已看到的,是这样的习惯之养成——以合法制裁作保障的或由法所允准的、自幼年时就开始的习惯之养成——的产物：一个真真有德性的授法者，其实存，难道不预设了这样的一个已然建定了的、精妍的法体制吗，一个让未来的授法者在其中得以成长，并得以学习到德性的、已然建定了的、精妍的法体制？

神法

该根本性的疑难，由于以下这种"神法"（divine law）或"自然法"的引入——该神法或自然法被构想为，自"一个神定秩序的宇宙"（a divinely ordered cosmos）而发出的"经得起推敲的诸告令"——而在一个含义上"被解决了"，但在另一个含义上则被加深了。经典的文本还是柏拉图的《法》（713e–716c）：

> 在由某些有死者——而非一位神——在行统治的城邦里，是无法从各种恶与各种辛劳中停下来得以休息的。……在公共生活以及在私人生活中——也就是在我们的家庭、城邦之安排中——我们都该服从在我们自身之中凡具有"不死性"的东西，并把"法"这一名号给予由"理智"所指定的分配。……但凡哪个地方，法自身就被凌驾、被统治并缺乏主权权威，我在这样的地方看到的都是一触即发的毁灭。而但凡哪个地方，法才是霸主（despot），凌驾于统治者之上，统治者反而是法的奴隶，我在这样的地方则预见到安全以及诸神曾赋予城邦的一切好东西。……对我们而言，在最高的程度上，神（the god）才是万物的尺度，而远非他们所主张的"人"（man）。

柏拉图笔下的雅典异邦人在此以"准先知式的"雄辩文辞所提出的东西，已经被后续所有的古典共和所采纳和改编。历史上也罢，文献中也罢，还没有哪一个古典共和体或哪一个地道古典式的共和政治理论,不是扎根于某一公民宗教之设置的。这样的一种宗教,无论它其他的信条怎样,反正它都必定包含着这样的一种信念,即相信:法是以"超属人(superhuman)的理智与权威"的制裁为保障的或是被"超属人的理智与权威"所允准的,且在某种程度上也是出于"超属人的理智与权威"的。这是古典共和思想里的关键要素,[115]最为生动地证实了这一关键要素的便是关于"那一最后的判断"①的伟大神话——该神话,《高尔吉亚》和《共和体》均以之收尾,《法》卷十所详尽阐述的那种"公民神学"(civil theology)则以之达至极致。一种关于"神意"(divine providence)的更为严苛的教导,则给关于自然法的斯多葛学说(该学说,在西塞罗的《共和体》3.33处和莱利乌斯[Laelius]那段著名的言辞中有着最为显著的呈现)定下了基调。斯多葛文本的断篇残章,让这一事实更为凸显,这一事实即,对"神意式的制裁与允准"的诉诸,是与这样的一种坚持相互配合、携手同行的,这样的一种坚持,即,坚持把"共和体"看成是被置于一个更大的寰宇秩序或曰宇宙秩序(cosmopolitan or cosmic order)之中的。这样的一种观念,其来源,还是在柏拉图笔下的苏格拉底那里,柏拉图笔下的苏格拉底改革并修缮了传统的诗性神话,将之放在了一个更为强调"数学式的道德结构"的语境中,这一"数学式的道德结构"隐含在可见的自然之中:

> 卡利克勒啊,智慧者们说:天、地、诸神与人们(men),是由共同体、友爱、秩序、适度与正义而连在一起的;并且,出于这些理由(reasons),我的朋友啊,他们把这一整体称为一种"秩序"、一种"宇宙",而不是一种"无序与无节制"。然而你呢,在我看来,你似乎并未把你的心智投在这些东西上,即使

---

① [译按] the last judgement,通常中文称为"最后的审判",本译文为协调"judgement"一词的前后意思,通译为"判断",所以此处为"最后的判断"。法庭审判,本身也是判断的一种,甚至是最高的一种。

在这些东西上你很智慧,但你并未注意到,"几何平等"在诸神和人类(humans)当中,是有着很大的权力(power)的,你反倒认为,各位的所作所为必定都是在索取着比他自己的那一份多得多的东西:因为你忽略了几何的研习嘛。

(《高尔吉亚》508a)

正是以古典共和文献中的这一主脉为基础,加尔文——只是略显夸张地——确认道:

倘若《圣经》并未教导说,[公务官]这一职位波及了这两表法,那么,我们或许可从异教作家那里学到这一点;因为,他们中没哪一位在谈及诸如公务官、立法机关、民政机关此类官职时,不是从宗教和敬拜神开始的。并且,他们都坦承:没有什么政府可以幸福地构建起来,除非其首要的目标是促进虔敬;所有的法都将是乖谬的,倘若忽视了神的诸主张而仅仅顾及人(men)的诸利益的话。

(《基督教要义》4.20.9)

古典共和传统的这一脉,被威尔逊(James Wilson)再度确认,他在 1790 年所作的论"法"的系列讲座的第二讲结尾处说:"宗教与法,远非对手或敌人,而是孪生姊妹,是朋友,是彼此的助手。这两门科学其实互为彼此。神法——由理性与道德感所发现,为二者的一个不可或缺的部分。"[1]

简言之,正是"关于法的古典共和理论"中的这一不可或缺的筋脉,让对政治的古典式看法,与对政治的圣经式看法,有了至为

---

[1] *Selected Political Essays of James Wilson*, ed. Randolph G. Adams (New York: Knopf, 1930), 257.

接近之处。就如我早先所评述的,初看起来,对政治生活的圣经式理解,似乎与对政治生活的古典共和式理解相去甚远。[116]但是,现在,我们可以给这一初步印象加些限定了。

说到政治生活之终极地位,说到具体的诸德性各自的品性及各自的排位,《圣经》与希腊哲人对此确实是有极大分歧的,这是事实,但尽管有这个事实,圣经神学家们还是在古典共和思想中找到了很多他们乐于接受的东西。古典共和对这样的法——作为希腊人所谓的"道德上的德性"的执行者或培育者的法——的执著,圣经神学家们是尤其赞同的;有一定限定地将个体归摄于共同体,有一定限定地将物质上的福利归摄于精神上的福利,对这样有限定的归摄,圣经神学家们也很以为然;圣经神学家们也承认,他们自己关于"沉思生活的至高性与超政治性"的思索,与古典关于此的教导,二者之间有着某种亲缘性。另一方面,希腊哲人的追随者们,纵然并不承认他们关于"法之本性/自然"的教导是径直取自于预言式的灵感,但他们也还是论辩说,就属神的立法秩序(divine legislative order)之真品性而言,理性(reason)之恰当运用,至少能够把该品性的决定性轮廓给揭露出来。伟大的伊斯兰哲人、神学家阿维森纳(Avicenna),在其所写的《合乎理性的诸科学之划分》(*Divisions of the Rational Sciences*)中宣称,"对预言以及神法的探讨,是包含在了……[柏拉图的]《法》中的"(Mahdi and Lerner 1972, 97)。同等引人注目的还有迈蒙尼德——这位犹太信仰中最为伟大的神学家——的话:

> 就我关于这些事所想到的而言,我所追随的都是臆测与猜想;并没有"属神的启示"降临到我身上来教导我说,正在讨论的这些事,其中的意图是如何的,并且,在这些事上我所相信的,我也不是从哪一位教师那儿获得的。但是,预言书的文本、圣训(dicta of the Sages)的文本,*再加上我*[从亚里士多

德那儿]所占有到的种种思辨性前提,则向我表明,事情无疑就是如此这般的。

这一章……是一种结论,同时也是对这样的某位——已获得了关于"'大写的那个他'(He)是什么"的一定领悟,之后也领悟到了专属于"大写的那个他"(He)的种种真真的实在性的某位——所践履的敬拜给出了说明。①

托马斯·阿奎纳,虽坚称"受到神启的《圣经》,并不是经由推理来探寻的哲学之诸分支中的某一个部分",但他还是以一个这样的究问开启他的《神学大全》的:"除了哲学,还有什么别的教导是必需的吗?"——由此而凸显出,在多大程度上,哲学可以恰当地主张,即使是在神学领域里,自己对该领域也是有相当广泛的理解的。千万别忘了,"神学"(theology)这个词从起源上就是柏拉图式的(《共和体》379a),《圣经》是从未提到过该词的。

因而,古典政治哲学与圣经思想,[117]二者之间的实质差异,并未大到阻碍了哲人与神学家在每一个大的宗派(religious dispensation)——犹太教、基督教、伊斯兰教——之内产出多种多样的相当有效且相当有说服力的综合的程度。这些后古典时代的宗教,其中每一个,当其与古典共和的势力(force)相遇时,都被迫既重新解释自己,也重新解释古典共和,以便把自己弄得像是后者的完满,并把后者弄得像是自己的准备。启蒙运动中的政治理论者们和17、18世纪各个大革命中的政治家们,当他们在回望他们自己或他们的前辈们由之诞生而出的那一对双生传统时,他们面对的正是这些多种多样的综合。

---

① Moses Maimonides, *The Guide of the Perplexed*, trans. Shlomo Pines (Chicago: University of ChicagoPress,1963),416 and 618.

对于肇建时分的那一代美利坚人,以及影响了那一代美利坚人的那些哲学与神学家们而言,这种种综合之中最为重要的一个当然是基督教式综合。基督教式综合中的那块"拱顶石",正是"自然法"这个理念。对自然法的权威阐述,在托马斯·阿奎纳那里找得到,他的教导,经由胡克(Richard Hooker)的改动和调整而被纳入了安立甘宗,也经由加尔文、梅兰希通(Melanchthon)和一些不那么知名的人物的改动和调整而被纳入了其他的一些新教宗派中。是可以论辩说——就如本世纪最伟大的那位新教出身的基督教社会思想史家特洛尔奇(Ernst Troeltsch)所论辩的那样(1976,vol.2)——托马斯版自然法之精髓和实质被原封不动地保留在了这些新教各宗的各种修订之中。不过,这样来说詹姆斯·威尔逊在1790年为美利坚第一所法学院所作的揭幕致辞中对胡克的自然法学说的详尽诉诸,就不行了。但即便是在那儿,关于法的这一最为详尽也最为权威的原创性的美利坚哲学,其所扎下的根基,其中关键的一块,依然是经由胡克过滤了的托马斯学说。

照这一学说来看,"自然法"是神之道德法,是通过一种特别的官能——一种内在于属人存在者们合乎理性的自我意识之中的官能,该官能的运作即为"内感/良知"(conscience)——而颁示给属人存在者们的神之道德法。"内感/良知"(conscience),给了人们(men)这样一种体认:对某些特定的、神圣不可侵的"抑制或节制"的体认,被体认到的这些特定的、神圣不可侵的"抑制或节制"可以被形构和表述为"道德诸规则",这些"道德诸原则"之中的某一些,为禁戒性的诸定言(绝对)律令提供了一种最低限度的根基。这些规则——既有劝导性的,也有禁戒性的——是在两个含义上而是"自然"法的:第一个含义,这些规则,是可以先于启示而被成熟的且合乎理性的属人自然/本性所知道的;第二个含义,对这些规则的坚守,完成了属人灵魂之自然/本性,同时,还使得该自然/本性,为那种更为丰富的完成——这种更为丰富的完成,是通过这样的一条道途,即,由"属神的启示"所廓开的那条超自然的且超理性的道途,而使该自然/本性得以接近和抵达的——做好了准备。更为具体地说,自然法的诸戒令(precepts),完成了专属于人性/人道/人(humanity)的"自然倾向"或曰"自然导向"之三个特性:保存、家庭、[118]通过参与社会生活并通过心智生活而使理性(reason)臻于完美。人们(men)颁行于实定的宪法与立法中的"属人诸法/人法"(human laws),都应该被"自然法之诸指令"所引导,并且,应当(在每一种情境之下都尽可能地)让"自然法之诸指令"得以完满实现。"属人的法/人法"(human law),几乎总是达不到最充分的卓越;但是,它必须始终持平于或者也高于一种最低限度的正派和体面。"属人的法/人法"(human law),在其违背了或冲撞了自然法所设立的诸定言禁令之"底盘"的时候,是永远无法保持其正当性的,这一"底盘"中的诸定言禁令有:禁止偷盗、禁止通奸、禁止欺诈或作伪证、禁止辱没父母、禁止虐待儿童、禁止谋杀等。在这一"底盘"之上,此究问——对"哪些法因与自然法之诸规范相符合而是正当的,哪些法因与自然法之诸规范相违背而是不正当的"之究问——在某种程度上则取决于对各种情境——历史的,经济的、军事的、政治的诸情境——的审慎判断。

　　自然法,因而提供了一根恒久不变的、超文化且超历史的,但又有着经得起推敲的灵活性的准绳,拿这一准绳可以衡量所有的"属人诸法/人法"(human laws),以检测其正当性及其真真的法性(lawfulness)。马丁·路德·金,在他那封伟大的"伯明翰监狱的回信"(1963年4月16日)中,援用的正是这一准绳,以回应牧师中的一群头面人物对他的批评:

　　　　你们对我们的志愿抗法表示了极大的忧虑。这样的关切肯定也是正当的。……没谁比我更倡导服从正义的法了。服从正义的法,不仅是每一位的一种法定责任,也是一种道德责

任。反过来说,不服从不正义的法,也是每一位的一种道德责
任。我认同圣奥古斯丁所说的"某一不正义的法,根本就不
是法"。那么,二者之间有什么区别呢? 每一位该如何来决
断某一法是正义的还是不正义的呢? ……用圣托马斯·阿奎
纳的路数来说:一种不正义的法是指一种并未植根于永恒法
与自然法的人法(a human law)。凡提升了"人之为人的人
格"(human personality)的法,都是正义的法。凡是贬损了
"人之为人的人格"的法就是不正义的法。一切与[种族]隔
离有关的制定法,都是不正义的,因为,[种族]隔离扭曲了灵
魂、损害了人格。它给予隔离者一种虚假的优越感,给予被隔
离者一种虚假的卑贱感。

(斯托林[Storing]1970,121)

金接着补上了他自己给自然法的民事含义在美利坚政治语境
下所作的扩展和丰富,界定了与"违抗不正义的法"有关的具体的
民事德性。在上文引用的段落中,他并没有说到一种"不服从不
正义的法"的"权利"云云,他是说,这么做是一种责任或义务。该
封信后续的段落里,他进而又通过指出说"有道德地,也有不道德
地对不正义的法的违抗,恰当的精神、恰当的意图与恰当的行为则
是界分的标记",而澄清了该义务之本性/自然。恰当的精神,是
这样的一种精神,它是对法的最为高度的尊重,而对法的最为高度
的尊重,其题中应有之义便是,投入并献身于对自己同胞公民们
的——通过法与法性(lawfulness)而进行的——道德教育。恰当
的行为,是公开的行为,是着眼于这种对自己同胞公民们的教育而
进行了周详计划和安排的公开行为。[119]凡仅以个人信仰的名
义而竭力忤逆或规避被自己视为是"不正义的法"的,不论谁,其
主张,都是被金所蔑视的,金都将之扫到他的最恶毒的对手们那一
边。因为,有德性的行动,其典范,他是诉诸《圣经》,诉诸早期基

督徒,诉诸苏格拉底并诉诸独立革命来界定的。

　　我希望你们能够看到我正尽力指出的这种区分。我绝非是在——像狂热的[种族]隔离主义分子那样——倡导规避法或忤逆法。那将导致无政府状态。凡违抗一种不正义的法的,他这么做,必须是公开的、有爱的,并且怀着这样的一种志愿——即志愿接受处罚。我认为,任何一个个体,当他因"内感/良知"告诉他某一法是不正义的而违抗该法,并且,志愿接受监禁的处罚,以唤起整个共同体对该法之不正义的"内感/良知"时,他所表达出来的,其实正是对法的最为高度的尊重。当然了,关于这种"公民不服从",此处并无什么新东西。它崇高地彰显在沙德拉、米煞、亚伯尼歌对尼布甲尼撒的法的拒绝服从上。① ……它也被早期基督徒恢弘践履。……在某种程度上,学术无拘之所以在今天是个确凿无疑的现实,正是因为苏格拉底践履了公民不服从。在我们自己的国度,波士顿茶党,展现了一大波公民不服从的宏伟行为。……你们断言说,我们的行动,哪怕是和平的,也必须被贬斥,因为是我们的行动促发了暴力。……这不就像是说,贬斥苏格拉底吧,因为他"坚定不渝地执著于真,执著于他的哲学式探究"促发了误入歧途的民众的那一"要他喝下毒酒"的行为吗?

（斯托林 1970,121-25）

　　人法与神法、授法与预言的交织缠绕,确实给真道德法及由真道德法所确保的诸德性,注入了令人敬畏的气势(force)。但是,对诉诸这样的支持的需要,迟早会不由地提出若干个很难、很棘手的究问。民事上的与道德上的德性,为何需要这样的一种磅礴浩

---

① ［译按］《但以理书》3:13。

大的外在支持？神性（divinity）之自然/本性是什么？我们是如何知道它的？理性（reason）能够通过给这些究问提供充分的答案而足以在生活中引导我们吗？

作为一种生活方式的政治哲学

这些严峻的究问——正是在这些严峻的究问中，我所企图并尝试勾勒出来的那重重困难，达至极致，或者说，我所企图并尝试勾勒出来的那重重困难，正归总于这些严峻的究问——是个谜团，这个直接出自对"道德—政治生活"所作的严肃反思的谜团，打开了这样的一扇门，一扇通往那种政治哲学（在古典共和含义上的[也即苏格拉底含义上的]政治哲学）的门。哲学，在古典共和含义上，并不是一种思索方法，不是一个职业，不是一门学科，也不是对神秘的沉思或个人化的沉思的一种莫名其妙的耽湎。哲学，首要地是一种特别的生活方式，是属人实存的一种特别形式，是整全灵魂在与作为一个整体之存在相关联时的一种特别的身姿。苏格拉底式哲学，[120]正是这样的生活：此生活就是借由"种种探究"而"坚定不渝地执著于真"——用刚引用过的马丁·路德·金的话说。在这一含义上的政治哲人，是一个这样的人（man）：这个人，不依不饶且不屈不挠地提出着这一究问并且在提出了这一究问之后无休无止不息不懈地与这一究问扭打过招，这一究问，即"德性是什么？"也即，德性（与流于表面的德性相对的"真德性"）之自然/本性、之实质是什么，就比如解释得了它①的这些关系——它②与幸福、与神、与法、与我们的'属人自然/本性'及我们这'属人自然/本性'之诸需要的关系——的它③的那种自然/本性、那种

---

① ［译按］"它"指代上半句中的"德性"。
② 同上。
③ 同上。

实质,是什么呢？这一究问或这一系列究问,得不到一个即刻的或简单的答案;毋宁说,这一究问或这一系列究问,打开了一种替代性的生活方式,一种更为清醒的、更为合乎理性的因而也更为充分地是属人性(human)的且更为充分地是社会性的生活方式,这一种生活方式,远远高于了并超越了甚至是授法者的生活——更别说也远远地高于了并超越了政治家的或公民的生活了。

　　这一生活,其现实的经验(这一经验,是从这样的一种挥之不去的经验中萌生而来的,这种经验是对以下这一点的体认,即,体认到了凡涉及"真",或者说,凡涉及针对我们就"我们应当如何生活"而发出的最为重要的诸究问而言的种种"真答案",我们是无知的)引导着我们抵达了这一发现,也即苏格拉底所坚称的那一发现,即,发现了"属人自然/本性"就是被构造得要在思索中以及在由思索所得来的名副其实的自我知识(self-knowledge)①中才找得到它②的极乐。

　　　　或许某位会问:"苏格拉底,你能不能走开啊,安静而平和地活着不行啊?"这确实是最难使你们之中的某一些弄明白并信服的地方。因为,我若说"这样就是不服从神,正因为这是不服从神,所以,要我平和地活着,是不可能的啊",我若这么说,你们是不会信我的,还以为我是在反讽。或者,我若说:"对于一位属人存在者而言,这碰巧就是最大的好啊:每一天都在就'德性'以及就其他那些事务——也就是你们听到我就其而展开对话并就其而盘诘自己也盘诘他者的其他那些事务——而论辩着。"并且还说:"对于任何一位属人存在者而言,未经盘诘的生活是不值得过的。"我若说这些,你们

————————

① 〔译按〕意译为:人的本性/自然,就是要在思索中以及在由思索而得到的关于自我的真知中找到极乐或至福。

② 〔译按〕"它"指代本句中的"属人自然/本性"。

更不会信我了。但是,各位温婉之士啊,我主张,那才是事情本来的样子啊,虽然就此说服[人们(people)],实为不易。

(柏拉图《苏格拉底的申辩》37e—38a)

哲学式生活,因而例证了这样的一种德性,这种德性是真真地且极端地非功利性的,因为它并不追寻除了操练和践履德性本身或曰卓越本身之外的其他任何目的。这一操练和践履,提供了一种这样的生活:这种生活是如此之丰富;其所带来的清醒是如此之令人震颤而振奋;其无休无止不懈不息地沉湎于对"属人的道德性实存"之神秘予以不断开掘和拆解,这样的沉湎是如此之令人殚精竭虑全神贯注;以至于,哲人发现,当自己再回望所有的政治生活及政治雄心/野心时,他看到的就好像是洞穴里的生活——回忆下被柏拉图在《共和体》卷七里详尽阐述过的、苏格拉底的那个著名象喻吧。当亚里士多德说"只有参与到了'理论生活'之中以及'理论诸德性'之中(理论生活、理论诸德性,分别高于并超越于实践生活、实践诸德性),我们才能分有'属神者'(the divine)"时,他表达的,也是同样的这一点:

> 这样的一种生活方式,远高于那种属人的生活方式。因为,无论是哪一位,并非由于他是属人的(human),他就会过这样的一种生活,而是由于他自身之内存有某种属神的(divine)东西[他才会过这样的一种生活]。……无论谁,他似乎都就是此理智,若此理智确实就是至上的/主权级的且至好的部分的话;那么,谁若选择不去过他自己的生活[121]而是要去过别的生活,那就太奇怪了。……依照德性的其余部分而过的生活,也会幸福,但只是第二位的幸福。因为,在这些方面上"处于行动之中"的一切,都是属人的(human):正义的诸东西、勇敢的诸东西,以及与诸德性有关的诸东西,都是这

样而发生的诸东西：当我们观察到了"什么才是对每一位均为适当的"，此时，我们在我们与他者的关系之中，在合同、劳务以及类似的各种行动之中，在激情之中而使之发生的诸东西；并且，所有这些东西也明显都是属人的（human）诸东西。但是，与理智相一致的那种幸福，则是另外的。……它所需要的外在物似乎很少，或者说，它所需要的外在物，比起与道德上的德性相一致的那种幸福所需要的外在物来，少多了。……就行动而言，所需要的太多了，并且，随着行动的越发伟大、越发高贵，相应地，所需要的就越发多。但是，谁正在进行着理论化，那么对于他来说，他就不再需要那些就"处于行动之中"而言所需要的东西了，那些东西——可以说——其实反倒都成了妨碍"理论化之进行"的累赘了。但是，由于他是属人的（human）并且也与他者生活在一起，那么，这样的一个选择了依照德性而行为的人（man），他将还是需要就他作为一个属人存在者的生活而言所需要的那些东西的。

（《尼各马可伦理学》10.7-8）

　　古典共和思想的这一与"哲学生活或曰理论生活之至高无上性"有关的最高主张，其起初就具有着的那种佯谬的特性，及其毫无疑问是可争论的地位，亚里士多德绝非没有体认到；因而，他充分地体认到了这一需要，即，需要通过论辩来证立该主张。《优台谟伦理学》开篇不久（1.5），他便以一种启人思索的方式提出了那个对"最好的生活方式"的根本性究问：

　　　　为幸福的生活行止所下达的诸东西，也即先前提到的那三个对属人存在者而言的最大的好[东西]——德性、审慎、快乐，我们看到，无论谁，但凡碰巧有手段选择去追求的话，其追求的无非是这三种生活方式：政治式的、哲学式的、享乐式的。在这三种生活方式中,哲学式的,意味着,其所关切的是审慎与关于"真"的理论思辨;政治式的,意味着,其所关切的是高贵的行动(而高贵的行动,就是从德性而衍发出的行动);享乐式的,意味着,其所关切的是肉体的快乐。因而,各个都把"幸福"这一术语安在了不同的东西上,就像早先说过的那样;当克拉佐美尼的阿那克萨戈拉(Anaxagoras of Clazomenae)被问到"谁是最幸福的"时,他回答说:"你们约俗上以为是的,没一位是,倒是某位在你们看来非常奇怪的,才是。"他之所以这么回答,是因为,他看到了,究问者以为,谁若既不伟大也不高贵或也不富有,谁就是不可能取得"幸福"这一称谓的,而他或许认为,这样的某位,某位——在涉及"正义"上,或,涉及"一种特定的、属神的理论思辨之拥有"上——活得毫无痛苦且活得很是纯粹,这位是有可能被称为"人间的受祝者"(humanly blessed)的。

亚里士多德由此便借前苏格拉底哲人阿那克萨戈拉之口,给了我们一个更为具体的指示,用以指明他所说的"过'某种理论生活'的某位"指的是什么,不过,他还接着推进,又进而指明了他自己的这一承认——承认他自己的这一持续的狐疑,即,阿那克萨戈拉的主张或曰预设,对其正确性,他是抱有持续的狐疑的:"在很多其他的诸东西上,要高贵地下判断,并不容易,尤其不容易高贵地下判断的情形是那种在其中似乎每一位都觉得是最容易的,似乎每一个属人存在者都可以轻易做出决定的情形——生活当中的诸东西里,[122]哪个才是值得选择的,也即,哪个才是谁取得了、谁便由此而满足了自己的欲望的东西。"基于这一狐疑,亚里士多德,宣告出了他自己的独具一格的哲学之路,并指明了这样的一种哲学化之系谱:

　　让我们的探究,是对德性和审慎所作的理论探究吧:二者各自之本性/自然,该本性/自然是什么,以及,这二者是否是"好生活"的一部分,无论是就二者本身而言,还是就由二者本身而导致的种种行动而言;既然,就算不是每一位也是属人存在者当中那些所有值得重视的各位,都把这些东西与"幸福"关联起来。老年苏格拉底,就认为,这其实才是目的,即"知'德性'",他探究"何为正义""何为勇敢",以及各自中的各个部分均是什么。

　　"他在这样做时,"亚里士多德补充说,"他就是在经得起推敲地行为着了;因为,他认为,所有的诸德性就是'科学式的知识/科学式地知',以至于,'知"正义"'与'是"正义的"'是吻合的。"不过,对于此命题,亚里士多德也提出了他的极为鲜明的保留:"他所寻求的是'何为德性',而非'德性如何生成、从哪些东西中生成'。"知"每一个高贵的东西",这样的知,本身固然是高贵的,但是,至少就涉及德性而言,带来最大荣耀的,并非"知'何为它'",而是"知'它是从什么中来的'"。亚里士多德,给自己扛起的任务是:把这一至为荣耀的增补,添加到苏格拉底式擘划之中。不过,他一边如此而为,一边也旋即表明:第一,他的这一关切——要把"他的这种哲学化"弄成是最为荣耀的——是与这样的一个欲望——想赢得一般的人(men in general) 的信任——并行的;第二,他这样往下推进,又是在很大的一种小心谨慎之感的基础上而推进下去的,这种小心谨慎之感着眼于的是蕴含在此项事业——这项事业即,针对德性之自然/本性而展开的苏格拉底式穷究——之中的种种具体的危险:

　　　　在关于所有这些事上,各位应当通过合乎理性的论辩来赢得信任,同时利用映入眼帘的例子来作为证明。……每一个穷究,其合乎理性的论辩,皆分为哲学式地讲出来的[论辩]和非哲学式地讲出来的[论辩]。因而,谁都不应当——哪怕是政治家们也不应当——把从事这样的一种理论探究,一种不只要弄明白"某一东西是什么",还将弄明白"它何以是其所是"的理论探究,视为多余;因为,此为针对每一个东西所作的哲学式穷究。不过,这必需极大的小心谨慎。因为,这样的家伙总是有的,即那种基于这一意见——一位哲人,其之为哲人的特性就在于,哲人是带着理性在讲话的,是绝不随兴地或任意地说什么的——而振振有辞地给出一大堆既文不对题又空洞无物的论辩(他之所以如此,有时是由于他无知,有时是由于他在吹牛)的家伙总是有的,由此的结果便是,那些既有行动经验又有行动能力的人们(men),就被这帮人(people)——这帮既不占有"或是营造性(architechtonic)的或是实践性的理智",也没有"或是营造性的或是实践性的理智"之能力的人(people)——给镇住了。

(《优台谟伦理学》1.6)

于是,在哲人与政治家或公民之间的关系上,便有了一种严重的潜在不和谐,也就有了一种相互的需要与受益。哲学,我们曾观察到,是作为针对"法"或曰"一般性的法性"(lawfulness in general)之意义及意旨所作的一种深陷困惑的究问而生成的。[123]哲人一如苏格拉底所从事的这样的一种究问,与另一种究问或挑战——针对以"宪法性法"(或"自然法")之某一明确诚命为基础,并由议事会和公务官所给出的特定的或具体的实定法或实定指令所作的那种究问或所发出的那种挑战——相比的话,也就是,与行动中的有道德的人(man)一如马丁·路·德金所从事的那样的一种追问相比的话,则是一种更为全面也更为彻底的究问。作为一个肩负着行政身份的有道德的公民而行为,比如,身为雅典议事会的一名主席,冒着死亡或监禁的风险而忤逆民主的绝大多数者,对于苏格拉底来说,是一回事。(在阿吉纽萨[Arginusae]事件中,据色诺芬在其《希腊史》1.7中的记录,当绝大多数者都在叫嚣说"'人民[people]若不被允许做他们想做的,那可是件糟糕的事'时,……主席们都吓坏了,纷纷赞同提交投票来表决,除了索弗罗尼斯克斯[Sophroniscus]的儿子苏格拉底之外;这个人[man]说他不赞同这么做,他要依法行事。")而提出"何为法"这一究问,对于哲人苏格拉底来说,则又是完全不同的另一回事了。后面的这一究问,由色诺芬所呈现的苏格拉底从未直接地从事过。柏拉图所呈现的苏格拉底也只是在一篇短小的对话(《米诺斯》)里曾这么做过,而该篇对话是如此晦涩枯燥,如此缺乏吸引力,以至于通常都不会收入柏拉图作品的译本集里:该篇对话,对苏格拉底的描绘是,他正在私下里,以一种最令人困惑的方式,与单独的一位没有名字的、深陷困惑的同伴讲着话。(《法》,这篇柏拉图最长的对话,并没有直接地提出"何为法"这一究问,并且也是唯一一篇苏格拉底不在场的柏拉图对话。)倘若苏格拉底是在公共场合——在他于法庭上的辩护演说中——展开他的哲学式活动的话,或者说,就苏格拉底是在公共场合——在他于法庭上的辩护演说中——展开他的哲学式活动而言,在这么做时,他也总是坚持说,他正在追求的,就算不是某一神法(a divine law),也是某一属神的诫命(a divine commandment)。

在对法的这一如此小心谨慎的或者说如此保守的姿态的背后,藏着古典共和的这一观察:针对如此这般的法所作的哲学式究问,在其分析到最后时,无论有多积极地肯定了法或是有多强化了法,有多加固了法,必定还是会搅动到对法的服从的。因为,对法的服从,几乎不是一件关乎推理的事,或者说,仅仅部分地关乎着推理。正如亚里士多德在一个著名的段落(《政治学》1268b22-69a28)——这一段也被托马斯·阿奎纳在他的《神学大全》(1-2.

97.2)中加以重申——所说的:"除了习惯(ethos[气韵与风尚]),法再无别的力(strength)能索得服从,而若不经过相当长的时间,这也是无法生成的。"这个基本点,亚里士多德也以另一种方式,通过他的这一坚持而表达了出来,他的该坚持即,他坚称:道德上的和政治上的谋虑咨议,所关乎的总是手段,而并不关乎目的,或者至少并不关乎终极目的。政治家与公民着眼于某终极目的而就政策展开谋虑咨议,而其所着眼的某终极目的则是在谋虑咨议之先,作为谋虑咨议的根基而被给予的。他们并不问,某一政制或某一社会是否就应当存活下来,而是问,它如何才会[124]最好地被保存下来;他们并不问,何为诸德性,而是问,它们如何才会被培育出来。金同所指向的某终极目的,一旦被究问,谋虑咨议所赖以展开的那个共同根由便消失了,民事健康(civil health)便垮掉了,革命性的纷争便一触即发了。因而,除非紧急境况,否则,这样的究问,合当属于一个政治性之外的场域。真的政治哲人,知道在自己提出哲学的诸究问时他自己是在做什么,那就必得肩负起一种令人敬畏的责任。他必得占有一种——用前面引到的亚里士多德《优台谟伦理学》的段落中的话说——"营造性的且实践性的理智":"因为"——就如亚里士多德在《尼各马可伦理学》7.11一开头所说的——"他是目的之营造师(the architect of the end),其营造的目的,正是每逢我们不加限定地就把某某东西称为'好的'或'坏的'时所向望着的"。政治哲人,既不是一个统治者也不是一个授法者,更不是一个"意识形态分子"或"智识分子",但是,他的诸探究,所探究的,必是这样的至高关切,即,在一切会被他的言说与书写所波及的时代与地域里,其中的一切社会之诸统治者与诸授法者均有的那种至高关切。

在公共政策或法性政策的层面上,古典共和政治哲人们,是通过赞成一种秉持小心谨慎而为的审慎的"共为的审查"(communal censorship)而回应该疑难的。他们这么做,尤其着眼于言说与书写——尤其是严肃的书写——对青少年的影响；因为，在一个健康的共和体中，青少年，被浸润于一种最为精微深妙且至为关键的民事教育，该民事教育之鹄的在于品性之塑造。

这一古典共和立场，被伟大的诗人兼政治理论者弥尔顿（John Milton）在出版印刷业的新纪元里，一再地为英语世界重申又重申。弥尔顿的《战神山议事会演讲》（*Areopagitica*），既华敏精缜又激情雄辩，俨然伊索克拉底伟大演说的回响——伊索克拉底，这位苏格拉底的学生，毕生致力于在教授修辞学和训练政治家的过程中贯彻苏格拉底式哲学。伊索克拉底的《战神山议事会演讲》是向雅典人发出的一篇规谏：劝导雅典人，从一种任达不拘的且扩张式的民主回归到民主之他们早先的那种更为严苛而传统的形式。该演说的名字取自"战神山议事会"（Areopagus）——"战神山议事会"一度曾是元老院兼审查队（board of censorship）维护着早先的那种"无拘的且民主的雅典政制"里的道德基调。弥尔顿的《战神山议事会演讲》是向英格兰议会发出的一篇规谏：劝导英格兰议会废弃其新近设立的、经由针对出版印刷商和创作者发放许可证而实施的事前管制法。

弥尔顿论辩说：这样的一种事前管制的政策，古典共和体是从未遵循过的，即使在古典共和体最为严柯的日子里，都从未遵循过；从柏拉图《法》卷七中似乎可以读出对该政策的明显赞成，但那也不过是基于误读而已。如此读解柏拉图，就太字面化了；如此读解，恰恰反映出，没能领会到柏拉图对话之反讽与玩乐的这一品性。[125] 无论是《法》，还是《共和体》，弥尔顿坚称，都不该被读解为，它们是在严肃地提议建立起它们所阐述的那种政制与法。但是，这并非是说，在柏拉图那里，并无任何学说性的政治教导（doctrinal political teaching），也并非是说，该教导允许了或支持了毫无囿限的言辞无拘或书写无拘。纵然，在一个健康的共和体中，不该有针对出版的任何事前管制，不过，所有的创作者都必得为自己的书面作品对道德、宗教所产生的效应负责。凡被共和体内的公民或权威判断为是有害的书面作品,都可以也应该受到公开谴责;在极少数情形下,还应该被禁止,甚至被焚烧,其创作者也应该受到惩罚。当然,这样的判断,鉴于其在民事上的后果以及在宗教上与哲学上的后果,在作出时,应当怀着极大的克制、慎之又慎,并秉持"思想无拘"的珍贵品性,充分谋虑咨议。正是因为弥尔顿对待思想与言辞是如此之严肃,也就是说,正是因为他认为思想与言辞有着这样的一种力(power)———一种把人类生活(the life of mankind)往好里或往坏里形塑的力(power)———他才采取了他所采取的立场:反对某种审查但倡导某种审查,他反对的那种审查,是阻却了共同体下判断的机会的那种审查,他倡导的那种审查,是由在深思熟虑、周详斟酌之后所给出的判断而来的那种审查。

我不否认,教会、世俗联合体,在这二者之中,最大的关切就是,密切留意书本以及人们(men)如何表现;然后,对作恶者,予以拘留、监禁,把最严厉的正义施加其身上:因为,书本并不是绝对僵死的东西,书本确实在其自身之中含蕴了一种生命力,其所含蕴的这种生命力与将其诞育出来的那个灵魂,是一样活跃的;不仅如此,将书本孕育出来的那个活生生的智识,其最纯而又纯的效能与精粹,就像被保存在了一个小药瓶中一样,被书本保存了下来。我知道,书本生机勃勃、繁殖旺盛,就如神话中的龙牙,一旦播撒于各处,就有机会生长出全副武装的人(men)来。不过,另一方面,除非警醒小心,否则,杀死一本好书就跟杀死一个人(man)差不多:谁若杀死了一个人(man),他就是杀死了一个有理性的造物(a reasonable creature),也即,杀死了神的一个象喻;但是,谁若毁灭了一本好书,他就是杀死了理性(reason)本身,也可以说,就是杀死了眼中所见的神的那个象喻。许多许多的人(man),都活成了土

地的负累;但是,一本好书,则是大师级精神的珍贵骨血,特经
萃取提纯、防腐留存,而成为了一个超越了生命的生命。……
给我那种无拘无束地依照内感/良知而去知、去说、去论辩的自
由吧,这才是全部的自由中最首要的一个自由。①

　　于是,最重要的审查,便是,哲人们——这些最具搅动性的但
同时也是最具敏锐洞察力的思索者们——这一边的自我审查了。
哲人们清楚地知道,他们的活动,带来的危险是:削弱了诸传统、诸
纽带和加诸思想的那些健康的诸围限,而正是这些传统、纽带和加
诸思想的这些健康的诸围限,支撑起了那些最为强悍的、法性的
(lawful)、共和式的诸共同体和那种最有法性地(lawfully)[126]投
入并献身于共和的领袖风范。体面而正派的公民们,会被哲学搞
得严重地迷失方向;而哲学之诸洞见与诸究问,有时也会被一些肆
无忌惮不择手段之徒盗用在种种恶的目的上。哲人,有着文质的
且属人的智慧(humanely and humanly wise),这样的哲人,必得为
这些危险扛起责任。他必得以一定的方式来哲学化,或者说,他必
得怀着一定的小心谨慎来交流和公开他的哲学思辨;他在哲学化
时所采取的方式,或者说,他在交流和公开他的哲学思辨时所怀有
的小心谨慎,必须是这样的:如若不采取该方式或者不怀有该小心
谨慎,那么,他的究问给共和式无拘与共和式德性所造成的威胁,
原本会有多严重、多惨烈,他在哲学化时就该采取该方式,或者说,
他在交流和公开他的哲学思辨时就该怀有该小心谨慎。苏格拉底
式回应,正是"爱的修辞"或曰"厄洛斯式/情欲式修辞"(erotic
rhetoric)跟"奥德修斯式修辞","爱的修辞"或曰"厄洛斯式/情欲

---

① *John Milton: "Areopagitica" and "of Education", with Autobiographical Passages from Other Prose Works*, ed. George H. Sabine (Northbrook, Ill.: AHM Publishing, 1951), 5-6, 49. [译按]中译可参弥尔顿,《论出版自由》,吴之椿译,北京:商务印书馆, 1958年,页5-6,52。

式修辞"是苏格拉底在柏拉图的《斐德若》与《高尔吉亚》中所教授的,"奥德修斯式修辞"是色诺芬在自己的《回忆苏格拉底》里描述的苏格拉底所操演和实践的(据本杰明·富兰克林的《自传》所述,富兰克林,一直是以色诺芬笔下的苏格拉底为自己的楷模来度过自己作为写作者和交流者的整个成年生活的)①。这一交流(无论交流是公开的还是私下的)模式,中介了或调停了哲学式怀疑主义与民事执著。苏格拉底式哲人,通过这一交流模式,一来便引领着青少年中的少数来分享哲人自己的生活,二来便企图并尝试引导他们②的不那么有思想但也是严肃而可教的同伴们和较年长者,使这些同伴们和较年长者们,能够更为目光清晰地、更为敏锐明辨地、也更为温雅地或更为文质地来执行自己的政治义务。

　　我们现在正在关注的、古典共和政治哲学的这最为激进的一维,给我们对这样的诸德性——使得人们(men)有资格在某一共和体之中行统治的那些德性——所持有的初始假设或初始印象,投下了一道更长的阴影。真真最有资格行统治的那些人(men)(名副其实的哲人们)——他们之所以真真最有资格行统治,既是因为,他们最为充分地体认到了属人实存之成问题的品性,也是因为,他们是如此沉湎于有德性的活动与友爱,以至于,他们对使自己的生活偏离有德性的活动的种种诱惑最具有免疫力——那有德性的活动,也就是在践履一种这样的德性:在该种德性的引导下,他们便去扛起那不得不扛的统治的担子,并且除此之外,该种德性,也使得他们并不适合去吸引数量庞大的且必定都是非哲学式的公民们所给出的承认或去给数量庞大的且必定都是非哲学式的公民们当领袖。就如在《共和体》卷一(347b-d)苏格拉底讲解给吃惊的格劳孔听的:

① Xenophon *Memorabilia* 4. 6; *The Autobiography of Benjamin Franklin*, ed. Leonard Labaree et al. (New Haven: Yale University Press, 1964), 64-65.

② [译按]"他们",指的是上半句中"青少年中的少数"。

最大的处罚莫过于被某一个差得多的人(man)来统治,
谁若不愿意亲自行统治的话。照我看,正是因为好人们
(men)畏惧这一点,他们才行统治的,当他们的确在行统治的
时候;而当他们又续任以继续统治时,并非貌似是他们为了什
么好东西或貌似是要由此发财;他们继续统治是必然性/必要
性使然,因为,他们没有一位比他们自己更好的或跟他们自己
一样好的,可将统治移交出去。因为,倘若出现了一个全是好
人(men)的城邦,那么,那里或许有的就是为不行统治而进行
的争斗,就像现如今的城邦里有的都是为了行统治而进行的
争斗一样;在那里,[127]显而易见的就会是:一个真统治者,
依其自然/本性,其实是不考虑他自己的益处的,他考虑的,反
倒是被统治者的益处。

哲人最为适当的公共角色就是:在最好的情形下(也就是在柏拉
图的《高尔吉亚》里被隐约勾勒出的,在柏拉图的《法》里被描述过
的,在亚里士多德的《伦理学》和《政治学》里明确亮相的那些情形
下),为那些在约俗上是体面而正派的、在政治上是有雄心/野心
且有天资的,并且或是正在忙于起草和构造诸法或是正在忙于在
法之下来改革共和体的人们(men),拿出某些关键的一般性建议。

　　不过,这就意味着说,那些恰恰出于所有的或几乎所有的实际
意旨而被视为是"严肃者""值得尊敬的共同体领袖""温雅之士"
的公民们,在受到了一番更为详尽,也更为精准的被分析之后,就
被揭示出,他们是以"有亏缺的(哪怕依然是相当的且罕见的)德
性"为特点的。现在,他们看上去就是这样的人(men)了:并未足
够严肃地对待过浮现于这样的一番盘察中的诸疑难的人(men),
未被他们严肃对待过的那些疑难浮现于其中的那一番盘察即,就
对那种德性的鲜活经验——对通常所理解的或曰初步所理解的那
种德性的鲜活经验——而作的一番仔细的、批判性的盘察。这些

人(men)，即便在最好的情形下，也因而就并非完全可靠了：他们的德性，多少是脆弱的，或者说，他们的德性，不太扛得住动荡困顿和失败，更别说扛得住诱惑了。这一困难，被色诺芬，以异常丰饶的戏剧性和栩栩如生的想象力，呈现在了他的那部伟大的政治小说《居鲁士的教育》里。这一困难，也被柏拉图，更为简洁也更为犀利地，呈现在了由苏格拉底用之为柏拉图的《共和体》收尾的那一"厄尔的神话"里(尤其参，619c-d)。据此，我们早前讲到过的①那种共和式"混合政制"，就肩负了一个这样的主张，这个主张，在一种含义上是比较强悍的，而在另一种含义上，则比较令人失望。

　　鉴于这一事实，此事实即：充分的或曰名副其实的智慧，也即，存于"自我知识"与"对无知的知识"之中的那种智慧，②仅仅属于极少数、极为罕见的如苏格拉底这样的哲人们——而如苏格拉底这样风毛麟角，哲人们是既不容易被识别出来，也不容易被拖入到那种为了行统治而展开的竞争之中的，鉴于此事实，共和式生活就被迫——在几乎所有的现实处境中均——代之以一种与"智慧"或"德性"相逼近的近似物了。在另一边，既然"民众同意"(popular consent)必定是那些"不太智慧的"或"较少反思性的"之同意，它③也就往往是被"欺骗"与"自我欺骗"所折损、所熏染的同意了。于是乎，"造宪法"与"行统治"这样的复杂任务，在古典共和式的理解中，就是把政治权威的那一对并蒂根——"智慧"与"同意"——之必定不纯粹的诸仿品或诸拟像给编织在一起。作为一个结果，政治修辞或曰民事修辞这一技艺(该技艺，被理解为是这样的一种技艺：该技艺所传达出的，并不是"知识"，而是"高贵且

---

① 　[译按]可参本书第六部分"肇建者们的共和观念"一节，原书第99-102页。
② 　[译按]此为直译。意思是，智慧在于知自我并知无知，或者说，智慧就是对自我的认知与对无知的认知。
③ 　[译按]它，指代上半句"民众同意"。

有益的意见"——在最好的情形下，[传达出的]是"真意见"），便在古典共和理论里，位居头阵了。正是借由"民事修辞这一高贵的技艺"——该技艺之最高的襟抱与愿景，首次被勾勒在了柏拉图的《高尔吉亚》里；该技艺之最为丰饶详尽的阐释则是亚里士多德的《修辞学》——在政治上是可能的那种"智慧"[128]与在政治上是必要的/必然的那种"意见"才在哲学多少有些遥远的引导之下得以结合并升华。可以说，古典政治哲人们，正是借由他们关于"政治修辞"的教导，而企图并尝试对完善和引导共和式政治家风范与共和式授法，做出他们最大的直接贡献的。为古典共和理论所特有的这一精髓，其标记之一，便是这一事实：凡在自己的职业生涯中把古典共和式的理论与实践结合得最为成功的个体，这样的个体，其中每一位本身也都是伟大的修辞教师（伊索克拉底、色诺芬、西塞罗）。

　　没有什么比当代对修辞所持的态度，更为泾渭分明地把今天的共和式生活与由古典理论者们所促成的那种"共和"区隔开来了。因为，我们大都倾向于低估或蔑视修辞这一技艺。在我们的公共生活中，"修辞"一词，更为经常地是一个用于诋毁的术语，而非引起骄傲的术语；该词往往被等同于"公共关系""新闻布控""媒体操纵""欺骗"。同样不幸的，还有，由我们的这一恶心——我们为我们的公共话语中太多被觉察到了的操控性而恶心——所引发的反应。弥漫在广大公众中的不信任与犬儒主义，很容易沦为拒斥一切这样的企图与尝试：企图并尝试诉诸情感、激情、想象力。从某些智识分子（其中最显耀的人物或许就是哈贝马斯了）那里，我们听到了这样的"反政治性的（apolitical）呼声"，此呼声即：政治性的与公共的话语，应当被转化为一种实打实坦率的、百分百直白的、完完全全事实性的、纯然合乎理性的——简直可以说是"哲学式的"——话语，一种事实上与任何共和式的民事舞台都极不相称的话语。当代学界中凡倡导这样的一种回归的：回归到

对"民事性谋虑咨议"（civic deliberation）的更大的倚重上，他们太
常观察不到箍在与终极诸目的有关的"谋虑咨议"上的囿限了：他
们中有一些走得更远，甚至明确地否定了对真真健康的"民事性
谋虑咨议"这一品性——真真健康的"民事性谋虑咨议"那受到了
实质性囿限的品性——的亚里士多德式洞见。这些智识分子，把
如此一种既"不相称"又"无关政治性"（apolitical）的准绳，引入到
"共和式公共话语"之中，他们由此不过就是将充斥在这一理解中
的那种极大的模糊越描越黑了而已：与共和式辩论和演说（orato-
ry）相适宜的那种话语与交流，其确切的本性/自然是怎样的，对此
的理解，如今充斥着极大的模糊；这些智识分子，斥责共和式辩论
与言说的那种必然的/必要的修辞性品性，他们由此便加剧了已然
无处不在、无孔不入的衰竭而疲软的"领会失能"，即，不能或无力
领会"共和式交流"所独有的那种特异品性。

　　关于"修辞这一高贵技艺"的苏格拉底式教导，开始于这样的
一种领悟：一种对这一必定是很深层的区分的领悟，这一深层的区
分即以下二者之间的区分：真真哲学式的——也即纯然合乎理性
的或曰纯然辩证式的——论辩与这样的一类话语、交流、争议和谋
虑咨议——即在共和生活中是可能的那样一类话语、交流、争议和
谋虑咨议——之间的区分。政治议坛，并不是——且无法是也不
能是——教室里的讲坛；[129]某一议事会里的或委员会里的谋
虑咨议，无法是也不能是一场哲学式的讨论课或研讨会；一份立法
甚或一部宪法，其序言，无法是也不能是一部政治理论专著。共和
式的政治性讨论，这一介质，不可避免地以紧裹在严格"合理性"
（rationality）上的种种囿限为其典型特征，而给严格合理性紧裹上
了种种囿限的，一是多元性：即，经验、教育、天资、需要之庞杂巨大
且几乎无法架通、无法化约的多元性；一是前所未有的处境和时代
中步步进逼的压力；一是从参与者的纯数量中必定会推引得出的
种种约束；一是这样的需要：需要去维系在这样的诸意见——与民

事生活诸目标相关的那些实质上是可辩驳的且也遭到辩驳的、基本的诸意见——上的同感。鉴于这些约束,集体性的民事意识(collective civic consciousness),不可避免地并不是由知识而是由意见来界定的。政治性交流,其经得起推敲的最高目标,必定是"真意见",而不是纯粹的"真"本身。政治性话语,这一介质,不可避免地是一个这样的介质:在该介质中,理性/理由(reason),必须是借由一种与激情、与想象力、与音乐式的和惠(musical grace)——还有,与言辞的简洁干练和坚定有力——的联合而被提出的。因而,在柏拉图的《高尔吉亚》与《斐德若》里,苏格拉底毫不犹豫地把悲剧和喜剧,连同抒情诗和史诗,都括进了"共和式修辞"这一子类之下。由于最为高贵的修辞包括了民事生活上的教育,那么,那些或许自我们年少时起就在深深地打动着我们的诗人们,就必得被看成是,在种种最高的、修辞性的诸职能与诸责任中,他们也承担着其中的一份。对于任何一位真是具有自我意识的政治言说者或书写者来说,最为微妙的究问,就将是这个了:公共舞台,有鉴于此,能够在多大程度上,向着"批判性的(虽然就算是在最好的情形下,也不过就是"接近于合乎理性的"罢了)论辩"敞开。

　　古典派,当然没有忽略潜伏于如是观察中的种种危险。他们也并不否认,与"修辞"连在一起的种种有着贬义的内涵之中,是有着相当的"真"在里面的。对修辞的研习,滥觞于智术师(sophists),而在很多——尽管不是全部——智术师那儿,修辞这一"技艺"往往打一起始就呈现出苏格拉底在《高尔吉亚》所概括的"修辞之不高贵的'关窍'"的那副样子。此"不高贵的'关窍'",构成它的,是这样的一种能耐,一种机巧的能耐:一种能够通过谄媚民众意见而赢取赞誉的能耐。此"不高贵的'关窍'",也包括这样的一种能力,一种具有天资的能力:一种通过诉诸这样的种种激情——那些麻痹、哄诱、误导或欺骗公民之批判性的推理能力的种种激情——来提升言说者本人之一己利益的能力。但是,苏格拉底并未通过尽力去对由智术师们所达至的敏锐而透彻的诸洞见予以否认来回应智术师,即便这些洞见已然被滥用了。正相反,他恰从智术师们身上也从智术师们的老师们即诗人们身上,学到了这一点,即,"政治是无法超越对激情与想象力的诉诸的"。

关于"修辞这一高贵技艺"的那种由苏格拉底大体勾勒,并由伊索克拉底和亚里士多德详加阐述的教导,[130]是一种关于某一这样的话语模式——某一诉诸民众激情但并不谄媚民众激情的话语模式——的教导。"修辞这一高贵技艺",以升华而非逢迎、以使人醒豁而非使人迷醉为鹄的。苏格拉底式修辞技艺,设法要促成或实现某一这样的民事交流模式:某一将唤醒并导引民众的想象力与热情,但并不点燃或煽动民众的想象力与热情的民事交流模式。苏格拉底的追随者们,竭力发起的是一种能产出这样的领导者与演说者的教育体系:从这种教育体系中产出的领导者与演说者,将会为了对公共之好的投入与献身,同时也是被这样的希望——希望有最终的声名、希望有感佩不忘的追忆和怀念——所支撑和驱动着,而去扛起一种潜在地就是不讨喜且小众而冷僻的公共志业这一责任。在《高尔吉亚》中,苏格拉底点出了一种"申斥式的"(chastizing)修辞①、一种会把演说者放置到如此处境中的"申斥式的"修辞:当针对人民(people)在聚结成群时或在被公共意见之力量(force)动员起来时往往会展现出的那种自我放纵的癖性和倾向而发出反对或警告的时候所面临的处境。在《高尔吉亚》中,苏格拉底也更为具体地诉诸了这位的模板:反帝国主义的、严霜端肃的、不讨喜且小众而冷僻的亚里斯泰德(Aristides)——人称"正义者亚里斯泰德",②以对照于表面上则浮华辉

---

① 　[译按]可参《高尔吉亚》505b。
② 　[译按]可参《高尔吉亚》515b–516d。

煌得多的另一模板：帝国主义的、支持扩张的地米斯托克利（Themistocles）和伯利克里（Pericles）①。

苏格拉底或许会被认为是对按照他所指明的方向成功地改革共和式生活曾抱持着什么希望，对任何这样他被以为所抱持的希望，苏格拉底通过像上述那样的范例选择，便指明了紧紧地裹缚在该希望上的实践性的诸围限。显然，一般而言，是伯利克里式趋向而非亚里斯泰德式趋向，才对民主式共同体最有吸引力且也将一直保持着对民主式共同体的最大吸引力。正如在《高尔吉亚》其他段落中苏格拉底不动声色地所指明的那样，伯利克里式或地米斯托克利式外交与内政政策之胜出，是从雅典民众的经济需求那儿，并从雅典在与一个始终敌视自己的国际环境之关系中所处的处境那儿，找到相当的（即便不是证成，也是）借口的。但是，从哲人们及其学生们这一边所发出的，关于或许存有着亚里斯泰德式替代选项的这一不绝于耳的提醒，则有助于轭束和牵制与伯利克里式梦想和雄心/野心关联在一起的种种过于极端的倾向。

古典政治哲人们在他们关于修辞的建设性的教导中所展现出的他们自己，与他们在他们更为一般性的建设性的民事提案中所展现出的他们自己一样，都令人惊奇地绝缘于对政治生活的任何剧烈变形或改造（一如太多世代曾知道的并记载下来的那样对政治生活所作的剧烈变形或改造，也一如修昔底德以其无与伦比的明澈与开阔呈诸笔端的那样对政治生活所作的剧烈变形或改造）所抱持的不切实际的或感情用事的希望。由此，我们若是仔细地去想一想，古典观念之中的种种适度成分如何才会为我们当下的公共生活注入一剂良药，对我们而言，便是尤为适宜的了，尤其是若所谈及的这些适度成分，还在美利坚政治传统之某些肇建者们初始的政治视景之中也追踪得到的话。

————————————

① ［译按］可参《高尔吉亚》526。

8. 重思自由主义之诸根基

[131]基于我们对古典共和的盘诘,我们现在就来到了一个这样的立场上,由之我们得以更好地领会界定了政治理论里的新转向(该新转向,其实践上的最大影响和最大成功,正是在美利坚共和体之肇建中赢得的)的种种重要的连续性,以及种种更为重要的非连续性。当然了,仅仅聚焦于古典共和与自由共和,并聚焦于共和的这两个根本性版本之间的辩论,是不可能穷尽美利坚实验的所有关键来源的。美利坚式的共和观念(该共和观念,致力于确保平等而普遍的个体诸权利,并以专为护卫这些权利而设立的种种新制度为特色),在欧罗巴采邑制与英格兰普通法的稳缓衍化中,也有其深湛而牢固、雄浑而扎实的根。对财产诸权利,以及财产持有者之诸特权或尊严的强调,无疑打着采邑世系的烙印。权力分立,特别是就其以一种存于一个单一的行政机关与一个两院式立法机关之间的紧张平衡为特色而言,显然,在相当程度上,是从王、贵族、平民(commons)或第三等级这三者之间的斗争之历史派生而来的。宗教宽容——连同相应而来的对政府的诸围限,以及对一个包含了礼拜敬事、道德伦常、家庭生活在内的"超政治领域"之神圣不可侵性的尊重,则是拜中古时代教俗两界各自权威之间长达若干世纪的斗争所赐。然而,若要不至于只见树木不

见森林,我们就绝不能低估这些传统素材是在怎样的程度上,被启蒙运动中的哲学革命所利用、所重铸、所终归是潭奥窅眇地变了形的:[132]具有反叛性的理性主义与政治上的理论化,这一大波浪潮,植根在马基雅维利、培根、笛卡尔、霍布斯和斯宾诺莎那儿,在洛克和洛克的多少有些桀傲难驯的后继者们——特伦查德(John Trenchard)与戈登(Thomas Gordon)、孟德斯鸠、休谟与亚当·斯密——那儿,攀抵世界历史性的权力(power)巅峰。

　　启蒙运动,作为一场广阔的历史性运动,当然是复杂的、弥散的、多元化的。但是,在该运动的内核中,该运动就是一场反叛:这场反叛,是以某一洞见与某些规范之名而进行的,其以之为名的那一洞见,即,对"属人本性/自然"所持的真的、合乎理性的洞见,其以之为名的那些规范,即,自"本性/自然"派生而来的诸规范;这场反叛,以该洞见及该诸规范之名,反叛的则是:政治上、道德上、宗教上凡被理解为"黑暗"的那些东西,而且,此黑暗是这样导致而来的黑暗:此黑暗是由一种委身,一种未予充分批判的径直委身,一种对这样的诸观念——关于政治以及关于人类境况的那种种古典式的和圣经式的诸观念——的未予充分批判的径直委身所导致的。正如约翰·亚当斯在他的《为美利坚合众国宪法辩护》中所说的:

　　　　美利坚合众国,所展示出的或许正是这些政府——建立于关于自然/本性之简白的诸原则之上的那些政府——的首个范例;倘若人们(men)如今已经被启蒙得足以把狡计、矫饰、伪善与迷信从自己的身上剥除掉的话,他们将会视这一事件为他们历史中的一个新纪元的。……再也别佯装就好像,[在合众国政府之打造中]搭过手的那些人(persons),有谁曾求问过诸神或多少受到了来自上天的什么灵感的启迪,仿佛他跟造船的或造房子的、做买卖的、干农活的,这些操劳别的活计的,有多大不同似的;将永远都被广为认可的是:这些政府之被设计出来,用的仅仅就是理性和诸感觉。①

为关于共和生活的新观念充当先锋的那些政治哲人们,无论是对道德上的德性,还是对智识上的德性,都绝非漠然而无动于衷。斯宾诺莎,第一位为这种自由民主体——那种地地道道地是自由的民主体——勾勒出一种理论的政治哲人,也是第一位以一个极为严格地演绎性的几何体系——此经略,以哲学式生活新扎下根的超绝而达至极致——来详尽阐述伦理学的思索者。洛克,第一位把"专门为少年儿童之道德教育奉献上一整部(直接写给父母看的)专论"视为己任的哲人。但是,恰恰是这些醒目的创新,标识出了关于理论与实践之间关系的一种史无前例的新观念。新的共和理论者们坚称,古典式的与传统性且圣经式的诸路径,极大地误解了德性之本性/自然,也极大地误解了借之以灌注或促进德性的恰当方式。

就如我们已经看到的,在古典哲人们那里,关于道德上的与民事上的德性的知识,此知识,首要地派生于——不是"科学"或"哲学",而是——既富有经验又备受尊重的实践性的人们(practical men)之"共同感觉到的诸意见/常识式的诸意见"(commonsense opinions)。哲人之角色,是去按照一种批判性的探究与思辨性的知识来蒸馏、澄清并扩大"共同感觉/常识"(common sense),[133]而哲人所凭之以蒸馏、澄清并扩大共同感觉/常识的那一种批判性的探究与思辨性的知识,不同于——但并不能替代——这种"道德上的共同感觉",即,"积极的政治性生活"之诸德性以之为首要基础的那种"道德上的共同感觉"。哲学式追问,其品性就

---

① *The Works of John Adams*, ed. Charles Francis Adams (Boston: Little, Brown, 1805–56), 4:292–293.

是"未完"与"怀疑",那么,鉴于哲学式追问的这一未完性和怀疑性,哲人的一个重要义务,确实就是这个了:他得去保护"共同感觉到的道德上的体认/常识式的道德性体认"(commonsense moral awareness)这一场域,使该场域免于这样的种种可能性:种种因过分直接而赤裸地暴露在了哲学式究问之下而被侵蚀的可能性。

对于启蒙运动中的哲人们而言,理论与实践之间的这一疏隔,就算不是被否弃掉了,也是被大幅收窄了。道德上的与民事上的德性知识,将直接地从"科学",那种任由哲人们随意支配的"科学"演绎而来,而"共同感觉/常识"也要在该种"科学"之基础上彻底而剧烈地被修订。既然,哲人们,现在是要在"人/人道/人性之道德性生活"(humanity's moral life)中扮演一个如此主权级的/至高无上的(sovereign)角色且该角色之主权级/至上性又是如此之直接而公开,那么,对他们而言,也就再没有任何好的理由继续待在背景之中了,或者说,也就再没有任何好的理由还不显山不露水地隐匿锋芒了。

《圣经》与古典哲学,先是因其所提出的要求,升华且高拔到了不切实际的程度,而备受批判的。《圣经》教导"人/人性/人道"(humanity)在给政治生活下判断时要比照一种死后才到来的生活以及这样的诸德性——该诸德性,超出了此生此世的属人自然/本性,并且男男女女若要达至该诸德性,惟有靠超自然的和惠与引领(supernatrual grace and guidance)才行(该诸德性,被最为显著地宣示于《山上宝训》①与《申命记》中)——来下判断。古典共和教导公民在给政治生活下判断时,要依照种种被确认为是人格上的种种绝世超伦的诸卓越(personal excellences)的东西,以及关于这样的政治秩序——种种正义得或理想得堪称完美的且永远也无法指望其会在地球上或在这个尘世上实现的政治秩序——的种种乌

———————

① ［译按］《马太福音》5-7。

托邦式的诸观念，来下判断。二者，都是用这样的种种襟抱与愿景——那些既道德又虔敬者，当他们在企图并尝试去构思并表述出他们最深的属人渴望时，他们在他们的言辞之中所宣示出来的那种种襟抱与愿景——来定位它们的方向的。二者因而——新的理论者们声称——便注定了人类（mankind）的失望、气馁、无能为力与逆来顺受；二者都把"人／人性／人道"（humanity）从"政治生活实际所是的样子"那儿疏离开来，由此遮蔽了"政治生活某一天或许会成为的样子"，使之不为"人／人性／人道"（humanity）所见。确实，某位若犯嘀咕说，《圣经》与古典哲人们，此二者之意旨，是不是就是要把人类（mankind）——或至少是人类（mankind）之中最好的那些分子——拽离政治生活，或至少把他们拽离出如此一活力丰沛的政治雄心／野心——"要竭力对人类境况予以革命性的、进步性的变形与改造"这一活力丰沛的雄心／野心，谁若犯这样的嘀咕，也的确是有理由的。启蒙运动中的以及启蒙运动之后的现代政治理论者们（貌似有理地）主张，他们自己比他们自己的前辈们更有公共精神得多。理论之意旨，他们坚称，并不仅仅是要理解世界，而是要——在"对与属人困局有关的那个'真'所作的一种先在理解"这一基础上——改变世界，把世界弄得更好。

　　某位若着眼于该目的，他们论辩道，那他就必须从政治行动者们具有误导性的（也常常是华而不实的）言辞转向［134］政治行动者们的实际行为（behavior）中具有揭示性的诸举动（deeds）。他对该行为（behavior）的分析，就应当从这样的一位民事医生——一位正着眼于治愈（或者至少是缓解）某病灶而竭力地在理解该病灶的民事医生——的视角，而不是从一位中立观察者的抽象视角来进行。政治生活之病灶，其巨大的症候，就是这样的战争：围绕着共同体该为之投入和献身的诸目的或诸意旨或诸卓越或某拯救而展开的无休止无尽头的战争。这些争议之棘手，恰恰点出了这些麻烦重重的相关议题的此品性：这些议题本身的"无法解决性"。因而,我们来换一个新航向好了,他们建议道。我们来找出那些恒定不易的诸需要吧,那些恒定不易的诸需要,直接地出自最为强烈的且最为普遍的诸激情,并且,始终都被视为是在所有的时间、所有的地方、对所有的人(men)——而无论人人(men)还有没有(或有怎样的)其他的、更可争论的、"更高的"目标——均有效、均行得通。

关于诸权利的自由派政治理论,由此便发轫于对"法之道德性"与"道德性之法性"(lawfulness)这两个疑难(我们曾在古典共和思想中一直追随着这两个疑难)所作的一种有着自我意识的激进化和极端化。关于诸权利的自由派观念,该观念的先行者们和肇建者们,拒斥了在对付这些显而易见的困难上的古典共和式的企图与尝试,他们把对付这些困难的古典共和式的企图与尝试统统斥为是不现实的、行不通的或违反自然/本性的。古典派曾呼吁,把自然而然地就是唯己是瞻的(self-regarding)诸激情,归摄于自我超越式的习惯或约俗。① 这样的习惯和约俗,据说,是扎根于合乎理性的论辩之中的,但是,这一事实,即,这样的习惯和约俗是被对属神的以及属人的惩罚的畏惧而支撑起来的,对于绝大多数人(men)而言,也确实给予了这样的习惯与约俗以心理上的、相当大的且实实在在的强力(force)。启蒙运动中的哲人们则要求,整个这套路径,应当完全被替换为——或彻底地被归摄于——一个新提议、一个关于理性(reason)与激情之间一种新联盟的新提议。

理性(reason),不应当被这样来看待了:把理性看成是,(不论在"理性与激情的综合"——这种综合被称为"道德上的德性"——之中,还是在"哲学式生活"之中)这样地或那样地构成了属人实存之先定目的或先定意旨,不该这样看了。相反,理性,恰

---

① ［译按］意为,激情本来就是以自己为中心的、关照自我的,有些习惯和约俗,能使人超越自我,古典派要让激情服从于能使人实现超越的习惯。

恰应当被看作是效劳于诸激情的那个最为得力的仆役。更为确切地讲,理性,最好是被理解为,是效劳于这样的一些激情的仆役,其作为仆役所效力的那样的一些激情,即,那些最为强烈的、唯己是瞻的诸激情,并且这样的一些激情,当被它们的这位仆役启蒙过后,便指向了各种形式的这样的竞争与合作,其所指向的这各种形式的竞争与合作,带来的或导致的是"每一位的共同益处"——"每一位的共同益处"这一佯谬得极为抢眼的短语,是马基雅维利的生造,他把这一生造出的短语,用在了他的《李维史论》卷一的开场白里,之后又被洛克接了过来,用在了他的《自然之法的若干问题》第 11 节里。①

开新三观之先河的思索者,的确就是马基雅维利。[135]鉴于马基雅维利的道德教导之惊人的大胆,也鉴于他所谆谆诱导的那种"德性"——该德性之品性,他的最为清明的自由派后继者们,各个都不认祖归宗,也就不足为怪了。然而,他们都是在马基雅维利的奠基性的种种创新之上起家的,即使在他们驳斥并改革马基雅维利自己从自己的这些创新中所汲取出来的政治教导时,他们对之的驳斥和改革,甚至也是在马基雅维利的那奠基性的种种创新之上建立起来的。

马基雅维利的作品,吐露出了一种中立、一种在此争论——霸道(despotism)与共和之间的那一由来已久的争论——之中所持的中立。这一中立,不仅在《李维史论》与《君主论》之间是明显的,而且分别在这两部作品各自之内,也是明显的,甚至明显得还更抢眼。《李维史论》1.40-46 复述了并盘诘了阿庇乌斯·克劳迪乌斯(Appius Claudius)——这位欲颠覆正处于最佳时刻的罗马共和体的失败颠覆者——的起起落落之后,马基雅维利并无踯躅

---

① John Locke, *Questions concerning the Law of Nature*, ed. and trans. Robert Horwitz, Jenny Strauss Clay, and Diskin Clay (Ithaca: Cornell University Press, 1990), 238-239: 该短语的拉丁原文是 communi cujusque utilitati。

地指明了,阿庇乌斯本应如何作为——因而,也就是指明了,未来任何一个成功的共和体里的任何一位潜在的阿庇乌斯应当如何作为——才能成功地以一种野蛮而残酷的僭政来奴役自己的共和式祖国以及自己的同胞公民。马基雅维利还走得更远,他甚至指责阿庇乌斯没能让自己欲颠覆罗马人民诸自由的这一阴谋得逞。从这种爱——"对'无拘'的爱"——中超脱出来;与这种爱——"对'无拘'的爱"——疏离开来,这样的一种貌似"非人的"(inhuman)超脱和疏离,是如何可能的呢?更为深入的探查便揭示出,导致这一中立的,或者说,这一中立所表达的,是对此观念——即:关于政治生活(既包括君主体之政治生活,也包括共和体之共和生活)的观念——的一番剧烈重构。

在马基雅维利看来,一个健康的共和体与一个健康的君主体(僭政),在根底上并无差别,除了在外观、在谁饱含着少年时节的道德上与政治上的幼稚与天真而对谁才有吸引力的外观上。一个健康的僭政/君主体,恰恰正是一个这样的共和体:一个暂时由其最强悍的那位公民所主导的共和体,而暂时主导这个共和体的那位最强悍的公民,他自己迟早也将不得不让位给自己的某一位对手。一个健康的共和体(就像最好状态时的罗马那样),恰恰是一个这样的君主体或僭政:一个其中有着诸多互为对手的潜在霸主的君主体或僭政,并且,其中这些诸多的、互为对手的潜在霸主们,他们每一位都应当策划着并实施着对自己竞争者的铲除。那样的话,不论是在君主体里,还是在共和体里,一座实打实的权力(power)发动机——由之源源不绝地泵出所向披靡的征服性权力——便都能建立得起来;惟有这样的人/人民/族群(peoples)——他们因而持续不歇地在时刻为进攻性战争作着准备并寻求一切机会扩展他们自己的主导权(dominion)——才真真地是无拘的、安全的、富裕的、光荣的、持久的。马基雅维利眼里的范例,始终都是那个狼一般凶猛的罗马共和体。换言之,政治——就其最好或最真的状态而言——就是一个狼群,或者不如用马基雅维利自己用到的那个象喻来说(据他说,他这个象喻,是他借自西班牙王斐迪南的),就是猛禽之间的一场无休无止的比拼,并且这些争斗不休的猛禽分属于相互之间并不平等的各不同种群。

或许再没有哪个思索者比马基雅维利走得更远,能如此讴歌被释放出来的、冷酷无情的"属人的自私自利性"之种种有益的效应。难怪,他的后继者们,被他的思索所具有的后果,惊得退避三舍。不过,他们还是不由自主地被他的分析之若干奠基性的起首步骤所震撼,这些奠基性的起首步骤,[136]有着启人思索的明目张胆与颠扑不破。他们设法——以不同的方式——驯化或曰人化(humanize)他的基本洞见。洛克与孟德斯鸠,尤为成功地将马基雅维利的基本洞见潭奥窅眇地变形为了一组新的道德符码(moral code)。

构建新的道德宝典,第一步就是要把"道德上的首要地位"赋予这样的诸激情:那些依其本性/自然而本身就是不可抗拒因而也就是无可指责的激情。这些激情,人人(men)皆受其所驱动。无拘地追求这些激情之满足,此无拘,是人人(men)皆不由地要求的,易言之,人人皆不由地要求自己要有这一"无拘",即无拘地去追求对这些激情的满足。这些激情,既然自然而然地就是不可抗拒的,那么,这些激情就表达出了——抑或,可以被理性(reason)理解为是表达出了——"自然诸权利"。所有的人(men),既然各个皆受制于这些不可抗拒的诸激情,那么,所有的人(men)就能够被说成是,各个皆有这样的一个经得起推敲的主张,即,主张要去遵循这些驱动。所有的人(men),就能够被说成是,各个皆平等地被赋予了这样的不可让与的"自然诸权利":"去寻求使这些激情获得经得起推敲的或曰实实在在的满足"的自然的、不可让与的诸权利。更为具体地,每一个属人存在者,可以被说成是,各个皆有这样的具体的自然诸权利:追求安全跟自由(尤其这样的经济上的自由:"劳动、并为自己获取物质上的安全"的这一经济上的自由)的自然诸权利。再则,每一个属人存在者,自然而然地追求幸福,虽然,幸福之内容是如此多元相异、难以确认,以至于,若以为在这一点上有谁能够——或有谁应当——指示别人你该有怎样怎样的目标,这么以为,本身就是错的:属人存在者们,可以被说成是,皆有这样的一项权利,一项内在于他们的本性/自然之中的固有权利,这项权利即,追求他们自己眼中合适的那种幸福的权利。

　　然而,一项权利,要成为一项道德上的权利,该权利中必定推引得出落在他者身上的一项义务,即,尊重该权利的义务。这一义务,是如何又是在何时或何处进入画面的呢,尤其是有鉴于这一显而易见的事实(此事实即,我们现在正讲到的"自然诸权利"相互起着冲突)时? 人与人(men)之间的那种自然或自发的关系,就是那种处在一种"自然状态"——一种在实践上就等同于"战争状态"或"持续的备战状态"的"自然状态"——之中的关系。"自然状态",当然是"社会性境况"的一种,不过是一种无所规制的社会性境况,其中"充满了畏惧与连绵不绝的危险"——用洛克的话说(《政府二论》,2. 123)。该自然状态之能够被克服,仅当该自然状态首先被如此承认了才行:换言之,仅当理性确认了并直面于与"自然的、属人的社会性境况或倾向"有关的那个丑陋的"真",并进而为人类(mankind)的这一"无序的且自我解构的自发的本性/自然"构建起一个救济,才行。"自然诸权利",是通过下了"自然诸义务"的命令,才充分地成为它自己,实现它自己的。其所号令的这些"自然诸义务",界定了、规制了或囿限了诸权利之行使,因为,理性,开掘出了这样的诸行为规则:据理性所开掘出的该诸行为规则,人人(men)便可以——按照"将解构性的冲突最小化、将相互受益的竞争最大化"的方式——协调各自的追求,此追求即,对各自最强烈的诸激情所针对之诸对象的追求。詹姆斯·威尔逊,在发表于宾夕法尼亚宪法批准大会上的演讲(1787 年 11 月 24

日)中,[137]把一般被美利坚人"认可为是'正义而精妍的'那些与单一政府之本性/自然与形成相关的,也与'服从于单一政府'这一义务相关的诸原则与诸结论"归总如下:

> 我们的诸需求、我们的诸天资、我们的诸关爱、我们的诸激情,无一不告诉我们:我们就是为了"某一社会状态"而来的。但是,"某一社会状态",若无一些"民事上的节制",便是无法良久存续的或无法幸福持存的。是的,在"某一自然状态"下,任何一个个体,都可以不受他者控制地去作为,这是真的;不过,在此一状态下,其他的每一个个体也都可以不受该个体控制地而去作为,这同样也是真的啊。处在这一普遍的独立之中,该社会里相互干预的各个成员彼此之间的纷争与敌对,就会数不胜数且难于驾驭。由此而来的下场,便会是:每一个成员,在如此的自然状态中,会享有更少的自由,而遭受更多的干扰,若与他在某一有所规制的社会中相比的话。因而普遍引入了这样或那样的某种政府到社会性状态之中。①

"自然"诸义务或"自然"诸法,作为这样的"合乎理性的算计"——即,着眼于基本的诸激情所针对之诸对象而运转起来的那种"合乎理性的算计"——之产物,是次于或派生于"自然诸权利"或"自然诸主张"("自然诸权利"或"自然诸主张"则为基本的诸激情之直接的且合乎理性的表达)的。自然诸义务、自然诸法,均被界定为是这样的一些律令:将此手段指示了出来的那些律令,即,那些将确保并促进"自然诸权利"(而且首要地就是确保并促进这一自然权利:即,对"安全的或舒适的自我保存"之权利)之最

---

① *Selected Political Essays of James Wilson*, ed. Randolph G. Adams (New York: Knopf, 1930),172.

好手段指示了出来的诸律令。"理性(reason)之如些指示",如霍布斯所说,"不过是这样的一些结论或定理,一些关涉'什么才有助于自我之存续、有助于自我之护卫'的诸结论或诸定理罢了"(《利维坦》第 15 章结尾)①。自然法或自然道德,由此——在一种从古典的或中古的三观看来不可思议的程度上——就可以成为一门严格演绎性的科学了,其所给出的诸命题一如欧几里得的诸命题一样永恒有效。"自然之诸法",霍布斯作出结论道,"是历久不移的、是永恒的";并且,"关于'自然之诸法'的那种科学,才是真的且唯一的道德哲学"。(同上)"我并不怀疑",洛克说,"仅从自明的诸命题,经由必然/必要的诸结论,就如数学中的命题与结论一样无可争议的诸命题与诸结论,衡量正确/权利(right)与错误的尺度,就可以被弄清楚了"(《人类理解论》4.3.18)②。"在有任何'法'被造出来之前,"孟德斯鸠在《论法的精神》一开篇说,"正义之可能的诸关系,就实存着。谁若主张说,除了被实定法所吩咐或所禁止的之外,再无什么正义或不正义,这就好比是在说,在谁确实绘出了一个圆之前,一个圆的各条半径都是不相等的。"③

　　举个显著的例子吧,理性演绎出了:若没有在稳定的、由"法"所治理的社会之中的合作,便不会有安全;[138]除非人人(men)相互信任地订立起了并恪守了种种合同性允诺——尤其那个根本性的允诺,即,那个构成了为"法"创建根基的那一"社会协定"的根本性允诺,否则,便不会有稳定而法制的社会。因而,订立并恪守这样的一个允诺,就是一种德性、一种道德上的德性了,这种德性,是由理性从"'自我保存'这一根本性的自然权利"中推演出来的。这一德

---

① ［译按］中译可参霍布斯,《利维坦》,黎思复、黎廷弼译,北京:商务印书馆,1985年,页 122。

② ［译按］中译可参洛克,《人类理解论》,关文运译,北京:商务印书馆,1959 年,页540。

③ ［译按］中译可参孟德斯鸠,《论法的精神》(上),张雁深译,前揭,页 2。

性,其道德地位,照这样来理解的话,就不再有赖于"它完满地实现了灵魂之健康"这样的古典共和式的或圣经式的主张了:诸如"德性完满地实现了灵魂之健康"这样的一种后果,并不是被否定掉了,而仅仅是被斥为,与"'恪守允诺'这一德性"中关于政治生活的那一面相并无干系,而被弃置不顾了。当然,还必须马上加上说:"'"恪守允诺"这一德性',因而,构成的仅仅是'一个有条件的律令',而不是'一个定言律令'或'一个绝对律令':'"恪守自己的允诺"这一义务'是有的,但这一义务,仅仅在自己能经得起推敲地确定或被确保说'他者也将跟自己做得一样'时,才是有的;谁也没有义务去恪守一个其后果将把自己置于明显的危险之中的允诺。""自然/本性之神或理性之神"(the God of nature or of reason)(这位神,其道德上的讯息,能够被孤绝的、无所依傍的理性所领会),是不会这样要求、也无法这样要求的。用洛克的话说,"自然/本性"(nature)

> 是有一种"自然/本性之法"(a Law of Nature)来调整它的,该法约束着每一位:理性(Reason)——它就是该法——教导全人类(Mankind)(而全人类惟有参询它)说:……全人类每一位都是那个全能全知且无限智慧的**造物者**的手艺活;……每一位都必得保存他自己,不得任意捐弃他自己的身位;所以,基于同样的理性/理由(reason),每一位,当他自己的保存,并未遇到竞争时,他也应当尽其所能地保存其余的人类(Mankind),并且不可——除非是在行正义于某一作奸者时——夺走或损害另一位的生命或任何有助另一位的生命、自由、健康、肢体或物品之保存的东西。
>
> (《政府二论》2.6)①

---

① [译按]中译可参洛克,《政府论》(下篇),叶启芳、瞿菊农译,北京:商务印书馆,1964年,页4。

使"自由传统"因之分野的那种教育上的争议

政府,最好地被理解为,是合乎理性地被构建起来的一个这样的"造作术/人为术"(artifice):经由这个"造作术/人为术",诸个体,相互缔结合同而创造出了一种集体性的警察权力,这一种通过个体间的合同而被创造出来的集体性的警察权力,将限制每一位的此追求,即,每一位对自己的诸激情所针对之诸对象的追求,以便使每一位的该追求之于全体而言更为安全。但是,这样的警察权力,在实践中,要如何来组织和运作呢?公民们的诸激情,在实践中,要如何被文教系统筛滤过,以便在这样的自我利益上——被理性所引导的、新的且被启蒙敞亮出来的自我利益(enlightened self-interest)①——训练有素呢?这一文教系统,即便是在其最为有效的状态下,是否就足以创造出的这样的公民,即,具备足够的公共精神以使得法(lawful)性而无拘的社会得以良好运转的公民?正是围绕针对这些究问的种种回答而展开的规模空前的论辩与争执,激活了也划分了现代自由派政治哲学之历史。

①　[译按]被启蒙敞亮出来的自我利益(enlightened self-interest),这个术语来源于托克维尔的经典用语 intérét bien entendu(尤见,《美利坚的民主》(下卷)第二部分第八章、第九章)。这个术语并非托克维尔的发明,而是托克维尔所发现的美利坚人的一个典型的独特性,就如托克维尔说,它"不是什么新的东西",但是只有美利坚人才普遍承认了这个东西,并渗透到了美利坚的方方面面。19 世纪中期以来对该法语的英译有很多种,先期比较常用也广为接受的是:"interest properly understood"[被恰当地理解的利益],"self interest well/properly understood"[被很好地/恰当地理解的自我利益],"enlightened self-interest"[被启蒙敞亮出来的自我利益](这也是潘戈行文中常用的),较新的托克维尔英译本(比如,2010 年的 James T. Schleifer 批判本)则推敲出并采用了不额外添加含义的更为精准的译法,比如,"interest well understood"或"well understood interest"[被很好地理解到了的利益]。董果良先生的中译本译为"正确理解的利益",参托克维尔,《论美国的民主》(下卷),董果良译,北京:商务印书馆,2004 年,页 651—656。

霍布斯或许比后来的任何一位思索者都更为强调[139]需要这样的一种教育——一种智识上的或曰科学式的教育,而非道德上的和习惯上的教育。关于"属人本性/自然"的那些真的——即便多少有些可怕的——诸原则,公民群体必须在这些原则上被启蒙。公民们必须被引导得理解到:一、诸激情之力量(strength),以及诸激情之自私的、竞争性的特点;二、由理性所给予的那种附属性的但是决定性的引导;三、作为对人(man)之自然境况里的疾病的一种治愈的法与政治之造作性/人为性(artificiality),但也是与此造作性/人为性出于同样因由的[该法与政治之]必然性/必要性。这样的教导——均写进了霍布斯自己的哲学专论里——首先是要在各个大学中传播给教士阶层和上流人士;再从大学里,经由讲坛、学校、公共演说、公务官员,流布至人民/族群(people)的绝大部分那里。由此,人民/族群(people)将会明白,由法与政府施加在他们的诸激情上的那些繁重的诸负担与诸节制,所由何来;人民/族群(people)将会理解,何以政府必得是"威权式的"(authoritarian)(就最好的情形而言,必得是"中央集权式君主体"),以便猛烈地围限住属人的自私与竞争之中那种自然推向,那种奔着"公民战争/内战"而去的自然推向。换言之,人民/族群(people)将学习到他们的天生的或自然的"平等"此"平等"所必需的,恰恰是这一剧烈的"不平等"(而且,此平等必需此一不平等,此必需,也是为了他们自身保护之故才必需的),即,此政治权力(power)——被他们的那一被推定的同意所人为地/造作地创立出的那一"政治权力"——之剧烈的"不平等"。

　　鉴于大学是民事上的与道德上的学说之泉源,布道者、上流人士正是从该处汲取了他们所找得到的水,并将之(从讲坛上、从他们交谈中)播洒到人民/族群(people)那里,所以，肯定就该特别小心地保持其纯净，防止其被异教政客们的流毒和带有欺骗性精神的符咒所污染。以这种方式，大多数人（men），因为知道了他们自己的诸义务，便不那么会意在对抗国家而效劳于一小撮心怀不满的人（persons）的雄心/野心了；他们也不那么会为被他们的和平与防御所必需的输捐而斤斤计较或抱怨个没完；统治者们自己，也就不那么有原由来花费公共开支以维持任何一支超过了保证公共自由、使之不受外敌入侵与凌犯这一必要限度的庞大军队了。

（《利维坦》，"综述与结论"）①

这一新的、科学式与哲学式的含义上的大众启蒙或大众教育，这种从大学里流布出来的大众启蒙或大众教育，一直都是自由派思想的一个主调。但是，这一主调，被霍布斯的后继者们，基于对以下两点的坚持而大幅地补充和重塑了，他们在对之予以补充和重塑时所依据的两点坚持是：（1）对这一需要的坚持：需要更好的屏障以抵御政府的压迫，（2）对这一更大的让步的坚持：对无所不在的属人骄傲或属人雄心/野心的更大让步。这两点考虑——霍布斯的后继者们论辩道——指示出一种这样的政治权力之分配，这种分配，与霍布斯所提议的那种政治权力之分配相比，不那么有限制性。后来的自由派思索者们论辩道，政治权力之分有者在数量上的大幅增加是能够被一种更为精细的划分与疏导——为了建设性地制衡"自然的、属人的竞争性"而针对政治权力和经济追求所作的一种更为精细的划分与疏导——搞成是"行得通的"或"安全的"。[140]洛克和孟德斯鸠，提议了一系列著名的制度方案：代表制政府、联邦制、权力分立、诸政府机构（民众式政府机构、世

———————————

① ［译按］中译可参霍布斯，《利维坦》，黎思复、黎廷弼译，前揭，页577。

袭贵族式政府机构、君主式政府机构)之"混合体"或规范化的对抗制,经由这些制度方案,对权力的追求甚至对权力的那种并不完美地被启蒙出来的、自私的追求,也能导出建设性的竞争。洛克和孟德斯鸠,进而论辩道,那种"竞争性的""商业性的"或曰"无拘的企业经营式的"(free enterprise)经济体系,该种经济体系,一旦被解放出来并受到保护,能让哪怕最为血气旺盛、精神充沛的人(men),都戒绝要在军事上耀武扬威的极度渴望与自负,转而去为集体性的福利、安全与舒适创造广袤的新来源:

> 　　商业,治愈着种种解构性的偏见;这几乎是一条一般性规则:哪里有柔和的仪范(manner)与道德,哪里便有商业;哪里有商业,哪里便有柔和的仪范与道德。……商业之自然效果,就是要导向和平。①
>
> 　　　　　　　　　　　(孟德斯鸠,《论法的精神》20.1-2)

　　投入并献身于商业成长,打一开始,就是现代创新里的一部分。马基雅维利和霍布斯,都曾强调,主权者(sovereign)之对逐利的培育和助长、对贸易与工业的保护,对于一个强悍而安全的社会之打造,有多重要。"金钱,乃'共益体'(commonwealth)的血液",就是霍布斯吹响的号角②(《利维坦》,第24章)。不过,给经济成长牢固地夯筑其道德性根基的,则是后续的思索者们——尤其是洛克了。

　　对18世纪文献的哪怕是最浮光掠影的了解,也一定会让读者对"财产权"在这些倡导者心智之中所占据的"首要性"印象深刻:这些倡导者指倡导"一种'诸权利本位的'政治"的那些人,扩言

---

① 　[译按]中译可参孟德斯鸠,《论法的精神》(下册),张雁深译,前揭,页2-3。
② 　[译按]中译可参霍布斯,《利维坦》,黎思复、黎廷弼译,前揭,页191-196。

之,一定会让读者对"财产权"(right to property)在凡倡导"一种
'诸权利本位的'政治"的那些倡导者的心智之中所占据的首要性
印象深刻。这一首要性,其原则性基础是什么?传统上,对这二
者,一者为"财产权"、一者为此痴迷——对有形财物之所有[权]
(ownership)以及(尤其是)积累的痴迷,对这二者的态度,都是带
着极大的保留的。古典派,确实是承认"财产诸权利"(property
rights)——尤其是"土地上之财产诸权利"——之作为阻却僭政的
一个关键性的挡碍的重要性的。[①] 但是,分别从圣经式与古典式
的共和视角来看,赚钱,怎么都是这样的一种诱惑——诱使某位将
灵魂丢失在一切精神上贫乏的、为竞争而不择手段的、愚顽的、粗
鄙的、庸俗的、小家子气/不自由的(illiberal)东西或事务之中。与
金钱或财物占有相关的诸德性,均为关乎"给予"而非"索取"的德
性:慷慨疏财、慈善,而非工作、节俭、生意上的精明。工作、节俭、
生意上的精明,都被视为是"不幸的必需品/必要/必然"(necessa-
ries),而并非"属人精神之高贵挥洒或无拘挥洒"。托马斯·阿奎
纳,引述亚里士多德《政治学》卷一这一权威,宣称:贸易,若着眼于
利润而进行,[141]而非仅仅着眼于为家庭或城邦提供生活之必需
品/必要/必然(necessaries),那它:

　　　　就是应予指责的,因为,就它本身而言,它所满足的是对
　　收益(gain)的贪婪,而这种对收益的贪婪,是不知道围限的,
　　且往往是倾向于无穷无尽的。因此,贸易,就它本身而言,有
　　着某种鄙劣性与之相随。……不过,收益,作为贸易之目的,
　　虽然就其自然/本性而言并不隐含任何"有德性的"或"必需
　　的/必要的/必然的"东西,但其自身也并未含有什么"有罪

---

① 参,列奥·施特劳斯《论僭政》的相关讨论和引证,*On Tyranny* (Glencoe, Ill.: Free Press, 1963),71–72。

的"或"与德性相抵触的"东西;因而,并无什么阻止收益被引向某种"必然的/必要的"甚至"有德性的"目的,并由此贸易就成了合法、有道的了。

（《神学大全》2-2.77.4;多明我教父英译本）

按相同的脉络看,"私人所有权"(private ownership）,是依照先在的且始终都更为显要的"公共的或曰共同的所有权"而被理解的。"财产持有权"(proprietorship）,是依照"管家权"(stewardship）而被理解的,"管家权"即,对凡(终究)属于共同体或神的东西的一种保管、看护、照料和打理。

> 涉及外物,有两个是人(man)能够胜任的。一个是取得并分配身外物的权力,就这一点而言,人(man)之占有财产,是合法的。而且,这对属人生活也是必需的/必要的/必然的。第二个是对外物的使用。在这一点上,人(man)应当把外物作为共同之物而不是作为他自己之物来占有,这样的话,他才乐于把外物流转给有需要的他者。因而,使徒说"嘱咐那些今世富足的人……甘心给予、乐于分享"等(《提摩太前书》6:17,18)。

（同上,2-2.66.2）

> 因而,所拥有之财物,但凡过剩,依自然法,均当用以济贫。

（同上,2-2.66.7）

凡是或许会被我们——多少有点时空错乱地——称为是"资本主义"(指对金钱的这样的一种使用,即,着眼于更多金钱的生出而把金钱作为一种"投资"来使用)的,均被柏拉图、亚里士多德和托马斯·阿奎纳严苛地下了判断；他们对之的苛评，最为严厉的，针对的是，会被我们称为"银行业"的或者被他们称为"高利贷"的那部分，即，金钱的付息借贷。还是引用托马斯的话："由金钱出借而取得的利益/利息，本身就是不正义的。"（同上，2-2.78.1）

　　新共和的现代倡导者们发现，在自己的前辈们那里，没有比这一"对收益的诚实的爱"所持的态度更让自己吐槽的了。新共和的现代倡导者们认可，慷慨疏财，是一件高贵的事；但是，他们也观察到，慷慨疏财，在绝大多数人（men）的生活里，也是一桩稀有的奢侈。然而，人人（men）都必定寻求人身的（personal）舒适、安全与幸福，既为自己寻求，也为自己的家庭寻求。人们（men）当然在"什么构成了幸福"上尖锐地不同；但是，在对这一点——"对幸福的追求必需权力（power）或一定得凭借比如金钱"——的承认上，人们（men）几乎普遍地认同；而人们（men）可以在社会中寻求得到的、最为牢靠、最为有用、最为平和且最为互惠互益的权力，无非那种由在无拘市场之中的参与[142]而产出的"经济上的权力"了。而且，真的自由或独立，必需某一种经济上的基础；因而，只有公民群体相当庞大的部分中的每一位，各自都拥有自己的土地，或者，各个都可以进入有收益的工作或营生，都可以进行物质财富的积累与增殖，且其物质财富的积累与增殖在稳固度与价值量上均可与地产相匹敌，普通公民的一种经验上的——而非仅仅是抽象的——独立与尊严，才会风行于世。要保护自由与尊严，连同对幸福的追求，那么，保护并促进这一经得起推敲的——因而也是自然的——"对收益的爱"，就因而是必然的/必要的了。释放并保护这样的一种自然的爱，由对这种爱的释放和保护中，必定会推引得出的是，以下这样的障碍的随之摧毁：那些历史性的且仅仅为约俗性的障碍——这些障碍让绝大多数人（men）拿不到工具、无拘、资本与机会以产出并获取财富。没有从"自然诸权利"——"自然诸权利"是被平等地且普遍地分配的——中推演出的任何理由,证成得了,基于除了企业经营、遗产继承之外的任何别的基础,将财产限制于任何群体之内。①

　　提到"遗产继承",便不免让我们注意到这一事实:洛克和孟德斯鸠,他俩关于"对财产的自然权利"的教导,不仅仅是把属人存在者们设想为诸个体,而且是设想为这样的诸个体的:由家庭联合起来的诸个体,尤其是身为或现实或潜在的父母的、自然而然地就在奋力改善自己后代们的运数的诸个体。对"遗产继承之诸权利"(rights of inheritance)的保护,就如对"家庭隐私"的保护一样,是关于自然诸权利的初始学说中一个根本性的面相。从"自由的自然诸权利"莫名其妙地撤离,如此撤离,已然让马克思主义影响下的联合国以及新近在比如像加拿大这样的一些主要的自由民主体内所设置的某些宪法,备受困扰,而如此撤离,其最为引人注目的迹象之一就是:可耻地稀释了本属于诸个体与诸家庭的财产诸权利和遗产继承之诸权利。举几个显著的例子,无论是《经济性的、社会性的与文化性的诸权利之联合国国际公约》,还是《经济诸权利与国家诸义务之宪章》,均既未列出个体属人存在者对任何财产的任何权利,也未列出国家保护该权利的任何义务。《儿童权利之联合国宣言》并未承认儿童有权利拥有或继承其父母的任何财产——连拥有或继承家庭或家人的细软物品或服装衣物的权利也没有。比之于如此阴冷严酷的沉默以及各个共产主义国族(其各自的宪法,均对财产诸权利与遗产继承之诸权利沉默不语)之内官僚科层制的不堪历史,洛克,在为属于妻子与孩子的财产诸

---

① ［译按］这句话,换一种译法,传达的含义也许更清晰一些:从"自然诸权利"——"自然诸权利"是被平等地且普遍地分配的——中推演不出任何理由,来证成这一点,即,以除了企业经营、遗产继承之外的任何别的依据为基础,把财产限定在任何群体之内。

权利作论辩时,他那强势但令人心悦诚服的逻辑,就更弥足珍贵了。[①]

　　[143]不过,"继承法",也会相当严重地限缩天资之间的无拘的竞争,以至于抑制多数者的机会;那么,就必得有一种审慎的平衡,嵌插于父母们的正当关切与共同体的同等正当的这一关切——共同体对全体中的每一位的机会与权限(接获使得物质条件借之得以改善的种种手段的机会与权限)的关切——之间:洛克抨击了"长子继承法",孟德斯鸠推荐的法是遗产继承在婚生子女之间平等划分的法。更为一般地来看,"财产权利",从未被关于自然诸权利的学说的首创者们理解为一种这样的权利,一种超越了此规制——政府以人民/族群(people)中绝大多数之名所施加的甚至是很广泛的规制——的权利,用洛克的话说,人们(men)"与他者结成了社会,为的是确保并规制财产"(《政府二论》2. 120)。[②]洛克称道这样的君主:"如此智慧且如此近似于神,以至于会凭借既定的自由之法(laws of liberty)来保护并鼓励人类(Mankind)的诚实劳作和勤奋付出,以确保该劳作与付出不受党派权力与偏狭的君主的压迫。"(同上,2. 42)但是,也正如这一评论所阐明的那样,那个原则,那个应当把政府规制给激活的原则,本身就是取自于"自然诸权利"的;有平等的无拘或权利去竞争、去充分地开发每一位在逐利或牟取上的天

---

① 参,尤其是,《政府二论》1. 86-98,2. 77-83。忠实于对个体性的财产诸权利的保护,这一忠实正在瓦解,如果对比一下《属人诸权利之联合国宣言》(1948)第17条与后来的《公民性的与政治性的诸权利之联合国国际公约》第17条,这一忠实之瓦解,便显而易见了。这一忠实之瓦解还会更加显而易见的,如果再拿这两个文件与《人(Man)的与公民的诸权利之1787年宣言》第17条对比一下的话:"财产,作为一项不可违忤的且神圣不可侵的权利,无谁可被剥夺之,除非经依法确立的公共必要性(necessity)对之有明显需求时、且有某种正义的且事先的补偿为条件。"更进一步的讨论,参 Orwin and Pangle 1984, 1-22。

② [译按]中译可参洛克,《政府论》(下篇),叶启芳、瞿菊农译,前揭,页74。

资中的潜能,对于正当政府之经济上的规制而言,就是该规制的
目标。

　　由此导致的大面积的不平等,洛克论辩道,则被这一经验性事
实证成了,这一经验性事实即,在一个将"逐利"释放了出来的社
会里,即便其中最底层的群体,也上升到了物质福利得以大幅提升
的境况,其所处之境况里的物质福利远远大于风行于这些社
会——对由"无拘的企业经营"所带来的福祉,不是遏制封堵、就
是一无所知的那些社会——的王与统治们之中的物质福利:美利
坚印第安人,并不承认,因金钱之发明而使其成为可能的那种"逐
利性的或牟取性的财产权利",在这样的美利坚印第安人之中,洛
克说道,"一个王,纵使坐拥大片大片丰饶的领土,他的衣、食、住,
也远远比不上英格兰一个打零杂的计日工"。① (同上,2.41)这当
然必需政府的这样的一种介入,即,需要政府介入,以协助那些不
论基于什么原因而被不幸所捆绑者,并且,是这样的一些被不幸所
捆绑者,他们被不幸捆绑得已无力再去取得一个这样的起点或抵
达一个这样的门槛:由该起点或该门槛而进到无拘市场里来参与
或展开竞争,"'共同的慈善'教导的是,最无力照料自己的,应当
被'法'予以最大的照料"②,然而,"共同的慈善"是被"自然诸权
利"之"诸原则"所规制的;洛克所建议的"济贫法改革",意在推行
极端严厉的刺激(甚至不惜用肉体惩罚),以这样的刺激来让可以
劳作的贫穷者们逼迫自己及早——甚至是在(抑或说,尤其是在)
极为年幼时(三岁就开始了!)——甩开对公共救济的依赖,及早
去接受由政府所提供的[144]旨在使受训者能够胜任艰苦但有收

---

① 　[译按]中译可参洛克,《政府论》(下篇),叶启芳、瞿菊农译,前揭,页26-27。
② 　约翰·洛克,"Some Considerations of the Consequences of the Lowering of Interest, and
　　raising of the Value of Money," in *Several Papers relating to Money, Interest, and
　　Trade, etc.* (London: Churchill, 1696),13。[译按]中译可参洛克,《论降低利息和
　　提高货币价值的后果》,徐式谷译,北京:商务印书馆,1982 年,页 8。

益的(也正是因为有收益所以这样的工作也潜在地是具有独立性的)工作的专项培训。孟德斯鸠的看法,则文质(humane)得多,这很鲜明,不过也是避免感情用事的:

> 一个人(man)之所以贫穷,不是因为他一无所有,而是因为他不劳作。……商业国度中的多数人(persons),都是除了自己的技艺(art)之外便一无所有的,那么在这样的商业国度里,国家往往有义务为老者、病患、孤儿供给他们之所必需。一个治理良好的国家,它所提供的这样的生存辅助,也正是从各种技艺(arts)本身中来的:它把病患和老者各自有能力胜任的劳作交给病患们和老者们来做;它教会孩子们如何劳作,而教孩子们如何劳作,这本身就已经是一种劳作了。仅仅给街头衣不遮体的流浪汉们一点点接济,这绝非就是履行了国家的义务,国家得让其全部的公民均有稳定的生计、有食物、有足够的衣物、有一种于健康无损的生活方式。……一个国家,它的富裕,以辛劳勤奋为前提。商业的诸分支是如此之繁多,总会有这位或那位在其中遭遇挫折和苦楚,这是不可能避免的,或者说,由于商业分支如此繁多,总会有暂时陷入困窘的劳动者,这是不可能避免的。
>
> (《论法的精神》23.29)[①]

不过,这段话,恰恰也点明了一个事实:文质(humane)而无拘的企业经营,绝对消除不了——在某些关键的方面其实还拉大了——公民群体之间在政治上与经济上的不平等以及随之而来的不稳定。有鉴于位于关于"诸权利"的"现代自由派政治教导"之根基上的那种原则性的、普遍性的平等及自由,那么,将由什么

---

① 　[译按]中译可参孟德斯鸠,《论法的精神》(下册),张雁深译,前揭,页146-147。

来确保众人(mass of men)，面对"高度不平等的分配"（而"高度不平等的分配"，正是由这一保护所导致的：对那些体现在"自然诸权利"之中的"平等的诸自由"所予以的保护而导致的）并不至渐渐地变得越发不耐烦、越发躁动难平呢？这一究问，还会被加剧的，如果我们一直都还盯着——就像洛克所尤其坚称的那样，他坚称我们应当一直都盯着——此诸激情之权力，即，依自然/本性而激活了、激发了所有人(men)的那种种自私的、压倒性的且专横跋扈的诸激情，该诸激情的权力，如果我们一直都还盯着的话，那么，以上这一究问，还将被加剧。"人们(men)的那种自然的虚荣与雄心/野心"，洛克断定，"伴随着任何权力之占有，便太容易疯长和膨胀了"。① (《政府二论》1.10)

> 我以前告诉过你，孩子们都爱*自由*；……现在我告诉你，他们爱的还有别的；那就是**主导性**(dominion)：所有种种最具劣性也是常见而自然的习惯，皆由此出。……他们对"主导性"的爱，展现在他们想要把诸东西据为己有的欲望中；他们也要有"财产"，也要有"占有"，他们为似乎被"财产"和"占有"所给予的那种权力而感到快乐。……我们各个，打从摇篮起，就是个虚荣而骄傲的造物。
>
> (《关于教育的思索》第 103、105、119 节)②

这一究问，会变得更为尖锐，当我们此外还承认了——也还是像洛克所强调的那样，他强调我们应当承认此威胁时——此威胁即，由"属人的想象力"协同它的这一倾向（即它之倾向于通过宗教式的、英雄式的和厄洛斯式/情欲式的种种幻想、希望与畏惧，来

---

① ［译按］中译可参洛克，《政府论》(上篇)，叶启芳、瞿菊农译，前揭，页 8。
② ［译按］中译可参洛克，《教育漫话》，傅任敢译，北京：教育科学出版社，1999 年，页 81、82、103。

鼓胀和扭曲那些初始的、纯然的诸激情）一起所引发的那一威胁。

　　想象力，总是躁动不息，总要鼓动出五花八门的思想来，而意志呢，一旦理性被抛到一边了，就随时要为各种各样荒谬无度的擘划蠢蠢欲动；在这种状态下，谁最披荆斩棘不怕麻烦，谁就被认为是最适合来做领导的，而且其追随者也最多：[145]行事方式一旦确立下来，不管它是以怎样的愚蠢或耍了怎样的伎俩而开始的，习俗便使之神圣不可侵，此后，若再忤逆之或究问之，就都会被认为是不审慎的或疯狂的了。谁若公允无偏地考察世界诸国族，那么，他就将发现，诸国族之政府、宗教、仪范，有如此之多都是以这种手段形成并延续的，以至于他对人们（men）当中通行的并被引以为荣的那些做法，也就几乎不会有什么尊崇了。

　　　　　　　　　　　　　　　　　　（《政府二论》1.58）①

　　属人存在者——作为诸个体的属人存在者也罢，作为大众的属人存在者也罢——是能够在严峻威胁或紧急时刻的压迫下，重获感觉、恢复清醒的；但是，尤其是在一个繁荣的、商业性的自由社会里，随着岁月在按部就班与单调重复中推移，又将由什么来让属人存在者——作为诸个体的属人存在者也罢，作为大众的属人存在者也罢——始终都保持着感觉而不失清醒呢？这样的一个社会，我们还必须补充上这一点，往往倾向于积聚起股股越发庞大的、行政上、经济上、技术上与军事上的权力之源流，此越发庞大的权力之源流，其非理性的且解构性的潜能，也在随着岁月的推移而持续地增长。大众道德教育，此一疑难，依然紧迫，尽管经济在进步；甚至恰恰因为经济在进步，大众道德教育，此一疑难，才依然

———————————
① ［译按］中译可参洛克，《政府论》（上篇），叶启芳、瞿菊农译，前揭，页48。

紧迫。

此一疑难,在洛克那里尤为抢眼。洛克式自由主义,靠的不仅是对"这种尊重"的执守,其所执守的那种尊重,即,对被不平等地分配了的财产之诸权利的尊重,连同对无尽的艰苦劳动、家庭责任的负担的尊重;除此,洛克的这一学说,即,他的关于"民众起而革命的权利"的学说,也使他在"'诸权利本位的'政治'传统"之肇建者们之间,站在了恰与霍布斯相对立的那端。这一洛克式原则——被美利坚肇建者们如此高度地颂扬过——在绝大多数者之手里放置了这一权利与义务,即,去掀起暴力而危险的反叛以废黜一个明显是在以长期奴役并盘剥其民众为鹄的的政府的这一权利与义务。但是,将由什么来使得人民/族群(people)——或该人民/族群(people)中的诸个体——倾向于那种英雄主义,那种从该权利之行使中必定推引得出的英雄主义呢? 又将由什么来阻止人民/族群(people)在阵发的大众歇斯底里当中或者在由那些叫嚣着"用重税把富人统统抽干"的蛊惑家们所培植起来的诸幻象面前滥用该权利呢? 将由关于自然诸权利的洛克式学说里的什么——如果有的话——来倾向于培育得出如马丁·路德·金那样的领袖呢,那样带着自己对"共同体的内感/良知"(conscience)——而非对"共同体的诸激情"——的慎之又慎且业经考量过的诉诸的领袖呢?①

在洛克作品中,有两个回答是醒目而鲜明的。第一个回答即,一种新的民众宗教:一种被重新解释并变了形的基督教,一种仅仅是为了给这一服从——对由洛克的"自由派政治哲学"所指示出的那种"理性之或自然之诸法"(laws of reason or nature)的服

① [译按]此为直译,稍微简洁一些的译法理解起来或许会轻松些:关于自然诸权利的洛克式学说,其中的什么——如果有的话——会培育得出如马丁·路德·金那样的领袖呢,那样的慎之又慎且业经考量过地诉诸"共同体的内感/良知"——而非"共同体的诸激情"——的领袖呢?

从——提供"来世制裁"而被重新解释并变了形的基督教。为了创造出这样一种极端自由化的基督教,洛克倾注了大量的笔墨,他的出版作品中相当大且极具影响的一部分,都投入到了这一创造中。不过,首先,[146]在洛克专门的神学作品与洛克就"属人知识"所作的、在《人类理解论》得以详尽阐发的那些论辩之间,有着无法逾越的诸张力或诸矛盾。多半是如此吧,结果,洛克,在18世纪里,就是"宗教怀疑主义"的一个主要渊源了,不只是在欧罗巴——一如斯图尔特(Dugald Stewart)在他的苏格兰启蒙运动之大历史(1854,240-242)中所强调的那样,在美利坚也是。"没什么可究问的是,"詹姆斯·威尔逊在1790年所作的论"法"的系列讲座第二讲开篇不久宣称:"洛克先生的书写作品,促发了进步,并给怀疑主义之诸效应赋予了力量(strength)。"但是,更成问题的在于这一不可避免的观察:甚至(更精准地应该说,恰恰)在洛克的神学之内,就新近的那种"经得起推敲"的虔敬所作的劝导,该劝导之极其寡淡乏味庸常无趣的或者说极其金钱至上唯利是图的,并且几乎赤裸裸的功利性的本性/自然,这一本性/自然,就使得该劝导是否有能力把地道的宗教式热情注入对洛克式理性之诸命令的支持与贯彻中,成了相当可究问的了。洛克的《基督教的合理性》(*The Reasonableness of Christianity*)以如下这一段令人惊异的颂神辞(doxology)收尾(para. 245):

> 可以看到,这个世界上,无论在哪个岁月里,正直之士(the righteous),总是少之又少的:"德性"与"殷实"并不总是相互伴随的,因而,"德性"绝难有太多追随者:某一个国家,若其中,与"德性"相随的种种不便,是如此显而易见,如此近在咫尺,而与她相随的回报却如此明灭不定,如此远在天边,那她在那儿一点儿也不畅行,就没什么可惊奇的了。……哲人们,确实展示了"德性"之美:他们把她捧出来,吸引人们

（men）注视她、赞颂她；但她两手空空，什么也没有，很少有谁愿意迎娶她。一般谁也不会拒绝把自己的敬仰与褒赞给予她，但他们还是背过身去、弃她不顾，并不当她是与自己相般配的那位。但是，现在，天平上的她这边，被放上了"不死的绝顶荣光的砝码"，利益就转向她这边了："德性"，现在成了看得见的最能致富的买卖，也是最划算的交易。……关于天堂与地狱的看法，将给当下状态中短暂的快乐与痛苦投下蔑视的一瞥，并将把吸引力与激发力给予"德性"——理性和利益以及我们对我们自己的关照都不得不允许的，也不得不偏好的那"德性"。在这一根基上，也只有在这一根基上，"道德性"才站得稳固，才扛得住一切竞争。①

正如洛克在他这部就"经得起推敲的"基督教所作的专论之结尾处评说的那样，"这是一种适合于平庸之辈的宗教"。②

第二个也是更强势且更令人心悦诚服的洛克式回答即，对道德教育的一个新强调，这一新强调在《教育漫话》中已经被勾勒出来了。洛克的关于品性之养成的新体系，该体系以之为目标的那种人格（personality），比起在古典共和之中被设想的以之为鹄的的那种人格来，远没后者那么严苛、那么自我超越或者那么充盈着公共精神。而且，洛克把道德教育视为一件私事。他在他的政治专论中，除了注意到道德教育之重要性[147]并说道德教育是一件由父母来管的事，此外几乎只字不涉及教育。政府，当其提供基本的、技术方面的公共教育时，它是在自己的诸权利之内的，但是，当政府企图并尝试承担起其公民的品性之养成这一直接责任时，它便僭越了由个体的这些基本诸权利——个体对自由的

---

① ［译按］中译可参洛克，《基督教的合理性》，王爱菊译，武汉：武汉大学出版社，2006年，页142-144。

② ［译按］中译可参洛克，《基督教的合理性》，王爱菊译，前揭，页151。

权利以及个体对追求幸福的权利——所组成的那个神圣不可侵的私人领域。此外，洛克还主张，父母——以及由他们亲自挑选并雇用的家庭教师——才是他们自己的孩子们精神成长的最为恰当的导师。不过，这都意味着，洛克的教育，是囿限于一个极小的少数者群体里的，因为，要在家里全面展开一种精细考究的教育，闲暇与家庭教师都是必不可少的，而只有少数者的父母才有那个财力来负担这样的闲暇和家庭教师。

　　没什么可惊讶，就新的自由制度若要运转得好所必需的那种民众教育而言，洛克最伟大的两位自由派后继者，孟德斯鸠和休谟，都把目光转向了该教育的种种排他性较少而广泛性更大的诸来源。孟德斯鸠和休谟，都对塑造了以下这个东西的那种种"次政治性的诸强力"（subpolitical forces）（如风物、气候、历史）的重要性有一个新的强调。由这种种"次政治性的诸强力"所塑造的那个东西，被孟德斯鸠称为"某一国族的一般性精神"，所谓"某一国族的一般性精神"也就是这样的一国族品性，即，将社会各个层面中的属人存在者们熔铸成了各自植根于共享的传统、习惯、习俗、意见、信仰的诸集体的那一国族品性。不过，各个"国族品性"——这是共享的文化环境与自然环境之中的世世代代的成果——既可以很友好地吸纳和同化新的自由派诸原则及为这些原则所必需的行为诸方式，也可以很敌视这样的吸纳和同化。换言之，孟德斯鸠和休谟，都把这样的一个究问明明白白地摆出来了："被启蒙敞亮开来的自我利益"之成功运作，在多大程度上，是必需那些偶然地预先实存着的习惯，也必需这样的诸内在来源（即，规训、信任、荣耀、同仁之谊或社会连带之诸内在来源，如此之诸内在来源，它们本身并不必然是——抑或，其至通常都不是——"被启蒙敞亮开来的自我利益"之产物，事实上，它们本身倒经常都直接对立于"被启蒙敞亮开来的自我利益"）的。相应地，对于自由派政治诸体制及其诸原则在多大程度上或许会广布于整个世界并在整个世界都扎下根来,孟德斯鸠和休谟,就都没有霍布斯或洛克那般欢欣鼓舞了。并且,孟德斯鸠和休谟,都比霍布斯和洛克更加困扰于以下这二者中的脆弱,一为制度性制衡中的脆弱,一为新兴的、经济性无拘中的脆弱,而这二者的脆弱,他们看到,正作为鲜明标记,开始渐次打在了18世纪的英格兰、荷兰甚至法兰西的身上。特殊地看,就英格兰对自由与诸权利的保护而言,孟德斯鸠和休谟,都强调宗教建制、世袭贵族、世袭君主各自在英格兰混合宪法之内所扮演的关键角色。两位均表明———孟德斯鸠的表明较为含蓄、休谟的表明较为直白——对于那些[148]关于"社会合同""起而革命的权利",甚至"属人诸权利"的诸学说,他们是有相当保留的。两位哲人都担心,如此自由至极主义的(libertarian)且平等主义的诸教导,其不谨慎的传播与散布,兴许促成的,往往是瓦解了这样的种种"传统性的诸感觉"(traditional senses)——尊崇、顺从、兼爱、民事气性/彬彬有礼(civility)、责任、效忠,而这样的种种"传统性的诸感觉",是已然历经了世世代代而确立起来的,这样的种种"传统性的诸感觉"如黏合剂一般防止了被这些思索者们构想为终究还是尤为"人为化的/造作的"(artificial)那种民事社会之崩塌解体,也防止了被这些思索者们构想为终究还是尤为"人为化的/造作的"(artificial)那种民事社会之原子化。没什么可惊讶,休谟的《英格兰史》——他的政治理论之最为通俗浅白且最为文辞雄辩的呈现——让美利坚肇建者们如鲠在喉。休谟的政治教导,其精神,由以下摘自他的《文论》的这两个段落言简意赅地传达了出来:

> 我得坦白,我一直是倾向于他们这一边的:他们紧紧地维护着效忠之纽带,把在绝望至极时——也就是当公众身处极端危险之时——撕裂这一纽带,视为是躲避暴力与僭政的最不得已的出路。……除此,我们得这样认为:由于在一般情况

下,"服从"就是我们的义务,那它就应当被反复灌输;没有什么比热切地陈说——且热衷于陈说——在哪些情形下是可以抵抗的,更荒谬的了。……关于"抵抗"的诸准则,……必得坦白说,一般都贻害无穷,之于公民社会太具破坏性/解构性。

("论被动服从")①

在低估和轻视君主、把君主与人类(mankind)中最下等鄙贱的放到一个层次上时,被如此精心运用的,不过是一种愚蠢的智慧罢了。当然,一个解剖学家,从某个最伟大的君主那儿发现没什么是他从最底层的农民或最底层的打零杂的计日工那儿发现不了的;一个道德学家,从前者那儿所发现的,或许,经常比他从后者那儿所发现的要少。但是,所有这样的反思往往导向什么呢?我们,不论谁,还不是依旧抱持着重出身、重门弟、重家庭的种种偏见。……就算有哪个人(man),能够借由自己过人的智慧,彻底地、高高地超脱于这些先入的成见之上,那么,他,为了社会(社会之福利,他会觉察到,其实是与这些先入的成见紧密相连的)本身之故,也很快就会——还是由于他那同样的智慧——把自己重又拉低到这些先入的成见之中的。并非努力去让人民/族群(people)尤其在这一点上不再受欺骗,他会珍视人民/族群(people)的这一情愫,即,人民/族群(people)尊崇他们自己的君主这一情愫;视在社会之中保存一种应当而适当的从属与被从属、归摄与被归摄为必备要件。

("论新教徒的继承")②

---

① [译按]中译可参休谟,《休谟政治论文选》,张若衡译,北京:商务印书馆,1993年,页138-139。

② David Hume, *Essays: Moral, Political, and Literacy*, ed. Eugene F. Miller (Indianapolis: Liberty classics, 1985), 490-491, 504. [译按]中译可参休谟,《休谟政治论文选》,张若衡译,前揭,页148-149。

美利坚式擘划的胆大无忌

美利坚的这一企图与尝试，即，企图并尝试将"民众政府""诸权利"二者扭合起来，这一企图与尝试，其品性，是大胆无畏的且（基于与大胆无畏同样的理由而也是）成问题的，让我们对此美利坚式企图与尝试的品性印象深刻的，尤其是在孟德斯鸠和休谟的政治理论中的这些保守趋向。《美利坚合众国宪法》的制定者们（framers）的自由主义，对立于或限定了先前的自由派（或曰诸权利导向的）理论和实践，因为，立法者们的自由主义，与这样的一种连续不绝的投入与献身联姻了，这一种连续不绝的投入与献身所投入与献身的是"民众自治政府"（self-government）——该"民众自治政府"，部分上，被看成是一个手段，用以确保诸权利；[149]但是，部分上，也被看成是另一个目的、一种彰显——一种对属人尊严的实质性的、额外的彰显。尤其从休谟的观点来看，便不得不说，美利坚人，甘愿——或被迫——拿"个体诸权利之自由保护"冒相当严峻的风险，为的是要遵从被麦迪逊称为"荣耀的决断"的那个东西——"那个点化了追捧'无拘'的每一位拥趸、激发他们每一位把我们所有的政治实验都交托在'自治政府/自我治理'（self-government）这一属于人类（mankind）的能力上的荣耀的决断"，这一决断，也指示了，美利坚政府当是"严格地共和式的"。（《联邦党人文集》，第39篇）

佯谬的是，休谟所指出来的那些危险，被此一事实加重了，该事实即，关于自治政府的美利坚式见解，沿着"关于社会合同的、基本上是'民主式的'诸原则"这一方向，决定性地背离了关于均衡政府的古典共和式见解与休谟式见解：关于共和的美利坚式见解，把关于根底上的社会合同的种种"平等主义的且自由至极主义的"诸原则或曰"民众主权"之诸原则，径直引入到了政府之宪法性组织设置与行政运作之中。肇建者们当中最杰出的那些(除了约翰·亚当斯,在这关键一点上,约翰·亚当斯是个另类,他格格不入得就像来自另一个时空),在相当大的程度上,忽略了或者说抛弃了制度上的种种小心谨慎与种种限定,而制度上的种种小心谨慎与种种限定则是休谟、孟德斯鸠、布莱克斯通及其他一些18世纪自由派们的重大主题。美利坚人所坚持的那一政府,不仅仅是一个"属于"人民并"为了"人民的政府,而且,在相当大的程度上,还是一个"出于"人民的政府。① 诚然,美利坚人,寻求的是,在一个"严格民众式的"基础上,构建起这样的种种制度:这种种制度将扮演一个类似于英格兰混合宪法里的种种非民众式制度所扮演的角色。当然,肇建者们,保留了"代表制民主"(与"直接民主"相对立的"代表制民主")这一伟大原则。但是,他们让这个代表制政府,比此前任何一个代表制体制,都更为直接地对人民负责,也更为直接地受控于人民。而且,由肇建者们所启动并使之运转起来的该体制与该三观,在随后的两个世纪里,沿着一个远比肇建者们的初始规划所设想的要民众式得多的,也个体主义得多的方向,已然发展得越来越远。

　　同时,美利坚共和体,投入并献身于对个体的——甚或私人的——诸权利与诸自由的保护与培育,而其投入并献身于之的程度,将其推挤到了英格兰共和传统之最靠外围的一圈轨道上,那一英格兰共和传统是一个其中一支回溯到弥尔顿、另一支回溯到悉尼(Algernon Sidney)的双支并蒂传统。弥尔顿,在《战神山议事会演讲》与《论教育》中,文辞雄辩地表达出了这二者间——一为伊索克拉底式的古典共和,一为加尔文宗的政治神学——的一种严

---

① [译按]原文 a government not only of and for, but to a considerable extent by the people。林肯关于美利坚自治政府的说法,中译通常多用孙中山先生意译:"民之所有、民之所治、民之所享"的政府。为了与本书中译上下文语境的关键词相协调,本译文在达意和通顺基础上,尽可能直译。

苟糅合,而这一糅合,则被肇建者们大幅捐弃了。肇建者们,与悉尼的《政府论》站得更近;[150]但是,肇建者们,一边避开了悉尼的多加缓和了的马基雅维利式视景中那种甚至软化过了的军国主义与帝国主义,一边搁置了悉尼——以"德性之诸主张"之名而讲出来的——对"民众主权"的种种依旧是古典式的保留。悉尼讲到了人民在自然法下的这一义务,即,依据自然法,人民义务将他们当中德性最突出者遴选出来,使之作统治者或作代表,对于讲到人民的这一义务时的悉尼,除少许醒目的例外之外,肇建者们鲜有明显的共鸣或应和(参,悉尼,《论政府》1. 10, 123, 16)。

不过,作为共和派,美利坚人,还是——自远方,可以说是遥遥地——表达着一种对古典共和传统的深深的亲缘感。他们表达了对那种几乎不可企及的自我超克——那种由普鲁塔克笔下的英雄们展现出来,由这些英雄们生活于斯并全力捍卫的那些城邦培育出来的自我超克——的名副其实的仰慕。而且,古典共和政治教导中的某些原则,在一些重要的节骨眼儿上,被肇建者们再三重申。《联邦党人文集》关切如何在新《宪法》下,招揽有德性的人们(men)来履任公共官职。他们诉诸人民骄傲的、警醒的且公允的精神,他们把人民的这种精神视为是阻却僭政的最后堡垒。他们指望自耕农(yeomanry)的刚毅坚定与独立自足来为民众打造道德上的风骨与脊梁。但是,他们把这些古典式的或准古典式的要素整合进了一个对品性上的这些关键的卓越之灌输、培育甚或保持却几乎毫无准备的框架之中。

如果,我们把摘自柏拉图《法》的一段关键陈述与亚当斯《为美利坚合众国政府的宪法而辩护》的结论并置对观,那么,古典式共和与美利坚式共和,二者在涉及"宪法性法"与"德性"之间的关系时,相互间的比照,就会最为鲜明地被看到。柏拉图笔下的雅典异邦人是这样来描述"宪法性法或诸制度"与"统治者之道德品性"之间的关系的:

　　法之授予,确实是一桩宏大作为(deed),不过,就算一个
城邦万事俱备,可各个公务官——设置这些公务官,就是为了
让他们来照管那些构思得并表述得都很好的法的——却都不
得当,那么,不仅法也就不再是肇建得很好的,不仅处境也将
荒谬至极,而且,恰恰就是这些法,可能还给这些城邦带来最
大的损害,甚至最大的毁灭呢。

(《法》751b-c)

相与对照,亚当斯则以这样的观察作结:

　　最好的共和体,都将是有德性的,并且也曾是如此的;但
是,我们可以冒昧地臆测:诸德性,其实一直是由某种得以良
好安排的宪法所带来的效应,而不是导致该宪法的原由。并
且,或许是不可能证明这一点的:共和体,无法实存于拦路抢
匪们当中,[151]哪怕拦路抢匪们让一个匪徒来盯着另一个,
也无法实存于他们当中。无赖们自己,迟早会被斗争弄成诚
实的人(men)。①

在亚当斯的结论中,潜伏着一个究问,一个随着我们宪法体制
的衍进而日渐分外突出——尤其在近四五十年间——的究问,这
个究问就是:针对这样的一众人民/一个族群(a people)——一
众/一个(甚至是随着他们被给予了越来越多的权力与责任而)正
在各个含义上都越发地碎片化着的人民/族群,该体制,是否为他
们准备了某种道德上的与民事上的教育,又是如何准备的。
　　这一究问在肇建时期所采取的那种形式,很有示范性。《宪

---

① *The Political Writings of John Adams*, ed. George A. Peek, Jr. (Indianapolis: BobbsMerrill, 1954),162.

法》批准后没几年,肇建者们当中,很快就有一些——最为耀目的是杰斐逊、威尔逊、华盛顿,连同如拉什(Benjamin Rush)、韦伯斯特(Noah Webster)等一些不那么显眼的人物——越发感到了这样的不安:在国族或国家层面上政府缺乏对以"民事德性"为目标的教育制度与项目之设置的关切,此关切之缺乏,令他们越发不安。如何在民众间保存并培育一种可靠的、民事上的气韵与风尚,在企图并尝试解决这一疑难时,他们往往一再地回归两个来源以求引导与灵感:一个来源即古典共和体,另一个来源即基督教新教。他们是这样做的,尽管事实上他们自己往往都倾向于相当无拘地思索着并且几乎与除最低限度之外的一切宗教建制均势不两立。他们是这样做的,尽管事实上他们或他们的同仁们都铆足了劲儿把极为严厉的批评一波一波地抛向古典共和体:炮轰古典共和体没有保护个体诸权利,尤其没有保护逐利性的或牟取性的财产诸权利;炮轰古典共和体的那种反商业的且斯多葛式的或道德主义的严苛;炮轰宗教上的"迷信"——在美利坚人眼里,宗教上的迷信,污损了古典共和体的议事会及公共行动。

易言之,肇建时期的美利坚人,一边往往竭力地在模仿或召唤——哪怕是种种被稀释过了的——古典式诸德性,一边却又在放低——虽不是彻底放弃——以产出这些德性为目标的古典式诸原则与诸实践。美利坚人一边盛赞大革命①的精神:并肩作战的兄弟情谊、生命的牺牲、尚武的男子气概,一边却又在创造一个将被商业雄霸并把持的社会,明摆着要以之撤掉老派的英雄式共和。他们一边竭力灌输对宪法性法与传统的尊崇,一边却又在坚持说,法仅能从其对个体之福利的服务与效劳中才抓取得到正当性。他们一边借普鲁塔克笔下众英雄的名字作自己的笔名,一边却又在嗔怪并远远地撤离开对于普鲁塔克式共和而言具有决定性的那一

---

① ［译按］此处 the Revolution［大革命］,应特指美利坚独立革命。

贵族式维度。

将"诸权利导向的"新共和与古早的共和传统一度勾连起来的那不绝如缕的丝丝索线，已然磨蚀耗散、几近断脱。[152]那不绝如缕的丝丝索线，曾给美利坚共和体的发条上，加挂了制动，而随着发条的力道渐强，索线的制动则越发屡弱。若干世代以来，我们都在见证着并经历着这一如今仍在持续着的进程：在这一进程中，美利坚共和体，在它的"先进的"精英们的领导下，已然在使它的这两重本性/自然——一为"自由式的"或"自由至极主义的"本性/自然，一为"民主式的"或"平等主义的"本性/自然——越发极端化，越发无所限定。这一进程给我们的公共生活和我们的私人生活所带来的种种变化，棘手而麻烦。究问所针对的，倒并不在于这个体制或这个共和体的生死存亡——至少在可见的未来并不在于此；亟然待决的在于：精神的疲弱蹙缩、心灵的枯萎衰靡、实存的平庸乏味，凡此种种，似乎无不步步进逼地潜伏在我们的周遭，只要开眼四顾，俯仰皆是。

美利坚人似乎越来越在坐实着托克维尔就民主体的那种危险的、"个体主义"癖性所发出的警告。据托克维尔的分析，我们在合众国里所发现的如此这般的一种民主社会，展现出了一种属人疏离的新类型，这种新类型的属人疏离，必得在与"自私"或"自我主义"（egoism）相对照之下才可理解：

> "自我主义"是一种对自己的爱，这种爱是富于激情的且夸张的，它引导每一个人（a man）围绕着自己来想所有的事、让每一个人重自己胜于一切。

> "个体主义"则是一种经过了仔细考量的、冷静的感受，这种感受，往往令每一位公民倾向于将自己与自己的同胞大众相疏离，并撤退到他自己的家人与朋友的圈子里；那么，结果便是，随着这样的一个小社会被创造出来为他所用，他便欣

然抛弃了更大的社会以便看顾自己的这个小社会。

　　"自我主义",是从一种盲目的本能中迸发而出的;"个体主义",则是从一种错误的判断中——而非一种被剥夺的感受中——衍生而来的。……

　　"自我主义",是一种古老的恶,古老的与世界一样,有世界就有它。它几乎并非任何一个社会形式的专属,有社会就有它,无论是什么形式的社会。

　　"个体主义",它的起源则与民主的起源同步。并且,它还会随着境况的平等化而不断地同比例扩展。

　　在贵族式的人民/族群(peoples)中,诸家庭,世世代代,在若干世纪里,都保持着同样的处境,也常常一直都待在同样的地方。这可以说就让各个世代都同跟自己是同代了。任何一个人(man),几乎始终都知道自己的先祖是谁并始终都尊敬他们;他也相信,自己业已看到了自己的曾孙辈,并且自己也爱着他们。……

　　在贵族式的社会中,既然所有的公民都被嵌在固定的位置上,有的高些,有的低些,那么后果便是:他们每一位,始终都看得到,某位给自己提供自己所需之保护的较高的某某,并且始终也都感知得到,某位自己可以主张或要求其协助的较低的某某。……

　　随着境况的平等化而不断地同比例增多的是这样的个体:他们各位都不再富裕得足以——或其权力不再大得足以——对其同胞产生太大的影响,不过,他们各位依然取得了或保持着足够的知性和财产以使自己得以自足。这样的各位,谁也不欠任何一个人(man)任何东西,并且,也可以说,谁也并不指望从任何人那得到任何东西;他们形成了这样的思索习惯:始终都自顾自地思索、惦记着孤立而疏离的自己;他们欣然想象自己的整个命运统统都掌握在自己手里。

　　[153]因此,民主,不仅让每一位忘记自己的先祖,也让每一位躲开自己的后代,离开自己的同代;民主,无休无止地把每一位拖入他单独的自己之中,并且预示着最终每一位都将把自己彻底封闭起来,遁入自己心灵的孤寂之中。

　　　　　　　　　　　　　　　　(《美利坚的民主》2.2.2)①

　　后来的一代又一代美利坚人,不是发现,要抵御被托克维尔所警告过的这种"碎裂化效应"(disintegrating effects),是越来越困难了吗?作为一众人民/一个族群(a people)的我们,不是似乎正越发地散落成一个失范的人潮,漂浮不定而孤立无依,并且那种属人的同仁之谊,那种属人的灵感或曰属人的襟抱与愿景②,其值得信赖的情感上的、智识上的来源,也都从我们身上被剥除殆尽了吗?在愈益黑暗的时刻,惊惧不安的我们不禁疑虑,这片国土,是否并未走上一条不归路。我们的文化,难道不是在积聚着一种相当可怕的动量吗?美利坚人,几代几代地,把自己扔进实质上并不快乐或实质上板滞无聊、单调压抑的工作中,为的无非是囤积更大的物质满足和微不足道的琐细声望——他们正无可救药地被这二者所俘获,越沉闷越沉迷,越沉迷越沉闷;他们在没脑子的音乐、体育、旅游,以及各种各样只有瞬间吸引力的短时消遣与即刻娱乐中寻求逃避;对启示性的厄洛斯式经验或宗教式经验的狂热渴望,周期性地鼓荡着他们,令他们痉挛不已、难以自抑:美利坚人的下一代、下几代,未来岂不是要在一个充斥着史无前例的物质主义、令人绝望的人格(personal)间的疏离与孤立、内在心理上几近崩溃的孱弱的世界上,过越发碎片化的且越发毫无意旨的日子吗?

----

① ［译按］中译可参托克维尔,《论美国的民主》(下卷),董果良译,前揭,页625–627。

② ［译按］从英文字根上看,aspiration［愿景与襟抱］是向外求诸超验者的引领,inspiration［灵感］是内在获得或领悟到超验者的引领。参前文,原文页码,第22页。

东欧，重又燃起了对这二者——"个体诸权利"和"共和式自治政府"——的热忱，对这二者的热忱也就是对"无拘"——并不仅仅是消极的、否定的含义上的"无拘"，也是更为积极的、肯定的、民事性的或德性的含义上的"无拘"，连同其中隐含的诸挑战与诸责任——的热忱。对这二者的热忱在东欧的令人振奋的重生，是否或许也将感染身在美利坚的我们，让我们也燃起这样的一种重获新生的襟抱与愿景：要充分地找回我们对"诸权利""共和"这二者的投入与献身之全部意义呢？

从古典共和之批判性视角对现代民主给出的一个判断，并不会建议这样的一种堂吉诃德式的企图和尝试：企图并尝试回复到 polis［城邦］——甚或"新英格兰村镇"——以之为标志的那种民事生活。古典共和所珍视的，首要地就是"审慎"或曰"实践性智慧"这一德性。这一"审慎"体现为，伴随着以下这一体认与以下这一承认，把最高的种种经得起推敲的诸目标调整得适合于诸情境，也即，调整最高的种种经得起推敲的诸目标使之与诸情境相适应，此调整，是伴随着这一体认和这一承认而作出的，这一体认即体认到，每一种可被构想得到的政治情境，都将在不止一个方面上是有着决定性的缺陷的，并且，除了这一体认之外，还有这一炯然洞明的承认，即承认：鉴于"属人的且自然的诸需要与诸目标之中种种最高的"之间有着实质上并不和谐的张力，那么，就算是某个可被构想为是且可被构想得到是"最好"的政治体制，也将是有疏失的。正是在这一个含义上，古典共和，才确实是实质上的且有着自我意识的"乌托邦式的"（utopian）。

"乌托邦式的"（utopian）一词，在今天经常被误解。"utopia［乌托邦］"一词，[154]是由身为基督教教徒的柏拉图主义者托马斯·莫尔（Thomas More）生造的，意思是"好地方/①不存在的地

---

① ［译按］此处并列符"/"为潘戈行文。

方"（取自 eu topos／ou topos）。莫尔的《乌托邦》,意在提醒我们:古典共和是以单纯地对"最好政制"——那一对于属人存在者而言合于自然/本性的"最好政制"——所作的构思与表述而达至极致的。但是,古典共和,是把那一"最好政制"构想为一个充斥着根本性诸矛盾的政制的,并且,部分上也是由于此原因,古典共和亦将之构想为一个这样的政制:该政制之实际生成,不仅或然性异常之低,而且,说到底,其实是不可能也不可欲的（undesirable）。"最好政制"并非一个"理想"。那么,对"最好政制"所作的详尽阐明,其意旨,就并不在于,要给行动设立一个蓝图,而是在于,要在心智之眼的前方,放置一个最高准绳,据之来给所有的历史性诸处境下判断。这一准绳,撕开了当下正运行中的或正独行其道的某一政制不可避免地以其种种独断教条（dogmas）所强行圈定的界域,同时,却也允许忍耐并顺应此改革——在每一个实然的政制之内所作的改革——之诸囿限。那么,对"最好政制"所作的反思,其要义,就并不在于,要把我们的诸希望与一个假想出来的"最好政制"绑在一起,反倒是在于,让我们——在某种程度上多多少少——远离种种经不起推敲的希望。对"最好政制"所作的反思,意在给个体提供一支源泉,关于属人境况的智慧所由之迸发而出的一支源泉;从这一源泉中,智慧,意在冲荡出既针对热忱,也针对失望的某种缓和与温控。

那么,关于"最好政制"所作的教导,部分地就意在松动公民对既定政制或既定传统——该公民在该政制或该传统中找到了自己——的浑然不二的忠贞。亚里士多德对这一关系——"好的"或"严肃的"属人存在者与"严肃的"公民之间的关系——所作的著名的讨论（《政治学》3.4）,醒目而明晰地凸显了这一事实:凡"真好的或真严肃的属人存在者",仅仅极为罕见地——如果有的话——会只是一个忠诚的公民。因为,"严肃的公民",他的德性,若与"好的属人存在者"的德性相对照的话,便是一种相对的德性了。"去做一个严肃的公民——至少是在'公民'这一术语的通常的、民事性的含义上的那种公民",意味着什么,取决于现行当权的政制:忠诚于既存的政制并忠诚于这样的改革,即,那种并不推翻既存政制的改革,此忠诚,正是严肃的公民风范之心脏。然而,好的人性/人/人道(humanity),其心脏,则是忠诚于"真"并忠诚于这种德性——扎根于"自然/本性"中的那种德性,也就是扎根于"凡依自然/本性而是'对的'"之中的或曰扎根于"对此'真'——关于属人本性/自然的那个'真'——之未尽的探求"中的那种德性。不过,这也暗示了:竭力去做一个"好的属人存在者"的某位公民,这位公民,恰恰是由于对既存政制的一种有所限定的忠诚,才是该政制——如果该政制是一个正派而体面的政制的话——的一个更好的朋友,若与该政制的那些最富激情的诸支持者相比的话。某位"好的属人存在者",竭力地去矫正或改善该政制,并且,并非仅依照由该政制所提供的那一个准绳来矫正或改善。某位"好的属人存在者",可以说,为那个他在其中找到了他自己的政制,那个他自然而然地眷恋着(不过是带着这样的一种爱、一种经得起推敲——之所以经得起推敲是因为此爱中内含着推理——的爱来眷恋着)的政制,竭力地去做它①的一种"内感/良知"或它②的一种"牛虻"。

[155]在我们试着去理解这样的一个"观看点"——"古典共和"会由之而评估我们的"自由共和式政制"的那一观看点——时,以及,在我们试着去理解我们怎样才能最好地借鉴和利用"古典共和"所提供的那一批判性的"观看点"时,我们就需要这些一般性的反思了。

我倾向于相信,我们的政制与传统,完全可以被判断为,是一

---

① ［译按］"它"指代前半句中所说的那个"政制"。

② 同上。

个——即便有疏失，但依然——高贵的共和实验，它的在诸关键层面上的疏失与高贵，皆盖过了为古代所知的所有的共和体在诸关键层面上的疏失与高贵。诸多成就——比如，大规模地将绝大数者从奴役、疾病、贫困中解放出来；通过新设计的种种政治制度而维护了稳定、法制与尊严；宽容、对个人的（personal）及家庭的隐私之保护、富于同情的社会性福利——都是古典共和历史上几乎闻所未闻的。不过，与此同时，"古典共和"这一绝佳的观望点，也让我们看到，我们或许不得不这样来诊断遍及我们周遭的碎裂化之萎靡不振的诸症候：此诸症候，实质上植根于现代共和实验之种种初始缺陷。

古典式视角，肯定是鼓励针对此重要性做一番再盘诘的，该重要性即，对于此诸德性——共和式公民风范之种种民事上的与道德上的诸德性——之培育而言，政府、法、修辞以及公共政策在此培育中的重要性。不过，古典式审慎，也警告我们，做这一番再盘诘时要以这样的一种方式来推进，即，以一种并不威胁到此政制——我们正企图并尝试着为之引入适度改革的那一政制——之文脉与根基的方式来进行。古典共和之精神，会奉劝我们，去复苏并依托古典共和之种种要素中的一些特定要素，即，古典共和之种种要素中，最无可争议地呈现——即便是以很不起眼的因而已遭遗忘或已被淹没的方式而呈现——在合众国之肇建的主要参与者们初始的诸鹄的与诸反思之中的那些特定要素。

我们不应当期待或不应当寻求这样的一种充分而直接的政治参与，即，那种曾在较小规模的共和式共同体里才是可能的充分而直接的政治参与，但我们还是可以把尽可能多的责任尽可能多地交付给地方性政府（local government）。随着苏联帝国的解体和欧共体的自我再造，21世纪，或许，将会是一个这样的实验岁月，一个拿联邦主义之各种形式来做实验的岁月；而美利坚式的、法的兼政治的体制，深深植根于一个伟大的联邦主义传统,该体制,当时刻准备着,从这些实验中获益并为这些实验提供助益。我们肯定可以付出更大、更艰苦的努力来迫使中央集权化的官僚科层系统去俯就——或许甚至是,去诱发或去刺激——多元化的且相对地自生自发自主自治的"地方性的民事首创性"。在私营部门,更大的关注可放在这样的诸可能性上,即,劳作者之参与到那些在大型的公司企业里会对工作场或作业面产生影响和引导的诸决定之中的诸可能性。当然,与更大、更多的参与相伴而来的,即便不是"种种令人头疼的麻烦事",也是更大、更多的责任。但是,在上一辈人①中,工会会员的锐减,[156]给劳工组织带来的冲击,或许恰恰是一个契机,一个借之正可以对工会在谈判桌上可能代表的诸利益之种类与范围予以再考量并将该种类与该范围予以扩展开来的契机。

地方性政府也罢,工作场里的民主或作业面上的民主也罢,在州政治,尤其在国族政治面前黯然失色,既不可避免,也不失恰当,这是真的。在一个大众民主体之中,必定是数量极为稀少的诸代表,集结在各州首府与联邦首都里,对种种指导着并塑造着我们美利坚人之集体生活的那些政策,争长论短,并在就该诸政策拼斗角力之后再践履执行之。大多数的美利坚人,都将是隔着一个很远的距离,借由一种"转承式的党派性"(vicarious partisanship)②而参与到共和之内的这些"斗鸡场"(cockpit)里的。但是,这一种"转承式的党派性",并不一定就得——如当今经常看到的这个样子——是"消极被动的"或"偶发的、松散的、飘忽不定且不可捉摸

---

① [译按]本书成书于 20 世纪 90 年代初,英语语境中"一代人",约指 30 年左右的时间,此处,上一代约指 1960 年代到 1980 年代,这期间,工会组织及其活动面临萎缩和停滞的局面。

② [译按]"转承式的党派性"(vicarious partisanship),其中 vicarious,意为"同感、间接、替代",在侵权法中有一种责任类型为"vicarious liability",即雇主责任、替代责任或转承责任,本译文以"转承"对译,以表示代表制政治场中,选民通过政党内的代表参与政治生活的间接性和通感性。

的"。在我们找到了我们的路以返回到古典共和关于"修辞"的教导,并依据——被"媒体"尤其是被电视所主导的——种种现代情境而对该教导予以一番修订并重拟之后,我们的关于"代表制政治"的观念,就需要被重思了。鉴于电视之于这种"交流"——把我们编织在一起成为一个公民群体的那种"交流"——所具有的非同小可的意义,难道不应当把更多的时间投入到、把更多的思索给予这样的种种平台与媒介——当今的诸议题与诸领袖在其中得以自我呈现的那种种平台和媒介,或者说,我们的民事传统与历史性遗产在其中或可从多元多样的且相与竞争的诸观点之角度而被盘诘的那种种平台和媒介吗?

　　在经济政策领域里,"禁奢法"①,当然可以仅仅动用僭主式的很是愚蠢的手段就重被引入;但是,财税政策,连同我们的政界与商界领袖们的经济实践与经济修辞,也可以更为明确地保持住我们的对被以下要素所围限了的经济增长与经济机会的执著:即,执著于被一种对"温中"的尊重、对"奢靡"的不信任、对"管家身份"的感觉,也被对诸如"慷慨疏财"或"慈善"这样的诸习惯之培育所围限了的经济增长与经济机会。随着更多的劳作者参与到公司的各种决定中来,公司在兴办慈善时,便可以不再大笔注资于尾大难掉的官僚化的基金运作,而是可以更多地启动一些靠各个层面的劳作者们协同而自愿的努力——在一定程度上甚至利用公司带薪的工作时间——运转起来的慈善项目。这样的一些首创性及相应的举措,或许将成为开发公民品味的温床,让多数者对更广泛的民

――――――――――

①　[译按]"禁奢法"(sumptuary law),指对人们以贪婪、排场、炫耀为目的的奢侈支出和消费予以限制的法令,宽泛地也可以包括,限制各种据认为是不道德的行为或有伤风化、败坏社会风气的行为,比如,卖淫、赌博,毒品的制售、流通与消耗。禁奢法可以出于或服务于多种目的,西方历史上,"禁奢法"常被用作维持社会等级结构的一种手段,比如按照等级或身份来设定衣、食、住、行等生活消费标准,中古以后一度被贵族等级用来作为制度手段限制新兴的城市布尔乔亚阶层的炫富消费。可参 *Black's Law Dictionary* 的词条解释。

事参与感同身受。在福利政策领域,一种古典共和式视角——我相信——会引导我们去赞赏福利政策上的这种转向与发展,即,向着这样的一种福利政策——一种对"政府资助"在道德和教育上所导致的那种效应予以更多关注的福利政策——的转向与发展。一种古典共和式视角,会激发这样的企图与尝试:强烈地企图并尝试在各种资助项目中,纳入专门为鼓励辛勤劳作、鼓励个人的及家庭的责任担当、鼓励复原矫正(rehabilitation)、鼓励教育而设的种种刺激;但是,这种古典共和式视角,[157]又因其对以下这两点的刚劲无畏的坦诚承认而与众不同、卓尔不群,该视角所承认的这两点即:一为,凡此种种资助项目,都将不可避免地在接受者和受益者身上导致为数不少的、运气欠佳的或自作自受的失败;二为,由如此种种失败而引致的折磨,其中,有很多都是此诸政策——以"名副其实的自生自发自主自治"为鹄的的那种种政策——之一种不可或缺的否定性后果或制裁。因为,由"名副其实的自生自发自主自治"与"责任"二者之中,必定推引得出的是:对不同程度之痛苦、贫困与孤独的自强自立的接受,也即,独立地、靠自己且凭自力去接受不同程度的痛苦、贫困与孤独。"生命是不公平的",正如总统吉米·卡特在一次极富勇气的公开陈词中提醒我们说的那样。成为一个成年公民,照古典共和式理解,就是要去接受生命的不公平而不悲切、不怨怼,就是要在面对人世上种种显而易见的且不可避免的"属人不公平"之情形时,节制自己的道德义愤。更为正当的——从古典式视角看——将会是,"法"针对"福利接受者"因自己的懒惰、自我放纵和不负责任而招致的失败所施加的诸制裁。

说到家庭政策若被一种古典共和式视角来定调子,那么,家庭政策以之为鹄的的那个方向,并非不像格兰登(Mary Ann Glendon)在她极富揭示性的"家庭法比较研究"中谨严有力地指出的那个方向(1987)。立法者与法官,将会更加径直地着眼于,在多大程度上,法"讲述了一个这样的故事":一个关于"作为一众人民/一个族群(a people)的我们,我们是谁? 我们力挺的是什么?"的故事。一个义蕴深远的后果,或许会是这样的一种回归,一种向着此见解——关于那些"诸序言"的见解——的回归,那些"诸序言",即,给制定法精工锻造出来的、关乎道德上的根本性诸议题的"诸序言":那些甚至是当,或者恰恰是当我们的国族性的诸意旨,作为在曾历经尖锐而苦涩的分裂但终究还是和解了的同胞公民之间所达成的深邃且痛苦的妥协而导致的结果浮现出来的时候,"诸序言"将会在一种疗愈式的精神下把我们的那些国族性的诸意旨结晶成形。在特定政策之推行上,父亲一方的以及母亲一方的(包括因依法或婚内结合而产生的父亲和母亲,也包括因法外或非婚结合而产生的父亲和母亲)诸责任,将会通过刑法与民法而更为有效地得以强制执行。离婚法、监护法、堕胎法,将会显著地聚焦于孩子们的"诸利益"而非他们的"诸权利",将会显著地聚焦于父母的"诸责任"或"诸义务",远甚于父母的"诸利益"或"诸权利"。当然,这意味着,地方性政府与共同体/社区(the community)——而不仅仅是法庭——将会不得不在对我们孩子的抚养所予以的监管之中扮演一个相当重大的角色了:但是,还实存着什么经得起推敲的替代选项吗? 可以肯定的是,为了支持并扶助家庭纽带与家庭责任,一切努力都该尽到。父母应当尽可能多地涉入地方层面上的家庭与教育政策之创制与运行中。为儿童看顾和保育提供相关规定与保障(包括对全职母亲的支持和扶助)并使家庭有能力照料老龄亲属从而让更多老年人能不去养老院等看护机构也可以有安定的生活,与此相关的税收与福利立法,其相应修订,或许会为支持和扶助家庭责任贡献良多。[158]诸如"鼓励并使老年人有能力出来工作,亦有能力协助照看所在社区/共同体(community)的青少年"这样的政策,又诸如"全国性青年服务计划"(national youth service program)这样的方案,自然地就都是给关于家庭政策一般性建议的这一份草图所做的补充了。

在文学艺术领域里，我们无法回归到——也不应当回归到——弥尔顿式的法定审查；但是，我们可以相互唤起自我审查之责任，以对抗无节制的自我表达之泛滥与放纵。我们可以提醒彼此记着这种需要，即，需要对我们的文学性、艺术性、修辞性、理论性出版物与言论在民事上和道德上的效应——尤其是这些出版物与言论之对青少年的效应——予以仔细的思索。国家艺术基金（National Endowment for Arts）可以更为严肃地对待这一义务，即，鼓励那种讲给公民大众的，并且提升了公民大众的艺术，那种——在一个对传统之连根拔起一味地谄媚的岁月里——并不灌输对国族传统之不负责任的反叛，而是在灌输着对国族传统的新领会与新品鉴的艺术。该基金，当其不再迎合艺术圈子里的那种种左倾的意识形态，也不再迎合艺术圈子里占据主导的那种种左倾的文化偏好时，它或许才可以开始去思索，如何挑战如此种种意识形态与文化偏好，以便唤醒哲学上的争议并打开政治上的多元性。

在言辞与表达领域，以及在——更为一般性的——生活模式领域里，一种古典视角，很可能会掀起这样的一场义无反顾的运动，一场义无反顾地要去索回我们公共的生活空间和我们公共的话语领域的运动，一场以"民事气性/彬彬有礼（civility）与相互尊重"之名且明确地着眼于对这样一些的言说者和行动者——那些其言辞与行动无论多富争议，但真的是有贡献于那种扩展开来了的且更为有思想的"共有的生活"（communal life）的言说者与行动者——予以青睐和支持的、义无反顾地索回我们公共的生活空间和我们公共的话语领域的运动。我们能够且必得拒斥这一见解，即，全体公民及他们的代表们，不应当给形形色色的要求我们对其予以注意并对其予以宽容的诸主张者们排个序以评定这些主张者们进入公共场域及公共媒体的优劣资格和先后顺序。一个共和体内的全体公民，能够——且归根到底也必得——对以下之差异下判断并作辩论，即，污秽淫邪之作与艺术性创新之间的差异，追逐利润的广告宣传与雄健有力的倡导之间的差异，殊异的人格无拘（personal freedom）与各色瘾君子和各色脑残的可怜行径或高危行径之间的差异。当盘踞在我们的公共大楼、公园、街道、公立学校以及公共媒体里的各路角色，任由他们自己的民事责任感，被他们如此之高烧一样的热情——热衷于自我表达这一高烧一样的热情——和他们如此之不加反思的狂热——对种种被稀里糊涂地构想出来的所谓的"私人诸权利"（private rights）的不加反思的狂热——所吞噬，我们关于"自由"的见解，就越发地与"放任自流、恣意妄为"混为一谈，越发地难以与后者区分开来了，当我们关于"自由"的见解，已经走到了这个地步，我们就需得把走到这个地步的钟摆给调回去。"私人诸权利"（private rights），是"人格的尊严及其自生自发自主自治"（personal dignity and autonomy）的根基；但这就意味着，名副其实的——对立于假冒的——"人格的尊严与自生自发自主自治"，则是"私人诸权利"[159]的意旨，是它的对它有所囿限的意旨：一个高贵而自由的视景，其中的这一不可或缺的内核，需要被重新开掘出来并焕然新生。

我们对宽容的执著，此执著中的任何实质性的部分，都用不着牺牲掉，美利坚的各个法庭和美利坚的智识分子，也可以比他们现在似乎体认到的更加多地体认到此尊重——对宗教性信仰所持有的尊重，甚至是对在这个国族的公共场域里看得见的、被共通共享的尊崇所汇聚的那种种焦点所持有的尊重——所具有的价值。宪法上对宗教设立的禁止，其意义即便在肇建者们那里也是有争议的；但这意味着，对于我们来说，恰有正当的余地，容我们在肇建者们相互竞争的诸观念之间作出决断，而我们之所以要在肇建者们相互竞争的诸观念间作出决断，在于受到了这样一种对此需要的感觉的提示，此需要即，在这个我们当下教育制度正处于重重危机的时期，对一切可能的这样的帮助——能帮我们来把"规训与纪

律""灵感""襟抱与愿景"①在我们的公立学校中重振起来的一切
可能的帮助——的迫切需要。

我们的共和传统,其古典式诸根,若得以复活和夯实,从中便
会生长出周严勤谨的民事精神,而以上不过是拣选了会从中生长
出来的这种民事精神的二三例子而已。不过,古典三观所指令的
这种民事精神,对这种精神予以考量,便绝难避开对另一个论题的
经久不衰的考量,这也是我的最后一个论题,此前我已有所触及
了,该论题即教育。因为,教育——指心灵(heart)或品性之形塑,
以及心智(mind)或天资之训练——是古典共和政治理论念兹在
兹的重中之重。不过,在这一道德性的或民事性的含义上的教育,
在多大程度上,也可以对于一个像合众国这样的自由民主体而言,
被说成是其公立教育的一个恰当关切呢? 这样的一种公立教育的
关切,可以在针对教育而作的地地道道美利坚式的反思之中,找到
怎样的根柢或共鸣呢?

---

① ［译按］从英文字根上看,"愿景与襟抱"(aspiration)是向外求诸超验者的引领,"灵
感"(inspiration)是内在获得或领悟到超验者的引领。参前文,原文页码,第22页。

第四部分　教育：民事教育与自由教育

9. 挽回作为美利坚公立文教系统之心脏的民事教育

[163]1990年的国情咨文演讲中,总统乔治·布什重申了一年半以前他在与合众国各州州长联合举办的"教育峰会"上曾阐述过的种种主题与执著。他讲到了要扩展资助项目让生活困窘的学龄前儿童有求学条件;他把大幅提高高中生的毕业率设定为目标之一;他讲到了在教育的一些关键阶段有必要评估学生的表现,以便让"文凭像回事";他呼吁学校要讲求"规训与纪律"。这些目标,个个都值得敬重,也都值得大书特书。但是,肯定还有什么没被纳入这一要为一种恰当的教育政策勾勒出种种目标的企图与尝试中。令人震惊的是,关于教育之内容,总统竟然几乎什么也没说。令人注目的是,他差不多绝口未提,哪类课程才被认为或者应当被认为真正重要。只在一点上,特别性与明晰性才是确切无误的:"到2000年,合众国的学生,必须在数学成就与科学成就上领先世界。"确实仅有一处——在对文学有所呼吁的那个语境下——倒也顺带提及了一个这样的事实,即:教育,总得使各个美利坚人准备好去做一个公民。除此之外,但凡再说到教育时,他所指的那种教育,都不过是以这样的技能之获取为鹄的的那种教育了,该技能即,在一个现代的技术式的世界经济中好好劳作并好好竞争所需的那些技能。

　　这无非至为生动地坐实了美利坚民主体之内的这样一种明晰性的丧失:与一个共和式社会中的公立教育之最为重要的目标有关的那种明晰性。我说的是"最为重要的目标"。[164]因为,当然,对这样的一种教育——使每一个男人、每一个女人准备好去做劳动力大军中的一个有效的、有用的一分子的那种教育——的关切,也是一种不可或缺的甚至高贵的关切——倘若该关切被放置了在一种恰当的古典共和视角之中的话,或者就该关切被放置在一种恰当的古典共和视角之中而言。别忘了,熟练的技工,也可以是训练有素的奴隶。是什么将一个训练有素的、高效的奴隶与一个无拘的属人存在者区别开来呢?在这点上,难道不是一种特定的教育在此扮演了一个重要的——甚至那个最关键的——角色?

　　对最后这一究问,古典共和传统给出了一个斩钉截铁、掷地有声的肯定回答。正是"自由教育"(liberal education),将一个无拘的属人存在者与一个奴隶区别了开来。但是,何为"自由教育"呢?"自由教育"这一用语,在我们的时代里,已变得如此空洞浅薄、平庸乏味,以至于我们得下些狠功夫,才找得回这一"'自由'教育"之理想的那种初始意义——那种在柏拉图的《法》与《共和体》里最早得以构思和表述的,在亚里士多德的《政治学》与色诺芬的《居鲁士的教育》里又得以再构思和再表述的初始意义。引用柏拉图笔下的雅典异邦人的话来说,把一种自由教育与一种"庸俗、小气/不自由(illiberal)、完全不配称为'教育'"——无论其有多精缜老到、工巧考究——的教育划分开来的,正是这个:自由教育是"从孩童时代就开始的德性上的教育,该教育,使其欲望着成为且爱恋着成为一名知道如何带着正义来行统治和被统治的完美公民"。(《法》643b-644a)

　　共和式公民风范上的教育,也就是把这样的一种执著(对在一个正义的政治秩序之中的民事参与之富于激情的、洋溢着爱的执著)给勾引出来的那种教育,并未穷尽在初始的、柏拉图式的含义上的"自由教育"之全部意义；但是，就柏拉图起先以"自由教育"这一用语所意指的那些而言，它①就是其心脏。这样的一种教育，其最为重要的阶段——雅典异邦人继续论辩道——是初早的阶段；那是诸习惯、诸品味、诸襟抱与愿景之被形塑而养成时；那是供效仿的、受尊崇的诸英雄与诸对象被放置在想象力之眼的面前时；那是对共享命运的一种共有的感觉（communal sense）被塑造成型时；那是对过去的感激、对未来世代的责任被灌注输入时；那是如此之种种能力——进行集体性谋虑咨议与集体性行动的能力、领导与忠诚的能力——被挖掘出来、接受考验并受到赞美时。给这样的一种教育安排的课表，应当集中在诗、音乐与舞、歌与萨迦（saga）、历史与戏剧上，并且，尤其还应集中在宗教上。

　　这一初早的民事上的、道德上的与宗教上的公立教育，主要是以"品性之形塑"为鹄的，也就是以"心灵（heart）——而非心智（mind）——之教育"为鹄的。这意味着，柏拉图式的"自由教育"，还有另一更高的维度。这一更高的维度，在其最严格的含义上，就是哲学；苏格拉底，在《共和体》卷七讨论对哲人的教育时，把哲学上的教育定义为严格意义上的"辩证"。但与此同时，他也澄清说，"辩证"并不能直接由公立文教系统来培育。[165]公立文教系统，可以培育土壤，或者说，可以准备基地，在其所培育的土壤或准备的基地上，诸个体得以——在非正式的朋友圈里——滋养哲学上的真教育。然而，柏拉图笔下的苏格拉底，也表明说，哲学上的教育——被理解为是以"辩证"为中心的那种教育——预设了一种民事上的与道德上的早先的执著，这种执著，确实是在很大程度上有赖于自由教育的那一智识性稍欠的民事维度的。何以如此呢？何以在苏格拉底式含义上的那种哲学上的教育会如此之大地

---

① ［译按］它，指代上一句的"共和式公民风范上的教育"，也即，激发正义秩序中公民参与政体、政务的热忱与情怀的那种公民教育或民事教育。

有赖于民事教育呢？恰恰只有在早先对道德上的、富于激情的诸执著之形塑的基础之上，对"真"的追求（柏拉图笔下的苏格拉底澄清过：对"真"的追求，是"真辩证"——与"诡辩术"［eristics］或"智术"［sophistry］相对立的那种"真辩证"——之不可或缺的一个预设）才可以被开动。正是以这一道德上的严肃性为根基，才有以下这两边之间的基本区分，一边是公民与投入并献身于"真"的哲人们，另一边是醉心于自己名声之煊赫的不折不扣的智识分子或"理念贩子"们。因而，从苏格拉底式的观看点来看的话，有充分理由去把关注聚焦于那种民事上与道德上的教育。

　　倒是也该注意到：总统的国情咨文演讲——与起初的外观相反，并且与"教育峰会"上的宣言不同——也确实是为对在这一古典共和式含义上的自由教育予以某种实质性的且严肃的参照留下了余地。但是，令人注目之处——不过，这一令人注目之处，在我们的世界里却又如此屡见不鲜，它其实就是我们的世界的标志性特色——则在于：总统，对"道德上的教育"诸主题的处理，并不是在讨论"公立文教系统"的语境下进行的，反倒是在长篇演说的煽情收尾处当他纵论"信仰与家庭"的诸主题时才进行的。在该处，总统敦请祖父辈们——"把我们与过去勾连起来的、依然在世的鲜活纽带们"，去"讲述那些与海内外的奋斗有关的故事，那些与为了'无拘'而无拘地作出的各种牺牲有关的故事"。他提醒父母们，"你们的孩子们在指望着你们的指导和引领啊"。"把家庭与信仰，讲给他们，"他力劝道，"讲给他们：我们是上帝之下的一个国族。教给他们：在他们所能获得的一切馈赠中，'自由'是他们最珍贵的遗产。在他们所能给予的一切馈赠中，最大的那个就是帮助他者。"

　　在一个能追溯到伯利克里那儿的传统上，总统动用了他身为最高公务官的那种在道德上具有教育性的修辞权威。在一个截然现代的并且深嵌于合众国的传统上，总统把教育中的这种种更高的且更重要的诸主题,撂在了他对组织化的公立文教系统之诸制度与诸政策所作的讨论之外。这一教育视景,尤为鲜明地是"自由的"或曰"现代的",而这一尤为"自由的"或曰尤为"现代的"教育视景,其哲学基础,在洛克的诸专论里,比在其他任何专论里都更容易找到。不过,洛克的声音,并非是自这种观念——关于"道德上的教育"的那种初始的、美利坚式的观念——之内部而发言的唯一一个洪亮声音,即便他的声音是最强的那个。[166]为了把该"美利坚式观念"从其丰富——但也潜在地是硕果累累——的重重争议中重找回来并予以再考量,我们需要从对"洛克之诸见解"所勾画的一种简要看法转而去往对此反应与此修订——肇建一代就"洛克式诸见解"而给出的多元化反应及针对"洛克式诸见解"而作出的修订——所作的一种考查。

　　正如在前一章中已观察到的,洛克反复讲到,"道德上的教育",之于一个"无拘的公民社会"之成功至关重要,不过他一边又坚称,"道德上的教育",乃"'父母'而非'政府'的义务和关切"。洛克教导各位,对"由政府所兴办的道德上的与民事上的教育",不要安之若素,因为,宗教,往往是位于该教育之心脏上的;并且,洛克的鹄的是要为一个"自由的政治社会"——一个其标志性特色不仅在于"教会与国家的那一分离",更在于"宗教的那一史无前例的私人化、极端的去建制化"的"自由的政治社会"——提供根基。

　　但是,并不仅仅是洛克的这一关切——对"解放个体的灵魂,使之从政府权威的钳制中摆脱出来"的关切——致使洛克要推荐家庭内的私立教育的;洛克对"私立学校或学园"(academies)①的

---

① ［译按］academy 含义较多,从词源上看,指柏拉图创建的学园。不同语境下,会指专业院校、科学与艺术的研究院等,有时也指英语世界的私立学校,特别是中学一级的私立学校。文中接下来再用到该词,多指提供中等教育的学校,也就是中学一级的教育机构,即"中学"。中译者将该词译为"学园",而不用"中学"一词,以保持用意的丰富性。

批判,严厉得并不亚于他对"公立或国立学校"的批判。洛克以教育之名对文教系统所作的抨击,其全部的义蕴,要被我们充分地看到,那就需要我们始终记得,与之呈鲜明对照的、弥尔顿的立场。弥尔顿论教育的随笔发表时,洛克还是一个年轻人,该随笔承续了古典共和教育传统,并将该传统适用于英语世界。弥尔顿积极倡导"集体教育",在他所倡导的"集体教育"中,年轻人分别离开自己的私人家庭,像部队一样编组分队一起生活在专门的营区里。在一种团队精神之下学习与他者一起生活、一起行动,这样的学习,其价值被视为是为此诸义务——公民风范之诸义务与民兵军役之诸义务——而作的一种必不可少的准备。弥尔顿提议,在每一座城市里设立"英格兰学园",在该学园中,每天花一个小时练习剑术与摔跤,这既是着眼于道德教育,也是着眼于身体教育:

> 激发他们的一种豪侠而无畏的勇气,同时也对他们施以适时适宜的训导与戒令,让他们具备一种真真的韧劲与耐性来缓和与节制被激发出来的豪侠而无畏的勇气,那么,那种被激发出来的豪侠而无畏的勇气,就将转化为一种固有的且英雄式的骁健,并且,也将使得他们厌恨诸如行为不端这样的懦夫行径。①

因为,弥尔顿设想了一个配有的是"一支公民民兵团"——而非"一支常备的职业军队"——的共和体。弥尔顿式的或曰古典式的共和,其中的这一面向,跃然于《合众国权利法案》第二条②,该条以此——"一支管制良好的民兵团""之于'一个无拘的州'之安全"是"必然的/必要的"——为根由而保障"人民(people)之持

---

① John Milton: *"Areopagitica" and "Of Education", with Autobiographical Passages from Other Prose Works*, ed. George Sabine (Northbrook, Ill: AHM Publishing, 1951), 69.
② [译按]即,《美利坚宪法》第二修正令。

有并携带武器的权利"。[167]"持有并携带武器的权利",这一权
利,在"洛克式的自然诸权利"里,并无一席之地;在他的教育专论
里,洛克也一个字都没说要让青少年为服军役作好准备云云。这
还不算,他倒是把注意力转向了这一恶劣影响,即,难免粗野暴躁
又争强斗胜的男孩们之扎堆聚众或集结成群,给对于相互作为讲
理的(reasonable)、爱和平的且辛劳勤勉的存在者而言的彼此各自
品性之发展所产生的恶劣影响。他为或许会从这样的一种教育改
革——一种将会把"对男孩们的教育"同化为或融合进传统上给
予女孩们的那种教育的教育改革——中滋长出来的诸优势作论
辩;的确,他的那一整部专论——都可以被说成是——旨在以"对
女孩们的教育"为模板来变形"对男孩们的教育"。洛克,以咏赞
的笔触,描述了那种或许会达至的、对男孩们身处其中的场境的控
制,此控制是或许会达至的,倘若男孩们,在父母洋溢着爱的且苦
心孤诣又一丝不苟的监督之下,并辅以一个经过了精心挑选且薪
水丰厚的私人家庭教师的协助,就像他们的、传统上被养在家庭怀
抱中的姊妹们那样而被抚育长大的话。

　　洛克力图说服上流阶层把更多的时间、更多的金钱、更多的思
想——与通行于洛克自己所在的或更早的时代中的习俗相比而
言——投入到对他们自己的子女的抚育上。或许可以这样说,洛
克,把"教育——治理或统治——各自的子女(也即,各自财产的
继承者们)"这一挑战,搞成了,那一古典式挑战——"过一种公共
生活,也就是过'参与到政治性统治之中'这样的公共生活"那一
古典式挑战——的一个具有吸引力的也更为自然的补足甚或是替
代。洛克,把他的这个讯息,指给了上流阶层,因为他看不到,在可
预见的未来,有任何这样的前景,即,底层家庭会拥有必需的闲暇
与财力去从事那种既耗费时间又艰难而复杂的操劳——那种被洛
克构想为"对于一种真真地精妍而有效的'道德上的教育'而言是
'必要的/必然的'"既耗费时间又艰难且复杂的操劳。但是,洛克

也澄清说,他希望并期待:针对上流阶层之教育、品性与三观,一场
依他所倡导的改革,将给整个国族之生活方式带来深远而长久的
冲击:在言及自己的这部专论时,他于开篇"书信体致辞"中说道,
"我会请每一位,严肃地把它放在心上",不过"最要着重关照的,
还是温雅之士的使命",他又补充道,"因为,倘若这个层级上的各
位,皆因他们所受到的教育而步上正轨了,那么,他们很快就会让
其余的所有层级也都井然有序"。①

　　洛克式的"道德上的教育",其目标是一种这样的"自我利益",
一种被启蒙敞亮开来的且扎根于合乎理性的(rational)"自我控制"
之中的"自我利益"。这种自我控制,被一种对尊严的感觉②所加固,
并且,这种自我利益,亦被该种对尊严的感觉所扩展,加固了这种自
我控制并扩展了这种自我利益的那一对尊严的感觉,即,那种既植
根于对私有财产的精明管理,也植根于此名声或此承认——由与自
己一样合乎理性(rational)且心智独立的邻人们所给予的,虽"非英雄
式的"却"牢靠过硬的"好名声或类似承认——的对尊严的感觉。

　　由这一目标所指示出的首要任务,是灌注给孩子们一种这样
的能力:一种主控自己的"自然的诸倾向"——自己的"自然的且
错误的诸倾向"(若用洛克的话说)——的能力。照洛克看来,属人
存在者,自然地倾向于一种对"权力"与"主导性"(dominion)的贪
恋,[168]那种往往会导向暴力性冲突的贪恋;这一倾向,没有比
在小孩子身上尤其是在"正在玩乐中的"小孩子身上更为明显的
了,洛克暗示说。属人存在者们,需要去取得——人为地/造作地
(artificially)去取得——那种"内在的'理性之统治'(rule of rea-
son)",倘若他们要逃离出"一种混乱的、彼此威胁着彼此的社会
性"(也即逃离出那种"自然状态"、在世界的每一片场地上一再上

────────────
① 　[译按]中译可参洛克:《教育漫话》,傅任敢译,前揭,页 2-3。
② 　[译按]"一种对尊严的感觉"简言为"一种尊严感"。

演的那种"自然状态")的话;但是,属人自然/本性,又是这样的:
该自然/本性,并不自生自发自主自动地就拥有了"这种由理性所
行的自我统治",或者说,该自然/本性,甚至也并不自然地就向着
"这种由理性所行的自我统治"而生长。

　　教育必得予以回应的那种种"心智之诸缺陷或诸无序",并未
被洛克归咎为"原罪或原初堕落"(sin or the Fall),相应地,洛克也
从未暗示说,"心智之诸缺陷或诸无序"之相应的救济,要在对神
的畏惧中,或在对"属神的和惠与救赎"的希望与祈祷中,或在就
各种各样的罪(guilt)所作的告解和交代中,才找得到。在他就
"给孩子们的宗教上的指导"所作的非常简短的讨论中,洛克强调
说,该不惜一切代价地来防止孩子们以任何方式畏惧神。灵魂之
"自然的(natural)无序",对之的恰当救济,是一种如此之诸习
惯——即"自我控制"之诸习惯——的人为/造作植入(artificial
implantation),这种自我控制之诸习惯的人为/造作植入,从幼年时
就得开始,起初靠的是对父母的畏惧,终究靠的是一种重构,一种
"对'权力'的那种自然的(natural)贪恋"的重构,连同与此重构相
连的一种调控,一种"对'自由'与'快乐'的那种种自然的(natu-
ral)诸欲望"的调控。在属人心灵之中给了了"合理性"(rationali-
ty)或"德性"以其"最强悍的力量(strenghth)"的,是"'被仰慕'与
'不光彩'"。"被仰慕""不光彩"这两个动机,"是心智所面对的
所有动机之中———一旦心智开始从这两个动机中品得出味道的
话——最为强有力的(powerful)两个动机"。(《教育漫话》第 56
节)①心智之所以能从"'被仰慕'与'不光彩'"中品得出味道,是因
为对权力的那种自然的(natural)欲望,很容易地就能与"声望"相勾
连,而"声望"是约俗性的,"声望"的这一约俗性的品性,使得"声
望"可以被"那种由'赞誉'与'指责'所充斥的场境"形塑。在一个

───────────

① ［译按］中译可参洛克:《教育漫话》,傅任敢译,前揭,页32。

合乎理性的、洛克式的场境中,"赞誉"与"指责",总是与"经得起推敲"(reasonableness)之展现或缺乏紧密相关。孩子们,洛克说道:

> 都爱被当作"合乎理性的造物"(Rational Creature)来对待,他们之如此,要比想象的来得早得多。这是一种在他们身上的应该被珍视的"骄傲",并且,这种"骄傲"应该尽可能地被用作塑造和引导他们的一个最为重要的工具。(同上,第81节)①

洛克式的教育,以这样的灌输——"社会性的诸德性"(social virtues)之灌输——达至极致。其所灌输的那些"社会性的诸德性",代表了针对如此之"诸癖性"——即"属人的社会性"(human sociability)之中的那些自然而然地就是"劣性的"且"非理性的"诸癖性——的这样的解毒剂:合乎理性的且"被建构出来的"或曰"人为的/造作的"(artificial)解毒剂。"生活在一起的孩子们",洛克说道:

> 常常会为了谁主控谁而争斗,为将自己的意志凌驾于他者而争斗:无论是谁开始了这样的竞争,都该被制止。不仅制止他们进行这样的竞争,还应该教给他们"逊顺""谦恭""民事气性/彬彬有礼"(civility),让他们对待彼此、对待想象得到的一切他者时,都要完全地逊顺、谦恭和有民事气性/彬彬有礼。一旦他们看到,由此会给他们引来"尊重""爱"与"仰慕",同时自己又并不由此而损失自己的任何优势,并不由此而损失自己任何的"高水平",他们就会由此而获得远大于由侮慢地去主导什么而获得的快乐。
>
> (同上,第109节)②

---

① [译按]中译可参洛克:《教育漫话》,傅任敢译,前揭,页59。
② 同上,页87。

[169]正义，就其严格的含义而言，靠的是"对'私有财产'的尊重"，孩子们既然——严格说来——无法拥有任何财产，他们也就无法知道任何正义。不过，还是可以借由以下两种方式把他们抚育得去向"一种正义感"或者说去向"对'他者之财产'的理解与尊重"靠近，这两手是：一种是以生动的方式，向他们展示劳动的意义（洛克说，孩子们，应该在他们的家庭教师和他们的父母的帮助下，自己制作他们全部的玩具），一种是教他们"慷慨疏财"这一德性有多好，"垂涎觊觎"这一劣性有多恶。诉诸"爱"或诉诸"牺牲"，并非灌注"慷慨疏财"这一德性的恰当方法。"慷慨疏财"，并非"慈善"；洛克并不建议教孩子们"慈善"。要成功地使得孩子们扎扎实实地"慷慨疏财"，惟有向孩子们表明"他们最终将会获利并且还将获得更多，倘若他们自己先'慷慨疏财'的话"："要让他们借由经验发现"，洛克写道：

> 谁最为"大方/自由"（liberal），谁就总是拥有得最充裕，谁还总是被仰慕、被嘉许，他们若有了这样的发现，那他们很快就将学会践行"大方/自由"（liberal）的。……这是该被——借由极大的赞许与褒扬来——鼓励的，并且始终要留意着，别让他因自己的"大方"（liberality）而失掉什么。让他做的每一件"大手大脚的事/无拘的事"（Freeness），都始终是有回报、有利益的。
>
> （同上，第 110 节）①

"社会性的诸德性"，其中的那枚拱顶石，就是被洛克称为"民事气性/彬彬有礼"（civility，一个洛克赋予了一种新圆心与新义蕴的词）的东西。"民事气性/彬彬有礼"这一术语，照洛克的用法，

---

① ［译按］中译可参洛克：《教育漫话》，傅任敢译，前揭，页88。

指的并不是政治性的领袖风范、治国技巧甚或"公民风范"：它是一种社会性的——而非一种民事性的或政治性的——德性，该德性体现出了"人性/人道/人之一种平等主义情感"（an egalitarian sentiment of humanity）。洛克式的"民事气性/彬彬有礼"虽然谨守"等级与阶层"之约俗性的区划，不过，这一"社会性的德性"，在德性与劣性的"对阵表"上，确实替代了"谦卑"这一基督教式的或圣经式的德性，来作为对手对立于"虚荣"这一劣性——以及"贵族式的'骄傲'"这一劣性（"贵族式的'骄傲'"，在亚里士多德那，当然是被称为"德性"，并且是"一种领衔的德性"）。"我们不应当"，洛克宣称道：

> 把我们自己想得过于好，好得以至于要抬高我们自己的价值；我们也不应当，由于某种我们或许想象自己之于他者而有着的优势，就在他者面前摆出一副了不得的优越姿态来；我们反而应当适度地接受凡被给予的，假若这被给予的是我们应得的话。……"心智之民事气性/彬彬有礼"……是这样的一种一般性的好意（good will）和在意：这种好意和在意，是针对所有的人（people）的；这种好意和在意，使得自己小心自己的举止不要表现出对他们有任何的轻蔑、不尊重或忽视。
>
> （同上，第 142-143 节）①

关于民事教育的美利坚式新观念

到了 18 世纪中叶，洛克的教育专论在美利坚的影响——部分上也是经由克拉克（John Clarke）和沃茨（Isaac Watts）的转手——已然十分磅礴。生动地见证了这一事态的是[170]为该世纪中叶

---

① ［译按］中译可参洛克：《教育漫话》，傅任敢译，前揭，页 118-119。

关于教育的讨论作出了最为瞩目的美利坚式贡献的本杰明·富兰
克林的《关于宾夕法尼亚青少教育的诸提议》(1749)、连同他的
《关于英格兰学校的理念》(1750)①一文。富兰克林，引用了沃克
尔(Obadiah Walker)、罗林(Charles Rollin)，也引用了弥尔顿，但明
显会想当然的是，对于富兰克林以及富兰克林的读者们而言，教育
上的那个至高无上的权威，一定就是约翰·洛克了。不过，无论富
兰克林的整个擘划，对洛克的关于"教育"以及关于"属人自然/本
性"的理论，明面儿上的借用、暗地里的依靠，在量上有多大、在质
上有多深，我们都不能不注意到：富兰克林的整个擘划，在一个决
定性的层面上，背离了洛克；并且，这一背离，其本性/自然，可以
说，就是美利坚特色教育之路的"元型"(archetypical)。

　　富兰克林的擘划在于设置这样的一个学校、一个学园，使其作
为先锋，引领一大波新的私立(以及——终归还是会出现的——
公立)中学，好让美利坚人把未来顶尖公民之教育托付于斯。富
兰克林的提议，在随后不太长的时期里，仅仅取得了颇为有限的成
功；但是，1778 年"菲利普斯·安多佛学园"(Phillips Andover
Academy)的肇建，则掀动了很长一段时期里都在稳步增长着的对
这样的一种"寄宿制中学"——那种其课程安排、其教育目标之视
景在相当大的程度上均是被体现在富兰克林的诸建议中的精神所
塑造的"寄宿制中学"——的热忱。

　　凡针对教育而讲话发声的美利坚人，当他们追随着富兰克林
的引领时，他们也逐渐地意识到，在他们倡议并设计"公办文教系
统"的同时，他们也是在塑造着一种新综合，即，"洛克式的教育诸
原则"与"古典式的教育诸原则"之间的一种新综合。富兰克林的

----

① *Proposals relating to the Education of Youth Pennsylvania* 和 " Idea of the English
School"，收入 The *Papers of Benjamin Franklin*，ed. Leonard W. Labaree et al. (New
Haven: Yale University press, 1959-　)，3: 395-421 (*Proposals*) and 4: 101-108
("Ideal")。此处及下文对这两部作品的引用均出自该版本。

关于"一个学园"的提议,除了课程安排的大要之外,包括了这样的一个重磅推荐:要大力利用这一机会,即,由"少年受众们之集结一处"而为"修辞"与"辩论"这两种民事能力上的教育所提供的那种机会。学堂,应该是这样的地方:于斯处,年轻的、未来的公民们与领袖们,学到了这一差异,即,"智术"与"内含着推理的(reasoned)共和式雄辩文辞"二者之间的差异。但是,富兰克林一边回溯到伊索克拉底式传统,一边又给这座古典大厦添加了一个新故事。美利坚民事报业(civic journalism)的这位肇建者强调说,在一个现代共和体中,最为重要的修辞或许就是"报业式的修辞"(journalistic rhetoric)了:"主要经由笔与出版界而施展出来的现代的政治修辞,在某些层面上之于古早的政治修辞的优势,将会显露出来"(4:104)。富兰克林作为"报业式的共和修辞"这门新学问之范本来推荐的那个文本是《旁观者》①。富兰克林把"对修辞的研习"与"对政治性文本——尤其是新闻报纸——的公开读解"勾连在一起,呼吁要在少年们当中培育他们的一种口头读解的能力、一种鲜活的朗读能力,让他们擅于调动发声、嗓音、腔调,声情并茂

---

① ［译按］《旁观者》(*Spectator*),是 18 世纪初英格兰一份非常著名的日刊,1711 年–1712 年间在伦敦发行,由英格兰作家、辉格派政治家艾迪森(Joseph Addison)与爱尔兰作家、辉格派政治家斯蒂尔(Richard Steele)两位友人共同创办。每期约 2500 字,共发行 555 期,后结集为 7 卷合订本。1714 年,在没有斯蒂尔参与的情况下,又以每周三刊的形式发行了六个月,后结集为合订本的第 8 卷。该刊被伦敦市民广泛阅读,该刊日发行量 3000 册,但读者远不止 3000 订户这个数,据艾迪森的估测,读者约有 6 万人,相当于伦敦市民的十分之一,大多数人是在订购该刊的咖啡馆里免费阅读,尤其在新兴的工商阶层中备受追捧。在北美殖民地也有相当的读者群。停刊后,其合订本在 18 世纪末到 19 世纪依然销量极大。该刊旨在以轻松幽默、清爽辛辣的文风推广启蒙理念,理性地探讨政治问题和公共问题,为的是尽可能地在受众中形成道德判断和政治讨论的气氛,"把哲学从书斋、图书馆、学校请进俱乐部、集会、茶桌和咖啡馆",使其成为"早餐桌上的佐餐伴侣",这样的办刊理念使得该刊成为 18 世纪英格兰公共空间与舆论空间形成的重要动力与构成要素。该刊宣称立场中立,但总体上相对倾向于辉格派价值与理念。该刊文风堪称现代文论或政治随笔的典范,也正是富兰克林着力效仿的对象。

地进行口头朗读，[171]以此来给未来的公民们配备这样的力量（power），即，让书面语词活灵活现起来并栩栩如生地——无论是在窄到如家庭一般的小圈子里，还是在大到如教堂中的或客栈中或酒馆中的公共集会里——将之广为传布的力量（power）：

> 若无好的朗读，任何着眼于对人们（men）的心智本身造成影响或是着眼于对公共的益处造成影响的出版物，都会丧失其大半的势力（force）。一个社区里哪怕只有一位好的朗读者，一位公共演说者也会被举国听到而优势不减并对其受众产生同样的效应，就仿佛是受众们就站在他的声音所及的范围之内一样。

(4：104)

而且，富兰克林显然是要让设想中的这一学园鼓励青少年去享受"这一参与"并从"这一参与"之中学习，即，参与到你来我往的公开论辩之中，尤其是这样的一些辩论之中——那些使该共同体的生活之中的或更广阔的世界的生活之中的当下某些重要场景的剧情加剧化、坚实化同时还提出了政治理论之诸议题的辩论：

> 在历史性场景中，关于对与错、正义与不正义的究问自然而然地就浮现出来了；可以把这样的究问甩给青少年，让他们在交谈中、在写作中，就这些究问来展开辩论。当他们为了与胜利相伴随的赞誉而热切地欲望着胜利时，他们就将开始感觉到"他们所亏缺的东西、他们所渴求的东西"，也将开始敏锐地对"逻辑之运用"或曰对"赖以发现'真'的那种推理技艺"以及对"去论辩以捍卫'真'"有所感，并将开始去说服对手。这便到了让他们熟悉"该技艺之诸原则"的时候了。格劳秀斯、普芬道夫等类似的作者们，都可以被用到这些场景中

来决断他们的诸争端。种种公共争端,暖热了想象力,吊足了勤奋钻研的胃口,并强健了诸自然能力。

(3:413–15)

　　在某种程度上,18世纪后期对"公办文教系统"的美利坚式关切,确实是建立在新英格兰各州——尤其是马萨诸塞和康涅狄格——极为强劲的公立文教系统的传统之上;但是,若更为仔细地再看看,便会看出,也仅仅是在十分有限的程度上——至少就被富兰克林所推动的那种精神而言——确乎如此。培育"清教式精神气质"以及"贵格派精神气质",这两种精神气质的培育,在费城当时已有的各个学校里,是再熟悉不过的,但在富兰克林那里,已经不再是他的教育方案里的一个目标了。这并非是说,从学园的新见解中,必定推引得出,宗教在文教系统中被彻底革除。但是,富兰克林是把"宗教"当作"道德"之一个必要/必然的补充——而非"道德"之灵感与引航灯——来对待的。并且,这里所谓的"宗教"也是被他称为"公共宗教"或"公民宗教"的东西:也即,被历史表明为是社会之健康所不可或缺的、民众间流行的、极简极少的某信条(minimal popular creed)。

　　在《美利坚合众国宪法》获准生效且《权利法案》随之颁行之后,这一究问——共和体要不要设置一整套公立文教系统——在一小众心智之中呈现出了一种新的紧迫性。拉什(Benjamin Rush)和韦伯斯特(Noah Webster)——这二位在某种程度上追随了先行者富兰克林披荆斩棘开拓出的那条道路[172]——均极力支持并促成州立学校选用这样的课程安排及相应的教科书,即,能将"非宗派性的、新教式公共精神"与作为"该新共和体之道德内核"的那一"气韵与风尚"——也即"自治政府/自我治理"(self-government)与"商事与农事的企业与经营"这二者之"气韵与风尚"——嫁接起来的课程安排与相应的教科书。

但是,在设置公立学校这一企图与尝试上,没有谁所付出的努力与思索堪与托马斯·杰斐逊相比肩。杰斐逊并不倾向于把"民事精神"建基于被富兰克林称为"公共宗教"的那种东西上,就此而言,杰斐逊,与拉什和韦伯斯特两位,并不同路。相反,杰斐逊所寻求的,是这样的一种公立学校及相应的教科书:该公立学校及教科书所灌输的,将是一套新的道德规码(moral code),一套关于"自由的、农事性的或自耕农式的公民风范"的新的、纯世俗性的道德规码。杰斐逊式规划,其关键成分之一是这一见解:学校的治理(government)可交托在地方的与父母的手上。杰斐逊希望利用对教育那些居住在每一个地方性"学区"(wards)("学区",是杰斐逊所设想的地域区划之基本单元)之内的孩子们——男孩也罢,女孩也罢——的关切,来把这些男孩们女孩们的"父母、监护人或朋友们",从其各自纯私人性的也是经济性与家庭性的空间中给拽曳出来。他希望种植一颗这样的果核,从这颗果核中,一种更为广泛的、更为积极的也更有参与性的共和精神,会在地方层面上生长出来,由该果核中生长出来的这种共和精神,将促生出这样的诸"学区"——作为"政府/治理"(government)之至为关键的、次郡一级的(subcounty)诸单元的"诸学区":"它们①之一开端,为的仅仅是这单一的一个意旨②",在论"学区"的一封著名书信(1816年2月2日)中,杰斐逊向他的同仁卡贝尔(Joseph Cabell)倾吐道,"它们很快就会表明,对任何其他[意旨]而言,它们也是最好的工具"。换言之,杰斐逊式的教育视景,把对"孩童期初早的民事教育"的关切与对——经由"实践"与"习惯之养成"而展开的——"成年人之民事

---

① [译按]"它们",按照行文上下语境,指前一句中所说的各个"学区"。
② [译按]"这单一的一个意旨",按照行文上下语境,指的是教育、对学区内的孩童的教育。"学区"一开始是为了教育而设置,但学区一旦成形,其功能,就并不局限于教育了,如杰斐逊下半句所说。

教育"的关切,连成了一个有机的统一体。①

　　若把我们当代的领袖们关于公立教育之诸目标与诸意旨所作的宣告,与杰斐逊关于这一主题的那份最为权威的陈述——他的那份写给"1779 年关于知识之更为广泛传播的弗吉尼亚提案"的精妙绝伦的序言——两相对比一下,确实是很振聋发聩的。该序言,一开头就单刀直入地诉诸了这样的"自然诸权利",即,那种种属于"诸个体"的,且"对之的保护"既是"好政府/好治理"之意旨也是"政府/治理"好与不好之基准的"自然诸权利"。但是,杰斐逊立刻又转向了这样的需要,对"如此之'民众教育'"的需要:所需要的那一"民众教育",即,在"政治科学"方面或"与'政府/治理之诸形式'有关的那种知识"方面的教育,此教育尤其要借由对"历史"——并非指"经济性的或社会性的历史",而是指"政治性的历史"——以及对"对外事务"的研习来展开。此教育是一种关乎"诸个体"的教育,但它所关乎的"诸个体"并不仅仅就是单个的"诸个体",[173]而是统一在了"整个的人民/族群"(people at large)之中的"诸个体"。正是"人民/族群"(people),才拥有——但也仅仅是"作为'一个受过教育的、有教养的共同体'的那种'人民/族群'"才拥有——这样的"自然诸权力"(natural powers),能够以之来最好地防御并对抗"僭政"的那些"自然诸权力":

　　　　要说保护诸个体无拘地行使他们各自的"自然诸权利",
　　在此一点上,政府的有些形式,被计算和筹划得明显要比政府

---

① 给卡贝尔的信,引自 *The life and Selected Writings of Thomas Jefferson*, ed. Adrienne Koch and William Peden (New York: Random House, Modern Library, 1944), 622. 本段另一处引用,出自杰斐逊的"关于知识之更为广泛传播的提案"(Bill for the More General Diffusion of Knowledge), in *Crusade against Ignorance: Thomas Jefferson on Education*, ed. Gordon C. Lee (New York: Teachers College Press, Columbia University, 1961), 83–92。下文中从该提案的引用,均出自该文本。

的其他形式好,并且与此同时,这些政府形式在防护自身免于堕落上,明显也比政府的其他形式好,不过,尽管如此,经验却也表明了,即便是在政府的最好形式之下,谁被托付了权力,谁就会——在时间中、随着缓慢的运作而——将之扭拧成僭政,而据信,最有效地防止这一点的手段,就是去启明——只要是可行的——"整个的人民/族群"(people at large)之心智,尤其是要把与这样的事实——历史所演示出来的事实——有关的知识教给他们,好让他们在因此而拥有了来自其他的岁月里与其他的国度里的经验后,能够知道以各种各样的形态展现出来的野心/雄心,并及时地动用他们的"自然诸权力"来挫败该雄心/野心的种种意旨。

让民众博闻识广、在信息充分而灵通的基础上兼听多见,从而保持警觉,如此意旨,虽为杰斐逊在民事教育上的意旨,但绝未穷尽杰斐逊在民事教育上的全部意旨。在该序言的第二部分,杰斐逊便从针对所有公民的那种共同/普通教育(the common education),进而转向了针对罕见少数——尤其是贫困者当中的罕见少数——的那种非共同/非普通的"自由教育"(the uncommon "liberal education"),后一种教育所针对的那些罕见少数——尤其是贫困者当中的罕见少数——指的是这样的一些少数,他们"被'自然/本性'赋予了"种种智识上的与道德上的高拔品质,正是他们的这些品质,使得把"代表制的政府形式/治理形式"——恰是"半贵族式的美利坚政制"的鲜明标识——之中的那种立法的与行政的责任托付给他们,是相称、相配,也是适合且应该的:

　　一般地看,这一点是真的:哪个人民/族群(people),他们的法若是最好的,且他们的法,还被施行得最好,那么,哪个人民/族群就将是最为幸福的了,并且,形塑其法的,有多智慧,该法就将被形塑得有多智慧,施行其法的,有多诚实,该法也将被施行得有多诚实。所以,公共幸福之促进,便宜之计便是这样的了:凡被"自然/本性"赋予了天才与德性的人(persons),该经由自由教育、使得他们各个因此而配接过——且因此而能够去护卫——那份神圣不可侵的贮藏,即,他们的同胞公民们的诸权利与诸自由这份神圣不可侵的贮藏,并且,他们该无分财富、出身抑或其他任何偶然境况或情形地而被托付给该职责。但是,对于极大多数者来说,他们的困窘,使他们无力如此来教育他们自己孩子们当中的那些"已被自然/本性形塑得——或者说自然/本性已使其倾向于——适合成为有用于公众的利器"的孩子,这是极大多数者凭一己之力无法负担的,那么,找出并教育这样的孩子,这笔开销就该由全体来共同负担,这要好过把全体之幸福交托给孱弱者或恶劣者:若果如此行事的话[……]。

此处,杰斐逊的民事教育理论,略要毕现,令人印象深刻:"自然诸权利"属于"诸个体",而"诸个体",惟有——经由教育而——变形为这样的"一众人民/一个族群"(a people)、一众/一个配有以之来保护他们自身不受压迫的那些"自然诸权力"的"人民/族群"(a people),才能确保或握紧属于"诸个体"的那些"自然诸权利"。但是,"人民/族群"持有这样的权力必定主要是备用的,既然,在实践中,他们必定是把对他们的诸权利与诸自由的保护"贮藏"在民事领袖们与施行者们的手里的。[174]民事领袖们与施行者们之脱颖而出,应当是由于某一道德上的与智识上的自然的高拔——不过这一高拔是一若要实现出来就必需一种"自由教育"的高拔。

　　杰斐逊既未忽视也没低估职业技术教育之重要性抑或以下之

重要性，即，就如杰斐逊后来在《石鱼口委员会报告》①所说的，"把每一个公民在进行自己的交易和营生时所需要的信息，给予每一个公民，让每一个公民能够为自己计算和筹措，让每一个公民能够以书面成文的形式表达并保存他自己的种种理念、合同和账目"②。但是，杰斐逊始终坚持在把教育之诸目标宣告出来时，要把教育的那一道德上的和民事上的维度，放置在这诸多目标中的一个最为突出或最为高端的位置上。正如他在《石鱼口委员会报告》里继续说到的那样，"更高的目标"在于：

> 让公民能够——通过阅读——改善自己的道德与官能；让公民能够理解自己的之于邻里以及之于国度的义务，并能够胜任并履行邻里或国度交托给自己的职能；让公民能够知道自己的诸权利；让公民能够有序而正义地运用他所保有的，来斟酌选定他的委托物的受信托者；让公民能够勤勉而朴实耿直地关注后者的行为并给出判断；并且，一般而言，让公民能够带着理智与信仰来观察、评论和谨奉他置身于其中的所有的社会关系。

被杰斐逊和肇建一代之中的其他教育理论者们以之为鹄的的那种特定的"民事精神"所涉及的，当然是这两种东西了，一种是

---

① ［译按］1818 年，弗吉尼亚立法机关针对此前杰斐逊关于州公立教育及设建州立大学的提案，批准在本州创办一所大学，并任命包括杰斐逊、麦迪逊和时任总统的詹姆斯·门罗在内的 24 人委员会，负责该大学的设建。是年夏，该委员会在蓝岭山（Blue Ridge Mountain）里的小镇石鱼口（Rockfish Gap）开会商议大学设建的相关事宜。杰斐逊在将近一个夏天的会议结束时，迅速撰写了会议报告，并很快以"石鱼口委员会报告"（Rockfish Gap Commission Report）为题公开出版。该报告不仅记述了关于弗吉尼亚大学选址、宗旨等相关筹备问题，尤其重申并再一次详述了杰斐逊一贯的公民教育理念。

② "Report of the Commissioners Appointed to Fix the Site of the University of Virginia," in *Crusade against Ignorance*, 114–33; 引文出自 p. 177。

富于激情的爱国主义，另一种是这样的感觉，对如此之兼爱或连带——与过去世代里的、与未来世代里的，还有与当下世代里的公民同胞相关的兼爱或连带——的感觉；但是，该民事精神所涉及的该爱国主义与该兼爱，均为一种新的类型：这种新类型的爱国主义与兼爱，深植于此诸权利——诸个体之人格诸权利与财产诸权利——的土壤之中。对国度的爱，其所爱的并不仅仅就单单是斯土、斯人(people)与斯传统，而是混合了以下这种尊崇的、对以下这样的诸原则的爱：其所爱的那些诸原则，即，美利坚人从洛克与孟德斯鸠那里汲取而来的政治理论之中的那些经过了精缜构思并被严谨表述出来的诸原则；此爱中所混合的那种尊崇，即，对那些最为明显地是投入并献身于以上特别的这些诸原则的英雄们的尊崇。对自己的同胞公民们的关照，此关照所表达出的，与其说是无私无我甚或自我超越，不如说是这样的一种合乎理性的(rational)理解，即，合乎理性地理解到了"每一位之诸权利，有赖于全体之诸权利"。兹事之心脏，被杰斐逊的年轻门生史密斯(Samuel Harrison Smith)在他论教育的一篇随笔——1795年，史密斯凭该篇随笔，与杰斐逊的另一门生诺克斯(Samuel Knox)一起摘得了当年的美利坚哲学学会奖——的收尾处，很好地表达了出来：

> 公民，被启蒙过了以后，就将是一个无拘的人(a free man)了——在"无拘的人"这一词的最真的那个含义上。这个人将知道他自己的诸权利，也将理解他者之诸权利；这个人，辨识出了他自己的利益与保存他者之诸权利二者是有关联的，因此，他将像支持他自己的诸权利一样坚定地支持他的同胞们的诸权利。[175]这个人，极为博闻识广、信息通达、兼听多见，因而不会被误导，又极富德性，因而不会被败坏；我们将看到这个人的一以贯之与不移不易。他不会此一时是爱国主义之子，彼一时便是霸道(despotism)之下的奴隶，我们

会看到他在原则上永远如一。①

在发表于 1787 年的那篇支持批准《美利坚合众国宪法》的随笔中,韦伯斯特清晰而醒目地讲到了,新的美利坚共和体,在多大程度上背离了关于"民事上的连带与教育"的传统诸见解:

> 德性、爱国主义或曰对国度的爱,从来就不曾是也永远不会是政府的一个铁定的、永固罔替的原则与支柱,除非"人之自然/本性"(men's natures)被改变了。但是,在一个农业国度里,土地的一种一般占有……会固化为永久性的,而商业之种种不平等又过于变动不居以至于危及不到政府。财产之一种平等——与财产的这一种平等相伴随的,是这样的一种疏离之必然性,且此种疏离之必然性的持续运作,将逐渐摧毁诸强有力的家族之间的诸联合——恰恰是一个**共和体的灵魂**。……但是,虽然财产被视为是,对于"美利坚式自耕农"的无拘而言,是该无拘的**基础**,不过其他一些辅助性的支柱也还是有的;**人民/族群的博闻识广与信息通达**,就是这些辅助性的支柱中的一个。没有哪个国度,教育会是如此一般化/普及化——没有哪个国度,人民/族群这一群体(the body of people),会有一种这样的知识,一种关于人(man)之诸权利以及关于政府之诸原则的知识。这种知识——连同一种对自由的尖锐感觉以及一种万分警觉的妒忌——将护卫我们的诸制度。②

---

① Samuel Harrison Smith, "Remarks on Education," in Rudolph 1964, 220–221.

② "An Examination into the Leading Principles of the Federal Constitution etc.," in *Pamphlets on the Constitution of the United States Published during Its Discussion by the People, 1787–88*, ed. Paul Leicester Ford (Brooklyn: n. p., 1888), 57–58.

　　韦伯斯特，绝非是要在一种这样的教育———一种以此知识为中心的教育，该知识，即，关于"诸权利"（尤其关于"财产诸权利"）的以及关于植根于这些"诸权利"的那种政治的知识——的语境下，贬低爱国主义的重要性，这一点，他在后来的随笔《论美利坚青少年的教育》中，讲的很明白。"美利坚的每一个孩子"，他在该篇随笔中说道，

　　　　都该熟谙他自己的国度。……只要他刚一开始咿呀学语，就该反复念叨他自己国度的历史；他该以他那尚呢喃不清的口齿反复叨咕这样的赞誉：对自由的赞誉，对为自由之故而发起了一场革命的那些彪炳千秋的英雄们和政治家们的赞誉。一部这样的文集，即，一部涉及美利坚的拓殖地与地理并涉及此历史———关于后来的革命以及关于使得该革命得以与众不同的那些最为显赫的人物与事件的历史——的文集，与一部这样的概要，即，关于政府（联邦政府与州政府）之诸原则的概要，该是合众国里学校的首要教材。这些，对于每一个人（man）来说，都是有趣的对象；它们将之召回自己的家园，将之牢固地系于他们自己国度的诸利益上；它们也有助于形塑对它①的眷恋，并有助于扩展对它的理解。②

　　言及那种在美利坚共和体之内应当广予传布的知识时，韦伯斯特也进一步把他关于课程安排的诸理念补充得更为具体：[176]"对于一个共和式国家之中的自耕农而言，不只字词拼写课本里的和《新约》里的那种知识才是必然的/必要的，对伦理与以下这些一般性诸原则———关于法、商业、货币与政府的一般性诸原

———————

① ［译按］这个分句里的两个"它"，指代"他们自己的国度"。
② 引自，Rudolph 1965, 64—65。

则——的熟谙,也是必然的/必要的"。韦伯斯特还补上了一笔这样的反思:"在罗马,男孩子们在学校里的日常功课,就是记诵《十二表法》,就像他们记诵他们的诗人以及古典作家们一样。在一个无拘的政府之中,这是多么卓越的一种做法啊!"个体诸权利的洛克式诸原则,在多大程度上,被关于教育与公民风范的古典共和诸原则所融合并升华,便显而易见了。韦伯斯特的这一评述,跟前文他就"合众国里学校的首要教材"应当有怎样的品性所作的评述一样,都远非一种思辨式的清谈:他撰写并出版了一系列这样的教本,而且均获得了空前的成功。这些鲜活生动的小册子,行销数百万本,并且历经若干世代都一直是美利坚学校里的核心用书,由此证实了,韦伯斯特的此预见的确是真的:"政治理论与历史、连同道德神学,是可以被弄得很吸引年轻的、未来的公民们、让他们难以忘怀的。"

　　对一种现代的、共和式的民事教育之本性/自然予以深刻反思的那些早期的美利坚人,他们的书写作品里在闪耀着一种清晰可辨的见解——关于"民众的自我尊重"的一种特别的见解。那些早期的美利坚教育理论者们,在他们心智之眼的前面,放置了此理想,即,与以下这一感觉有关的理想,这一感觉即一种广泛扩散了的、对尊严的感觉①,一种植根于精神之连同财产之实实在在的独立,也植根于对此诸原则——撑起了如此之精神上与物质上的独立的、"道德上的与政治上的诸原则"——的实实在在的理解的广泛扩散了的、对尊严的感觉。他们希望培植一种对自我尊重的感觉和一种对自己的、合乎理性的(rational)诸法与诸制度的尊崇,此种感觉和此种尊崇,会避免两个东西:既避免了"家长式贵族体"以之为标志的那种孩子气的敬畏或孩子气的膜拜敬奉,也避免了"民粹式的(populist)民主体"里的那种庸鄙的"尊崇无能"

———————————

① ［译按］对尊严的感觉,简言为"尊严感"。

（即，没有尊崇的能力，或者说，没有能力去尊崇什么），避免了那种"大众的自命不凡和自我陶醉"。"人民"（the people），亚当斯在1785年一封论民事教育的信中写道，"必须这样教导：教导他们去尊崇他们自己，而不是去膜拜敬奉他们的仆役们、他们的统帅们、主教们和政治家们"。他一边显然是回溯到了普罗塔克以之为例证的对古早共和的援引，一边补充道：

> 底比斯，若把她的自由与荣光归于伊帕密浓达斯（Ep-aminondas）①，那么，待他一死，她就将失去二者；或许她也早就失去二者了，若她从未品尝过二者中任何一个的滋味的话。但是，若底比斯国族的知识、诸原则、诸德性与诸能力，生产出了一个伊帕密浓达斯的话，那么，她的自由与荣光就将一直持存，即使这个伊帕密浓达斯已然不在了。并且，一个相类的教育体系，若被建立起来并被整个国族所享有，那么，该体系就将源源不绝地生产出一个又一个的伊帕密浓达斯。②

[177]该任务之异常困难之处或微妙之处，将显得更为明晰，如若我们看到：其所寻求的，既是一众/一个对自己的"至高无上/主权"有着自我意识的人民/族群（a people）、一众/一个时刻警醒地提防着政府对自由有任何篡占或践踏的人民/族群，同时又是一

---

① ［译按］伊帕密浓达斯（Epaminondas），公元前4世纪的底比斯名将、政治家，其功勋与德性在古典世界广受赞誉。普鲁塔克在《古希腊罗马名人比传》为其专章立传，但该章已佚失，但在该比传的 Pelopiadas 与 Agesilaus 两章中也有提及，中译可参普鲁塔克《希腊罗马名人传》，席代岳译，长春：吉林出版集团，2009年，页520,1097。蒙田誉之为与荷马、亚历山大齐名的史上最卓尔不凡的三个人之一，中译可参蒙田，《蒙田随笔全集》第二卷，马振骋译，上海：上海书店出版社，2009年，页406。

② *The Works of John Adams*, ed. Charles Francis Adams (Boston: Little, Brown, 1850-1856), 9:540.

众/一个"对'法性的（lawful）权威'有着金石不渝的尊重"——一如华盛顿在他的第一次国情咨文①，也是他要求国会为公立教育拨款（该要求竟未获成功！）的那次国情咨文中所说的那样——的人民/族群（a people）。所需要的，是"骄傲"与"谦卑"之间的一种无矛盾的结合，而这二者间的一种无矛盾的结合毕竟是一种佯谬而困难的结合。

第一批美利坚共和派们反复讲到，女性所受的教育，对于民众的如此种种情愫的培育，义蕴重大。洛克与古典共和哲人们都强调孩童期初早的道德教育绝对重要，因而也都强调母亲们所受的教育亦绝对重要；美利坚人采纳了这一命题。以最为明晰的文脉阐述了这一主题的，还是韦伯斯特，他在自己的随笔《论美利坚青少年的教育》一文中说道：

> 在这样的一个教育体制中，也即一个应该将共同体每一部分均囊括进来的教育体制中，女性也该分得我们相当的关注。美利坚的女人们，一般并不会不屑于关照她们自己孩子的教育（这都是作为她们的荣耀而被提到的）。她们自己所受的教育，因而就该使她们能够把诸如德性、礼貌、尊严等此类的与我们政府之无拘相适宜的种种情愫，注入到纤柔的心智中。孩子是该被当作孩子来对待，不过，是该被当作这样的孩子——"将在未来的某个时候成为男人或女人"——来对待。……为了防止各种恶的偏见，女士们——她们的专属职责是，从孩子们一出生起，就对孩子们的种种倾向做出引导，并为孩子们挑选看护——该拥有的，就不仅仅是和蔼的仪范（manner），她们还该拥有的是，正义

---

① ［译按］华盛顿总统第一次国情咨文演讲，是在 1790 年 1 月 8 日纽约城对国会所作。

的诸情愫与被扩展开来的理解力/开阔的知性。

（页 68-69）

对于孩子品性之塑造，女性所起的作用是根本性的，不过，女性自身所受的教育，其本身之无可比拟的重要性，并不仅仅是在女性对孩子品德之塑造所起的根本性作用这一语境下才显示出来的：

> 在国族之仪范（manners）的调控上，她们的影响，是另一个强有力的原因。女人，一旦放荡堕落，就会成为败坏社会的工具，换言之，就会对社会之败坏推波助澜；但是，有鉴于这一性别本身的纤雅精微，也鉴于习俗加诸她们身上的约束与克制，她们一般是最不容易被败坏的。……热衷于与品性非凡的女士们相伴交谈，可被视为是青年男子抵御游冶淫逸生活之诱惑的最好方式。正因为如此，让女性受到良好的教育并让她们尽其可能地发挥她们对异性的影响，对于社会而言，就是必需的了。

（页69）

由这些观察，韦伯斯特进而坚称，需要对女性教育予以一种这样的改革，这种改革，要着眼于在女性身上开发出一种对民事使命的新感觉：

> 好的教育与浮华的教育，要区分开来，因为，一种仅仅是浮光掠影、流于肤浅的教育，恰是品味之败坏的一个明证，它对仪范（manners）的影响是很坏的。[178]女性所受的教育，与男性所受的教育一样，该适应于政府之诸原则，并符合于社会所处的阶段。巴黎的教育不同于彼得堡的教育，伦敦或巴黎的女性所受的教育也不该成为一个模板，让美利坚人拿来就复制。

（页 69-70）

韦伯斯特进一步观察说,把这一庞大的、教育上的新任务,交托给私人资源——家庭教师也好,家庭本身也罢——并不安全可靠,因为,这些私人资源,还是太有可能依旧被关于(在一个贵族式的或君主式的社会里所看到的那种种)女人角色的诸传统见解所浸染了。但是,韦伯斯特自己,倒是并未把含蓄地存于这些观察中的种种结论,充分而明晰地抽拔出来,不像拉什在"关于女性教育的思索——女性教育如何与美利坚合众国当下的社会、仪范(manners)及政府状况相适应"(1787)一文中所做的那样。拉什,是从这样的观察开始的,他观察道:母亲们若要在这样的一个社会——该社会里,"独立",是扎根在处理经济事务的能力上的,并且,该社会里,其中的绝大多数家庭都必需夫妻之间的紧密合作来打理和经营家庭的财务与财产——中去激发一种对尊严的感觉,那么,女人们就必得被教育得有能力胜任这些事务。由是,女人们要去学习的就有:英文、簿记与算数、地理、国族(尤其是该国族为了无拘而作出的奋斗)之历史,以及现代政治理论之诸原则。至少有那么一些女人,还要"对天文学、自然哲学这二者之诸首要原则,有一般的熟谙"。虽然,声乐训练,尤其是为了教堂唱诗而进行的声乐训练,拉什是赞誉的,舞蹈训练,他也是允许的("就我们当下的社会和知识状况而言,我想的话,舞蹈训练,倒也是个差强人意的替代,以置换掉诸如饮酒、赌博这些毫无高贵可言的快乐"),不过,昂贵而耗时的器乐训练,他则是反对的。这种贵族式的名堂,他设法要将之替换掉,代之以一种"严肃阅读"的习惯之培养:"从花在历史、哲学、诗歌以及大量用我们的语言写成的道德性随笔上的那些时光中,可以采撷到多少有用的理念啊!……"①

---

① 　此处和下文引用,均出自 Rudolph 1964,27–32。

　　我们的年轻女士们，一旦准备好关注些什么时，她们的注意力就该被导向到对历史、游记、诗歌以及道德性随笔的阅读上。这些读物，以其独具一格的方式，适合于美利坚当下的社会状况。如果她们从早年就热衷于这些读物，那么她们就会遏制阅读小说的激情，而这一激情在女子之中是如此普遍。我无法不对这种体裁的书写和阅读不置一词，据我观察，小说一点儿也不适合我们当下的仪范（manners）。小说的确凸显了**生活**，但那尚不是美利坚的**生活**。

[179]"把教育中的所有这些科目与基督教的常规训导连结起来，就是必要的/必然的了"，拉什给出结论说。与他同辈中的大多数相对立，拉什则坚持，需要一种共同宗教来给道德作一个共同根基；就此而言，女人们，有一个独一无二的重要角色要去扮演，既然"女性的胸膛，是基督教自然的土壤"，《圣经》的阅读与研习"在我们的学校里被废止，是极为不恰当的"，在女子学校里被废止，则最为不恰当。

　　拉什的视景与看法，其最强有力的支持者和倡导者，是一位在拉什作演讲（后来以《关于女性教育的思索》为名出版）的当年出生的女性：伟大的薇拉德（Emma Willard）——美利坚教育，尤其是独具美利坚特色的师范教育传统，从这位伟大的女性那里，受惠良多。1819 年，薇拉德向纽约州州长递交了一份转呈当地立法机关的、关于创设一个州立女校体系的提案，这是一份经过了她长时间的深思谋虑和精心打磨的提案。这份"向公众尤其是向纽约立法机关成员呈交的、关于改善女性教育的计划案"，就其实质来看，不仅融汇了拉什、韦伯斯特以及其他一些人的论辩，并且，在集众位论辩之大成的同时，又迈出了更为关键的一步。薇拉德论辩说，由受到过州立女校教育的母亲们在家庭之内所开始的那种教育，必须在州立小学里继续下去；而在这些州立小学里，最适宜也最易

得的老师,将是女人而非男人。换言之,薇拉德开了日后逐渐成为
学校教育那一最引人注目的新特征的风气之先,而那一新特征,几
乎是肇建时期的美利坚人完全没有预见到的:由女性在教师——
在道德教师及楷模——中的压倒性增长与态势而带来的教育职业
(尤其是初小级别的教育职业)之变形。当薇拉德的陈情与提议
以失败告终时,薇拉德又转而(于 1821 年)着手组建了"特洛伊女
校"(Troy Female Seminary),这是合众国里的第一所专为女性开
办的大学级别的常设女子学校;该校之创办,破天荒地且极为成功
地践行了这一史无前例的见解:要为女人们提供能使她们胜任一
种学术职业——即,教书——的教育。

　　薇拉德,由此而对最为严重的那个实践上的难题之缓解与扭
转所做的贡献,或许比她同时代的任何一个美利坚人都大,她有助
于缓解与扭转的那一实践上的难题,凡就这片国土上的文教系统
之未来曾写过些什么的,几乎没有哪一位是不承认、不为之唏嘘不
已的,该难题即:短缺专注而投入的、具有典范性的职业教师,而之
所以短缺,根由在于入职该行业的男人们被给予的薪酬之微薄和
声誉之有限。

　　不过,薇拉德的教育视景中的主干课程,[180]就跟她从他们
那里汲取灵感的那些早期肇建者们的教育视景中的主干课程一
样,仅仅取得了极少部分的成功。关于学校教育的这一具有引导
性的观念——该观念,遵循着富兰克林,把洛克式的诸原则与古典
式的诸原则统一在一个虽不甚安稳却融贯一致的综合之内——被
大规模地抛弃了,而且是在美利坚政治文化之发展中一个相当初
早的节点上就被抛弃了。但是,时候已经到了该对这种可能
性——他们的教育提案所指向的目标,甚至他们所建议的课程手
段中的可应用的部分之复苏的可能性——来一番仔细的再考量
了。当然了,改变——反映得出美利坚社会里业已发生的诸变形
的那种相应的改变——则是必需的。美利坚再也展现不出什么

"宗教性同感"（religious consensus）了——哪怕是拉什所相信的、他必须与之携手的那种程度上的"宗教性同感"，美利坚也展现不出来了；那种自耕农社会之中的由乡村、土地私有二者所奠立的砥柱——这样的砥柱，是杰斐逊与韦伯斯特所向望和所依赖的——也早就没了。但是，正如总统布什在近期的国情咨文中说过的那些话所表明的，这个国族依然承认，需要把这样的一种尊崇传递给我们的孩子，一种对把我们凝结为这样的社会的那个"过去"的尊崇，那个"过去"把我们凝结为了一个这样的社会：一个其"无拘"远超"诸个体"之密不透风地被封缄于个人的回转空间里、封缄于当下所处的时刻里、封缄于切近所及的地域里的"无拘"的社会。依然存活着一笔与民事诸德性有关的遗产，这些民事诸德性是：心怀感激与慷慨疏财；域内域外的不息奋斗；为了无拘而牺牲，而不仅仅是享受无拘；信仰一位神，这位神的单一性与唯一性，激发我们去熔铸——并襄助我们熔铸——我们作为一个国族的单一性与唯一性。也依然存活着这样的信心：如此之诸德性是能够被教授的，并且部分上是能够通过"故事的讲述"而被教授的。时候不是正好到了该作出一种更为经过谋虑咨议，也更为坚定果决的努力来把"如此之讲述"——连同能把"被讲述出来的那些东西"反映出来的那些做法或那些习惯一并——推送至我们公立学校的课程安排里的一个中心位置上了吗？

对于这种建议，我预见到了一种针对它的强有力的反驳，而且这种反驳尤其会出自有思想的保守派那里。有什么理由可推认，我们可以把如此重要的任务，托付给当今的老师们呢？当今的老师们，他们的精神之实质部分，还不也是被这样的一种高等教育所形塑的？这种高等教育，为其引航的各种导向灯，其中多数都对"栽植于共和传统、爱国主义、虔敬、财产诸权利、家庭之中的那种根脉"压根儿就毫无同情，对"对共和传统、爱国主义、虔敬、财产诸权利、家庭的尊崇"也压根儿就毫无同情。实际奏效的结果，难道不就是这样的更为精巧的灌输吗:以智识上的与道德上的种种极具腐蚀性的时髦形式而进行的、弥漫于学界精英并由之进入每一间大学课堂从而向外渗漏着的更为精巧的灌输吗? 道德上的教育,难道不就是凭借"诸价值之分类归队"——而"凭借'诸价值之分类归队'",也就夹带着它①的这四个主义之秘而不宣的隐匿图谋:表面上的怀疑主义、实际上的相对主义、隐匿的虽然仅仅是半有意识半无意识的却也是更为教条更为激进的平等主义与个体主义——而被输送的吗? 历史,难道不就是以奚落甚或抹黑肇建者们以及后续每一位对美利坚传统不予反抗的领袖们的方式[181]——将他们各个贬斥为共谋了这样的一场阴谋的为奸狼狈:一场种族主义的、资本主义的、性别主义的且欧罗巴中心主义的阴谋,这场阴谋就是要且就是在支配、主导、统御并剥削"历史之被遗忘者"——来教授的吗? 私人企业,换言之,属人尊严之栽植于"私人财产"之中的那种根脉——此根脉,如胎记一样,曾如此挥之不去地标识出了美利坚共和传统,难道将被待之以任何它所配得的尊重吗? 每一场美利坚战争、战争中的每一位美利坚英雄或普通士兵,难道不就是像越战老兵普遍所遭受的那样——他们若未被轻侮或蔑视,就是被怜悯或同情,而他们的战斗成就,若未被横加痛斥,就是被彻底遗忘——被对待的吗? 美利坚之宗教传统,难道不就是被当成行将就木的这二者——一者为蒙昧岁月、一者为冥顽心智——的最后喘息而被对待的吗? 美利坚家庭与美利坚女性,难道将因她们在自己奉服于自然之严苛的诸法、命运之冷酷的诸敕令时所作出的将自我置之度外的艰难选择而被颂扬吗? 抑或,她们在逆境中的气宇与力量,将被看作不过就是"压迫之下的虚假意识"以及与此虚假意识相伴而起的执拗与憨厚刚直罢了? 当代女性主义之众多倡导者中有多少还固守着一如薇拉德

---

① ［译按］它,指代前半句中的"诸价值之分类归队"。

这样的女性主义者的诸原则与诸执著呢?

　　我无法就这些究问给出令人宽心的稳妥答案。但是,我认为,亚里士多德是正确的,当他坚称"私人与家庭所提供的道德上的或宗教上的教育,本身是缺乏权威来维系自身的,若无直接的、公共的强化与巩固的话"时:我不认为,我们能够任由事情就这么着,同时又期待事情不至于变得太糟。很明显——哪怕就从诸如"意见调查/民意调查"(opinion polls)这样浮于表面的浅层指标来看都很明显,在民事事务上,美利坚公民大众,尤其其中选择了扛起为人父、为人母之责的那些,似乎比那些把持并左右着各个大学的精英们有感得多、有责任得多,也智慧得多;公立学校里的老师们,则介于二者之间,因为他们往往生活在平凡普通的同胞之中,也只花了不多的年头直接待在高等教育机构里受其督示和训练。从整体上看,我倾向于认为,这样的希望,还是经得起推敲的,即希望,小学和中学里的教师们并未像他们的"发言人"有时候所暗示的那样,是那么疏离于我已勾勒出来的那些个教育诸原则。最不济,我认为,我们也得去希望,凡是全身心地投入教书事业的那些男人和女人,将愿意去也乐于去聆听和反思这样的召唤:召唤一种回归,一种向着我们的民事教育遗产——被古典共和式灵感之新注入而扩展和丰富了的、我们的民事教育遗产——的回归。

　　但我也必得坦承,大学,诚如霍布斯所言,在一个启蒙过的社会里,比如在我们的这个社会里,才是意见之源头,在大学里,诸理念、科学式学问或科学式学问所持的主张,握持并发挥着这样的权威。另外,说人民(the people)不至像学界精英们那么败坏,并不就是说人民就一点儿也不败坏。而我们的精英们的败坏,其特异之处,[182]则尤其在于——且大部分在于(又是像太有先见之明的托克维尔当年所说的那样)——谄媚"人民"(the people),或者说,谄媚"民主、平等主义,连同个体主义"。谄媚"人民",或者说,谄媚"民主、平等主义、连同个体主义",这一谄媚是奏效的,哪怕,其奏的效,与奉上这一谄媚的但不时受挫的逢迎者们自己所期待的尚有出入。这一谄媚所奏的效是缓慢的,因为,蔑视"人民"(the people)或"民粹主义"(populism)——尤其是蔑视抱团在一起以全体来下判断时的人民及其此时所下的判断,这一蔑视,其所由出的种种重要的传统来源,依旧让人民(the people)——尚缺乏"精缫老到"的人民——印象深刻。人民往往并不完全信任当政者,这部分上是因为,在一个这样的大众民主体里,一个那种共和式的与圣经式的德性之古早传统早已在其中不绝如缕,甚至庶几绝迹了的大众民主体里,是人民自己遴选出这些当政者的,并且,某个当选者是如何当选的,个中原委,人民自己是多少知道一些的。而另一方面,人民往往信任教授们,这部分上是因为,人民依然认为,学问还是与道德上的清明、与民事上的智慧有关联的(正如它的确应当与后者有关联且在极少数情况下也确实是与后者关联的那样),部分上也是因为,教授们并不是人民自己遴选出来的,并且,对于教授们是如何被遴选出来的,人民也完全摸不着头脑。人民更易于倒向或偏向由教授们所抛出来的种种权威性的主张,尤其当教授们所抛出那些主张还都给自己披上了一层"进步的"且"反精英主义的"外观,同时又允诺了这样的"解放"——从这样的种种冗重而老派的要求或义务,也即从"家庭""国度""神""自然"以及"真"所给出的种种要求或所加诸的种种义务中解放出来——时。

由这些反思,我得出了一个实用的——或许多少也有些丧气的——结论:最为亟需的、与"教育之精神"有关的改革,就是对"高等教育之精神"的改革,既然,终归,大概还是"高等教育"或"高等教育的从业者们"的三观,才是主导性的。

10. 对抗正典与正典性：辩证,高等教育之心脏

[183]当我们转向"高等教育",我们便正面遭逢了"自由教育"这一理念的全部复杂性及相关挑战。尽管"高等教育"确实是因其作为那种应当从中小学阶段就开始的"自由民事教育"的一种延续,也作为那种应当从中小学阶段就开始的"自由民事教育"之师资来源,才重要的,不过,"高等教育"——就我们在现代大学里所知道的那种"高等教育"而言——之所以重要,还因为它另有其他一些更为直接的功能与目标。"高等教育",在其最高层级上,是以"自由教育"的第二个层面上的那个含义为鹄的的,"自由教育"的第二个层面上的那个含义,囊括了也超越了"公民风范之教育"。但是,究竟什么才是"高等教育"的这一"超民事"目标,在当今的美利坚,业已变得越发难以构思、难以表述了。难题,并不仅仅在于加在各大学身上的这一有增无减的压力:各大学得为进入各种行当提供精缮老到的入职准备与技术化且科学式的专业知识和专门技能。这一压力,在现代民主体的语境下,毕竟既不可避免,也绝非就是全然不恰当的。我们确实需要技艺精湛的法科人、工程师、医生、社工、技师、科学家等等,不一而足。但是,要使得对技术化的专业知识与专门技能的追求保持在恰当的畦畛之内,就必需一种由这样的某一构思与表述所发挥出来的对冲力,即一种

由对现代大学里的诸目标之轻重缓急的等级序列所作的某一经得起推敲的、清晰的构思与表述所发挥出来的对冲力。对现代大学里的诸目标之轻重缓急的等级序列作出一经得起推敲的、清晰的构思与表述,这一责任,首当其冲就是——包括了社会科学诸学科中那些较为"文质的"［humane］学科在内的——"人文学"(humanities)的责任。然而,不幸的是,是否可能构思并表述出一种处于其最为"自由的"或最为被解放了的、精神上的成就与完满之中的"人／人性／人道"(humanity)的清晰观念,对此,几乎无以复加的混乱或绝望,正裹挟并左右着今天各大学里的人文学守护者们。我的建议是:我们若要设法找回我们的方位,还是该借由向着关于"自由教育"的那一原初的、苏格拉底式的构思与表述［184］——不过现在要向着苏格拉底式"自由教育"之"超民事"维度——的回归来找回。

苏格拉底式辩证

"自由教育",就其最高的且最充分的含义而言,指的是真真地得解放的教育;这样的一种教育,苏格拉底把它称作"哲学"。但苏格拉底所说的"哲学",其所指的东西,与当今大学哲学系里所教的那些东西大多迥然不同。就其最为严格的含义而言的"哲学",苏格拉底把它等同于"辩证"。要理解苏格拉底之所想,我们最好是从这一观察开始,这一观察即,"辩证",作为一个名号,指的是这样的一种技艺,一种在友好交谈中论辩或"对话"的技艺,此友好交谈中的论辩或"对话",是被一种饥渴所激活、所开启的,激活、开启此友好交谈中的论辩或"对话"的那一种饥渴是一种对"真"的饥渴,一种富于激情的、"厄洛斯式／情欲式的"(erotic)对"真"的饥渴——这种富于激情的、"厄洛斯式／情欲式的"(erotic)对"真"的饥渴,植根于这样的一种尖锐的体认:对我们关于最为

重要的东西之无知的尖锐体认。对话的真技艺,在"引导一场交
谈的能力"上达至极致,"引导一场交谈的能力"指能够或有能力
这样来引导一场交谈:能够或有能力通过究问与回答,通过相互的
交叉盘诘来引导一场交谈,将一场交谈从相对肤浅而表面化的、漫
不经心的或轻佻脱略的散漫聊天,拖入到越发纠结难解、越发焦灼
不安、越发宏览合观也越发精准绵密的艰深考究中去。苏格拉底
通过诉诸用来指代"进行一场交谈"的那一希腊字眼的重重内涵,
来坚称说,"辩证"或曰"交谈的技艺",是含有这样一重强的、原初
的内涵的,此一重强的、原初的内涵即,精确地区分出"一切特殊
物"各自分属于其中的"诸种"或"诸类"。这样的"分隔"并"关
连"的活动,让诸东西的"本性上的/自然的连结/构思与表述"
(natural articulation)①显露出来。② 很多的或绝大多数的交谈所关
切的,主要都是"诸个体",因而很多的或绝大多数的交谈本身都
是"非辩证式的";"辩证式交谈"所关切的,则是"诸普遍"。"辩
证式交谈",从"个体性的"上升到"一般性的",从"当下的"上升
到"永固罔替的"。

　　照柏拉图笔下的苏格拉底看来,"辩证"以及作为"辩证"之鲜
明特性的那种推理(reasoning),寻求并取得的是这样的一种形式
的知识,该形式的知识,高于在所有其他类型的诸技艺或诸科学
(包括数学、物理学、心理学、神学、形而上学)中所找得到的那种
"科学式的"或"演绎式的"知识。因为,所有其他类型的推理,要
么是以归纳上升到"终极的第一诸前提"或那些"被苏格拉底称为
'诸假设'的东西",要么是以演绎由"终极的第一诸前提"或"那
些被苏格拉底称为'诸假设'的东西"推进下去。但是,"归纳"也

①　[译按]articulation[连结、构思与表述]一词,既指借助于语言的"构思与表述",也
　　指思维和语言所针对的实在本身内在的清晰连贯的"连结或关联"。从西方知识
　　论上看,交谈或语言本身就是实在本性的追踪和揭示。
②　柏拉图《斐德若》264e—268b;色诺芬《回忆苏格拉底》4.5,《家政学》8.9。

罢，"演绎"也罢，二者本身则并不触及——至少并不充分地触及——"终极的第一诸原则或第一诸根基"。其实，诸前提之中的那些最为根本性的，通常，甚至压根儿就不会被识别到、压根儿就不会被承认为是前提，因为，那些根本性的诸前提，是如此之深地、如此之底层地沉埋在思索的根由之处。"辩证"，且惟有"辩证"，才是这样的推理：能够将这些最为潭奥窅眇的诸前提暴露在批判性盘察的强光之下，[185]并能够在交叉盘诘的基础之上提供这样的一种扎根——该诸前提是有可能拥有该扎根"的那样的一种扎根——的推理。在《共和体》(511b 与 533b–c) 中，苏格拉底说，"推理本身借由辩证之力 (power) 而把握到的"那种知识，是一种这样来获得的知识，这种知识是通过

不再把"诸假设"当作"第一诸原则"，而仅仅是作为"诸假设"——打比方说也就是仅仅作为"垫脚石"或"跳板"——以便抵达"非假设的东西"，也即，抵达"整体之第一原则"[而获得的]。……因为，所有别的技艺，各个所指向的，均为属人存在者们的诸意见与诸欲望，或者说，各个所指向的，均为诞生与毁灭，或者说，各个所指向的，均为对生长中的并组合在一起的诸东西的照料。其余的那些技艺，也就是我们坦承确实是把握到了"存在"之某些东西的那些技艺——几何以及由几何衍生而来的那些技艺，我们看到，它们就好像是梦到了关于"存在"的什么，但是，它们却没有能力在醒来时看到，只要它们还在用着"诸假设"并且让这些"诸假设"不受搅扰，同时又不能就这些"诸假设"给出一个内含着推理的 (reasoned) 说明的话。因为，当"第一原则"是"不被知道的什么"，而结论与中间步骤，又都是从"不被知道的什么"中编织出来的，此时，有什么办法把这样的"金同"弄成"科学"呢？……惟有辩证之路，是沿着这样的道而推进下去的，辩证

之路搬开了挡在道上的"诸假设"而直抵开端,好把它弄得稳固而牢靠。

涉及这一技艺——"究问与回答"这一毫不讨喜的技艺——之根本性的功能与权力(power),苏格拉底何以能作出这样的一个关乎该功能与权力的令人惊奇的主张呢? 要有一个充分的解说,就必需对苏格拉底式哲学化之内核有一个全面的理解与看待。这里,我们只能迈出最先的几步。

某束帮得上忙的光亮,是亚里士多德贡献的,当他在他的论逻辑的诸部专论中的一部(《论题篇》101a37-64)中给"辩证"赋予了一个相似的位阶与功能时。亚里士多德在该处说道:辩证,在被用到时,

> 是着眼于每一门科学中"第一诸原则"的。因为任何一门既定的科学,无论是哪一门,均无能力从该门科学自身的"第一诸原则"出发来就该门科学自身的"第一诸原则"而说出任何东西来,既然"第一诸原则"就是最开端、最起先、最首要的;相反,它必须/必然借助于诸意见,那些一般所接受的、关于该门科学自身的"第一诸原则"中的每一个原则的"诸意见"[endoxa]来推进下去。但是,这一任务,唯独是也尤其是辩证之专属。因为,知识之各条路的终极性的诸根基,通往该终极性诸根基的那条路,则归属于辩证,归属于这一有能力展开全面而彻底的盘察的技艺。

亚里士多德似于心智中之所想的,可以被构思并表述如下。举凡"技术式且科学式思索",终极上皆派生于"前科学式思索"。举凡"对世界的'科学式体认'",皆预设了"对世界的一种'前科学式体认'",且必定皆由"对世界的这一种'前科学体认'"建立

而来亦皆建立于"对世界的这一种'前科学体认'"之上；"对世界的一种'前科学体认'"是对"共同感觉/常识"（common sense）的体认，也就是对"我们作为感知着的、推理着的、行动着的、关照着的、谋虑咨议着的、反思着的属人存在者们而生存于其中的这个世界"的体认。"共同感觉之世界/常识世界"（commonsense world），是被一般所接受的"诸意见"主导或形塑的。科学式思索，是从"生活世界"里起家的，科学式思索的这一出身，纵然卑陋，却无可逃脱，但是，科学式思索，却一直都在冒险遗忘——或曰遮蔽——自己的这一甩不掉的低微出身。科学式思索，或许臆断/假定，从"前科学式"向"科学式"而运动或上升，这一运动或上升，[186]给出了一个充分的批评、针对"前科学式"的一个充分的批评。但是，这一臆断/假定，是虚妄的。向着"科学"而上升，要能够是一种谨严刚劲、根由稳固的上升，当且仅当，从"共同感觉之世界/常识世界"里承继来的所有的前提/预设，或曰从"共同感觉之世界/常识世界"里被并入到了科学之中的所有的前提/预设，均已被充分地意识到了，并且除了被充分地意识到了，还均已受到过一种全面而彻底的批判性盘察，一种并不预设"该上升之有效性"的盘察——惟有该盘察，才能为"该上升之有效性"提供根基。换句话说，极致而透彻地去反思科学——无论是一般的科学还是任何一门特殊的科学——身上种种"前科学式前提/预设"，这样的反思，是不能建基于"科学是有效的"这一臆断/假定上的——因为，科学之有效性，其根由本身就尚待究问。在胡塞尔（Edmund Husserl）最为重要的洞见中和他的以"作为谨严科学的哲学"为鹄的的那一"超验现象学"中，被重新开掘出来的，正是这一古典式命题。但是，或许值得狐疑，胡塞尔是否足够清晰地觉察到，在必得被弄成一种前科学式的——但又有着合乎理性的谨严（rationally rigorous）的——批判性盘察之课题的那"生活世界"之种种前提/预设中，最为重要却也最不起眼的是哪些。在《共和体》中，关于这些"诸意见"当中,最为重要的意见是什么,以及,这些最为重要的意见为什么会以一种如此毫无自我意识的方式被提出、被坚持,苏格拉底给出了一个决定性的暗示。据苏格拉底看来,真有自我意识的辩证,此辩证之最为卓越而突出的主题,就是对"好"的盘诘以及对"关于'好'的诸意见"的盘诘。这种盘诘是通过——对"高贵与正义"的盘诘以及对"关于'何为高贵与正义'的诸意见"的盘诘——而完成的。苏格拉底断不主张自己在这一事项上是有知识的/在这一事项上知道什么,并且也——在《共和体》(506c-e)中——明确地拒绝给出甚至他自己的经过了深思熟虑的诸意见。但他提出了各种象喻(images)与隐喻,在他提出的这些象喻与隐喻中,依稀映现了他自己的诸意见。他敢于说,他的对谈者们该确认,"好"是知识的一个不可或缺的原由或来源,甚至是"真"的一个不可或缺的原由或来源,就好比,太阳是"因光而看到"的一个不可或缺的原由或来源:[他的对谈者们该]"确认,把'真'供给了'已知的诸东西'并把'权力'(power)给予了'知的那一位'的,正是关于'好'的概念;关于'好'的概念,作为'科学'之原由与'真'之原由,该被想成是,它本身也是可知的"。(508e)

　　让我试着——以一种跟我们当下的诸关切相适宜的方式——讲解一下苏格拉底或许意指的某些东西。举凡属人之思(human thinking),均为属人灵魂(human souls)之思,而非"纯粹心智"之思。属人灵魂,是被"欲望""爱""需要"所策动和激发起来的。正如亚里士多德在他的专论《论灵魂》(433a15-18)中所说的:"'欲望'以之为鹄的的那个对象,才是运动之原由,正是由于此,思想才被启动起来,因为,正是'欲望'以之为鹄的的那个对象,才是思想之初始原由。"我们所知的或我们所能够知的那个世界,是个与我们相关的、为我们所关切的世界;[187]它是个这样的世界:这个世界,不可避免地在关键的程度上是被我们的诸关切所塑造,或者说,它是个这样的世界:这个世界,其显著昭彰的种种构成成分当中，其中之一就是我们的诸关切。我们可以说，举凡"科学式的'诸事实'"，均为这样的诸观察或诸命题，即，与我们所经验到的这个世界有关的种种客观性的诸观察或诸命题；这些命题，终极上，都可以被理解为针对诸究问而给出的、客观上可得以核实的诸回答；但是，诸究问本身，则是被我们的诸关切所挑动出来的，而诸观察，也是被我们的诸关切所左右、所指引的。诸究问与诸观察，是被我们珍视什么、我们觉得什么有价值所决定的，换言之，是被我们的这一感觉——我们对"什么重要，什么琐屑，什么危险，什么被需要，什么有趣或有利益，什么有吸引力或美或'优雅'，什么'合情合理'"的感觉——所决定的。每一门演绎式的技艺或科学，终极上，均仰赖于某些被预设的、关于"何为好"的前提性判断，某些被该门技艺或该门科学不假证明——而且不仅不假证明甚至经常都是或通常都是不予恒持不懈的反思——便接受了的诸判断。

　　这一点，在各种可教的或曰客观性的实践性技艺那里最为明显。就举"制鞋"这个典型苏格拉底式的例子吧。制鞋行家所具备的那种关于皮料的精深知识，极端依靠的是用以对皮料做出甄别的诸准绳，该诸准绳所依据的是鞋子的"好"，鞋子的"好"则在于其舒适度，对脚的保护度与支撑度。鞋子的这一"好"，作为前提，既决定了皮料的种种可知的属性，也决定了制鞋行家在划分皮料时所用的并将不同皮料划归于其下的诸范畴。制鞋，并不证明"对于脚而言，穿上鞋并因穿上鞋而被保护了且舒适了，对脚就是好的"这一命题；制鞋，只是臆断了或假定了该命题。可以究问的是，通过赤着脚走，来强健自己的脚，让自己的脚更耐磨更皮实并——冒着受伤的风险或代价——让自己的脚更加自足，——就像苏格拉底所做的那样，是否就不是更好的。或许你会认为，脚科医生对苏格拉底有一个充分的回答；但是，脚科医生臆断的或假定的则是：什么对脚的或身体的生理机能好，什么就是好的。脚科医

生之为脚科医生,是不提出究问,也提不出对这一关系——脚的好
与属人存在者整体的好之间的、身体与灵魂之间的关系——的究
问的。即使是医学这门科学中最为深广的那些领域——我们就说
精神病学吧——也并不深彻而全面地致力于"对'灵魂之本性/自
然'的探究",因为,精神病学,并不以一种全面的方式致力于此究
问,即,对"'神性'(the divinity)(灵魂或许与之近似、与之同源同
宗的那种'神性')之'存在'及'本性/自然'"的究问。

　　的确可以说,对"神性"的究问,让每一门科学,甚至让或者
说尤其让各门所谓的"纯粹科学"均黯然失色。苏格拉底当然并
未忽略今天会被命名为"纯粹科学"的那些东西。他坚称,对这
些东西——约等于今天被我们称为"数论""几何学""物理学"
(于"物理学"中苏格拉底还尤其包括了"天文学"与"乐理学")
的那些东西——的全面熟谙,是通往"地地道道的辩证"的一个
不可或缺的先决条件。(《共和体》522-533)[188]苏格拉底关
切对于真辩证而言的科学式的先决条件,他对真辩证之种种科
学式的先决条件的关切,是他的这一被他反复强调过的警告的
一部分,他反复强调的这一警告,即,不要过早地把青少年引入
"辩证式的交叉盘诘"。他的这一警告,有两个相互关联的部分。

　　一方面,是有这样的考虑,我们在前面的章节中也提到过该
考虑,即,不论是谁,但凡未在青少年时受到过一种这样的道德
教育——一种丰富的并且强势但令人心悦诚服的道德教育,一
种培育"被艺术与诗歌所激发的共和式德性"的、丰富的并且强
势但令人心悦诚服的道德教育,他都将缺乏"道德上的严肃
性"——"道德上的严肃性",既是关切之剧烈、紧实与炽热,也
是实践上的清明与现实主义,谁若具备这种"道德上的严肃性",
这种"道德上的严肃性"就会让谁坚持不懈地、不依不挠地去盘
诘自己的诸意见,一旦他业已开始承认"一切业已被接受的'道
德上的诸意见',均是可究问的且有待究问的"。当道德上尚不

成熟者、当政治上尚无经验者，接触到了一种与"辩证式的论辩"有关的品味时，苏格拉底说，"他们则滥用'辩证式的论辩'，仿佛它不过就是个游戏而已，他们总是利用'辩证式的论辩'来摆弄矛盾；他们模仿着别人的反驳来反驳别人，他们就像小狗一样，喜欢冲撞和推开无论身边的谁"；但是，成熟的人（person）则不这样，成熟的人"模仿的是愿意展开一场对话并愿意来探究'真'的那位，而不是其玩乐与反驳都只不过是为了游戏而已的那位"（《共和体》539b–c）。

　　不过，另一方面，无论谁，仅有道德上的成熟与政治上的经验，还是不够的，除非他还拥有了此经验，即，对牢固且客观的"真"的经验，牢固且客观的"真"对立于这样的"诸意见"——或是令人快乐的、或是古早的、或是被"同感"（consensus）与"这二者之力（power）"即"诗歌之力"与"宗教性信仰之力"所支撑的"诸意见"。因为，这样的"诸意见"——哪怕是最被尊崇的或最被普遍接受的意见——一旦被看出来是真真可疑的、真真不靠谱的，灵魂，就很可能会被"辩证"给吓得缩回去了，就像它碰到了某一种虚无主义而被这种虚无主义给吓得缩回去一样，除非灵魂还拥有"对以下这点的坚实稳固的一手经验"：对"去占有'明晰性'及'扎于这样的"真"——基于知识的且与"意见"相对立的"真"——中的根'，这样的占有，意味着什么"的坚实稳固的一手经验。正是可教的、可予证明的诸技艺与诸科学——尤其是数学性的诸科学——以最为生动且最为地道的方式提供了一种与这一经验有关的品味。诸科学之被学习，苏格拉底坦承，当然必得着眼于诸科学对社会的用处；但是，诸科学的首要意旨，从"最高层级的教育"这一角度看，是要给予青少年"对以下这点的一种强有力的经验"，即，对"去占有'主体间的（intersubjective）、普遍地且永固罔替地有效的诸原则——这些诸原则描述了那些统辖着"诸东西之自然/本性"的诸必然性'，这样的占有，意味着什么"的一种强有力的经验。数学性的诸科学,把灵魂之眼从历史、感官经验(empirical experience)这二者之处于流变中的特殊性那儿拽离开来,让灵魂之眼看向该特殊性之外、之上,同时展示出了理智的这一能力:看到隐而不显的、根底上的诸原则的能力,而理智所看到的这些隐而不显的、根底上的诸原则,虽不为肉眼所见,却随时随地、可予证明地运作于时间性的且空间性的经验之杂多中。

　　然而,从"科学"超离而奔向"辩证",这一进步,单凭诸科学自身,是断然无法确保的。诸科学,仅凭其自身,[189]只能或是帮灵魂坚定自己道德上的怀疑主义或是帮灵魂坚定自己道德上的绝对主义。惟有当酷烈如斯的挑战——也即,惟有当针对"好"与"高贵"所发出的富于激情的、"厄洛斯式/情欲式的"(erotic)且辩证式的究问——洗礼了一个已然准备得当的灵魂,求解放的真潜能才将会实现出来。

　　倘若,在诸科学的学习过程中,学生们被强迫着去反思他们自己的学习活动,并且倘若,也使得学生们体认到,每一门科学都有着"必要的/必然的局部性或部分性"这一特性,那么,该潜能,是会被凸显和加强的。每一门科学,都是一个专门的具体领域;每一门科学,其所研习的,并非"存在"之整体或"诸存在者"之整体,而是整体的一个部分或一个局部。当对"天文学"的学习是带着这样的体认——对"诸天体之种种运行或许并非是永固罔替的"之体认——来进行时,换言之,当对"宇宙学"(cosmology)或"天体衍生学"(cosmogony)——也即对"可见宇宙之起源"——的究问被提出来时,苏格拉底暗示说,由这一特殊性或专业化必定会推引得出的那种困难便会尤为明显。(《共和体》529c–530b)"天文学"这一门科学,其所研习的是"诸天体之种种运动",但是,"天文学"在进行这一研习时,它不得不就"初始原由""造天者"(demiurge of heaven)作出某些臆断/假定,而不得不对"初始原由""造天者"的极致而深彻的某些特定究问悬而不决(530a)。"天文学"

自身是无法研习"该原由"或"该造者"(demiurge)的。然而,每一门科学(包括在其最综合且最广泛的含义上的那种天文学在内),都寻求要抵达——或都主张自己抵达了——这样的一些"普遍地且永固罔替地有效的诸原则",即,统辖着被该门科学当作研究主题的"那个某部分"或"那个某局部"的、"普遍地且永固罔替地有效的诸原则"。这一努力,预设了该部分或该局部之"永固罔替的且普遍性的特性",其实如此预设,也就是预设了整体之"永固罔替的且普遍性的特性",既然部分或局部是取自整体的,或者说是在整体中才有其位置的。科学家之作为科学家,怎么就知道他自己所揭示出来的种种规律性并不是某一神秘而奇迹般的神性或众神性(divinity or divinities)——某一曾经介入和干预且未来还会介入和干预以使得所有这些规律性被改变或被暂停并被违背和被搅乱的神秘而奇迹般的神性或众神性(divinity or divinities)——之短暂的或曰可中断可打破的"创造"或"被造物"呢？逐渐为这样的一种究问所困扰的科学研习者,似乎就将展现出这一关键的面相:宏览合观地进行着宏览合观式的究问("synoptic" questioning),这一关键的面相,据苏格拉底说就是那个最为可靠的检测,那个用以检测出谁是"辩证家"——与"单单的科学家"相对立的那种"辩证家"——的最为可靠的检测(537c)。这一"宏览合观式的焦灼与不安",会因下述更为严峻的困难而或加重、或加深、或被充分地暴露出来。

　　每一位作为科学家的科学家,都是从"去寻求'科学式知识',这样的寻求,本身是好的或曰对的或曰被允许的"这一臆断/假定出发而推进下去的;他臆断了/假定了:他是在并未被禁止的且并不将招致严厉惩罚的程度上,寻求"自我仰赖""探究"与"体认"的。他臆断/假定:他的事业,并未违背和忤逆"众神/众神性"(divinities)——那寻求要把"人/人性/人道"(humanity)维持在一种天真而无辜之状态中的"众神/众神性"(divinities)——之诸意愿与诸命令。但是,只要回想一下赫西俄德关于普罗米修斯盗火的讲述,或回想一下《圣经》关于知识之树的讲述,就足以看出,这一臆断/假定是极端地可究问、待究问的。科学家怎么就知道,[190]追求"关于'自然/本性'的、合乎理性的知识"(rational knowledge of nature),这一追求本身就是好的或对的,而不是恶的或坏的呢? 他怎么应付赫西俄德所主张的"自己拥有一个直接来自缪斯们的启示"这一主张呢? 他怎么应付《圣经》关于"原初堕落"(Fall)的讲述呢?

苏格拉底,极为强有力地使我们意识到了,对"好"的究问或曰对"与'好'有关的诸意见"的盘诘,涉及了,对"神或诸神"(God or the gods)的究问:他是利用了带有以下暗示的那些"隐喻"来做到这点的,他所利用的那些"隐喻"所暗示的是:第一,"终极性的'好'",或许就是"一位神"(a god)或者"像神那样的"(godlike),第二,"神"(God)或"属神者"(the divine),或许就是一个制作者,一个制作了整体的制作者。抑或,如他也这么说的,"辩证"涉及了"属神的理论化"(divine theorizing)。(《共和体》508a - 509d,517d)苏格拉底似乎在暗示,与"属神者"(the divine)有关的、合乎理性的明晰性这种明晰性是可以由"此辩证式探究"——即,对我们的"与'好''高贵''正义'这三者有关的诸意见"所作的辩证式探究——而导致的。当苏格拉底强调说:最需要我们予以盘诘的"诸意见",就是显现在"法"中的并记录在"神圣不可侵的诸文本"中的那些"权威性的诸意见"时,他心智中之所想,就显露得更清晰一点儿了;"神性/神"(divinity),或可说吧,通过它①所施予的、由制裁作保障的诸诫命(sanctioned commandments),也即通过它②所权威性地指令给我们的那些道德与那种生活方式,作出了

---

① ［译按]它,指代句子主语"神性"(divinity)。
② 同上。

要我们予以注意和侍奉的、它①的最可入的或最明白易懂也最可敬畏的主张。若果如此，那么，此究问——对"'属神者(the divine)'之'存在'及'自然/本性'"的究问——就是其他任何一门科学都无法搞定的了，而惟有靠对"好"与"高贵"的辩证式探究——一种以由"数学"与"天文学"所提供某些决定性的诸洞见为预设的探究——才搞得定。就像苏格拉底从那位"最美且最智慧的"克莱尼阿斯那里听到的，"几何学家、天文学家、计算能手(因为他们也都是一种猎手；既然他们并非'图像'的制作者，而是'是其所是的诸东西'的寻求者嘛)，并不知道如何使用他们之所得，他们仅仅知道如何猎捕他们之所得，并把他们的种种发现交由'辩证家们'来使用——不然，至少那些并非完全没有脑子的，是会这么做的"。(《欧绪德谟》290c)

　　我们来总结一下"苏格拉底式辩证"，关于其本性/自然，到此，我们收集了哪些东西是关于该本性/自然的。"真知识"或"充分的知识"，就是对"脉动着的'规范性诸原则'"(the animating normative principles)——那些驱动了、统辖了或界定了我们一切的知与我们一切的行的"规范性诸原则"——的"自我知识"(self-knowledge)、"批判性知识"。通往"真知识"之路，或，被苏格拉底称为"哲学"的那种东西之开端，就是一场在"民事德性"与"数学式科学"这二者之中的深深的浸淫，伴随这一场在民事德性与数学性科学之中的深深的浸淫而来的，是一场道德上的彻底而极致的自我批评，也就是一场对自己最深的诸执著与诸眷恋的彻底而极致的究问，亦是一场对自己之第一诸前提——进而对自己之道德、政治与宗教——的彻底而极致的盘察。这一辩证式活动，苏格拉底称之为"教育"(paideia)，此教育，才真的等同于"解放/得自

---

① ［译按］它，指代句子主语"神性"(divinity)。

由"(lysis)①。因为,苏格拉底用他最为著名的那个隐喻——"洞穴"隐喻:"洞穴",作为"象喻",[191]指代了"我们的在其接受教育时与缺乏教育时的自然/本性"——坚称,我们必定是从作为被捆缚的奴隶而开端的:

> "这么来看属人存在者(human beings)吧,仿佛他们是在地底下的一个洞穴般的居所里,横穿这个洞穴有一条很长很长的通道,直抵入口,入口处通向光;他们从小就一直被绑着待在这个洞穴里,他们的双腿和脖子都被锁链捆缚着动弹不得,他们只能看自己的正前方,因为有锁链捆着,他们的脑袋也转不了。他们的光,就是他们背后很高处燃烧着的一团火焰;在火焰与这些被捆缚者之间,有一条高高架起的路,沿着这条路,看得到立起的一道矮墙,就像木偶操演手们在操演木偶时置于属人存在者②之前的挡板一样,木偶操演手们好在后面操纵和展演木偶。"

> ——"我看到了。"他说。

> "再来看,沿着这道矮墙的墙根儿下,是一些手持各式各样的'造作物/人为物'(artifact)的属人存在者,他们把手里的'造作物/人为物'高高地举过矮墙,他们举着的这些'造作物/人为物'里,有的是人(men)的各种雕塑,也有其他东西的石像或木像,还有五花八门的制作品(works),也可以想见,举着这些东西的,他们中,总有谁会发出些响动,也总有不吱声的。"

> ——"好一个奇怪的象喻啊,你讲的这个,"他说,"好一

---

① [译按] liberation,意为"解放",从英文词根上,亦意为"使[谁谁]自由""[谁谁]得自由"。

② [译按]这里属人存在者指观看木偶表演的观众。

群奇怪的被捆缚者啊。"

"他们就像我们一样呐,"我说。"首先,你认为,这帮人(people),看得到他们自己、看得到彼此吗,除了火焰在正对着他们的洞壁上投射下的影子之外?"

——"怎么会呢?"他说,"倘若他们一辈子永远都不得动弹他们的脑袋的话?"

"那么,被举着的那些东西呢? 他们不也看不到吗?"

——"谁说不是呢?"

"那么,倘若他们能够彼此展开对话,你不觉得,他们便会相信,这些东西恰恰就是'诸存在者'(beings)吗?"

——"必然的。"

……

"那么",我说,"这些人(persons)一定相信,'真',其实无非就是各种'造作的/人为的(artificial)东西'的影子罢了。"

——"极为必然的了。"

"那么,现在这么来想想,"我说,"他们从锁链的捆缚,从呆笨愚蠢中解放出来/得自由了并康复了,那么,跟着会是怎么一回事呢,倘若下述这些自然而然地(by nature)发生在了他们身上的话:当某一位被解放了/得自由了,并突然被迫地站立了起来,还转动了自己的脖颈,又朝着光,走过去、看过去,他做这些时很痛苦,并且光的明炫也使他无力辨得清他以前仅仅看到过其影子的那些东西,此时,你认为他会说什么呢,倘若某一位告诉他'以前你看的,什么也不是,但现在你才看得比较正确,因为你总算与"是其所是"近一些了,总算多少转向了"诸存在者"啊',而且这位还冲他指着来来往往的每一个东西,问他——并强迫他回答——'这每一个都是什么呢'的话? 你不觉得,他被这么问到时会茫然无措吗?

你不觉得,他会认为,他以前看到的那些东西,要比现在指给他看的这些东西,真得多吗?"

(《共和体》514-515)

　　苏格拉底的这个隐喻,最少是要教给我们这一点:我们的属人境况,从一开端,就自然而然地(by nature)一直都是这样的境况:"精神上的被束缚"的境况,即,精神被束缚在一个"洞穴般的界域"之内,[192]一个几乎完全被道德上的、宗教上的与政治上的种种造作的/人为的(artificial)诸信仰(beliefs)所辖制和主导的"洞穴般的界域"之内,而辖制和主导该"洞穴般的界域"的那道德上的、宗教上的与政治上的种种造作的/人为的诸信仰是如此根深蒂固,如此引力十足,如此包罗万象,如此貌似多元又貌似相互敌对,以至于对于居于每一个"洞穴般的岁月与文化"里的栖身者而言,这些信仰几乎就是不可穿透的、无可捉摸的。我们之被抚育而成长,换言之,我们之获得我们的"人性/人道"(humanity),不仅仅是自然而然的/靠的不仅仅是自然/本性(not simply by nature),也靠的是叠加于自然/本性之上、并在自然/本性之上运作着的、法性的诸约俗与诸信仰(lawful convetions and beliefs)。诸约俗与诸法,就其最充分的含义而言,并不只是在法庭里(或由法庭所)执行的那些根本性的诸规则,而且,更首要地是指种种伟大的说明性体系,这种种伟大的说明性体系,我们如今称之为"诸意识形态",但是,苏格拉底在说到它们时,则以"诗歌"谓之。极少数在想象力与模仿力上均具备不世之天赋的、罕见的属人存在者,辖制和主导着其余属人存在者的精神上的实存:他们正是文明之伟大肇建者连同这些肇建者的最为精敏睿明的那些门徒们。他们是诗人,如赫西俄德与荷马那样的;是先知,如摩西与穆罕默德那样的;是授法者,如居鲁士与莱克格斯那样的;是现时代里所谓的"意识形态家们"。苏格拉底,让"文化的这些'木偶操演手们'，他们自己在多大程度上，曾外在于该洞穴或曾到访过别的洞穴"这一究问悬而未决：对这一究问的回答，或许因"洞穴"的不同和"木偶操演手"的不同而千差万别。苏格拉底肯定不是在谴责这些"木偶操演手"，或者说，他肯定一刻也未暗示过说"总会有这样的社会的，该社会事实上的确不是一个由'木偶操演手'所辖制和主导的洞穴"：他进而确认说，那个他曾在《共和体》中详尽阐述过的社会——也即，可以想象得到的那个最好的或最正义的社会——也是一个洞穴。苏格拉底在勾勒那些"高贵的谎"，那些为"孩子们的教育"所必需的"高贵的谎"的时候，他假扮自己仿佛就是那些"诗性的木偶操演手们"面前的一位劝导者。

　　佯谬的是，"造作性/人为性"（artificiality）——属人存在者们借之而被人化（humanized）的那种"造作性/人为性"（artificiality）——本身并非造作的/人为的（artificial），或曰，本身并非一个偶然；"造作性/人为性"植根于"自然/本性"。苏格拉底引入他的隐喻时，同时也毫不含混地宣称"这是关于'我们的自然/本性'的隐喻"（tēn hēmeteran phusin：514a）。属人自然/本性，必定指示出这一点：作为政治性存在者的属人存在者，其"居所"或曰其"家园"（oikēsis）就是某一种洞穴。属人自然/本性就是这样的：它要生长或曰要实现它的自然潜能，就必以"造作术/人为术"（artifice）、"法""约俗"为其必需。我们之被抚育而成长，必定都是这样的：都是让我们自己的心智被这样的一些术语、范畴、信仰与偏见——被我们以及我们的老师们中的绝大多数都将之错当成了属人实存之"自然编排"或曰"必然编排"的那些术语、范畴、信仰与偏见——所编排、预置和格式化。我们也究问，我们也狐疑，但是，我们的种种究问与种种狐疑所表达出的怀疑主义,是"思无邪"的人("right-thinking" people)①才会有的那种怀疑主义:我们的这种怀疑主义掩藏了一种更深的独断论(dogmatism),我们的这种怀疑主义以之为基础的那种独断论——这种独断论,掩埋得如此之深,以至于我们几乎体认不到它。我们以为是在对当下手握权力者作"彻底而极致"的批评,而我们所以为的这种种批评,事实上不过仅仅是这些权力之彻底化和极致化而已,也就是说,不过仅仅是这些权力的极端版本而已。举个例子,在今天我们这个美利坚自由民主式洞穴之内,对民主的那种最广有说服力的批判,[193]将是这样的一些批判:超级民主式的、平等主义式的、超级自由主义式的、自由至极主义式的诸批判。一种教育,一种在苏格拉底式含义上真真自由的("真真自由的"也即"真真得解放的")教育,必定奋力把奴役着我们灵魂的这些"貌似'必然的/必要的'给定物"、这些"道德上的锁链"拖入到究问之中。

但这点如何能做到呢?我们如何能起航去步出我们自己的灵魂,步出我们自己的教养,步出我们自己继承下来的遗产,步出我们自己的时代或文化,步出我们自己的道德上最深的预设/前提呢?此疑难,就如在苏格拉底的那个隐喻里所赫然凸显出来的那样,确实是一个硕大无朋的疑难——可能,归根到底,也是无法解决的疑难。苏格拉底的那个隐喻,在言及"逃离的或得解放的方法"时,肯定就没有它言及"被锁链捆缚的处境"时那么明明白白,那么具启发性了。苏格拉底,似乎设入了某一种"破局的转机"(deus ex machina),也即,某一位未被说明来由的"解放者",这位未被说明来由的解放者一次一位地"强迫"囚徒们极不情愿地且苦痛万分地去历经那种摧枯拉朽且醍醐灌顶的过程。不过,苏格

---

① [译按]right-thinking[字面直译为,正确思索、对的思],在英文语境中,该词重点不是强调思维的"正确"、客观上的正确或思本身所固有的正确,而是指一个人的观念、思想符合既有秩序或主流意见,练达明理,道德正统。

拉底还是在他的讨论中的那些"非隐喻式的桥段"里，描述了展开一种这样的公立教育——一种针对被选拔出来的学生们的公立教育——的种种起始步骤。在那些非隐喻式的桥段里，他强调，公立教育里的那些"高等的、科学式的诸学科"，绝不该是强制性的（536d-e）。正如我们已经看到的那样，苏格拉底力荐要研习那些作为"'辩证'之不可或缺的诸引子"的诸科学；但是，他也澄清说，诸科学，就算各门统统加在一起并倾其全力，也仅仅是"歌——那种必定得被学习的'歌'——之诸引子"而已，换言之，诸科学，无法亲自来"唱那种'辩证式解放'之歌"。言及"歌"并避开"强制"，由此他就把"辩证之声"搞得比较有吸引力了；但另一方面，他最后也强调了种种至为严重的危险、"辩证"或"此企图与尝试，即，那种要进行'辩证'教育也即要教'辩证'的企图与尝试"或许会给研习者、社会，也给哲学本身（给哲学本身带来严重的危险，是这么来说的：它的名声会因这样的混淆——它被与那些滥用了或误解了"辩证式教育"的相混淆在一起了——而受损）带来的种种至为严重的危险。对危险的这一冷峻警告，实际上，就是苏格拉底就"自由教育"所说的最后的话。我们还记得，苏格拉底是被当作"一位青少年的败坏者"而被雅典民主定罪并处决的。

　　既然，苏格拉底对这一教育过程——"教'辩证'的过程"或"进行'辩证'教育的这一过程"——的讨论，是如此踌躇不定或晦涩不明，那就让我们从他所说的转向他所做的吧，并且在转向他所做的时，就从转向他在《共和体》这一戏剧中所做的开始吧。我们在那里看到，他正在教育着——或曰他正在试着开始去教育——一群年轻人（men）。他的讨论，肯定抛出了针对此——盛行于他那个时代的希腊的那种生活方式，其实也就是针对曾盛行于各个有记载的诸时代与诸地域的那些生活方式——的某些非常犀利而透彻的严厉批评。这些批评，并非没来头地冒出来的。两场尤为瞩目的"辩论"，为苏格拉底之针对盛行的诸理想的批判提供了起点。第一场辩论,苏格拉底对阵的是交谈中出现的一位外邦来的智术师:色拉叙马库斯。这个人(man),甩出了针对"约俗上的道德""共和政治"这二者的一番颇为严缜的批判。[194]从他的这番批判的底层,也就是从其理论根基上,辨识得出由"前苏格拉底式"哲人们所发展出来的那些范畴,"前苏格拉底式"哲人们,他们的作品,把"希腊共和生活"之宗教上的、道德上的与政治上的诸臆断/诸假定,悉数暴露在了相当严厉的批评之下。第二场辩论,对阵的是荷马的作品,该作品受到了巨细靡遗且一再被重复的批判性盘察。荷马式的诗,曾被恰当地称作是"希腊人的'圣经'或'正典'(canon)"。对于希腊生活而言,荷马式的诗,肯定是最为权威性的——亦即最为神圣不可侵的或最为正典性的——文本,而其之所以是这样的文本,部分上是由于其所含蕴的属人智慧之丰富与深邃。

　　这两类辩论,或者说,这两场批判性相遇,特色昭著。苏格拉底被描写为有一种这样的强烈的癖好:一种爱与那些其诸主张与其生活方式挑战了"约俗上或传统上既定的、已被接受的东西"的、异邦的或外来的思索者们——也即智术师们——相遭逢并对他们予以逐一究问的强烈的癖好。他也被描绘为——只是不那么显眼、不那么容易察觉到地被描绘为——有着这样的习惯,即,研习——有的时候是在阅读小组里与他的学生们或朋友们一起研习——他的前辈们(其中既有诗人也有哲人)的伟大文本的这一习惯。当然,我们在各篇对话里,通常只看得到苏格拉底研习过这些文本之后的结果。但是,色诺芬确实在有一次的场景中呈现出了苏格拉底是如何谈论他最钟爱的这项追求的。(《回忆苏格拉底》1.6)当被智术师安提丰——安提丰那时正当着苏格拉底一些追随者们的面儿,大肆批判苏格拉底因他自己的那些追求而陷入的贫穷——交叉盘诘时,苏格拉底回应说:

那,就我而言呢,安提丰啊,就像某位或许会因一匹好马、一条好狗或一只好鸟而快乐一样,我则更因好朋友们而快乐;倘若,我拥有什么好东西的话,我就把它教授给他们;我也把他们引荐给他者,倘若我相信他们将从后者身上汲取到什么与德性有关的益处的话。古早那些智慧之人(men),他们留给我们的那些写在书里的珍宝,我与我们的朋友们一起开卷研读,倘若我们从中看到了什么好东西,我们就将之摘拣出来并视之为极大的收获,倘若我们能够对彼此都有益处的话。

苏格拉底的此番陈述,若从——作为教育者且作为探索者的——苏格拉底所提供的模板,这一更为宽泛的框架来看,就可以被说成是此见解——关于"现已逐渐被冠名为'伟大群书教育'(Great books education)的那种东西的恰当见解——之开端或渊源了。在我们这个后现代的岁月里,依我看,这一"苏格拉底式模板",似乎能够是且也应该是高等自由教育的"范式"。依我看,似乎通过反思关于"作为一种真解放的那种教育"的那一苏格拉底式理念,并通过尽力把该理念适用到我们的已然截然不同的诸情境中,我们至少是能够得到与我们的目标有关的某种明晰性的:我们至少是能够在我们的心智之眼的面前放置此种"襟抱与愿景",那种应当给世纪之交各大学里的"自由教育"充任"灵感"的"襟抱与愿景"。①

"伟大群书"：我们时代里通往辩证式解放的钥匙

[195]一种在苏格拉底式含义上真真得解放的"自由教育",

---

① ［译按］这句话意为,把苏格拉底所阐说的自由教育,这一蓝本、这一外在愿景与襟抱、这一理想图示,作为发展当下自由教育的内在灵感。参前文,原文第22页中,译者添加的"译按",针对 aspiration 与 inspiration 在潘戈笔下的刻意的用法所作的解读(即本书页39注释①)。

是一种这样的教育:它引领着我们去迎头直面种种针对我们道德上的那些最深的且表面看起来最确定无疑的诸执著所发起的恼人的诸挑战。它强迫我们去重思我们最珍视的诸确信——极深地去重思,深之再深,直到深触这些确信之诸根,从而把这些根,重挖出来并重施以肥,并且——倘若需要的话——再重种植下去。如此一种针对我们最宝贵的诸信仰的、追根究底的——尽管也是同情性的——盘察,其鹄的当然不是要颠覆这些信念;此盘察之鹄的在于,将我们的诸信念变形,将其从"单单的诸意见"变形为这样有根可扎——属人存在者们所可能达至的有根可扎——的"道德性的知识"。此处所说的这种"道德性的知识",部分上是被这样一种知识所激发的,但又与激发它的这一种知识并不一样,该种知识即,从数学式诸科学中所获取的知识。

　　"辩证",通过强使我们去处理这样的种种挑战,种种针对我们的诸原则所发起的、最为昭彰的、现实的与潜在的诸挑战,而让我们对我们诸原则之名副其实的力量(strength)有所体认。"辩证式教育"之鹄的,是要通过为我们自己再上演开启了我们的现代文明的那些伟大推理、那些植根于论辩的伟大选择,通过接受或修订那些伟大推理、那些伟大选择,由此而把那些伟大推理、那些伟大选择弄成真真是我们自己的伟大推理、伟大选择,从而抛却"'诸价值'之主体性/主观性"。这一种达至"真"的路径,或曰被苏格拉底称为他的"属人智慧"的东西,恰恰是一切"独断论"的反面。这种"属人智慧"或"属人知性"(understanding),总是包含着某种怀疑主义的,哪怕是关涉我们最为珍重的种种信仰时,因为,这种属人智慧或属人知性,总是包含着一种这样的敏锐体认,一种对这样的"诸囿限"的敏锐体认,即,[这种属人智慧或属人知性总是敏锐地体认到]关于此论辩之力(power)——能被调集起来以反驳我的诸信念的那些论辩,其所具有的力(power),我们对该力的知识以及我们对该力的一手经验,均有种种囿限。

　　在当下这个时代、当下这个地方,这意味着,我们需要去遭遇如下这些令人烦恼的批评者们:他们批评民主,批评属人诸权利,批评个体主义,批评宽容,批评无拘市场与经济增长,批评性解放与性平等,批评世俗主义(secularism),批评一神论,批评现代科学(包括从原子论到进化论的一切的一切),批评创造力,也批评依照"美学"而构想的艺术(art)。要达成这样的一种强筋健骨的遭逢,我们就不可能仅仅满足于从我们自己的岁月里、从我们自己的文化里起源的那种种挑战,因为,我们所寻求的,恰恰是这样的批评者们:他们的精神根据地,外在于我们自己的洞穴,外在于我们自己的时代,也外在于我们道德上的三观之基本的矩阵。

　　不过,我们一定得规避这一诱惑:此诱惑即,以为"解放",就意味着,把我们自己迷失在种种单单就是殊方异域的、种种另类怪异的、种种挑衅性的和煽动性的东西之中,就意味着,纯粹是为了搏出位而怎么古怪怎么来、怎么惹火怎么来。我们的目标,既不是撩拨或呵痒,也不是遁世或逃避,更不是什么浪漫主义。去研习异域诸族(peoples)的那些沉默无言的且神秘至极的、文化上的造作物/人为物(artifacts),或者,去研习这样的一些文化——跟我们自己的文化没什么关系的那些文化——各自的方式、风尚与信仰,这样的研习,或许会有帮助;[196]但是,这样的研习,是不足以给一种得解放的教育作内核的。这些造作物/人为物(artifacts)与文化,无论它们有多么丰富,都太过迥远、太过晦昧①,以至于,就关于"好"的观念而言,它们是提不出什么严肃而通透的替代选项,让我们发现我们自己被迫得拥抱它并不得不开始依据它来重新定位我们的生活,也就是说,它们提不出这样的关于"好"的替代性观念:该观念,严肃而通透,并且,会让我们发现我们自己被迫得拥

①　[译按]这里说西方域外的文化,其特性之一是"晦昧"(inarticulate),其含义重点在于未经言辞清晰构思和表述的。

抱该观念且不得不开始依据该观念来重新定位我们的生活。

解放，有一个昭彰鲜明且有所帮助的症候，一个表明了"我们或许是处在了那个对的轨道上"的症候，这个症候就是我们的此"怒气"或此"道德上的义愤"，即，在面对我们所遭遇到的那种世界观时，我们的最初的"怒气"或"道德上的义愤"：因为，此"义愤"，是一个迹象，显示出我们确实撞上了一个实打实的挑战——这个挑战，并不符合我们的已被广为接受的、关于"何为对"（right）的诸见解，可我们既无法就那么远远地观望它①、满不在乎或不以为然，嗤之以"荒谬啊"而一笑了之，也无法视其②为"历史性的"而不屑一顾。

简言之，我们寻求那些严肃而有思想的批评者，这样的批评者们，他们的诸论辩，把我们——且也有意把我们——拖入一场真对话，在我们被他们的诸论辩拖入并有意拖入的这一场真对话中，我们的生活之恰切的意义与意旨，命悬一线、成败攸关。我们寻求这样的批评者们：他们挑战我们、逼我们直抵内核；他们强迫我们去重思我们自己的诸根基；他们从我们身上勾出了我们对由他们所代表的或由他们所提出的那一替代选项的某种名副其实的（即便心有不甘的）钦慕。

要找到这样的批评者们以及这样的遭逢，我们尤其得借助于对两类"伟大群书"的同时研习：一方面是像这样的书，比如，古希腊与古罗马的书，或是中古的伊斯兰、犹太或基督教的书，这类书详尽阐述过这样的一种观念，即，关于法、无拘、德性、美与爱的一种丰富而饱满的、在哲学上得到了过硬而扎实的辩护的、非自由式的且非民主式的观念；另一方面是作为我们自己的那种科学式的、自由式的且民主式的世界观之诸素材或诸来源的那些书，这类书

---

① ［译按］它，指代前半句的"一个实打实的挑战"。
② ［译按］其，与上半句"它"一样，指代前半句的"一个实打实的挑战"。

是最为原创的、最为广阔也最为深刻的素材或来源,由之才有了我们自己的那种科学式的、自由式的且民主式的世界观。几乎在每一情形下,后面这一类,也即,我们自己精神界域的首要渊源或基底素材,都将被发现,它们之披荆斩棘地开辟出了它们新的路,靠的就是一种摧枯拉朽、醍醐灌顶的论辩、一种与先前的——尤其是"古希腊—古罗马的"与"圣经式的"——诸权威性传统的摧枯拉朽、醍醐灌顶的论辩。

对于美利坚人而言,这意味着,我们该予以强调的,一方面,是这样的作品:那些奠定了、浇筑了我们最原初的那个基底层——这个原初的基地层,即,我们的种种与"正义""科学""宗教""艺术""道德"有关的、最深处的也最根深蒂固的"诸前提/诸预设"——的种种作品:举例来说,比如,在政治哲学方面,《联邦党人文集》与孟德斯鸠;在科学哲学方面,培根与笛卡尔;在神学方面,斯宾诺莎与洛克;在文学方面,笛福与菲尔丁。另一方面,在被这些奠定了、浇筑了我们精神上的诸根基的书所引导的同时,我们也要让这些书遭逢与它们①针锋相向的那些伟大的诸作品与诸作者、那些它们②拿它们③的划时代的诸创新与之抗衡的那些伟大的诸作品与诸作者。《联邦党人文集》与孟德斯鸠,字里行间都是对呈现于普鲁塔克、修昔底德及色诺芬笔端的诸古典共和体的严厉(哪怕也是同情式的)批评;培根,一直都在进行着一场这样的论辩:[197]一场与亚里士多德的此种观念——亚里士多德关于"科学"以及"科学与自然、社会之关系"的那种"反技术式的""目的论的"观念——的论辩;斯宾诺莎与洛克,致力于这样一种小心谨慎但犀利透彻的批判:对《圣经》及其伟大的中古解释者们——比如

---

① ［译按］它们,指代上半句"这些书",即"这些奠定了、浇筑了我们精神上的诸根基的书",也即前一句所说的那些书。

② ［译按］它们,指代同前。

③ 同上。

迈蒙尼德、托马斯·阿奎那——所作的小心谨慎但犀利透彻的批判；笛福，在《鲁滨逊漂流记》里一头栽进了个体主义之重渊，部分地受到了*伊本·图菲尔*（Ibn Tufayl）的《觉醒之子哈伊》①的启发，他写作《鲁滨逊漂流记》，部分地也是为了与图菲尔的该书形成直接而鲜明的对照。当然，这些仅仅是一些摘选出来的示例——一些战略性的切入点而已，不过，只要你愿意，这些切入点，将撬动各种各样的并观（juxtaposition）与论辩，通过这些被撬动起来的并观与论辩，我们将得以开始——从一种极端批判性的视角——去盘诘我们的那些最为基本的"诸前提/诸预设"。

这并非是要说，过去的每一部伟大作品，都必须以与另外某部作品并观或辩论的方式而被研习：如此呆笨僵木如固定程式一般的教导模式，在自由教育中，是毫无立锥之地的。对于数量正在见长的这样的一批课程——在这些课程中，老师们以及学生们尽可能忠实而驯顺地侍弄作品本身对恰当的开端点与根本性的诸疑难

---

① ［译按］伊本·图菲尔（Ibn Tufayl，1105-1185），出生于西班牙南部安达卢西亚，摩尔人，穆斯林大学问家、哲学家、作家、神学家、医生。他的小说 *Hayy Ibn Yaqzan*（意为"哈伊，觉醒之子"，拉丁文标题也叫"自学成才的哲人"，后来英文译本的书名为《属人理智的完善：觉醒之子哈伊成长史》），书名与人物，来源于之前波斯的伊斯兰学问家阿维森纳（Avicenna，980-1037），但故事情节不同。1671 年翻译成拉丁文后，影响扩大，逐渐被译成多种欧罗巴语言。该书被认为具有跨越伊斯兰世界的影响，不仅启发了伊斯兰文学，而且对欧罗巴文学、现代科学革命与启蒙运动及西方现代思想均有触动，该书所涉及到的诸多哲学、神学、认识论、教育学等领域的论题，在如斯宾诺莎、洛克、霍布斯、牛顿、笛福、康德等的诸多作品中均有提及。小说据称是一个思想实验，讲授了一个独自在荒岛上生活、被一只瞪羚哺育的野孩子哈伊（Hayy），未与任何人类社会的元素接触，仅靠自己的力量开发智性、寻找真知的故事。哈伊的瞪羚母亲在哈伊很小时候就死了，尚年幼的哈伊面对瞪羚母亲的去世，为探析死亡原因，解剖了这只瞪羚的尸体，走上了科学认知、自我发现的道路。哈伊在全无外力干预的情形下，借助有系统的理性探究过程，抵达了"真"。后来哈伊遇见了一个漂流到荒岛上的人，从而接触到了人类世界的讯息，由此发现人类对宗教、文明以及物质的依赖，对大多数人维持体面生活是必要的，不过这样的依赖根本上是对探索真知的干扰，确有理性的、真真地在进行理性发现的人，则会摒弃对宗教、文明与物质的依赖。

所作的构思与表述——而言,仅凭单独一部扛住了时间检测的伟大作品自身,就把舞台给予该作品,确实也不无道理。毕竟,从一大批"伟大群书"中抄起一本就带着究问时的警觉与小心开读,仅仅由此,某位也是有可能开始他的解放之旅的:在某一含义上,确实有多少本真真伟大的书,就有多少个切入点。令人击节惊叹的是,开掘在某程度上"最伟大的群书"中的某一些正出产自"极为伟大的老师们"——那些有足够能力启发和开动凡真真地是胸襟开放或至诚至性的读者并把这样的读者一步一步推向一个这样的新世界,一个被意想不到或始料未及的诸多属人可能性之间戏剧般的极端相向与对立所充盈的新世界的"极为伟大的老师们"。我立刻想到了:修昔底德所呈述的那场斯巴达式"政制与生活方式"与雅典式"政制与生活方式"之间的伟大争执,抑或,但丁的那场想象中的朝圣之旅,抑或,托尔斯泰笔下皮埃尔·别祖霍夫那场长路维艰的智识跋涉。

不过,若就止步于此,那也真的是太过低估挡在这条"开始去聆听"之道上的障碍了。我们在这条道上正开始——带着"有思想的惊异"——去聆听群书,而不是开始着急忙慌地去把我们自己的诸究问、我们的框架、我们当下的种种挂碍与牵萦一股脑儿地强加于群书。我对于把"伟大群书"作为我们谁都可以立即就轻易进入的"一场伟大交谈"来对待和处理的那种所谓的"伟大群书计划"(Great books programs),是有某些保留的,尽管我绝不是小觑它。忽略掉这一距离——将我们一开始就与那些或许业已凭某种手段而逃离了他们自己所在之洞穴的某某分隔开来的那一距离,在我看来,似乎是有某一危险的。我会论辩说:一种通过"伟大群书"而展开的辩证式教育,这种辩证式教育必得始终把我们自己的、历史性的与文化性的起点——也就是正在研习"伟大群书"的那些研习者们的起点——作为"我们的解放"由之而被寻求的那个点来纳入考虑。[198]由此必定会推引出来的是,学生也罢,教员也罢,对何以阅读"伟大群书"之诸理由（reasons）的持续不绝的再考量。

我在此摆出的关于"伟大群书教育"的观念,此观念以之为"引导性的鹄的"的并非是培育这样的某种品鉴——对"那些作为'文化上的时尚大咖'的书"的某种美学式品鉴;我心智之中的与"伟大群书"有关的课程,跟博物馆的游览观光并无相似之处。关隘不在于把这些书当对象来学,而在于把这些书当榜样来学;换言之,关键不是拿这些书来学习,而是向这些书学习。① 但是,我所讲的,也绝非是把"伟大群书"当作组成了"某一神圣不可侵的正典"——某一呈现出了"一种统一的、学说式教义"（doctrinal teaching）的"神圣不可侵的正典"——的"伟大群书"来对待;我心智之中的与"伟大群书"有关的课程,跟宗教式的仪轨训导与尊奉,或灌输与洗脑亦无相似之处。从苏格拉底一路到尼采的这一伟大传统,并不是被一套学说统一起来的,而是被一系列这样的伟大辩论、一系列围绕着一个小内核——"永固罔替的诸究问"这一个小内核——而展开的伟大辩论统一起来的;"佥同",纵然未必丝丝入扣,是就探索本身,无分时代无分地域的那种探索本身——这样的探索,是被"该诸究问"以及该诸究问之于人之为人（man as man）的永固罔替的无上重要性所界定的——而达成的"佥同"。某一本书,是否有资格被称为"伟大",取决于这本书是否以及在多大程度上加入了此辩论;也即,取决于这本书是否以及在多大程度上超越了——同时并未忽略掉——其所在的时代与地域,并从其在某一个特别的文化境遇或历史境遇中的植根和所植下的

---

① ［译按］译者用这两句中文来转译潘戈原文中的一句英文:The point is not to learn *about* the book; the point is to learn *from* them（着重为英文原文所加）。此句中,潘戈利用了英文短语 learn about 和 learn from 的微妙区别,来表明他自己所设想和支持的那种通过研习伟大群书而进行的自由教育,与一般流行的附庸风雅式的或快速浏览博物馆式的所谓伟大群书教育的区别。

根中抽离,而转向对"内在于诸议题与诸辩论之中的普遍性维度"的体认与讨论。

凡把"伟大群书"当作某一"正典"来谈论的,不论是谁,据我的经验来说,几乎都是想要污损诸书之作为独立介质——凭之以得解放、得灵感的那种独立介质——的名声的。把"伟大群书"当作"正典性的"来谈论,就是在把"自由教育"同化为"宗教式的灌输与洗脑",只不过,执行这一宗教式灌输与洗脑的高等祭司或宣传队,是由学者们来担纲的。这样的谈论(举个例子,这样的谈论在美利坚学界委员会 1989 年 1 月的那份报告"为人文学发声"中俯仰皆是)像玩魔术一样变出的是这一见解,即,关于课程安排的斗争,无可逃遁地统统都是意识形态性的,就跟中古岁月里或宗教改革时期关于神学之课程安排的斗争一样。"伟大群书"本身,被看作单单只是"诸文本"而已,并无什么实质上可探测得到的、可确定的关于它自身的讯息,既然是"诸文本",那就是这样的"诸文本":对之的"解释"总是且不可避免地代表了所强加的框架——或是读者的框架,或是解释者的框架——的那种"诸文本"。对教育的全部究问,于是就成了对这一点的究问:对"将由哪些利益和哪些权力结构来控制'诸价值之孰轻孰重、孰先孰后的排行榜',那要被强塞到'诸文本'里面去的'诸价值之排行榜'"的究问。既然,所有的文本,都被同等对待——或者被当作不过就是"给'被编码过了'的诸价值作供释经之用的介质"(hermeneutic vehicles for "encoded" values)而已,或者被当作不过就是"纯宣传"而已,那么,看起来似乎荒诞不经的就是还作如下以为了:以为,经年累稔所受到的公开而热烈的称颂,仅此,抑或其他的犀利而透彻的思索者们的证言,抑或某一作品中被处理到的诸究问之广度与深度,就应当使某一文本得享脱颖而出、超拔群书的特权。

所有这类"正典"云云的潮言潮语,其背后,肯定都埋伏着一种潭奥宫眇的、哲学上的挑战:[199]也即,那种见诸尼采与海德格尔的释经式反思(hermeneutic reflections)中的挑战。这两位究问了先前所有的关于"读者性""意向性"与"作者性"的诸观念，他们二位对这些观念的究问，配得上一种——在伟大群书之任何研习过程中的——仔细的且同情性的听取。辩证式探险不应——也不能——戛然没了苏格拉底主义所面临的最晚近也最极端的那些对手。但是，尼采与海德格尔这二位的潭奥育眇的冥想，将一直都被约减为鸡毛蒜皮的时髦扯淡或无关痛痒的应景清谈，除非且直到这二位的思想，在可与他俩所展现的高度相比肩的水准上被较量了。他们二位，预设了——或曰，不管怎样，都肯定是并未削弱或并未设法去抹除——一种苏格拉底式精神下的自由教育。与苏格拉底和柏拉图所展开的透彻而犀利的探索性对话，之所以跻身尼采与海德格尔二位最为重要的作品之列，并非偶然。尼采的随笔《论历史对生活的利弊》①(该篇随笔，可以说是海德格尔在《存在与时间》里重又发掘出来的)，视自己最紧迫的任务为，复活一场相遇，一场与过去——尤其是希腊——的伟大思索者们的、真真值得尊敬的相遇，以面对被尼采看成(就如被海德格尔后来所看成的那样)是"现代后期的学术之中的那种鄙劣的历史主义"——从黑格尔历史哲学的恢弘大厦中以一种蜕化堕落的方式衍生而来的"现代后期的学术之中的那种鄙劣的历史主义"——的东西。黑格尔尚且坚持——其实黑格尔比先前任何一位思索者都更为坚持——理性(reason)之"终极性的自生自发自主自治"：黑格尔敢于宣告理性如此之胜利，即，理性之"之于'次于合乎理性的(subrational)情境'的终极性胜利"。但是，那种从对黑格尔的反抗中裂变而来的历史主义，是一种尼采和海德格尔均视其为死亡丧钟的历史主义，这一死亡丧钟敲响了"被解放了的思索"之

---

① ［译按］即《不合时宜的沉思》第2篇，中译可参尼采，《不合时宜的沉思》，李秋零译，上海：华东师范大学出版社，2007年。

死。因为,此种历史主义,把——哪怕是出自过去的那些卓拔高绝之士的——群书与诸思想,统统约减为,对各自的岁月、各自的文化、各自的阶层、各自的性别等的简单直接的反映①。这样的一种历史主义,进一步焊锢了拖坠着属人精神的沉重锁链,因其预先就宣称了"逃离洞穴反正无论如何都是不可能的"。这样的一种历史主义,确认并坐实了属人精神的被奴役,因其教导说,即便这样的企图和尝试——企图并尝试在探究那种尚且还被尼采(追随着苏格拉底)称为是"自然[物]""永恒[物]""自然人(natural man)之永恒的、基本的文本"的东西(《善恶的彼岸》,第230节)时超越自身的时代、地域与情境——也是徒劳的。海德格尔所呼吁的,并非"学院派历史主义"(academic historicism),而是他所谓的"与伟大群书的'遭逢'":

> 遭逢(Auseinandersetzung)才是真真的批评。要真真地评估一位思索者,这才是最高的且唯一的方式。因为,遭逢,其所要从事的任务,是冥想该思索者的思想,沿着它切实的力道而非沿着它的孱弱,追随它。带着怎样的意旨呢?[意旨就]是要让我们自己,经由遭逢,得以向着"思索这一最高活动"而解放。……去经验到,何为沉思中的意识,以及,在名副其实的诸究问之中方如归家般舒适,意味着什么。
>
> (《尼采》1:13-15)

[200]同样地,海德格尔鄙视步入过去之伟大作品的任何"经验式"或"美学式"路径,而把古希腊人步入文学艺术的路径奉为批评与品鉴之准绳:

---

① [译按]这句话的意译或更为符合中文表达习惯:被尼采和海德格尔所批判的历史主义,认为书与思想都不过就是对各自所处的岁月、文化、阶层、性别等的简单或直接的反映而已。

　　　　希腊人的好运气在于,希腊人并不拥有什么"经验"
　　　(keine Erlebnisse),相反,他们拥有的是一种生长得如此独绝
　　　而绝非派生性的知识,一种如此明晰的知识,和一种向着该知
　　　识的激情,这种向着该知识的激情,是如此强悍,以至于,他们
　　　在"知"的这一明晰性之中根本就无需什么"美学"。只是在
　　　伟大的艺术以及与之相伴的伟大的哲学抵达了各自的终点的
　　　那一刻,美学,才——在希腊人当中——呈现出了自己的
　　　外观。

（同上,1:95）

　　尼采与海德格尔最终回到了希腊人那里,为的是拆毁西方之
"柏拉图—亚里士多德式诸根基"。但是,要拆得成,他们就先得
暴露出这些根基;并且,他们知道,要暴露得出来,他们必得巨细靡
遗地小心操持希腊思想及古典文本,无论它们多不惹眼。在对
"自然人(natural man)之永恒的、基本的文本"的探索中,他们便
让我们(并且有意让我们)脑洞大开地瞥见了一个非尼采式的、非
海德格尔式的替代选项,这一瞥,新鲜、开眼、一反传统。

　　对"自然/本性",对"属人自然/本性"及"其在'自然/本性之
更大的整体'之中的'位置'"的究问,其实,就是对"诸究问"的究
问。显然,任何这样的企图并尝试:以一种这样的襟抱与愿景——
一种向着"名副其实地苏格拉底式的辩证"的襟抱与愿景——之
名,把"伟大群书"重又设置为本科生课程安排中的内核,都会逼
迫出这样的再考量:对"'科学'与'艺术'之间的不可或缺的关
联"的健康的再考量。一方面,就如在我们关于苏格拉底的讨论
中已看到的那样,对"'真'之意义与品性"的一种名副其实的把
握,必需所有的学生都获得一种——至少,与数学和自然科学有关
的——严肃品味。另一方面,任何一门名副其实为严格的科学,就
其自身的"哲学—历史上的系谱",必得远比当代科学有自我意识

得多。科学之教授们，必得被如此之再考量——对"在此衍生——即，在西方，科学之形而上学上的、神学上的与道德上的衍生——中的种种决定性的、历史上的诸辩论"的再考量——所搅动、所激荡。一份"伟大群书"类课程安排或可提供给科学上的无论是精缮老到的专家还是业余的外行供其重思的诸主题，举例而言，包括："亚里士多德式物理学"与"伊壁鸠鲁式物理学"之间的辩论；伽利略对"后期的亚里士多德式科学"的挑战；莱布尼茨对"科学(既包括现代科学，也包括古早科学)"的诸挑战；牛顿的高掌远跖的物理学—神学专论；19世纪后期到20世纪早期与"牛顿式科学"的决裂。①

对政治科学的种种特别要求

[201]但是，倘若对"伟大群书"的研习，要稳得住其重心，那就一定不能盯不住如此之"诸究问"：政治上的与道德上的"诸究问"，也即与那些最高的"诸规范"——那些将一切严肃的属人努力激活并聚结起来的"诸规范"——有关的"诸究问"。这意味着，在如现下这般构建起来的大学里，政治科学系，在其中，必得肩负起一副特别的重担：即，"责任性"与"领袖风范"这一特别的重担。有没有任何一种这样的希望——希望"当前的政治科学，有能力起而应对这一挑战，有能力成为这样的一种教育——一种抱持着'辩证式解放'这一襟抱与愿景的教育——之中流砥柱"，是经得起推敲的呢？在当前的政治科学系里，有什么地盘，是给苏格拉底或苏格拉底式精神的呢？

---

① Jacob Klein's *Greek Mathematical Thought and the Origin of Algebra* (trans. Eva Brann [Cambridge, Mass.: M. I. T. Press, 1968])或许很好地给"如何重思"提供了一个的模板，该书中所进行的那种"重思"，是一种应当被拿来作为一个目标的重思类型。

在"政治科学"这一学科之内,"伟大群书"之讲授,有着一个这样的身份或地位,一个无出其右地佯谬,因而也无出其右地激发思想的身份或地位。政治科学,断乎是诸社会科学之中最为古老的那一门,其历史,群贤集萃、星河璀璨,这一傲人历史,滥觞于苏格拉底、修昔底德、柏拉图和亚里士多德,流觞至诸如黑格尔、托克维尔、马克思这样的瑰伟巨匠。作为一个结果,直到几代人之前都还被视为理所当然的是,对这一烜赫历史的研习,应当是该学科之中的一个核心的且必备的部分。但是,对"伟大群书"的研习,一直被视为理所当然,这一事实,恰恰意味着:该研习,已经渐渐地变成了愈演愈烈的迂腐与卖弄,变成了一发不可收拾的或为学究式的或为附庸风雅式的古董把玩。越来越少有政治科学家——很不幸,包括治"政治思想之历史"的学者在内——还抱持着一种这样的证成:一种为此研习——对"政治思想之历史及其伟大群书"的必需且必备的研习——而作的强势但令人心悦诚服的证成,甚至,他们压根想都不再想这一证成了。那些一如在必修课的导言及必修课教科书的导言中所给出的诸证成,要么是敷衍了事的陈词滥调、千篇一律的照搬窠臼,要么就是横生枝节,引起的狐疑远比其解答了的多得多(参,萨拜因 1961,尤其是 v-vi)。对"伟大群书"的研习,在政治科学系里,已经熟烂而摇摇欲坠,只待毁灭性的且并非全然未经证成的批评了。

此批评,在 20 世纪 30 年代与 40 年代,打着"科学"与"进步"的双重旗号,浮现出来,其论辩如下。"政治科学",应当跟其他诸门"社会科学"(以及——甚至除了其他各门"社会科学"或许还有——"人文学",倘若"人文学"也想与时俱进并赢得尊重的话)一样,奋力把自己打造成一门名副其实的科学:一门(当然了,以一种被恰当改编过了的形式来)以诸门"自然科学"为模板的科学。但是,据其论辩说,"科学之历史",并不是"名副其实的科学"——也即,"诸门自然科学"——之一个核心的或必备的部分。

对"科学之历史""数学之历史""医药之历史"的研习，在一个称职的物理学家或一个称职的数学家或一个称职的医生所受的教育里，顶多也不过就是个装点门面的矫饰或仅供猎奇的附带。科学，一般地说，是一种进步性的而且是累进性的事业，[202]在这样的一个进步的且累进性的事业之中，知识之发掘与巩固，是一个不断上升的进程，此进程之较早阶段，可以被设想为咿呀学语的稚嫩的孩提期或蹒跚学步的笨拙的青春期，这个孩提期或青春期，顶好也就是此进程之较晚阶段的雏形和预兆。还执著不懈地坚持说"政治科学家们，被迫得让自己去取得这一能力，即，治该学科之历史——尤其该学科之古早历史——的能力"，这一执著不懈的坚持，就因而被感知为，一种残余，以下这一心态——这一应当被抛弃的心态——的某种残余了：一种"前科学式的""非进步性的"（unprogressive）心态。

有一段时间，这一"新三观"，把古老的"政治思想之历史"以及它的那些多少有些浑浑噩噩或不尴不尬的学界护持们，逼到了几近灭绝的边缘。但是，20世纪40年代后期到50年代，一场刚猛无畏、学富五车并且在哲学上极为强有力的反击，骤然掀起，横扫了可能的最为广阔的战线。冲在这场反击最前列的新的学者们和老师们，并没有让这场反击仅止于捍卫"对'政治思想之历史'的研习"；他们，以由该历史中的"伟大群书"所提供的诸洞见为基础，主张要去证明这点，即："关于'政治科学'——或者，其实也是，关于'一般的社会科学'——的那种'科学式观念'，此观念，代表了一种这样的见解：一种关于'政治科学'与'社会科学'的、狭隘的、非人的（inhuman）、道德上不负责的、哲学上站不住脚的见解"。该战役，持续至今。这场反击，尚未赢得或接近胜利；但它建起了一座滩头堡，在它抢滩后架设起的这座滩头堡之内，或多或少都还友好的辩证式辩论，正在里面如火如荼；而在滩头堡外围，一浪又一浪新的进攻，也在持续跟进，打上来又被击退下去，你来我往。那,这就意味着,在"政治科学"之内,此研习与讲授——"对'古老的伟大群书'的研习"与"'古老的伟大群书'的讲授"——在一段时间以来已经显而易见地并确凿无误地是有争议的。正因为如此,"伟大群书"的讲授者们,也就是那些自身也是"政治科学家"的老师们,便被迫得去证成因而也去究问并以一种持之以恒的方式去思索"此研习——对'伟大群书'的研习——之意义或意旨"。

以"政治哲学之历史"之名,以及以"对作为该历史之内核的'伟大群书'的研习"之名而冲着"行为主义政治科学"(behavioral political science)所发起的反击,提出了根本性的诸究问:政治科学是什么?它应当是什么?它的诸目标与诸鹄的是什么或应该是什么?该反击也并未止步于此。它还进而发问:教育是什么?它的诸目标是什么或应该是什么?政治科学——被恰当理解的那种政治科学——在教育——被恰当理解的那种教育——当中,是个什么位置并应当是个什么位置?

更为直抵要害的是,该反击,坚持不懈地在问:为什么"政治科学与社会科学"终归就是好的呢?或者,"政治科学与社会科学"对于"什么"而言才终归就是好的呢?"科学主义/科学家主义的(scientistic)政治科学与社会科学"无法回答此一究问,严格地讲,它甚至无法触及、无法应对此一究问。现代的一般科学,往往把自己构想为扎根于一种关于"理性/原因"(reason)或"客观性"的观念,[203]此观念声称"'理性/原因'或'客观性',仅在'诸事实之领域'——或最多也就是在'过渡性的(intermediate)诸价值(而非终极性的诸价值)之领域'——里才是可能的"。当"某一终点/目的"(end)被给定时,科学,可以告诉我们抵达该终点/目的的那条/那个最有效率的道路/方式;在有些情形中,科学,或许也能告诉我们关于此——即,关于"诸终点/诸目的,哪些与哪些在相互冲突"——的某些东西。但是,实证主义者们的/实证主义式的科学或理性/原因（reason）（这样的科学或理性/原因，当然不是每一位"好的科学家"或"好的社会科学家"都热烈拥抱或欣然赞成的），无法在各个终极性的终点/目的之间客观地居中仲裁。"科学家式/科学式的思索"（scientific thinking），照此理解的话，因而无法为"针对'诸终点/诸目的'或'诸好'所作的评比和排位"给出"终极性的根由"。这样的科学，甚至无法为"我们之选择'效率'或'经得起推敲'优于'创造性的混乱'，我们之选择'恬静安详的和谐'优于'喧嚣亢奋的冲突'，我们之选择'一种"就是要去建构/建设"的意志'优于'一种"就是要去解构/破坏"的意志'"给出根由。价值中立的科学——价值中立的"一般科学"也罢，价值中立的"科学主义/科学家主义的（scientistic）政治科学"这一特殊科学也罢——在其自身的内在体质上就没这个"说明自己何以为好"的能力。

　　但是，对"好"的究问，特殊地来说，对"政治科学之'好'或'值得'"的究问，此究问之于政治而言是根本性的。政治与政治上的诸权威，必须——或明或暗地——提出并回答这样的诸究问：对"无拘的且科学家式/科学式的（scietntific）探究是不是要在政治共同体之内被培育或被限制"的究问；对"属人实存中每一个有争议的要素，在那个'轻重先后的评估与优选之标尺'上，各自所处的排位、位阶或位置"的究问；终极地还是，对"好与恶"的究问。政治是这样的领域：在该领域中，属人存在者们，借由强制性的诸法、诸统治者、民事行动（包括血腥的战争与革命在内），集体地来对这一终极性的排列——一个社会之中的那一"轻重先后的评估与优选"之终极性的排列——作出决断。该终极性的排列所针对的那一"轻重先后的评估与优选"，详言即：什么是被荣耀的和被鼓励的，什么是被宽容的，什么是不被荣耀的或（什么是）被禁止的。政治，就其最充分的状态而言，就是企图并尝试去理解并去培育那个"共同之好"："正义"。一门关于政治的"科

学",若无法提出并追求此诸究问——对"'终极性的好'与针对
'属人诸努力'所作的评比和排位"的诸究问,那它就不是一门
关于政治的真科学。冲着当代科学这一模板而去的那一据称为
"进步的"转向,也即,那一业已主导了各门社会科学且正在日渐
主导各门人文学的那一转向,其所显露出来的,并非冲着启蒙而
去的进步,而是一种退化,一种向着暗昧晦蒙而去的,亦向着这
样的遗忘——遗忘掉那些最为重要的政治上的诸究问——而去
的退化。

　　这并非是说,(着眼于把具有说明性的种种变量及其相互关
系识别出来并形成某种程度的预测力而)对政治性的与社会性的
数据所作的科学家式/科学式分析(scientific analysis),统统该靠
边儿站;而是说,这种研习,必得把它自己理解为是从属于或受引
导并服务于一种更高的研习的,其所从属于或受之引导并为之
服务的那一更高的研习即一门民事技艺或一门关于政治的真科
学,这一门民事技艺或关于政治的真科学,投入并献身于对关于
"正义"或"共同之好"——关于"有德性的公民风范"与"有远见
的政治家风范"——的知识。政治的这一更高的也更为根本性的
区域才是政治之历史中的"伟大群书"念兹在兹又固守不渝的中
心。[204]正是在那些"伟大群书"之中,我们发现,"'正义'与
'共同之好'这二者的意义"之全面而广袤的复杂性,也即围绕
"'正义'与'共同之好'这二者的意义"而展开的无止休的争执或
论辩,被悉数揭开或拆解出来了。政治思想的烜赫历史由之汇聚
而成的那些星光熠熠的思索者们,无论他们彼此多么不金同,但他
们都金同"政治科学教育"之这一最为根本性的意义;正是关于该
职业的这一高级观念,我断言,才是必得被召回,必得被复活的。
背向"伟大群书"——厌弃、远离、躲避"伟大群书",此背向无论多
么可以被这一借口——"伟大群书"的教学,一度都足以被或枯燥
乏味的、或古董把玩、或附庸风雅的方式进行的——所开脱,此背

向都是政治科学中一个根本性的危机。该根本性的危机最为鲜明昭彰的症候就在于政治科学已然盯丢了或看不见它自己的那最高的、正当的目标与责任了。

政治科学中的绝大多数课程，着力于"晚近的历史"，亦着力于"当下既存着的诸政治体制之本性/自然"，这当然不无恰当。但是，这些研习和这些课程，可以且应该觉察到一个这样的内核："'伟大群书'这一内核"、长期被有规律地、成系统地提及着和参照着而且每一次提及和参照都带来经久不绝的撩动、刺激与启发的那一内核、那一批群书。多数课程，并无什么理由，不该多少涵纳些出自巨擘之手的读物——该读物之非正统的诸究问与宏览合观的视角，会给当代政治图景投下意想不到的、几欲振聋发聩的光芒。这一观察，用在其他各门社会科学中的诸课程上，也一样站得住脚。倘若历史课，部分上从出自塔西佗、菲利普·德·康明（Philippe de Comines）与休谟之手的"政治上的与哲学上的诸历史"中找到自己的定位；倘若历史课，以同情性的盘察来检测伟大的 19 世纪历史哲人们；倘若社会学家们，把托克维尔与孟德斯鸠针对"社会之诸形式"所作的磅礴开阔的比较性的诸研习，放置在他们自己的教导——或他们自己的讲授——的中心；倘若人类学家们，追随列维—施特劳斯的榜样并在此诸究问——对"卢梭"以及对"卢梭冲着这两种观念（关于'社会诸起源'的圣经式观念与古典式观念）所发出的批判"的诸究问——中反思他们那个学科中主导性的诸议题之来源，那么，学生们与教员们一样，都会发现这样的新世界，那被种种出其不意的诸究问和一种被扩展了的也更为批判性的自我意识打开在他们面前的新世界。

不过，我们一定得防范别把读解少数真真了不起的古书，搞成了例行过场或死记硬背。当学生们进教室来听一门导引课的第一讲时，或者，当他们坐下来开始一门研究生或本科生研讨课的第一次会面时，我倒是期待他们对教学大纲上出现的一堆有年头的老旧文本报以种种狐疑和究问。并且，为了确保每一个学生都分享这些怀疑和究问，我还倡导，把这些议题，搞成课堂里的一个主题，不只是首堂课的一个主题，而且，在某种含义上，是每堂课的一个主题。你怎么能把一门课程的任何重要部分——"一门课程的任何重要部分"，对于"政治科学之某些分支"而言，指的是该分支的导引或该分支的延续——[205]统统用来研习那些古老的甚至是非常非常古老的书呢？这样的一份教学大纲，针对一门政治理论课的无论是入门级还是进阶级而言的一份教学大纲，其上几乎没有出现任何一本岁数小于一个世纪的必读物，而列于其上的绝大多数文本都是由生活于种种年头久远的且早已作古的诸政治文化之中的作者们所写就，这样的一份教学大纲，怎么能证成呢？研习政治，不是自然而然地且必然必要地意味着，研习我们自己日子里铺天盖地的种种切近而紧迫的诸议题吗？

"布丁怎么样，吃了就知道"，所以，我起先的回应会很简单，不过简单的回应必定只是暂且的回应：种种我们将借由"伟大群书"来处理的诸议题比沸腾于时下的种种甚嚣尘上的诸议题重要得多，也根本性得多。时下的诸议题，肯定不是要被遗忘掉。而是说，它们将被领会为另一些议题的实例——它们示例了另一些议题——从而被赋予新的分量与义蕴。而这另一些议题即那些更深的也更为永固罔替或弥久不渝的诸议题，现下的诸议题均以之为预设/前提并由之而萌生出来，但现下诸争议之喧嚣沸腾和聒噪嘈杂也能将之掩盖。

那些更为潭奥眢眇且更为弥久不渝的诸议题，那些应当在一种真真自由的教育之中占据优先——即便仅仅从其隐现于斯的背景之中占据优先——的诸议题，究竟是什么呢？一份起始的或暂且的清单，从"伟大群书"最显白的表层上片下来的一份起始的或暂且的清单，会列出这些：一个健康的且体面而正派的社会，其诸目标是（或该是）什么呢？"无拘"是什么呢？"卓越"或"德性"是

什么呢？"属人尊严"是什么构成的呢——"无拘"吗,"德性"吗,
还是"去爱的能力"？政府该在怎样的程度上培育——又该如何
培育——"无拘""德性""爱""尊严"呢？"爱"是什么呢？谁或什
么是值得爱的？"友爱"是什么呢,"一个好的朋友"又是什么呢？
"爱"与"友爱",这二者与"民事义务"的关系是什么呢？"神"与
"神法"实存着吗？若实存着,或者,若不实存着,对于公民的与属
人存在者的生活来说,意味着什么？公民的或政治家的诸债、诸德
性以及完满与单单属人存在者的诸债、诸德性以及完满之间的关
系是什么呢？艺术家之道德上的责任或曰民事上的债是什么呢？
"一个哲人"是什么呢,哲人之道德上的责任或曰民事上的债又是
什么呢？广泛而综合地来说,针对这些究问,最深的、作为替代选
项的诸答案是些什么呢；这些被构思和表述出来的诸替代性选项
之间是如何辩论的呢？

　　即便就从这一份不完整的清单看,显而易见的也是,一种对
"伟大群书"的研习,不能仅拘囿于那些传统上被贴上了"政治理
论作品"这一标签的诸文本。诗人们、剧作者们、神学家们、科学
家们(尤其是就"科学家们,曾经超越了太多当代科学所具有的那
狭隘而造作/人为的[artificial]诸囿限"而言),也都必得被关注,
必得被下功夫予以苦心琢磨。于是乎,对"伟大群书"的研习,必
定处在与各种被人为地(artificially)夸大了的专业边界的张
力——我会说,此张力是一种富有成果且充满生机的张力——之
中,[206]而这些被人为地(artificially)夸大了的壁垒森严的专业
边界,很不幸,已经把当代"大学"割裂和离间成了一种诸多"智识
隔都"(ghettos)的铺排与堆积了。不说别的,"伟大群书"之被纳
入课程阅读书目,至少迫使那些要么苍白无趣呆板乏味,要么唯我
独尊自我满足的技术行家或专家们,去进到一个这样的舞台上来,
在这个舞台上,他们必得依照此诸究问并在杂多的且活力永动的
辩证式统一(unity)之内来证成——并由此超越——他们各自的

"专业",他们于该舞台上证成并超越各自的"专业"时所依照的该诸究问,即,那些应当为"一切的专业化"提供框架与结构的诸究问,他们于该舞台上证成并超越各自的"专业"时所处于其内的那种杂多的且活力永动的辩证式统一,即,"大学之大"[univeristy]所赖以构成的那种"辩证式统一"(unity)。

　　不过,再重复下①,我一刻也并非是要建议说,当代生活中的那些紧迫而具体的诸议题都该抛诸脑后。其实,在古典著作投射出的光芒中研习政治与社会、爱与死、宗教与科学,这样的研习,其诸多首要意旨,其中之一就是要逃开过于科学家主义/科学主义的(scientistic)或过于理论式的社会科学与文学理论中的种种时髦的学术抽象。真真伟大的群书绝不抽象——这里"绝不抽象"的"抽象"所指的含义是"从挥之不去又扣人心弦的对属人命运与属人实存的诸究问中'抽身出去'"。真真伟大的群书,力挺——同时亦扩展并加深——好公民在种种确实堪称议题的议题上所持的视角。

　　　以一种既"哲学性的"同时又真真"感官经验性的"(empirical)方式来对待"政治",这样的对待,意味着什么,此"什么"之模板,正是亚里士多德的《政治学》。亚里士多德的方法,是真真"感官经验性的":他的方法,之所以是"感官经验性的[方式]"之模板,是因为他的研习直接地派生于公民和政治家们的鲜活的诸经验,也即他们的富于激情的诸关切。亚里士多德并不是从"种种科学家式的/科学式的(scientific)'模板'"与"一套生造的/被建构的(constructed)行话"而开始的,而是从"种种这样的自我证成"而开始的,他由之而开始的那种种"自我证成"即,参与到种种重大的民事争议之中的那些富于理智的参与者们,他们的精明的、被连贯构思并表述出来的、前科学式的"自我证成"。通过跟那些交

────────────

① ［译按］第一遍强调该观点,见原文页码,第205页。

战着的参与者们展开批判性的对话，亚里士多德企图并尝试上升
到一种更为综合且更为丰满的体认——一种更为综合且更为丰满
的、对"既有的诸替代选项"以及对"'这些既有的诸替代选项'之
在'凡可能的诸属人替代选项之整体范围'内所处的那个位置"的
体认。若要为这个亚里士多德式模板找一个现代版的补足，我们
无需再他顾，托克维尔的《美利坚的民主》就足矣。托克维尔在该
书中坚持这一需要：需要在"比较性的视角"之下来分析美利坚民
主之诸可能性，而"比较性的视角"，不单单指，仅由"同时代的其
他的诸政制"所提供的那种"比较性的视角"，也指由"一种更为包
罗而全面的考量，一种更为包罗而全面的、对'先前曾占据主导
的、"非民主式的"诸社会形式各自的兴衰隆污、强弱壮疲'的考
量"所提供的那种"比较性的视角"。但是，托克维尔始终是由"这
样的诸意见、诸自我证成与诸自我辩解"而开始的并反复地回归
到"该诸意见、诸自我证成与诸自我辩解"的，他由之而开始并反
复地回归到的那"诸意见、诸自我证成与诸自我辩解"，即，参与到
美利坚政治大剧之中的那些伟大的参与者们，他们的"诸意见、诸
自我证成与诸自我辩解"。

　　对于研习政治的美利坚学人而言，亚里士多德与托克维尔这
二位的模板，暗示了对"伟大群书"的研习必需一种同时进行的这
样的浸淫：同时浸淫于此"伟大的诸议题"——［207］打一开头就
划分了并激活了合众国的那些"伟大的诸议题"——之历史与衍
化之中。一位美利坚学人对"伟大群书"的研习，惟有当这位学人
诚实地回应了作为一个属人存在者的他或她的不可否弃的首要关
切——那对他或她自己的人民/族群（people）的关切，他或她的该
研习，才是根基牢固的。因为，惟在那时，对"属人诸疑难"的讨
论，才是实实在在的；也惟在那时，自我批评——自我批评乃辩证
之心脏，才是坦诚而切中肯綮的。那些把"美利坚政治传统"划分
开来的"诸议题"，应该在那束"诸争吵"之光下被看待，那束依之

以看待该诸议题的光正是那些如穹苍一般无所不包的诸争吵,那些曾历史性地推动了"政治思想"的形形色色的诸争吵。"'单单美利坚式'的诸争端"就成了普遍性的了,当我们理解了它们如何例证了那些谜团——将所有时代所有地域里的属人存在者们之"政治上的本性/自然"给凸显和标识出来的那些谜团。

对"美利坚政治及政治历史"的一种被"'苏格拉底式辩证'之精神"所引导的研习,会寻求去亮明、去弄清在我们的历史性发展之中的那些"伟大的诸划分"之各自的如芒刺背的复杂性,此一如芒刺背的复杂性,也即那些"伟大的诸划分"所划分出来的两边,每一边各自的道德上的诸代价与诸益处。这样的一种研习,会指示,举例而言"读解'肇建者们'"时,并不是要把肇建者们当作"偶像"来读解,而是在"联邦党人与反联邦党人之间精彩纷呈又引人入胜的辩论或对话"这束光下来读解。这样的一种研习,会寻求去重演"林肯与道格拉斯的诸场辩论",以便重拾他们对这二者所作的分析之深度,这二者,一为民众主权之种种相与竞争着的、道德上的诸主张,一为此坚持,即,对以"关于自然诸权利的那种理念"来圈限"民众主权"的坚持。这样的一种研习,会企图并尝试去追踪黑人领袖们——从德莱尼(Martin Delaney)到马尔克姆·X(Malcolm X)——围绕黑人们在美利坚政治文化之内所作的具体的诸贡献、所承担的具体的诸债,以及所提出的具体的诸正当要求而给出的步步铺陈开来的诸论辩。就最后这点来说,我们或许会注意到,达至或挖掘此经验——美利坚之内的黑人经验——之诸义蕴的一种苏格拉底式路径,尤其回响着杜·波依斯(W. E. B. Du Bois)①早期的那一企图和尝试:将黑人们对美利坚的潜在贡献深描出来的那一企图与尝试。杜·波依斯看到,"没有谁比美利

① [译按]杜·波伊斯(1868–1963),美国历史学家、社会学家、高产作家、编辑、大学教授、民权积极分子、泛阿非利加主义者,毕生致力于种族正义。代表作《黑人民谣的灵魂》《美利坚的黑色重建》《危机》等。

坚黑人,更是《独立宣言》之中的那'纯粹的属人精神'的真真拥趸了"。但,同时,他也把非裔美利坚人看作是这样的一些天资与德性——在"自由民主式的气韵与风尚"之中反倒未被充分地予以强调和重视的那些天资与德性——的携带者,其所携带的那些在"自由民主式的气韵与风尚"之中未予充分强调和重视的天资与德性包括:"虔敬与尊崇";"虽佻巧轻快但隐忍刚毅的谦卑";"饱含爱意又欢欣和乐的机智"——与"冷酷而乖戾的机智"相对的那种机智;还有杜·波伊斯所坚称的那一品味——一种尝得到音乐中的深彻悲伤的品味,这种品味陶育出对合众国里那典型的庸俗音乐的蔑视。

> 总而言之,在一个充斥着美元与精明的荒凉沙漠里,我们黑人,似乎才是硕果仅存的依然有单纯的信仰、单纯的尊崇,蓬勃其中的唯一绿洲。美利坚会穷困吗,倘若她把她那阴森野蛮又饕餮无度的颟顸莽撞换成"黑鬼们"那佻巧轻快但隐忍刚毅的谦卑? 或者,把她那粗鄙而冷酷的机智换成饱含爱意又欢欣和乐的好脾性(good-humor)? 或者,把她那庸俗的音乐换成悲伤之歌的灵魂?①

[208] 以一种苏格拉底式路径来研习"美利坚传统",便与此相类似,且也吻合于杜·波伊斯早期针对美利坚黑人们的与美利坚黑人们对其诸原则依然保持着如此之忠诚的美利坚肇建者们的诸卓越——而非他们的诸缺陷——所作的谋虑深远的——尽管是不露感情的——寻索;以该路径来研习"美利坚传统",会阻却或瓦解这二者:一为对我们的遗产的不负责任的诋毁,一为对我们的

---

① "Of Our Spiritual Strivings," in *The Souls of Black Folk* (1903), in Du Bois 1988, 370; 另参,"the Sorrow Songs," in Du Bois 1988,536ff。

遗产的毫无思想的捧誉。苏格拉底式精神,奉劝我们,要下大功夫、胼手胝足地去将那些极为罕见但极具决定性的诸时刻、诸争议、诸运动以及其身上闪现着"美利坚政治传统"之"绝好的诸品质"的诸人物,竭力挖掘出来、揭示出来、铺陈出来、亮明出来。苏格拉底式精神,建议我们抵制这一精缜老到、工于谋算的世故倾向,该倾向往往要把"公民们的与政治家们的行止、言语、思想"一律约减为"单单的阶级利益或自我利益"。苏格拉底式精神,让我们有所踯躅而不至于在每逢提及或概括我们政治传统中那些熠熠生辉的范例和榜样时随意就甩出并传布诸如"种族主义""性别主义"或"资本主义压迫"此类的指控。这并非是要把我们的过去神学化。这里所吁求的,毋宁说,是这样的一种同情地批判性研习,这种研习是在下着判断,但是,这种同情地批评性研习在下判断的同时,也觉察到并承认此责任,即,"下判断"本身所牵涉的那种责任;这是一种尽力要让我们政治上的、法上的与宪法上的发展之中的诸成功连同更为惯常的诸不足或诸失败,均变得更为可理解的研习。还是用杜·波伊斯的话来说吧:

> 远在我们的现代社会主义之上、出离于对大众的崇拜,必定持存着并衍生着某种更高端的个体主义,是文化之诸中心都对之予以保护的;也必定会有一种对这样的属人灵魂——那种"至高无上的/主权级的(sovereign)属人灵魂",力求要去知自己且也力求要去知自己周遭的这个世界的那种"主权级的/至高无上的属人灵魂"——的更为高拔的尊敬。(1988,p.437)

后现代岁月里,民事教育与辩证教育二者之间的关系

不过,我之力主"辩证式解放",是否并没有让我忽略了此解

放或可给"民事健康",也给"民事德性之教育"带来的危险呢？苏格拉底自己也非常狐疑是否有此可能性,这二者——自由教育的两个目标,或者其实也就是,自由教育的两种类型——之间的轻而易举的或简简单单的和谐之可能性。苏格拉底在《共和体》中就"辩证"所说的最后的且最决绝的话,我已指出过了,就是一句警告的话。① 苏格拉底还用了另一个引人注目的隐喻(537e-538e)来呈明他的意思。尚未成年时就研习辩证,或者,未在恰当的指点下研习辩证,如此之研习给一个年轻人带来的危险,苏格拉底说,就好比是"一个一出生就被抱错了人家的孩子"的情形：

> 一个一出生就被抱错了的孩子,被养在了一个富裕而庞大的家里,各种阿谀奉承者充斥左右,等长大成人后,他觉察到自己并非那两位声称是他父母的人亲生,但也无法找到是谁生的他。……在他还不知道"真[相]"②的时候,他并不会荣耀那些阿谀奉承者,而是会荣耀自己的父亲、[209]母亲以及其他那些看起来都是宗亲的人;他之于他们,若与他之于阿谀奉承者相比,他们的任何需要,他都不大可能会忽略,也不大可能会对他们做出或说出任何违法的事,不大可能会在重大的诸事上违背他们。……但是,一旦他觉察到事情本来的样子,他就会松懈他对他们的荣耀,松懈对他们的严肃的应承

---

① ［译按］可参前文,原文页码,第 193 页。

② ［译按］truth,真,涵盖了"真相""真知""真理"等意思。在这个比喻的语境下,"真"既有"真相"的实指,也有"真理"或"真知"的虚指。在这个"抱养的孩子的身世"的比喻中,大体上,亲生父母或身世之谜,代表了求知的对象、知识或求知本身,养父母代表了城邦内通行的道德观或古早的传统或生效的实定法,阿谀奉承者代表了传授"庸俗辩证"的蹩脚的老师们,即形形色色的智术师。思索或理论上的辩证,有着行动上的潜在的"脱序"危险。民主使辩证探索(即,哲学和广义的科学)成为可能,辩证探索在行动上会拆解民主的凝聚力,那么,辩证探索或理论或哲学该如何与使自己成为可能,又常常达不到自己探索到的标准的培养基共处,是这个比喻要讨论的疑难。

与在意;把以前之于他们的加倍地之于阿谀奉承者;比起从前,他会更多地被阿谀奉承者所说服;他开始按照阿谀奉承者的方式来生活,毫不掩饰与他们的关系;并且,除非他自然地/本性上就是个正派而体面的人,否则的话,他丝毫不会再在乎那位父亲以及其他那些人为的(artificial)宗亲了。

同样地,苏格拉底说,

> 对正义的东西与高贵的东西的诸确信,这样的诸确信,我们自幼年时就有了,我们就是像在父母之下一样在这些确信之下成长起来的,把这些确信当作统治者来服从,并且荣耀这些确信。……之后,另又出现了某些正与这些确信相对立的诸做法/诸操习(practices),这些做法/操习带来快乐,阿谀奉承着某一位的灵魂,并把该灵魂拉拢到它们那边。它们,说服不了那些有分寸的人们,有分寸的人们极为荣耀先祖们的方式、将祖先们的方式当作统治者来服从。……但是,当有如此性情的某某,碰到了"何为高贵?"这一究问时,当他又答之以他从授法者那里所听到的,而"合乎理性的(rational)论辩"则反驳着他,并且这一反驳还以诸多方式一遍又一遍地重复,这时,他便会倒向这一意见,即,"没什么比卑劣更高贵的了";当被问及"正义""好"以及他尤以之为荣耀的那些事时,情形也与此一样。那么,你认为,他会怎样做呢,当涉及把这些东西当作统治者来荣耀和服从时?

这一苏格拉底式忠告,是一把重要的钥匙,拿着这把钥匙,可以打开柏拉图、亚里士多德二位公开发表的书写作品之本性/自然。他们两位,都清楚地表明了,哲学式生活之至高无上性,以及,哲学式生活之在"辩证"中达至极致;但是,"'辩证'之实际操

练"/"'辩证'之现实性地践行",是他们二位的书面作品引导着要
去向的东西,或曰,是他们二位的书面作品隐约地预示了的东西,
或曰,是他们二位的书面作品作为导论而引出来的东西,而并非他
们二位的书面作品充分展开了的东西。柏拉图的诸对话,是戏剧
性作品,在这些戏剧性作品里,就如我们已经非常鲜明地在《共和
体》里所看到的那样,"辩证",是被赞颂的,甚至也被引出来了,但
是,在其最严格的或最高的含义上,则被突兀地腰斩了——至少从
表面上看是被突兀地腰斩了。这每一篇对话之被书写出来,似乎
都是为了回应柏拉图对"哲学式书写"所作的批评,这一批评,柏拉
图,借《斐德若》中的苏格拉底之口说出过,在《第七封信》
(341c-d,344c)中他也以自己的名义给出过:

> 　　我自己的书写作品,没有哪一部是关于这些事的,现在没
> 有,以后也不会有。因为,它不是可以形诸文字的,这就跟其
> 他学问不同了,其他学问是可以的;而是从在这事上的长期交
> 相往来中,从在一起的生活中,突然,就如从燃烧的火焰中迸
> 出来的一点火星,它就在灵魂之中生成了,然后便兀自发
> 展。……但是,若我觉得,尚有可能为大多数充分地书写些什
> 么或言说些什么的话,那么,我们有生之年所能成就的,还有
> 比把那"极大的益处"为人/人道/人性(humanity)书写下来并
> 把"自然/本性"向每一位亮明白,更为高贵的吗? 但是,企图
> 并尝试跟属人存在者们谈论这些东西,我可不认为这个企图
> 与尝试有什么好,除非是跟这样的极少数去谈:[210]这极少
> 数是指稍加指导他们就能够自己去发现的那极少数。……因
> 而,一个严肃的人(man),会避免就严肃的事来书写些什么
> 的,这只会把人/人道/人性(humanity)拖入嫉妒与困惑。

倘若,我们甄察流传下来的亚里士多德的那些书写作品,就会

看到,其中没哪一部是严格含义上的辩证式的,至少表面上都不是。亚里士多德,其实明显地是规避了一种针对"政治"与"道德"的辩证式探究,即便是在他引发对此一需要——对"一种针对'政治'与'道德'的辩证式探究"的需要——的注意时,他还是规避了该种针对"政治"与"道德"的辩证式探究:

> 我们一定别不留意,从第一诸原则而来的推理,向第一诸原则而去的推理,这两种推理,是有区别的。柏拉图为此大为迷惑并绞尽脑汁,他总是要探究,所沿着的这条路,是从第一诸原则而来的呢,还是向第一诸原则而去的呢,就好比在体育场里,跑的路可以是从判断者到终点,也可以是转过来跑的。现在,我们应当从"已知的东西"开始。但是,这些已知的东西是在两种含义上已知的:为我们所已知,本身就已知。或许,现在我们应当从"为我们所已知的东西"开始。因而,谁若要以一种充足的方式来关照就"高贵而正义的东西"以及"一般而言的'政治的东西'"所作的讨论,谁就必先得经由习惯之养成而高贵地受到过高贵的训练。因为,该第一原则即:某些东西就是如此的;倘若这是足够显而易见的,那也就不需要再求问其理由/理性(reason)了。

> (《尼各马可伦理学》1095a31-b8)①

柏拉图和亚里士多德都确信,诸社会——哪怕是或者尤其是诸健康的共和体——必是封闭的,此封闭是必然的/必要的。每一社会都有一些特定的、根本性的"神圣不可侵的东西"或曰"道德上绝对的东西",对这些东西的狐疑,对该社会而言,如在喉之鲠,真真地在搅动着该社会,使其烦扰难安,而这些东西,一个负责任

---

① [译按]中译可参亚里士多德,《尼各马可伦理学》,廖申白译,前揭,页7–11。

的哲人在公开场合将会以最大的谨慎来小心地予以对待。苏格拉底坚称:出于对"民事德性"好,也出于对"哲学式不妥协"好,有利也必然的/必要的,就是,去接受加在"社会之开放性"上的种种"自然的诸囿限":带着对"这二者——地地道道的哲人们与社会其余部分——之间的一种程度或许不同但终究不可避免、不可逾越、无可消弭、无可超克的一种疏离"的体认而不抱任何虚假或虚妄的希望地活着。

　　要真真地理解"无拘地思索"与"民事社会"二者之间的关系的此特点,也就是要去理解"智慧"与"温中"这两个德性之间的关系;用现代柏拉图主义者施特劳斯的话说,也就是要去接受并理解这样的"牺牲","为了我们的心智可以是无拘的,我们必得作出的那些牺牲"(施特劳斯,1963,xvi)。但当然了,如今,我们是生活在一个这样的社会(确实也是一个这样的文明)里了:该社会(或该文明)所奠基于其上的那些哲学式诸论辩,均支持"启蒙",换言之,均支持一个这样的世界:一个任达不拘的、宽容的、商业和技术的世界,在如此一个世界之中,其中的某一"无拘的共益体"(free commonwealth)就是一个——用斯宾诺莎不朽的话说——"里面的每一个人(man),均可以自己怎么快乐就怎么思索,也均可以把他自己思索到的统统都说出来"的共益体。(《神学政治论》第20章标题)①这一理想,是属人存在者们真可以实现的吗? 这一根本性的议题,其正反两边的诸论辩,都将构成任何这样的教育——配得上"伟大群书教育"这一名号的那种"伟大群书教育"——之中的种种冠绝拔群且历久持存的诸主题之一。但是,谁若开始去严肃地对待"关于'政治'与'哲学'的苏格拉底式观念"之中的可能的"真",那么,一个进一步的究问便炳然映入眼帘了:[211]苏格拉

---

① ［译按］中译可参斯宾诺莎,《神学政治论》,温锡增译,北京:商务印书馆,1997 年,页 270。

底式诸原则,如何适用于、应当如何被适用于这一新的、非古典的、非苏格拉底式的社会形式,这一毕竟是苏格拉底从未想到过的社会形式呢?

　　一开始,我们就不该看丢了这一事实——也就是施特劳斯以"牺牲"一词来提醒了我们的那一事实,即,柏拉图并未简单地把"社会之封闭性"这一品性视为一个纯然的好东西。毋宁说,柏拉图只是把它看作"生活的一个事实":充其量,是一个伴奏,一个必然的/必要的伴奏,之于"法与秩序""德性""民事上的连同哲学上的自由"的一个必然的/必要的伴奏。柏拉图的兴趣,肯定不在于使社会的这种封闭性加剧/紧实化。正相反,他所有的诸对话,都极为微妙地、以这样或那样的方式在探查对该封闭性的诸囿限,或者说,在探查这些可能的诸方式:处于各个迥异的诸政制之内的诸个体与诸群体借之或许会被开启(无论多些微地),从而向着此经验——"对'辩证'(辩证,乃哲学式生活之心脏)的经验"——敞开的可能的诸方式。我们永远别忘了,柏拉图曾让苏格拉底以其最为公开也最广为人知的说辞,宣告道:"对于一位属人存在者而言,未经盘诘的生活,是不值得过的。"不过,与此同时,柏拉图极度警惕虚假的且虚妄的解放或哄骗性的且迷惑性的解放,也就是极度警惕对"开放性"的一种意淫或自以为是——对"开放性"的这种意淫或自以为是,终归还是一种被封闭了的心智,并且是一种变本加厉地被封闭了的心智,这种心智之所以变本加厉地封闭就在于它被哄骗迷惑得自以为自己是开放的。苏格拉底在柏拉图诸对话中面对面地针对智术师们所发出的批判,一再地揭开了"自我哄骗且自我迷惑的、心智封闭的'开放性'"这一精缋老到的陷阱之中的五花八门又蜿蜒油滑的魅惑。柏拉图,或者,一种柏拉图式的视角,势必不会认定说,自己宣称自己为"开放性"的,必然就是开放性了;真的开放性,只借由它自己的用以"回应哲学式究问的难耐压力"的方式与态度来揭示自己,换言之,真的开放性,是否自我显露得出来,取决于它如何回应咄咄逼人的如芒刺背的哲学式究问。那么,从一种真真柏拉图式的视角来看,最为紧迫的、实践性的究问便成了:在每一个既有的政治性处境之中,最大可能的那种名副其实的开放性,如何能实现呢?

对这一究问的回答,无法通过在柏拉图式诸对话中寻找某种秘方而开掘出来。所必需的是原创性反思,植根于柏拉图式诸对话的原创性反思:被这一反思首先纳入考量的便是,在每一个新的政治情境里均找得到的,既危及"民事德性"也危及"哲学式德性"的种种特别的诸危险或诸威胁。

在我们的民主体里,尽管,危及民事德性的诸威胁,似乎相当了然可感,不过,危及哲学式探究或哲学式德性的诸威胁,看起来要比任何一个封闭社会都小多了,肯定也要比那个处死了苏格拉底的民主体小太多了。由这一观察,似乎大可得出这样的结论:我们主要的关切,应当放在民事教育而非哲学教育上。我们不该或许比苏格拉底还更为担忧苏格拉底曾警告过要予以提防的那一可能性——"辩证之腐蚀性效应"这一可能性吗? [212]我们的社会,已然如此任达不拘了:我们就不该把重心往"规训""严苛"与"节制(包括'对"智识上的怀疑主义"的节制'在内的'节制')"那边移一移吗?"古典共和思想"的这一极端保守的适用,尽管并非完全没有说服力或并非全然错误,不过,在我看来,这一极端保守的适用是以对我们当下精神处境所作的一个太过狭窄或太过肤浅的诊断为基础的。

确实有显而易见的"真"是蕴含在"因哲学式探究而招致人身迫害的几率或者或然性,在自由民主体之中,比在绝大多数先前各种类型的共和式的或者非共和式的社会之中,小得多了"这一命题之中的。不过,这一显而易见的"真",往往遮盖了另一更深的也更为复杂的"真",那一被遮盖了的更深的也更为复杂的"真",即"我们这个开放的社会以'智识上的实实在在的独立、智识上的实实在在的刚猛无畏与智识上的实实在在的多元化'三者所面临的巨大风险换来了它的'表达之无拘'"。除此之外,在"我们的智识赤诚之孱弱化境况"与"我们的民事精神之相对的松懈懒怠"之间,有一个可以辨识得到的关联:二者共有一个重要的渊源。对这一更深的"真"的(即便是模糊的,但)广为蔓延的体认,已经从我们的这一发现——我们在东欧发现了智识德性与民事德性二者之间的关联——中浮现了出来。西方的智识分子和艺术家,已经迸发出了他们的满怀震惊的承认,他们承认说,比起在自由民主体之中,在共产主义制度之中,智识生活似乎拥有一种更大的、道德上的强力(moral force),艺术,似乎拥有一种更为严肃的、道德上的使命感与一个更为笃志于斯的——即便规模也许小很多的——受众群。正如比较了"东欧写作者的处境"与"西方写作者的处境"的卡尔维诺(Italo Calvino)所观察到的那样:"文学之权力(power),其佯谬就在于:它似乎只有在被迫害时,才显出它真真的诸权力(powers),它在挑战着权威;而在我们这个任达不拘的社会里,它反倒觉得,它不过就是被用来去创造出一个令人快乐的对照、反衬出空话废话口水话的泛滥成灾和不知所云罢了。"① 与此类似,当1980年代早期罗斯(Philip Roth)从东欧返回时,他也这样描绘东欧艺术家与西方艺术家的处境差异:

> 差异就在于"无拘",并且,从我的观点所看到的诸差异,生动得几乎可笑:就我的处境而言是:什么都行,什么都无所谓;就他们的处境而言是:什么都不行,什么都有所谓。他们书写下的每一个语词,都有着无穷无尽的义蕴,而在合众国里,不论谁,常常压根儿就没有感觉到要冲击什么或影响什

---

① *New York Times*, February 8, 1990, p. B1.

么,丝毫没这样的感觉。①

正如伯林(Isaiah Berlin)在《关于自由的两个观念》(这篇捍卫自由主义的辩护词,是若干书写于本世纪②的、心智最为开阔的且最有思想的自由主义辩护词之一)里所写道的,"赤诚、[213]对'真'的爱、炽烈的个体主义,在被严厉规训过的诸共同体之中或在军事化规训之下,也经常生长出来,至少与在更为宽容的或更为无可无不可的社会之中一样'经常'"(伯林1958,13-15,48)。我倾向于相信,卡尔维诺在暗示"僭政或迫害是文学之权力(power)得以充分彰显之必需"时,他是走得太远了,但是,东欧与西方(他正在予以回应的那个西方)的两相对照,确实坐实了这一事实:我们当代的这些"宽容的或无可无不可的"诸社会,正面临着一个异常复杂而严峻的精神疑难。

对我们最大的威胁,窃以为,并非"不能忍耐的怀疑主义",亦非"革命性的不和或纷争",也非"激情充溢的多元化太过泛滥",毋宁是,对一种了无生气的、反智主义的/非利士式的(philistine)相对主义的麻木不仁地刻板因袭与沉闷乏力地一味盲从,被因袭和盲从的那种了无生气的、非利士式的相对主义,几乎把我们凭之以捍卫或界定"生活之任何原则性基础"的意志与能力蚕食殆尽。这一威胁,危及民事生活,也同等地危及哲学式生活。这一特异的综合征,其原由,无疑有很多,我并不自诩业已全部理解了——甚或一一识别出了——个中诸多原由。但是,其诸多原由中,有一个尤其麻烦,而之所以"尤其"麻烦,就在于它植根于我们这个社会——我们的这个作为"一个大众民主式秩序"的社会——之本性/自然之中,这个尤其麻烦的原由,就是托克维尔在探究"现代

---

① *New York Times*, February 8, 1990, p. B1.

② [译按]指20世纪。

大众民主体"在精神上的强悍与孱弱时,所关乎的那个主题。托克维尔开始于这一古典式观察,该观察即,一个百分百开放的社会是一个神话:每一个社会,在某种含义上,都是封闭的,因为:

> 没有共同的诸理念,就没有共同的行动,而没有共同的行动,或许依然实存着属人存在者们(human beings),但并不是一个社会性的实体了。社会,若要实存甚至还要繁荣,那么,必然的/必要的就是,所有公民的诸精神,得被某些特定的具有领航性的诸理念给集结和聚拢在一起;不过,那是集结和聚拢不到一起的,除非他们中的每一位,都不时地从同一渊源中汲取他们各自的诸意见,还有,除非每一位,都同意接过一定数量的现成的诸信念。

> (《美利坚的民主》2.1.2)①

"究问,"托克维尔接着说,"并不在于要去确定民主的世纪里,是否实存着某一'智识上的权威',要去确定的,仅仅是,它位居何处,以及它的诸囿限是什么。"(同上)②托克维尔,借由对"现代民主体"与"传统贵族体"各自之间互补的诸强悍与诸孱弱的一种鲜明对比,回答了该究问。贵族体,往往培植出"'诸个体与诸阶层'之威权主义",而民主体,则使"诸个体"受制于"公共意见"(public opinion)这一群集起来的庞大而游移的压力,"公共意见"这一压力,被"极端平等主义"这一几乎无法抗拒的并且潜在地具有奴役性的心理逻辑所武装。

> 当境况是不平等的、人与人(men)各不相似的时候,便会

---

① 　[译按]中译可参托克维尔,《论美国的民主》(下卷),董果良译,前揭,页524。
② 　同上,页525。

有少数的这样的一些个体：被很好启过蒙了的、很开明的、很有识见的、很智慧的并且有着强大的理智力量的少数个体，也会有大量的这样的多数：很无知并且极其狭隘受限的大量多数。凡在贵族式岁月里生活的，[214]他们都自然而然地就倾向于，把某一个人（man）的或某一个阶层的"高超的理性/理由"（reason），作为他们自己诸意见的引导，而他们，从性情上，就不大会去承认，大众人群（mass of men）当中会有什么"一贯正确"或"永不犯错"。

平等的世纪里，则正相反。

随着公民与公民越发平等也越发相似，这一倾向——倾向于盲目相信某一特定的人（man）或某一特定的阶层——在每一位公民身上便逐渐式微了。而这一性情——要去信赖大众人群——则在增强；统治世界的，便越来越是"公共意见"了。……

居于民主国度里的人（person），当他拿自己与自己身边人相比时，他便骄傲地感到，自己与他们每一位都是平等的；但是，当他开始思忖自己同胞的集体性，并把自己搁在这一超大肌体的一旁时，他就被自己的微不足道、自己的孱弱黯然淹没了。

让他独立于自己的——被一个一个来看待的——同胞公民们中的每一位的那同样的平等，也让他在"大数量之行动"面前疏离、孤立、无所防御。

因而，"公众"（the public），在民主式诸族群/诸人民（peoples）之中，就有了一种单一、唯一且独一无二的权力，一种贵族式诸国族想都没想过的——或曰贵族式诸国族无法就之构想出一种理念的——权力。它并不去说服；它把它自己的诸信念强加过来，并借助于这样的一种压力——全体之精神给每一位的理智所加诸的那种排山倒海的巨大压力——而把它自己的诸信念填塞灌注进诸灵魂。……

　　由此，智识上的权威，就将不同了，但并不减少；我绝不相信，智识上的权威，或许会消失，我倒要预言，智识上的权威，将轻而易举地壮大起来，并且，最终还有能力把"个体理性（reason）之行动"圈闭在种种狭窄的诸围限之内，而此诸围限则狭窄得再也载不动属人种族的宏伟与幸福了。

（同上）①

　　属人心智的如此之内在矮化，换言之，每一位个体，其民事上的自信与其批判精神，此二者的如此之被蚕食几尽，在其越发自贬自损、唾面自干的效应之中，也被第二个民主式坏趋势——另一个强有力的且标志性的民主式坏趋势——所强化。关于平等的学说，该学说之道德上的动量，很容易推使"大众民主体"里的栖居者们相信：诸个体与诸小群体，照民事上看或照历史上看，历来什么也不是；属人意志与属人之思索能力，这二者，在历史之中产出的效应微乎其微，而这二者本身反倒是别的因子——诸如物质因子、心理因子、社会因子这样的更深、更广的诸因子——的效用或副产品而已。并不是"方法论"，而是一种倒错的"平等主义式的道德主义"——这种"平等主义的道德主义"之所以可能，部分上是拜缺乏足以对冲的替代选项所赐，促使了"现代民主体"里的（甚至是或尤其是）那些"最为'进步的'栖居者们"也抱持着关于此诸围限——卡扣在"属人活动"（praxis）与"智识上的独立"上的如此苛切的诸围限——的这一犬儒式看法。透过这一棱镜看过去，所看到的历史也罢，当下的诸事件也罢，就都不是被"伟大的诸例外"，也不是被"英雄般的领袖们或智慧的领袖们与钢铁般牢不可破的兼爱式连带"所驾驭或决定的了，而是被"看不见的、系

---

① 　[译按]中译可参托克维尔，《论美国的民主》（下卷），董果良译，前揭，页526-528。

统性的或潜意识的'大众现象/规模现象'（mass phenomena）"所驾驭或决定的,这种"大众现象/规模现象",没谁能掌控或影响,在它面前,唯一经得起推敲的身姿,不是悲戚屈从就是向内撤离。接着引托克维尔吧:

> [215]在平等的世纪里,所有的人（men）,各自之间都是独立的、疏离的、孤立的,且孱弱的;几乎没有任何迹象表明,哪一位的意志在——以一种永固罔替的方式——指引着群众之诸运动;在这样的岁月里,人/人道/人性（humanity）似乎一直在兀自前行着。为了说明世界上发生了什么,我们就因而被约减为,是在寻找着这样的一些特定的伟大诸原由（cau-ses）,那些以相同的方式作用于吾侪中的每一位的伟大诸原由,该诸原由,裹挟着吾侪中的每一位,拖着他们自愿地去遵从相同的路线。

（同上,2.1.3）①

托克维尔一再力荐,应当教青少年去研习并享受古典著作,他把教青少年研习并享受古典著作作为一枚首要而特别的教育解毒剂,以之来解"现代民主式心态"（mentality）之中的这些危险癖性之毒。托克维尔对古典著作中单单只是传统的、矫揉夸饰的或骄矜势利的货色并无什么兴趣。但是,他论辩说,古典写作者们的某些特定的、特别的强悍（不仅他们的强悍,甚至他们的某些短处或某些盲点）,对于民主式的读者与学者们往往滑入其中的种种特别的盲点而言,正是其所必需的矫正性的对冲。古典诸文本,尤其与"政治性的历史与理论"有关的古典诸文本,令我们鲜活而生动地回想起了此诸能力——诸个体确乎曾有过的那诸能力:带着一种弥

---

① ［译按］中译可参托克维尔,《论美国的民主》(下卷),董果良译,前揭,页532。

久有效的沉谋重虑与小心谨慎去行动、去书写或思索的诸能力。

　　仅仅扫上几眼古代流传下来的那些书写作品，其实就足以发现：就算那些书写者们，有时在他们的诸主题上，没那么变化多样，没那么丰饶繁复，在他们的思想上，也没那么胆大无忌，没那么灵动飘逸，没那么一般化，他们笔下也始终流露出了在细节上的叹为观止的技艺独运与小心谨慎；他们的作品中没有什么是率尔操觚或偶然拟就的；一切的一切都是写给那些能理解之人来看的，并且，无不显示出对"理想中的美"的探寻。再没有什么文献比古早文献更鲜明耀目地凸显出了民主式的作者们自然而然地就会遗失、就在遗失了的那些品质。因而，民主的岁月里并没有什么文献是应当被更多地予以研习的。

（同上，2.1.15）①

　　在阅读身处贵族式岁月里的史家们尤其是古代的史家们时，人（man），为了要成为自己命运的主人并管控和左右自己的同胞而不得不去知道的，似乎仅仅是自己如何成为自己的主人，自己如何主宰自己。在阅读书写于我们自己时代里的诸历史时，你会说，人（man），并无任何权力（power）——无论是之于他自己的权力，还是之于他的境遇的权力。古代的史家们教导"如何去命令"。我们今天的史家们，很少教导除了"如何去屈从"之外的任何东西：在他们的书写作品中，作者常常显得很伟大，但是，人/人道/人性（humanity）却总是很渺小。……这样的一种学说，在我们当下生活于其中的这个时代里，尤为危险；我们的同代人们，极为倾向于去狐疑"无拘

---

① 　[译按]中译可参托克维尔，《论美国的民主》（下卷），董果良译，前揭，页584。

的意志"(free will),因为,他们每一位都感到,在各个方面上,
自己均被自己的屏弱所围限。但他们确实也承认这样的人们
(men)——"被统一在'社会诸群体'中的人们"——的强悍
与独立。我们一定不能让这一理念变模糊了,因为,我们的任
务在于去提升诸灵魂,而并非是去坐实或完成诸灵魂之鄙贱。

(同上,2.1.20)①

托克维尔的这些反思,要达至其充分的有效性,只需被更新到
当下并被扩展开来就可以了。因为,我们难道看不到,我们身边俯
仰皆是那些首次被托克维尔描述过的诸综合征之后现代式的诸显
现吗?在社会上——就其大体层面而言,[216]让貌似无所不能
的"公共意见"得以发声的铺天盖地的媒体,不是越发无孔不入了
吗;在文学上,鼓吹"历史主义式约减论"的各色批评与教导,不是
把所有的书写者们都统统历史主义式地约减到了"如此之被造
物——被书写者们各自的阶层、性别、文化、潜意识等所造出的被
造物——的地位"上了吗;史家们,不是纷纷以"经济性的、社会性
的、人口统计性的历史"之名蔑弃"政治性的与宪法性的历史"吗;
还有最糟糕的,一种道德主义式的、削平化的相对主义,不是正越
发在蔓延,甚至都渗透进小学了吗?"民主式的宽容与平等",就其
最真的且最崇高的状态而言,给每一位属人存在者允诺了这样的
上升机会:上升至一个这样的位阶——"'天资与造诣、德性与智
慧'之自然而然的差等格局"里面的一个正义的位阶——的机会。
但是,"民主式的宽容与平等",在我们当下,正被一危险的退嬗趋
势所滋扰和萦绕着,那一危险的退嬗趋势即:从"各自相与竞争着
的、道德上的与宗教上的诸生活方式之间的旺盛丰饶又硕果累累
的争议"这一理想,退化为"所有的诸生活方式、所有的诸观点,均

---

① ［译按］中译可参托克维尔,《论美国的民主》(下卷),董果良译,前揭,页612-613。

为平等的"这一轻佻脱略的信念,进而堕落为"没有什么是实实在在地值得——或需要——潭奥宫渺的盘诘与富于激情的辩护的"这一见解,最终沦降为"谁要是还在坚持为这一至上性——'他们自己的生活方式'或'他们自己的信念'之至上性——而论辩,谁就是'精英主义分子''反民主分子',谁因而也就是'不道德的'"这一峭厉尖酸的道德主义式的信念。到了最后的这一阶段上,隐埋在"开放社会"之血脉里的那些细菌,"不宽容"也罢,"压制"也罢,"禁锢"也罢,便纷纷蠢蠢欲动、蓄势待发了。因为,这些细菌开始怂恿人民/族群(people)起而去指控说,甚至谁要是为"自由诸原则"——也即,深嵌于一如肇建者们所构想的那部《合众国宪法》里的且扎根在"启蒙运动中的诸政治哲学"中的那些"权利之诸原则",一个健康的民主共和体之内所必需的那些"民事上的诸义务与诸权利"——之至上性而论辩,谁就是这样地或那样地违反了"相对主义式平等"这种"新的道德规码"。而到了这一节骨眼儿上,宽容与民主,就已抵达了一个狂热而躁动的极点,于斯处开始自我解构了。

一种提供这一品味——与"名副其实苏格拉底式怀疑主义"有关的品味——的教育,并不就是治愈所有这些疾病的方子。但它能促进这些疾病的缓解和好转。把大学生们带入这样的诸议题——那些一度划分了并激活了我们"伟大传统"的种种经久不衰的诸议题,我会论辩说,并不见得就会使我们所处这个时代里的道德衰颓之种种特别的诸来源加剧/紧实化。相反,对"政治上的与道德上的原则之我们的最为根本性的诸来源"予以严肃的究问、严肃的论辩,若进行得好,与"'现代自由民主式的气韵与风尚'之诞生"相伴随的诸争议,其冷寂的余烬,会因之而熊熊复燃。从这些余烬中,兴许完全会迸发出对深埋在我们《合众国宪法》根底上的那些诸原则之强悍与效力的一种崭新的、有思想的、(因为"有思想"所以也是)"非独断的"或"有着经得起推敲的限定的"

品鉴与领会。

我们社会的"共同感觉/常识"（common sense）——这是我们日常种种基本的、道德上的诸判断由之萌生的土壤，我们的这一土壤，在一个关键的层面上，是不同于[217]亚里士多德与古希腊思索者们曾伫立于斯的那一"道德上的土壤"的。我们的土壤是这样的一种政治上的与道德上的文化，该文化派生于"现代哲学"：派生于对"前哲学式思索"所作的一种特别的哲学式变形。我们的"自由民主式的、政治上的文化"，其活力，好坏都仰赖于作为该文化之矩阵的那个政治哲学之活力，或者说，仰赖于作为该文化之矩阵的那个政治哲学之复活。但是，政治哲学，并不是意识形态；政治哲学，一旦开始向着意识形态退嬗，便衰萎颓朽了；为了防止或延缓这样的慢性精神死亡，哲学由之而出的那种原生而至要的惊异或狐疑，就必得在辩证式论辩的锻造之下，常续常新。

然而，这一命题，惟有当其被高等教育的从业者们所认可并且被他们以一种苏格拉底式精神所践履时，才将会有实际的效应。后现代岁月里，我们的教育制度之未来，决定性地仰赖于大学老师们的高度责任感。因为，愚不可及的是否认"经由辩证式盘诘而达至的解放——也就是我业已谈及的那种解放——是伴随着实实在在的诸风险和诸危险的"。我企图并尝试予以描述的那种教育，并不是一种游戏；"伟大群书"，一旦以我正倡导的那种方式被严肃对待的话，是通向深水区的。谁若着手了这一事业，当其再回归家园时，或许就已经不再是他或她出发时的那个自己了。他们会发现自己被迫得去宣布这样的一种内在的独立：以（或许是）摩西或柏拉图或但丁之名，内在地独立于我们现代文明的某些或全部根本性的诸预设/前提。柏拉图与色诺芬，把这一点讲得很明白：苏格拉底以之被定罪的诸指控——"不虔敬""败坏青年"——虽然是虚假而虚妄的，不过，投票定苏格拉底罪的那些被误导了的公民们，却也依稀而粗略地体认到了匿伏于苏格拉底式究问之被误用或滥用中的名副其实的潜在的诸危险。防御这一危险,最牢不可破的盾,就是被苏格拉底称为"对'真'的厄洛斯/情欲"(eros)——也即"对'真'的爱"——的东西了。苏格拉底暗示,归根到底,一切"属人的爱"(human love),都寻求并需要"对'真'的一瞥",以这一瞥作为自己的根基。探求"真",同时谦卑地体认到,在我们对"真"的厄洛斯式/情欲式的或焦渴的追求中,我们不可避免地有多捉襟见肘,有多难于胜任,有着如此之体认的对"真"的探求,是能够给种种最为牢固不移的眷恋,也给作为"对'真'的共同的爱"之自然表达而浮现出来的那一种真真共同的人性/人道(a truly common humanity)——一种对"文质"(the humane)的感觉和一种对"不文质"(the inhuman)的免疫——作根基的。"伟大群书",可以说,就是"对'真'的共同的爱"的诸产物:"伟大群书",可以被理解为来自那些"对'真'的爱者们"的、传递到了我们手上的诸礼物。作为一个结果,"伟大群书",除了极少数的例外,是免疫于败坏性的滥用的。三个最为明显的例外——我心智之中的该例外是马克思、尼采、海德格尔的诸作品——针对这一"对'真'的厄洛斯/情欲"之实存与强悍提出了史无前例的狐疑,并非偶然。[218]他们由此而释放了激进的现代性,也释放了该现代性的"诸价值之主体性/主观性"以及该现代性的这一遗忘:对"伟大群书"连同对以跃然于"伟大群书"的那些鲜活思索为襟袍与愿景的"厄洛斯式/情欲式理性这一共同的人性/人道"(common humanity of erotic reason)的"进步的""历史主义式的"遗忘。我们当然不能对这些最晚近的,也最为凶险的"伟大群书"所带来的诸挑战视而不见;鉴于"后现代主义"在当代学术圈里排山倒海的主导之势,我们也不大可能做到视而不见。但是,我们能够而且必得奋力让马克思、尼采、海德格尔之前的,并一直都让他们念兹在兹的那些"伟大辩论"永葆鲜活,那些"伟大辩论",恰恰是历久弥新的证据,印证了苏格拉底式厄洛斯/情欲之永固罔替。

文献摘览

Bataille, Georges

    1955 "Hegel, la mort et le sacrifice" (Hegel, Death and Sacrifice). *Deucalion* 5: 21-44.

    1961 *Le Coupable* (The Guilty One). 2d ed. Paris: Gallimard.

Berlin, Isaiah

    1958 *Two Concepts of Liberty.* Oxford: Oxford University Press.

Churchill, Winston

    1941 *Blood, Sweat, and Tears.* New York: G. P. Putnam's Sons.

Crespi, Franco

    1988 "Assenza di fondamento e progetto sociale" (Absence of Foundation, and Social Project). In *Il pensiero debole* (Weak Thinking), edited by Gianni Vattimo and Pier Aldo Rovatti, 6th ed., 243-59. Milan: Feltrinelli.

Dal Lago, Alessandro

    1985 "La Pensée comme oscillation" (Thought as Oscillation). *Critique* 41: 82-89.

De Man, Paul

    1953 "Montaigne et la transcendance" (Montaigne and Transcendance). *Critique* 9: 1011-1022.

    1988 *Wartime Journalism, 1939-1943.* Edited by Werner Hamacher, Neil Hertz, and Thomas Keenan. Lincoln: University of Nebraska Press.

Derrida, Jacques

    1967 *L'Ecriture et la différence* (Writing and the Difference). Paris: Editions du Seuil.

Dewey, John

1935 *Liberalism and Social Action.* New York: G. P. Putnam's Sons.

1939 *Freedom and Culture.* New York: G. P. Putnam's Sons.

1942 *German Philosophy and Politics.* Rev. ed. New York: G. P. Putnam's Sons.

1946 *The Public and Its Problems.* Rev. ed. Chicago: Gateway Books.

1948 *Reconstruction in Philosophy.* Baston: Beacon Press.

Du Bois, W. E. B.

1988 *Writings.* New York: Library of America, 1988.

Glendon, Mary Ann

1987 *Abortion and Divorce in Western Law: American Failures, European Challenges.* Cambridge, Mass.: Harvad Univesity Press.

Hartman, Geoffery

1988 "Blindness and Insight." *New Republic,* 7 March, 28−31.

Heidegger, Martin

1953 *Einführung in die Metaphysik* (Introduction to Metaphysics). Tübingen: Max Niemeyer.

1961 *Nietzsche.* 2 vols. Pfüllingen: Günther Neske.

1975 *Die Grundprobleme der Phänomenologie* (The Fundamental Problems of Phenomenology). Frankfurt am Main: Vittorio Klostermann.

Hess, Walter

1956 *Dokumente zum Verständnis der modernen Malerei* (Documents for the Understanding of Modern Painting). Hamburg: Rowohlt.

Kandinsky, Vasily

1985 *Oeuvres de Vasily Kandinsky.* Edited by Christian Derouet and Jseeica Boissel. Paris: Centre Georges Pompidou, Muśee d'Art Moderne.

Kojève, Alexandre

1962 *Introduction à la lecture de Hegel: Leçons sur la "Phénoménologie de l'esprit"* (Introduction to the Reading of Hegel: Lectures on the Phenomenology of the Spirit/Mind). 2d ed. Edited by Raymond Queneau. Paris: Gallimard.

1970a "Pourquoi concrete" (Why Concrete). In Vasily Kandinsky, *Ecrits complets* (Complete Writings), 2:395−400. Paris: Denoël-Gauthier.

1970b "Lettres à Georges Bataille" (Letters to Georges Bataille). *Textures,*

June, 61–71.

Krüger, Gerhard

1931 *Philosophie und Moral in der Kantischen Kritik* (Philosophy and Morality in the Kantian Critique). Tübingen: J. C. B. Mohr.

Kundera, Milan

1980 "Afterword: A Talk with the Author, by Philip Roth." Translated by Peter Kussi. In *The Book of Laughter and Forgetting*. Translated by Michael Heim. Harmondsworth, England: Penguin Books.

Levinson, Sanford

1988 *Constitutional Faith*. Princeton: Princeton University Press.

Long, Rose-Carol Washton

1980 *Kandinsky*. Oxford: Clarendon Press.

Lyotard, Jean-François

1977a *Instructions paiennes* (Pagan Lessons). Paris: Editions Galilée.

1977b *Rudiments paiens* (Pagan Beginnings). Paris: Union générale d'éditions.

1979 *La Condition postmoderne: Rapport sur le savoir* (The Postmodern Condition: Report on Scholarship). Paris: Editions de Minuit.

1983 *Le Différend* (The Different). Paris: Editions de Minuit.

1984 *Tombeau de l'intellectuel et autres papiers* (Tomb of the Intellectual and Other Papers). Paris: Editions Galilée.

1985 "Histoire universelle et differences culturelles" (Universal History and Cultural Differences). *Critique* 41:559–568.

1986 *Le Postmoderne expliqué aux enfants* (The Postmodern Explained to Children). Paris: Editions Galilée.

1989a "Figure Foreclosed." In *The Lyotard Reader*, edited by Andrew Benjamin, 69–110. O-xford: Basil Blackwell.

1989b "Philosophy and Painting in the Age of Their Experimentation: Contribution to an Idea of Postmodernity." Translated by M. Brewer and D. Brewer. 1872 In *The Lyotard Reader*, edited by Andrew Benjamin, 181–195. Oxford: Basil Blackwell.

1989c "The Sublime and the Avant-Garde." Translated by Lisa Liebmann. 1984. Rev. ed. In *The Lyotard Reader*, edited by Andrew Benjamin, 196–211. Oxford: Basil Blackwell.

Lyotard, Jean-François, and Richard Rorty

1985 "Discussion entre Jean-François Lyotard et Richard Rorty" (Discussion between Jean-François Lyotard and Richard Rorty). *Critique* 41:581-584.

Lyotard, Jean-François, and Jean-Loup Thébaud

1985 *Just Gaming* (*Au juste*). Translated by Wlad Godzich. Minneapolis: University of Mi-nnesota Press.

Mahdi, Muhsin, and Ralph Lerner, eds.

1972 *Medieval Political Philosophy: A Sourcebook*. Ithaca, N. Y.: Cornell University Press.

Mansfield, Harvey C., Jr.

1988 "Democracy and the Great Books." *New Republic*, 4 April, 33-37.

Michnik, Adam

1979 *L'Eglise et la gauche* (The Church and The Left). Paris: Editions du Seuil.

Milosz, Czeslaw

1989 "The Telltale Scar." *New Republic*, 7 & 14 August, 27-29.

Newmann, Barnett

1948 "The Sublime Is Now." *Tiger's Eye*, 15 December.

Nichols, James H., Jr.

1990 "Pragmatism and the U. S. Constitution." In *Confronting the Constitution*, edited by Allan Bloom, 369 - 388, 529 - 532. Washington, D. C.: AEI Press.

Orwin, Clifford, and Thomas Pangle

1984 "The Philosophical Foundation of Human Rights." In *Human Rights in Our Time: Essays in Memory of Victor Baras*, edited by Marc Plattner, 1-22. Boulder, Colo.: Westview Press.

Pangle, Thomas L.

1973 *Montesquieu's Philosophy of Liberalism: A Commentary on the Spirit of the Laws*. Chicago: University of Chicago Press.

1988 *The Spirit of Modern Republicanism: The Moral Vision of the American Founders and the Philosophy of Locke*. Chicago: University of Chicago Press.

1989 *The Rebirth of Classical Political Rationalism: An Introduction to the Thought of Leo Strauss*. Chicago: University of Chicago Press.

Queneau, Raymond

1947 *Le Dimanche de la vie* (The Sunday of Life). Paris: Gallimard.

1961 *Cent mille milliards de poèmes* (One Hundred Thousand Billion Poems). Paris: Gallimard.

Rorty, Richard

1979 *Philosophy and the Mirror of Nature.* Princeton: Princeton University Press.

1982 *The Consequences of Pragmatism.* Minneapolis: University of Minnesota Press.

1985a "Le Cosmopolitisme sans émancipation: En réponse à Jean-François Lyotard" (Cos-mopolitanism without Emancipation: In Response to Jean-François Lyotard). *Critique* 41:569-580.

1985b "Habermas and Lyotard on Postmodernity." In *Habermas and Modernity*, e dited by Richard J. Bernstein, 165-175. Cambridge, Mass.: MIT Press.

1988 "That Old-Time Philosophy." *New Republic*, 4 April, 28-33.

1989 *Contingency, Irony, and Solidarity.* Cambridge: Cambridge University Press.

Rudolph, Frederick, ed.

1965 *Essays on Education in the Early Republic.* Cambridge, Mass.: Harvard University Press.

Sabine, George H.

1961 *A History of Political Theory.* 3d ed. New York: Holt, Rinehart & Winston. Originally published in 1937.

Searle, John

1990 "The Storm over the University." *New York Review of Books*, 6 December, 33-42.

Shaftesbury, Anthony Ashley Cooper, 3d earl of

1964 *Characteristics of Men, Manners, Opinions, Times.* 1711. 2 vols. Edited by John M. Robertson. Indianapolis: Bobbs-Merrill.

Shell, Susan

1989 "Preserving the Humanities." Address to the Madison Center Conference on the Humanities, Washington, D. C., October 10.

Stern, Fritz

1975 *The Failure of Illiberalism: Essays on the Political Culture of Modern Germany.* Chicago: University of Chicago Press.

Stewart, Dugald

　　1854 *Dissertation Exhibiting the Progress of Metaphysical, Ethical, and Polit-ical Philosophy, since the Revival of Letters in Europe*. Vol. 1 of *The Col-lected Works of Dugald Stewart*. 10 vols. plus a supplementary vol. Ed-ited by Sir William Hamilton. Edinburgh: Thomas Constable. Original-ly published in two parts, 1815 and 1821.

Storing, Herbert J.

　　1970 *What Country Have I? Political Writings by Black Americans*. New York: St. Martin's Press.

Strauss, Leo

　　1959 *What Is Political Phliosophy? And Other Studies*. Glencoe, Ill.: Free Press.

　　1963 *The Political Phliosophy of Hobbes: Its Basis and Its Genesis*. Translated by Elsa M. Sinclair. Chicago: University of Chicago Press.

　　1977 "Farabi's Plato." In *Essays in Medieval Jewish and Islamic Philosophy*, edited by Arthur Hyman, 391-427. New York: KTAV Publishing.

　　1983 *Studies in Platonic Political Phliosophy*. Chicago: University of Chicago Press.

Thompson, Wayne C.

　　1975 *In the Eye of the Storm: Kurt Riezler and Crises of Modern Germany*. Io-wa City: University of Iowa Press.

Troeltsch, Ernst

　　1976 *The Social Teaching of the Christian Churches*. 2vols. Translated by Ol-ive Wyon. Chicago: University of Chicago Press.

Vattimo, Gianni

　　1980 *Le avventure della differenza* (The Adventures of the Difference). Mi-lan: Garzanti.

　　1987 *La fine della modernitá: Nichlismo ed ermeneutica nella cultura post-moderna*. (The End of Modernity: Nihilism and Hermeneutics in Post-modern Culture). 2d ed. Milan: Garzanti.

Weiss, Peg

　　1979 *Kandinsky in Munich: The Formative Jugendstil Years*. Princeton: Prin-ceton University Press.

图书在版编目（CIP）数据

古典理性之光 /（美）潘戈著；苏婉儿译. --上海：
华东师范大学出版社，2024
（经典与解释）
ISBN 978-7-5760-4886-5

Ⅰ.①古… Ⅱ.①潘… ②苏… Ⅲ.①理性主义-研
究 Ⅳ.①B089

中国国家版本馆 CIP 数据核字（2024）第 092234 号

华东师范大学出版社六点分社

企划人 倪为国

经典与解释·潘戈集

古典理性之光

著　　者　[美]潘戈
译　　者　苏婉儿
责任编辑　彭文曼
责任校对　古　冈
封面设计　吴元瑛
出版发行　华东师范大学出版社
社　　址　上海市中山北路 3663 号　邮编　200062
网　　址　www.ecnupress.com.cn
电　　话　021-60821666　行政传真　021-62572105
客服电话　021-62865537　门市(邮购)电话　021-62869887
地　　址　上海市中山北路 3663 号华东师范大学校内先锋路口
网　　店　http://hdsdcbs.tmall.com
印 刷 者　上海景条印刷有限公司
开　　本　890×1240　1/32
插　　页　2
印　　张　12.75
字　　数　285 千字
版　　次　2024 年 6 月第 1 版
印　　次　2024 年 6 月第 1 次
书　　号　ISBN 978-7-5760-4886-5
定　　价　89.80 元

出 版 人　王　焰

上海市版权局著作权合同登记 图字：09-2014-1042 号